『배제와 포용』(Exclusion and Embrace)에서 폭력, 분노, 용서에 대한 깊은 사유를 드러내 보였던 크로아티아 출신 신학자 볼프를 종말론적 '일 신학'으로 다시 만난다. 중세적 신분 아니면 부르심의 단일성·영구성에 일을 가뒀던 루터와 칼뱅의 소명 개념을 대신해, 그가 은사와 일의 통시적·공시적 다원성에 주목하며 제시하는 성령적·은사적 접근은, 일을 선택 아닌 강제로 만드는 노동 유연화가 일상화된 오늘과 같은 시절에, 특히 각별할 수밖에 없다. 볼프는 또한 (후기)산업 사회의 일과 소외와 관련하여 스미스와 마르크스의 이해를 비판적으로 살피며, 최대강령적 변혁론에 경도된 낭만적 신학자 및 목회자들과 정적주의적 이원론 안에서 편안해하는 근본주의적 태도를 떠나, 신중하면서도 깊고 따뜻한 신학적 통찰을 보여 준다. 이 책은 일을 하나님과의 협력의 맥락에서 들여다봄으로써 성령과 일을 매개로 현재와 종말론적 현실 사이의 연속성을 친절하게 안내할 뿐 아니라, 비신학도들에게 창조, 새 창조, 일, 성령, 은사 등에 관해 통합적으로 정리된 신학적 안목을 접하게 해 주는 가외의 수확도 안겨 준다.

고세훈 고려대학교 공공행정학부 명예 교수, 『복지한국, 미래는 있는가』 저자

최근 일의 신학과 일터 사역에 대한 관심이 높아지고 있다. 신앙의 무게 중심이 주일과 교회당에서 일상과 세상으로 이동하기 때문이다. 그동안 일의 신학에 관한 논의들은 주로 창조, 소명, 일하시는 하나님 등에 정초해 왔다. 이 주제들은 일터에서 제자의 길을 걸어야 하는 이들에게 정도를 가리키고 일깨워 주는 데 기여했다. 허나, 수시로 매섭고 세찬 비바람이 휘몰아치는 일터의 실존적 상황에는 더욱 생생하고 섬세한 신학적 해석이 필요했다. 저자는 일의 신학 논의에서 종속적 주제로 취급되어 온 새 창조, 성령의 역사와 은사, 종말의 소망을 중앙으로 복원시킨다. 현재 북미에서 가장 영향력 있는 신학자이면서 동유럽 출신으로서 자본주의와 사회주의를 모두 체험했고, 복음주의와 주류 신학을 섭렵하면서도 오순절 신앙을 배경으로 하는 저자의 이력은 논의의 진가를 더욱 돋보이게 한다. 이제 이 책을 거치지 않고 일의 신학과 사역을 논하는 것은 무모하게 되었다고 감히 단언한다.

김선일 웨스트민스터신학대학원대학교 실천신학 교수, 『한국 기독교의 성장 내러티브』 저자

베를린 장벽이 무너진 지도 한 세대가 지났다. 부서진 콘크리트 잔해가 아직 남아 뒹굴던 시절 쓰인 이 책이 이제야 이 땅에 찾아왔다니…. 너무 늦은 것은 아닐까 울고 싶다가도, 아니 이제라도 왔으니 반가운 마음에 덥석 안으며 웃어 본다. 험난한 세상살이라는 비바람을 막기에 충분하진 않지만 별도리가 없어 스미스의 우산을 집어 들고서, 이제는 신빙성을 상실한 마르크스의 우산을 잠시 물끄러미 내려다보고는, 여느 때처럼 일터로 가야 하는 우리에게 볼프는 바울이 장만한 성령의 우산을 슬쩍 내민다. 그 우산을 펼치니 신기하게도 먹구름 위에 찬연히 빛나는 태양이 보이는 신학적 개안이 일어난다. 사익의 망토와 공익의 망토를 각자 걸치고는 자유의 지팡이와 평등의 지팡이로 아옹다옹하며 놀이터를 망치던 난쟁이들 앞에 공동선의 망토 차림을 한 거인이 은혜의 지팡이를 들고 등장한 까닭이다. 스미스와 마르크스 두 난쟁이 무리는 이제 어떻게 해야 할까? 볼프는 거인 바울의 어깨 위에 올라타 보라고 그들에게 손짓한다. 그러면 땅만 아니라 하늘이 보일 것이라고, 오늘만 아니라 내일이 열릴 것이라고, 따듯하게 내재와 변혁으로 초대한다. 저자는 가장 낮은 곳에서 가장 보잘것없이 일하면서도 그 진가를 인정받지 못하는 이 땅의 수많은 반 고흐들의 모든 소중한 일들이 정화의 불을 통과한 금과 은과 보석이 되어, 이미 하나님의 마음에 업로드되어 있고 장차 새 하늘과 새 땅이 임하는 날 고스란히 다운로드될 거라는 새 언약의 리얼리티를 생생하게 증언한다. 이 책은 당신이 여태껏 일에 중독되어 살아왔든 일의 의미를 상실했든 관계없이, 지난날 일터에서 은혜를 자연으로 바꾸었던 비인간화와 소외를 성찰하게 하고, 먼 훗날 모든 자연이 은혜가 되게 하실 하나님 안에서 누릴 인간의 번영을 기대하게 하면서, 오늘 그리스도인이 새 창조의 선행자로 성령의 은사를 따라 일한다는 것이 갖는 실존적·체제 변혁적 의미를 음미하게 해 준다. 어쩌면 당신은 마지막 장을 덮기 전, 꿈결 같은 결혼 잔치로 마련된 창조세계의 포도주가 바닥나는 악몽 같은 현실에 하인들이 발을 동동 구르며 이리저리 뛰어다니고 있을 때, 지금까지 남겨둔 가장 좋은 포도주를 들고 온 하인을 마주하는 연회장의 심정이 될지도 모르겠다.

송용원 은혜와선물교회 담임 목사, 장로회신학대학교 조직신학 겸임 교수
『칼뱅과 공동선』 저자

종말론적이고 성령론적인 일의 신학을 정립한 이 책은 학문적으로 매우 중요하며 그 기여를 널리 인정받아 왔다. 볼프는 루터의 소명 개념을 비판적으로 평가한 다음, 그가 신적 계시에 충실하고 현대 일의 세계에도 적실한 일의 신학을 수립하기에 더 적합한 기반이라고 여기는 은사의 신학을 제안한다.

더글러스 울리 The Value of Work in the Eyes of God 저자

일의 신학에 관심 있는 사람이라면 반드시 읽어야 하는 책이다. 일의 신학을 위한 기초로 볼프가 제시하는 성령론은 현대의 포스트모던 세상에서 신학이 일의 현실에 관여하는 중요하고 필요한 방식으로 대화를 재형성한다. 일을 종말론 및 은사와 연결함으로써 저자는 인간적인 일과 소외를 야기하는 일을 대비시키고 인간적인 일만이 새 창조를 선행하는 하나님과의 협력일 수 있음을 보인다. 이러한 요소들에 더하여 그의 주제를 구성하는 놀라운 통찰들은 일의 신학에 크게 기여한다.

조시 스위든 나사렛 신학대학원 학장, 교회와 사회 부교수

일은 거의 모든 사람의 삶에서 중심적 특성이다. 그러나 최근까지 명쾌한 일의 신학이 정립된 경우는 잘 없었다. 볼프는 이 공백을 채우고자 한다. 볼프의 지적은 적절하고 그의 전 지구적 관점은 매우 탁월하다.

키스 하퍼 사우스이스턴 침례신학대학교 선임 교수

그동안 방치되어 왔던 신학 주제를 학문적으로 다룬 미로슬라브 볼프의 『일과 성령』을 강력히 추천한다. 동유럽 출신으로 서구에서 활동하고 있는 볼프의 이 책은 일의 의미, 경제 체제 분석, 일과 취업, 일과 종말론적 변혁, 지배적 일 이해, 일과 창조, 일과 소외 등의 주제를 폭넓게 다룬다. 특히 일의 신학이 성령의 역사에서 생겨난다는 볼프의 주장이 두드러진다. 그의 시각은 대부분 개신교인들이 일에 대해 생각하는 소명의 정태적 개념과는 꽤 다르다. 이 책은 단순한 방법론적 해답을 제시하려는 모든 유혹을 거부하고, 세심하게 주의를 기울여 성경적 자료, 현대 사회의 복잡성, 현대인이 경험하는 일의 고됨을 고찰한다.

스캇 영 Marketplace Ministries West for InterVarsity 대표

빠르게 변화하는 포스트모던 세계에 적용할 수 있는 신선한 관점을 제시한다. 볼프의 일의 신학은 은사에 기반한 성령론적 접근을 통해 소명론의 대안을 제시함으로써, 전통적인 소명 개념에 수반되는 오용의 위험을 드러내고, 일에서 다양한 변화를 경험하는 그리스도인들이 성령의 인도에 더욱 집중하도록 돕는다. 종합적인 일의 신학으로 확장할 수 있는 긍정적 지점이 많은 책이다.

빈센트 청 *Godliness With Contentment* 저자

**일과
성령**

IVP(InterVarsity Press)는
캠퍼스와 세상 속의 하나님 나라 운동을 지향하는
IVF(InterVarsity Christian Fellowship)의 출판부로
생각하는 그리스도인을 위한 문서 운동을 실천합니다.

Work in the Spirit
Original English edition copyright ⓒ 1991, Volf, Miroslav.
Previously published by Oxford University Press, 1991.
Wipf and Stock edition published in 2001.
All rights reserved.

This limited edition licensed by special permission of
Wipf and Stock Publishers (www.wipfandstock.com)
through arrangement of rMaeng2, Seoul, Republic of Korea.

This Korean translation edition ⓒ 2019 by Korean InterVarsity Press
156-10 Donggyo-Ro, Mapo-Gu, Seoul 04031, Republic of Korea.

이 한국어판의 저작권은 알맹2 에이전시를 통하여
Wipf and Stock Publishers와 독점 계약한 IVP에 있습니다.
신 저작권법에 의하여 한국 내에서 보호받는 저작물이므로
무단 전재와 무단 복제를 금합니다.

미로슬라브 볼프

일과
성령

새 창조의 비전과 성령론적 일 신학
백지윤 옮김 박득훈 해설

lvp

밀리카 이모에게

차례

한국어판 서문 13
서문 17
서론 27

1부 이 시대 일의 세계 53

1. 일의 문제 55
   일의 중요성 56
   일의 변화 58
   일의 위기 69

2. 지배적 일 이해 83
   애덤 스미스의 일 이해 85
   카를 마르크스의 일 이해 97

2부 성령론적 일의 신학을 향하여 113

3. 일의 신학을 향하여 115
   일의 신학 118
   일의 신학을 발전시키는 방법에 관하여 126
   일의 신학과 새 창조 130

4. 일, 성령, 새 창조　　　　　　　　　　　　143
　　일과 새 창조　　　　　　　　　　　　　144
　　일과 성령　　　　　　　　　　　　　　164
　　일의 기독교적 이데올로기?　　　　　　　191

5. 일, 인간, 자연　　　　　　　　　　　　　197
　　성령, 일, 인간　　　　　　　　　　　　199
　　성령, 일, 여가　　　　　　　　　　　　212
　　성령, 일, 환경　　　　　　　　　　　　224
　　성령, 일, 인간의 필요　　　　　　　　　235
　　첨언: 성령, 일, 실업　　　　　　　　　　244

6. 일에서 발생하는 소외와 일의 인간화　　　249
　　소외의 특징　　　　　　　　　　　　　250
　　소외에 관심을 가져야 할 이유　　　　　256
　　소외를 야기하는 일의 여러 형태　　　　266

해설: 새 창조와 성령의 관점에서 본 일 _박득훈　319
참고 문헌　　　　　　　　　　　　　　　　331
성경 찾아보기　　　　　　　　　　　　　　351
인명 찾아보기　　　　　　　　　　　　　　355

한국어판 서문

인간의 일에 대한 신학적 탐구는 내 일생의 관심사였다. 나는 일에 관한 박사 논문 『노동의 미래―미래의 노동』(*Zukunft der Arbeit―Arbeit der Zukunft*, 한국신학연구소)으로 학자로서의 길을 시작했다. 이 논문은 일을 연구와 고찰의 초점으로 삼고자 할 때 가장 중요한 사상가인 카를 마르크스의 노동 철학을 신학적 견지에서 비판적으로 살펴본 것이다. 그 후 얼마 지나지 않아 『일과 성령』(*Work in the Spirit*)이라는 제목의 일 신학에 관한 책, 바로 지금 독자 여러분이 손에 들고 있는 이 책을 발표했다. 1991년 이 책이 처음 나온 이래, 인간의 일이라는 문제는 나의 많은 연구와 저술에서, 특히 『광장에 선 기독교』(*A Public Faith*), 『인간의 번영』(*Flourishing*, 이상 IVP) 같은 공공선을 다루는 책에서 계속 등장해 왔다.

내가 일에 대해 지속적으로 관심을 쏟는 이유는 두 가지다. 첫째, 우리는 깨어 있는 시간의 많은 비율을 일에 쓴다. 결과적으로 일은 노동 조건과 더불어, 우리의 인성을 형성한다. 이는 현대 경제 체제에서 더욱 사실인데, 사람들의 일터인 각 기관이 경쟁 우위를 확보하는 데 필요한 종류의 노동력을 추구하는 경향이 있기 때문이다.¹ 둘째, 인간의 일은 인간 이외의 세계를 심오하게 바꿔 놓는다. 이는 현대성의 시작과 함께 빨라진 기술 발전의 속도가 계속해서 기하급수적으로 가속화하고 있음을 고려할 때 특히 사실이다. 다른 많은 것 가운데서도 지질학적으로 현재 시대를 가리키기 위해 '인류세'(人類世, Anthropocene, 노벨상 수상자인 네덜란드 화학자 크뤼천이 2000년 처음 제안한 용어로, 인류의 자연환경 파괴로 인해 급격하게 변화된 지구 환경 체계에 맞서 싸워야 하게 된 시대를 말한다—옮긴이)라는 명칭까지 나온 것을 보면 알 수 있다. (예를 들면, "세계에 4만 마리의 사자가 있는 것에 비해 집고양이는 6억 마리가 있고, 유사하게 아프리카물소는 90만 마리인 데 비해 젖소는 15억 마리에 달한다.")[2] 인성 형성과 세계 형성으로 요약되는 이 두 과정이 함께, 현대 세계에서 인간의 일에 독보적 중요성을 부여한다.

인간의 일이 세계를 바꾸는 동력이라는 것은 카를 마르크스 노동 철학의 핵심에 있는 중요한 신념이다. 그는 자본주의 시대에 인간의 일을 그런 방식으로 파악하고, 그가 자본주의 다음에 따라올 것이라고 예측한 사회주의에서도 여전히 그럴 것이라고 단언한다. 성경 전통에서도 일은 다른 방식이기는 하나 중심적이다. 이 책에서 내가 지적하는 것처럼, 창세기 2장의 두 번째 창조 기사에서 세상은 자연적 과정을 창조하시는 하나님과 동산에서 '일하고 돌보는' 인간 사이의 협력으로 존재하게 된다(창 2:5, 15). 바로 그런 세상, 곧 하나님과 인간의 협력 활동을 통해 존재하게 되는 세상의 창조 목표는 하나님이 거하실 장소가 되는 것이다. 우리가 이것을 알 수 있는 이유는 부분적으로, 히브리 성경의 다른 부분에서 '일하고 지키다'—더 낫게는 '섬기고 보살피다'—라는 표현이 성막에서 레위인이 하는

---

[1] Kathryn Tanner, *Christianity and the New Spirit of Capitalism* (New Haven: Yale University Press, 2019)을 보라.
[2] Yuval Noah Harari, *Homo Deus: A Brief History* of Tomorrow (New York: HarperCollins, 2017), 71. 『호모 데우스』(김영사).

일을 묘사하기 때문이다(민 3:7-8; 8:6; 18:5-6). 인류와 함께하시는 하나님의 역사 전체가 땅 위에 '하나님의 집'을 세우는 것을 지향한다고 해석한다면(계 21:3),[3] 그리고 만약 에덴동산을 그러한 목표의 원형 이미지로 본다면, 성경 전통에서도 인간의 일은 세상을 형성하는 동력이라는 결론이 따라온다. 즉 누적되는 인류의 일에 부여된 목적은 세상이 하나님과 인간 그리고 창조세계 전체 공동체의 단일한 집이 되도록 돕는 것이다. 맞다. 성경 전통에서 하나님의 집은 하나님**으로부터** 온다. 창세기에서는 하나님이 동산을 심으시는 창조주이시고(2:8), 요한계시록에서는 새 예루살렘이 위로부터 내려온다(21:2). 그럼에도 인간의 일은 여전히 필수적이다. 인간의 일이 없다면, 하나님과 피조물의 집으로서의 세상도 없다.

오늘날 '세상을 형성하는 일'을 추동하는 것은 더 많은 것, 더 나은 것, 다른 것에 대한 만족할 줄 모르는 중독적 갈증, 그리고 무엇보다 더 많은 것에 대한 갈증에 연료를 공급하는 더 큰 수익에 대한 갈증이다. 그 결과, 하나님과 피조물의 집을 만들고 유지하는 대신 인간의 일은 세상이라는 집을 해체하고 있다. 예수님의 이야기에 나오는 부자가 그랬던 것처럼 누군가는 매일 잔치를 벌이는 반면, 많은 이들은 그들의 상에서 떨어지는 부스러기조차 얻지 못한다. 조기 은퇴를 하는 소수와 달리, 나이 어린 이들을 포함한 다수는 고되고 위험하며 열악한 직장에서 노예처럼 일한다. 이 행성은 하나님의 싱그러운 창조 세계로 보전되기는커녕 조직적으로 파괴되고 있다. 부분적으로 이는 우리가 수익을 극대화하도록, 그럼으로써 세상에 상품과 서비스가 차고 넘치도록 디자인된 시스템을 선택했기 때문이다. 우리는 인간의 일이 지향해야 할 바른 목표가 수익 창출이 아니며 상품과 서

---

3   Miroslav Volf and Matthew Croasmun, *For the Life of the World: Theology that Makes a Difference* (Grand Rapids: Brazos, 2019), 66-71를 보라.

비스 생산은 더더욱 아니라는 생각을 저버렸다. 인간 일의 바른 목표는 집을 창조하도록 돕는 것이다. 개인과 가족을 위한 가장 작은 단위의 집들뿐 아니라 시골과 도시의 공동체를 위한 집, 그럼으로써 모든 피조물을 품는 하나의 행성으로서의 집, 곧 하나님이 거하고자 하시는 성전을 만드는 일 말이다.

이 책에서 나는 인간의 일을 하나님의 집의 이미지와 연결하지는 않았다. 그럼에도 이 책에는 그러한 개념이 들어 있다. 우리가 성령의 능력 안에서 일할 때, 우리는 하나님께서 이 행성 전체를 하나님의 집이자 인간의 집으로 만들기 위해 오실 그날을 내다보면서 세상을 변화시키고 있기 때문이다. 이 책이 그리스도인 일반 노동자와 사업가 모두에게 인간 일의 참된 목적을 발견하고 추구하도록 하는 데 도움이 되기를 바란다.

2019년 11월
미로슬라브 볼프
예일대 신학대학원 헨리 B. 라이트 신학 교수
예일 신앙과문화연구소 설립자 겸 소장

서문

내가 인간의 일 문제에 관심을 갖게 된 시기는 튀빙겐 대학(University of Tübingen) 개신교 신학부에서 위르겐 몰트만(Jürgen Moltmann) 교수의 지도 아래 박사 과정을 시작한 1980년으로 거슬러 올라간다. 나의 과제는 카를 마르크스(Karl Marx)의 일 이해를 분석하고 신학적으로 평가하는 것이었다(논문은 축약된 형태로 『노동의 미래 — 미래의 노동』이라는 제목으로 출간되었다). 수년간 일 문제를 고찰하면서, 나는 개신교계에서 여전히 우세한 관점인, 일을 소명으로 이해하는 데 대해 점점 만족하지 못하게 되었다. 일을 소명으로 이해하는 것은 과도한 정태적 봉건주의와 초기 자본주의 사회의 맥락에서 '보카티오'(vocatio)라는 정태적 신학 개념에 근거하여 발전하고 정교해졌다.[1] 그러나 현대 사회는 역동적이다. 단일하고 영구적이며 급여를 받는 전업 형태의 고용은 빈번하게 바뀌는 여러 개의 직업으로 대체되었다. 이러한 역동적 사회에서는 일의 이해도 역동적이어야 한다.

일에 대한 기독교적 사고에서 '소명'이라는 수명 다한 손을 걷어 내야

---

1   4장을 보라.

한다는 것은 내게 분명했다. 그 손은 현대 사회에 적용하기 어려울 뿐 아니라 신학적으로 불충분했다. 그러나 무엇으로 대체해야 한다는 말인가? 이 질문에 대해 이 책이 제공하는 답이 떠오른 것은, 5년 단위로 진행되는 로마 가톨릭과 오순절 교회 간의 국제적 대화(International Roman Catholic-Pentecostal Dialogue)의 세 번째 기간(1985-1989) 동안 연구원으로서 교회에 대한 연구 보고서를 준비할 때였다. 교회에 대한 바울의 이해를 놓고 신학적으로 씨름하던 중, 그리스도인의 활동(특히 기독교 공동체 안에서의)에 대한 신학적 고찰을 위해 바울이 매우 역동적인 '카리스마'(charisma) 개념을 활용한다는 것을 새삼 깨달았다. 그리하여 나는 '카리스마' 개념을 신학적으로 발전시켜 일의 신학을 위한 주춧돌로 삼을 수 있는 가능성을 생각하기 시작했다. 진부한 것이 분명한 하나의 생각이 나로 하여금 프로젝트를 시작할 수 있는 대범함을 주었다. 즉 그리스도인의 삶 전체는 정의상 성령 안에서의 삶이므로, 교회 사역이든 세속 직업이든 일 역시 그 예외가 될 수는 없다는 점이다. **성령 안에서의 일은 성령을 따라 걷는 그리스도인의 삶의 한 차원이다**(참고. 롬 8:4; 갈 5:16이하).

나는 이미 마르크스의 일 개념에 대한 신학적 평가에서도 성령론을 두둔했다. 그러나 '카리스마' 개념에 기초한 **성령론적 일의 신학**을 처음으로 제안한 것은 "일과 카리스마. 일의 신학을 향하여"(Arbeit und Charisma. Zu einer Theologie der Arbeit)라는 글에서였다. 이 글에 대한 경제학자들과 신학자들의 반응은 일에 대한 소명적 이해를 은사적 이해로 전환할 것을 제안하는 나의 입장을 더 자세하고 정확하게 발전시킬 수 있도록 격려했다.

패러다임을 전환하는 것은 여기서 내가 하고 있는 것처럼 작은 규모의 시도일 때조차 매혹적인 동시에 위험한 노력이다. 토머스 쿤(Thomas Kuhn)의 과학 혁명 이론 전체와 신학에 대한 적용 가능성을 어떻게 생각하든,

새로운 패러다임의 최초 진술은 언제나 다듬어지지 않은 초고 형태로 나온다고 한 그의 말만큼은 분명히 옳다. 인정사정없는 학자 집단이 그 초고를 학문의 쓰레기통에 던져 넣지 않고, 추가적 고찰을 위한 기반으로 사용하는 경우는 아주 드물 것이다. 따라서 나는 일에 대한 소명적 이해에서 은사적 이해로 전환하자는 나의 제안 역시 단지 불확실한 운명을 지닌 초고에 지나지 않음을 잘 인식하고 있다.

종합적 비전을 담은 원고들은 종종 학자들의 비판적 눈에 불만스럽게 읽힌다. 그들이 그 비전에 공감할 때조차 그렇다. 인간의 일에 대한 종합적인 신학 비전을 공식적으로 진술하기 위해서는, 하나님과 창조의 교리, 인간론, 구원론, 성령론, 교회론, 종말론 같은 신학 내 다양한 분과뿐 아니라 철학, 심리학, 사회학, 경제학이라는 세속 학문 역시 두루 다루어야 한다. 나의 주제가 포괄하는 폭은 내가 전문적이라고 주장할 수 없는 배움의 분야로 나를 밀어 넣을 뿐 아니라, 많은 것을 그저 가정이나 단순한 제안에 그칠 수밖에 없게 했다.

나는 창조 교리의 틀 안에서 발전된, 일을 소명으로 이해하는 입장으로부터 종말 교리의 틀 안에서 발전된, 일에 대한 성령론적 이해로 전환할 것을 제안한다. 그래서 어떤 독자들은 성령론과 종말론에 대한 나의 고찰이 너무 짧게 느껴질 수도 있다. 성령의 본질에 대해(인격 혹은 에너지), 성령과 삼위일체의 다른 위격들과의 관계에 대해,[2] 성령의 임재와 활동의 범위에 대해(교회 혹은 세상), 각 영역에서 성령 임재의 본질에 대해 더 많은 내

---

[2] 신학적 고찰에서 삼위일체 교리의 근본적 중요성 때문에, 여기서 나는 그리스 교부들을 따라 삼위일체의 사회적 교리를 발전시키고자 노력한 신학자들과 동일한 입장임을 짧게 밝히고자 한다. Moltmann, *Trinität*를 보라. 이 사안에 대한 나의 소고는, Volf, "Kirche", 71이하를 보라. 삼위일체의 사회적 교리를 경제 사안에 적용한 예는 Meeks, *God the Economist*를 보라.

용을 원할 수도 있다. 또한 기저에 깔린 종말론에 관해 비슷한 무게의 신학적 질문을 할 수도 있다. 예를 들어, 내가 거침없이 사용하는 종말론적 사실주의가 이상해 보일 수 있고, 적어도 고전적 개신교 전통이나 정치적 신학, 해방 신학 프로젝트와 거리가 먼 독자들에게 친숙하지 않을 수 있다.

성령론과 종말론을 아주 자세히 발전시키지 않는 이상, 이 문제를 두고 내가 할 수 있는 일은 거의 없다. 그리고 그렇게 해도 아마 별 도움이 못 될 것이다. 자세히 설명된 성령론과 종말론이 이 독자들로 하여금 나를 더 잘 이해할 수 있도록 만들 수는 있겠지만, 아마 나에게 더 동의하게 만들지는 못할 것이다. 기본적인 신학적 결정이 이루어지는 수준에서 동의란, 머리의 설득보다는 마음의 전향을 통해 이루어지는 것처럼 보이기 때문이다(그 둘의 상호 의존성을 인정하기는 한다). 나는 나의 과제에 적합해 보이는 유일한 방법을 따를 것이다. 곧, 내가 다룰 주제의 다양한 측면을 논하기 위해 필요가 제기되는 만큼만 신학 개념을 발전시킬 것이다. 나는 나와 다른 신학적 세계에 거하는 이들조차 나의 고찰에서 유익을 얻을 수 있기를 바라며, 유익을 얻을 만한 다른 이유가 없다면 동의하지 않을 누군가를 얻는 유익이라도 누리길 바랄 뿐이다.

기반이 되는 신학적·철학적·경제적 관점을 발전시키는 것이 책의 주요 논점에서 벗어나게 한다고 느끼는 지점에서는, 각주를 통해 독자들이 다른 문헌에서 이러한 관점들의 타당성 입증과 더 자세한 설명을 참고할 수 있게 했다. 물론 참고 문헌이 논증을 대체할 수는 없다. 그러나 지면을 아끼는 것이 필요할 때, 참고 문헌으로 대체하는 것은 설득력 있는 주장과 다른 이들의 입장을 단순히 반복하는 것을 줄이는 데 유용한 역할을 한다. 핵심적으로 중요한 내용은 각주에 언급된 문헌을 찾아보는 수고를 기꺼이 하기를 독자들에게 당부한다. 또한, 나의 다른 저서들은(특히 『노동의 미래—미래의 노동』) 때로 중요한 추가 논지를 제공한다. 더욱이 독자들로서는 세부 사항보다는 전체 그림에 집중하는 편이 더 좋다. 이 책의 논지의 불충분함을(설득력 있다고 믿기는 하지만) 미리 변명하려는 것이 아니라, 독자들에게 이 책을 그 주된 목적에 비추어, 즉 인간의 일에 대한 새롭고 종합적인 신학적 비전을 발전시키고자 한 그 목적에 비추어 평가할 것을 상기시키려 함이다.

물론 이 책의 주된 핵심인 '카리스마' 개념에 기초한 성령론적 일의 신학을 제안하는 것이, 이 책에 표현된 모든 신학적 관점, 심지어 모든 성령론적이고 종말론적인 관점에 달려 있지는 않다. 나는 '카리스마' 개념에 기초한 하나 이상의 일 신학이 가능함을 인정한다. 느의 신학적 전통에 따라 일의 신학을 구성한 방식에 동의하지 않는 독자는 같은 토대를 사용하여 자신이 더 편하게 느끼는 건물을 세우고자 할 수도 있다. 나는 내가 세운 건물이 견고한 재료로 지어졌고 편안한 안식처를 제공한다고—실은, 어떤 다른 건축 방식으로도 더 나은 건물을 지을 수 없다고—생각하고 싶지만, 같은 토대 위에 다른 구조를 지어 올리는 수고를 하는 누구라도 이 책을 쓰는 나의 목적과 배치되는 것은 아니다.

화이트헤드(Whitehead)는 서구 철학 전체가 플라톤(Plato)에 대한 일련의 각주라고 말한 적이 있다. 이번 세기의 서구 경제 이론과 사회 철학은 카를 마르크스가 애덤 스미스(Adam Smith)와 벌인 위대한 논쟁에 대한 일련의 각주로 묘사할 수 있다. 논쟁은 1989년 급작스럽게 끝난 것처럼 보인다. 유럽 '벨벳' 혁명은 애덤 스미스의 편을 들기로 결정했다. 그러나 일부 보수파를 제외하면, 스미스의 승리는 완전한 승리의 진정한 맛을 결핍하고 있다. 사람들은 스미스가 시작한 전통이 오늘날 세계에서 기승을 부리는 일부 주요한 문제(널리 퍼진 극도의 빈곤, 비인간화, 전 지구의 생태적 재앙 같은)에 대한 해결책을 갖고 있지 않음을 점점 깨닫고 있다. 마르크스주의 유형의 사회주의는 완전히 신뢰를 잃었고, 자본주의는 불충분한 가운데, 우려하는 사람들은 여전히 잘 보이지 않는 제3의 길을 찾고 있다. 이 '제3의 길'은 가까운 미래에 이 시대의 사회적·생태적 문제를 고려하여 강력하게 수정된 '제1의 길'(사회-생태적 시장 경제)이 될 것임이 분명하다. 그러나 어떤 수정이 이루어져야 할지 아직은 분명하지 않고, 이러한 수정이 따라야 할 가치 체제에 관한 합의조차 존재하지 않는다. 나의 책은 제3의 길을 향한 복합적 탐색을 위한, 하나의 시각(기독교 신학)에서 사안의 오직 한 측면(일의 문제)에 관해 쓰인 하나의 작은 기여다.

또한 나는 이 책을 쓰는 동안, 1987년 '신앙과 경제에 관한 옥스퍼드 회의'(Oxford Conference on Christian Faith and Economics)에서 시작한 경제 사안에 관한 신학적 고찰의 국제적 과정에 참여했다. 이 과정은 "기독교 신앙과 경제에 관한 옥스퍼드 선언"(Oxford Declaration on Christian Faith and Economics)으로 완성되었고, 이는 1990년 1월 '제2차 신앙과 경제에 관한 옥스퍼드 회의'에서 발표되었다.[3] 나는 회의를 준비하는 과정에서 이 문서의 초안자였기 때문에, 각 대륙에서 날아오는 기독교 신앙 및 경제와 관련한 원고들을 내 책상 위에서 받아 보는 특권을 누렸다. 이 책에서 이 문서를 자주 인용하지는 않지만, 그들이 제공한 자극과 통찰력은 여기에 반영되었다. 다른 한편으로, 나는 그 문서 초고에 다양한 많은 의견뿐 아니라 (당시 거의 마쳤던) 이 책의 원고에서 몇 가지 핵심 진술들도 통합시켰다. 그 많은 부분이 세계의 다양한 지역에서 모인 백 명의 신학자, 경제학자, 윤리학자, 개발 전문가, 교회 지도자, 기업 경영인의 비판에서 살아남았다. 나

---

3 "Oxford Declaration"을 보라.

는 중복을 피하기 위해 원래 원고로 돌아가 그 진술들을 바꾸지 않았다. 특히, 나는 "옥스퍼드 선언"이 일에 대한 신학적 고찰을 위한 기초를 소명이 아닌 '카리스마' 개념에 두고자 한 나의 입장을 따르는 것을 보고 특히 기뻤다.

나는 미국뿐만 아니라 유럽(독일과 유고슬라비아)에서도 이 책의 자료를 모으고 집필했기 때문에, 사용하는 자료들 중 영역본이 존재하는데도 접근할 수 없는 경우가 종종 있었다. 그 결과 일부 참고 문헌, 특히 피히테(Fichte), 헤겔(Hegel), 포이어바흐(Feuerbach), 마르크스, 니체(Nietzsche) 같은 독일 철학자들의 문헌은 독일어 버전이다. 모든 참고 문헌의 영역본을 추적하는 것은 수고스러울 뿐 아니라, 알렉산더 폰 훔볼트 재단(Alexander von Humboldt-Stiftung)의 연구 기금으로 튀빙겐에 머물고 있는 나에게는 불가능한 일이기도 하다.

나는 캘리포니아 파사데나의 풀러 신학교(Fuller Theological Seminary) 여름 학기 두 수업에서 이 책의 상당 부분을 가르쳤다. 그곳의 다양한 학생들—그들 중에는 심리학자, 사회학자, 사업가도 있었다—의 탐구 정신에 감사한다. 풀러 신학교에서 나의 수업 조교였던 웨인 허만(Wayne Herman)에게, 로스앤젤레스 지역의 많은 도서관에서 자료를 수집해 준 데 대해 감사를 전한다. 책의 원고 일부는 1988년 여름, 스카일러(Schuyler)와 에델 아이지안(Ethel Aijian) 박사 부부가 나와 아내에게 제공해 준 태평양이 내려다보이는 샌타바버라의 아름다운 집에서 집필되었다. 책의 최종 원고는 유고슬라비아 오시예크의 복음주의 신학부(Evangelical Theological Faculty in Osijek)에서 안식년을 받아 지내는 동안 완성되었다. 마지막 수정은 알렉산더 폰 훔볼트 재단 선임 연구원으로 있을 때 이루어졌다. 우리가 나눈 활발한 대화를 통해 이미 그 내용과 친숙함에도 불구하고 원고 전체를 읽는 수고를 해 준 유디스 M. 건드리 볼프(Judith M. Gundry Volf) 박사에게 특별히 감사드린다. 핵심을 꿰뚫는 그녀의 질문들은 나의 논지를 예리하게 해 주었고, 만약 이 책에 약간의 명료함이라도 있다면, 많은 부분은 난해한 글 스타일을 아주 싫어하는 그녀 덕분이다. 교정 및 색인 작업을 도와준 마리앤 브뢰켈(Marianne Bröckel), 잉게보르그 쉴레히트(Ingeborg Schlecht) 그리고 특별히 커크 보톰리(Kirk Bottomly)에게 감사드린다.

이 책은 이제 80세를 훌쩍 넘긴 나의 보모 밀리카 브랑코빅(Milica Branković)에게―나는 여전히 그녀를 테타 밀리카(밀리카 이모)라고 부른다―바친다. 너새니얼 호손(Nathaniel Hawthorne)은 "천사들은 중노동을 하지 않지만, 그들의 선행이 그들로부터 자란다"고 썼다. 결코 다른 것으로 착각할 수 없는 사랑으로 행한 그녀의 천사 같은 일은 내 삶의 처음 다섯 해를 아름답게 해 주었다. 내가 아는 그 누구보다 그녀는 성령 안에서 일했고, 장차 올 새 창조에 대한 간절한 열망으로 인해 "성령 안에서 누리는 의와 평화와 기쁨"의 삶을 살았다(롬 14:17).

1990년 9월
서독 튀빙겐에서
미로슬라브 볼프

일과 성령

• 일러두기
이 책은 다음의 소고에서 가져온 내용을 상당한 수정을 거쳐 재사용하였다.

- "Arbeit und Chrisma. Zu einer Theologie der Arbeit", *Zeitschrift für Evangelische Ethik* 31 (1987): 411-433.
- "Human Work, Divine Spirit, and New Creation: Toward a Pneumatological Understanding of Work", *Pneuma* 9 (1987): 173-193.
- "Market, Central Planning, and Participatory Economy: A Response to Robert Goudzwaard", *Transformation* 4, nos. 3/4 (1987): 61-63.
- "On Loving with Hope: Eschatology and Social Responsibility", *Transformation* 7, no. 3 (1990): 28-31.
- "Materiality of Salvation: An Investigation in the Soteriologies of Liberation and Pentecostal Theologies", *Journal of Ecumenical Studies* 26 (1989): 447-467.

이 논문들의 내용을 사용할 수 있도록 친절하게 허락해 준 간행물 편집자들께 감사드린다.

• 편집자 일러두기
1. 이 책에 등장하는 지명 및 국가명은 저술 시기인 1990년을 기준으로 한다. 당시 동독과 서독으로 나뉘어 있던 독일은 1990년 10월에 통일되었고, 유고슬라비아는 1991년 슬로베니아, 크로아티아의 독립 선언 이후 여러 차례의 전쟁을 거치면서 연방이 해체되었다. 책에 등장하는 유고슬라비아는 구 유고 연방을 의미한다.
2. 성경 본문은 『성경전서 새번역』을 사용하였다.

서론

자본주의의 발흥 및 발전은 이른바 '프로테스탄트 일 윤리'—바르게 혹은 잘못 명명된—와 힘을 합쳐 서구의 '일이 전부인 세상'을 탄생시켰다.[1] 산업 국가 발전 초기 단계에는 지치지 않는 성실함 혹은 잔혹하게 강요된 근면이라는 순수하고 단순한 형태로, 이후에는 광적인 여가 추구와 결합한 형태로, 일은 사람들의 삶 곳곳에 스며들어 그것을 지배했다. 처음에 사람들은 이익이나 필요나 의무감 때문에 혹은 세 가지 모두를 위해 쉬지 않고 일했다. 그다음, 그들은 자신을 일하는 존재로 이해하게 되었다. 곧 자신의 가장 고차원적 운명은 일하는 것이며, 자신의 존재는 일을 하지 않는다면 될 수 없을 소중한 무언가가 되어 가는 과정으로 구성된다는 것이다. 사이 나쁜 형제 관계인 자유주의와 사회주의 양쪽 모두에서 인간의 일이 인간론과 정치 이론의 핵심을 차지하는 것은 우연이 아니다.[2]

---

1 Pieper, *Leisure*, 21.
2 2장을 보라.

주목받는 일

현대 사회에서 일의 중요성을 고려할 때, 사회의 건강을 염려하는 사람들이 일 문제에 관심을 갖는 것은 놀랍지 않다. 벨라(R. Bellah)의 책 『마음의 습관』(Habits of Heart)이 좋은 예다. 그는 (이제 대부분의 다른 경제 선진국에서도 놀랄 만큼 유사성을 드러내는) 미국 문화 안에 만연한 개인주의를 분석한 뒤 이렇게 묻는다. "후기 산업, 포스트모던 시대에 우리가 다시 시민이 되고, 다 함께 공동선을 추구하는 것은 과연 가능한가?"[3] 책 말미에 이 질문에 간략하게 답하면서 일의 변화를 호소하는 대목이 두드러지게 눈에 띈다. 벨라는 "단지 개인의 출세를 위한 수단이 아닌 모두의 유익에 공헌하는" 일, "본질적으로 재미있고 가치 있는" 일이 **"사회 생태계의 회복을 위한 핵심 요건 중 하나"**라고 주장한다. 그의 의견에 따르면, 후기 산업 시대에 공동선을 추구하는 사회에서는 그러한 일이야말로 "가장 기본적 형태의 시민적 덕목"이다. 일의 의미, 우리가 일과 맺는 관계에서의 변화는 "경제 기관에 의한 전문적 미세 조정만으로는" 이루어질 수 없으며, "심오한 문화적이고 사회적인 변화는 물론 심리적 변화까지" 필요로 한다.[4]

오랫동안 부당하게 무대의 배경에만 머무르던 일 문제는 최근 수년간 신학과 교회의 관심 주제로 주목받고 있다. 1980년대 초 경제 선진국의 높은 실업률이 그 계기였다. 노동력을 절감하는 새로운 기술 도입은 산업 사회에서 일자리가 사라지고 있다는 강한 인상을 만들어 냈다. 이제 그러한 인상은 잘못으로 판명되었다. 그럼에도 '일이 전부인' 세상에서 일자리가 희소 자원으로 인식될 때, 사람들은 산 위의 희박한 공기로 호흡하도록 내

---

3   Bellah, *Habits*, 271.
4   ibid., 288, 289. 강조 추가.

몰리는 것처럼 느끼기 시작한다. 일자리가 없다는 것은 생명을 유지할 수 있는 환경 바깥에 놓인다는 것이다. 일이 지배하는 사회에서 일자리 부족이 가져오는 위험천만한 결과 때문에, 세계 전역의 교회 기관들은 최근 몇 년간 일 문제를 중요 의제로 상정해 왔다. 실업 문제의 긴급성과 중요성에서 오판하기는 했지만, 그들이 급격하게 변화하는 기술 사회에서 일 문제에 대한 새로운 신학적 고찰의 필요성을 감지한 점은 옳았다.

일 문제를 다룸에 있어, 로마 가톨릭 교회는 일에 대한 신학적 고찰 및 노동자가 처한 사회적 조건을 다루는 오래되고 훌륭한 전통에 기댈 수 있었다. 그 전통은 '사회 문제'의 교황, 레오 13세(Leo XIII)가 발표한 노동 헌장으로 불리기도 하는 회칙 『레룸 노바룸』(Rerum Novarum, 새로운 사태, 1891)에서 시작되었다. 이 문서는 19세기 노동자들이 처한 곤경에 대해 교회가 오래 끌어온 공식 답변이었다. 90년 뒤, 요한 바오로 2세(John Paul II)는 회칙 『라보렘 엑세르첸스』(Laborem Exercens, 노동하는 인간)를 발표했다. 『라보렘 엑세르첸스』는 『레룸 노바룸』 이후에 나온 그보다 오래된 사회적 회칙과 비교할 때 내용 면에서는 새로운 것이 별로 없다. 그러나 일 문제에 대한 **접근 방식**만큼은 급진적으로 다르다.[5] 이전의 회칙들은 착취와 같은 특정한 사회악을 줄이기 위한 노력을 우선시했다.[6] 『라보렘 엑세르첸스』는 인간의 일을 "지속적이고 근본적인" 현상으로 다루면서 그것을 "사회 문제 전체를 위한 핵심 열쇠"로 지목한다.[7] 『레룸 노바룸』 및 그 이후에 나온 사회적 회칙들에서는 사회 비판이 주를 이루었다면, 『라보렘 엑세르첸스』는 일의 철학 및 신학을 주로 다룬다.

---

5   von Nell-Breuning, "Kommentar", 106이하를 보라.
6   *Rerum Novarum*, nos. 1-3; *Quadragesimo Anno*, title page; *Mater et Magistra*, n. 50 를 보라.
7   *Laborem Exercens*, nos. 1, 3.

『라보렘 엑세르첸스』는 그동안 일 문제에 관해 쓰인 주목할 만한 교회 문서들 가운데 하나다. 이 회칙은 이념적으로 양 끝에 속한 극단주의자들을 제외하고는 폭넓게 수용되었고,[8] 개인 신학자 및 다양한 국가의 국내 로마 가톨릭 주교회의가 일 문제를 새롭게 연구하도록 자극했다. 영어권에서 특별히 중요한 문서는 미국 주교회의의 사목 서한 『모두를 위한 경제 정의: 가톨릭의 사회적 가르침과 미국 경제』(Economic Justice for All: Catholic Social Teaching and the U.S. Economy, 1986)다. 이는 주교들의 "가난한 사람들을 우선적으로 고려하는 입장", 즉 가난하고 억압받는 이들의 편에 서겠다는 헌신에서 나온 문서였다. 이 사목 서한은 주로 미국의 경제 문제를 다루지만, 실업이라는 재앙과 그 결과인 빈곤화, 그 밖의 수많은 경제 사안에 대한 이 서한의 논평은 미국 이외의 상황에 대해서도 적실하고 깨우침을 준다.

로마 가톨릭 교회보다 도덕적 영향력은 덜하지만, 개신교 기관 역시 최근 들어 인간의 일 문제를 다루어 왔다. 예를 들어, 세계교회협의회(WCC)는 경제 문제 전반과 특별히 일 문제를 다루는 다양한 문서를 발표했다.[9] 두 세계대전 사이, 대공황 이전과 대공황 시기 동안 에큐메니컬 그룹 안에서 인간의 일에 대한 많은 신학적 고찰이 이루어졌다. 그 정점은 '교회, 지역 사회, 국가에 관한 옥스퍼드 회의'(Oxford Conference on Church, Community and State, 1937)에서 승인한 『교회, 지역 사회, 국가가 갖는 경제 질서와의 관계에 관한 보고서』(Report of the Section on Church, Community and State in Relation to the Economic Order)다.[10] 이 보고서는 엄청난 실업률

---

8   회칙 *Laborem Exercens*에 대한 개신교의 평가는, Volf, "Work"를 보라.
9   van Drimmelen, "Homo Oikumenicus", 66이하를 보라.
10   The Oxford Conference, 75-112를 보라.

을 초래한 대공황의 경험에 근거하고 있기는 하지만, 구체적인 문제의 해결 방안에 집중하면서도 폭넓은 신학적 시각을 잃지 않았다. 그러한 포괄성 덕분에 이 문서는 여전히 우리의 사고를 자극하고 이 시대의 문제 해결에 도움을 준다. 일 문제를 다루는 WCC의 최근 문서들은 시의성 면에서는 이 문서와 비슷하지만, 폭넓은 신학적 관점이 결핍되어 있다. 이러한 문서들은 주로 '엄청난 실업 문제'를 다루고 그 원인으로 급격한 기술 변화나 경제생활 구조 혹은 두 가지 모두를 분석한다. 그런 다음, 실업과 그 결과로 이어지는 실업자의 자존감 상실, 증대되는 가난과 무력감을 고발한다.[11]

오랫동안 사회 문제에 소홀했던 복음주의 그리스도인들은 최근 수년 간, 하나님 백성에게 "그분의 세상에서 복음 전도뿐 아니라 **사회적 책임**"도 있음을 더 깊이 인식하게 되면서 '따라잡기 과정'에 열성적으로 참여해 왔다.[12] 최근에 열린, 복음주의를 대표하는 신학자, 경제학자, 사업가가 참여한 '기독교 신앙과 경제에 관한 옥스퍼드 회의'(Oxford Conference on Christian Faith and Economics, 1987)는 일 문제를 복음주의 의제로 다루었다. 그들은 "일, 청지기 역할, 부의 창출, 정의, 자유와 민주주의, 여가 등의 상호 연관된 사안을 말씀에 비추어 더 깊이 연구하는" 전 세계적인 과정을 개시하기로 동의했고,[13] 이 과정은 1990년 "기독교 신앙과 경제에 관한 옥스퍼드 선언"(Oxford Declaration on Christian Faith and Economics)이라는 제목의 문서로 완성되었다.[14]

---

11 *Labour*와 *Will the Future Work? Values for Emerging Patterns of Work and Employment*, ed. H. Davis and D. Gosling(Geneva: WCC, 1985)에 실린 에세이 모음을 보라.
12 Stott, *Issues*, xi. 강조 추가.
13 "The Oxford Conference", 23.
14 "The Oxford Declaration"을 보라.

관련된 기독교 기관들이 노동자 또는 경영자로 취업, 자영업, 실직, 정리해고 혹은 은퇴 등 다양한 방식으로 경제생활에 참여하고 있는 그리스도인들을 안내하고자 노력함으로써 현재의 일 위기에 반응하고 있음을 볼 때 안도하게 된다. 기독교 기관들이 이러한 중요한 임무를 책임감 있게 수행하기 위해서는, 인간의 일과 관련한 복합적 사안을 다루는 신중한 신학적 고찰에 의존해야 한다. 그러나 개신교 내에서 신학적 고찰은 그다지 많이 이루어지지 않았다. 일에 대한 관심이 증가하면서, 망설임 없이 경제 정책에 관한 구체적인 제안을 내놓는 대중적 수준의 수많은 신학적 논의는 종종 있었다.[15] 그러나 대중적 연구가 일터에서 매일매일 선택에 직면하는 개인들에게는 도움을 줄지 몰라도, 그것이 개신교 신학자들의 과제인 현대 사회의 일 문제에 대한 더 종합적이고 전문적인 신학 연구를 대신할 수는 없다.

이 책은 개신교 사회 윤리 분야에 존재하는 그러한 심각한 결핍을 해소하기 위한 시도다. 이 책의 목적은 일 문제의 신학적·윤리적 고찰을 위한 폭넓은 신학적 틀을 수립하는 것이다.

일의 신학이 지향하는 목표는 인간의 일의 변화를 해석하고 평가하고 촉진하는 것이다.[16] 이러한 목표는 현대의 일의 세계를 진지하게 고려할 때만 이룰 수 있을 것이다. 1부는 현대 사회에서 일의 성격과 일에 대한 이해를 분석함으로써 일의 현실을 다룰 것이다. 2부에서는 첫 장에서 방법론을 다룬 다음, 종말론적 틀 안에서 성령론에 기초한 일의 신학을 발전시킬 것이다. 그러나 이러한 주요 과제에 본격적으로 돌입하려면 먼저 이 책

---

15 예를 들면, Johnson, *Grace*; Shelly, *Job*; Raines and Day-Lower, *Modern Work*; Mieth, *Arbeit*; 그리고 특히 Stott, *Issues*, 154-193를 보라.
16 뒤의 132-137를 보라.

에서 사용할 일의 정의, 일에 대한 고찰이 전제하는 경제적 틀을 간략하게 제시하는 것이 필요하다.

'일'의 의미

일을 정의하는 것에 관하여

"아무도 묻지 않을 때 나는 안다. 누군가가 물어 와 설명을 하려고 하면 모른다."[17] 아우구스티누스(Augustine)가 '시간'을 정의하고자 할 때 가졌던 고충이다. '일'을 정의하려고 시도하는 사람 역시 비슷하지 않을까 싶다. 일은 우리에게 너무 가까이 있기 때문에 그것보다 이해하기 쉬운 것이 없어 보이지만, 우리 인식의 그물망은 그것을 늘 놓치고 만다.

일을 정의하는 것의 어려움은 『라보렘 엑세르첸스』 초입부의 다소 기이한 일의 '정의'를 설명해 준다. 거기서 일은 "몸을 쓰든 머리를 쓰든, 그 성격이나 환경에 상관없이 인간에 의해 이루어지는 모든 활동"으로 정의된다.[18] 일에 대한 이러한 일반적 진술은 일을 인간의 다른 활동과 개념적으로 구분할 필요를 일으킨다. 그런데 이 진술 뒤에 따라오는 것은 직관력에의 호소다. 즉 일이란 "인간이 할 수 있고 본성적으로 하기 쉬운 다른 많은 활동 가운데 일로 인식될 수 있고 인식되어야 할" 인간의 모든 활동을 의미한다는 것이다.[19] 따라서 결국 누군가 일이라고 생각하는 무엇이든 일이 된다.

일을 정의하기 어려운 이유는 부분적으로 그 평범함에서 기인하는 것

---

17   Augustine, *Confession*, XI, 14.
18   *Laborem Exercens*, 3.
19   ibid., 3-4.

이 분명하다. 일은 우리 일상에서 "친숙함의 신비 안에 그 의미를 감추고 있는" 것 중 하나다.[20] 게다가, 기술 혁신 때문에 현재 일의 성격은 심오한 변화를 겪고 있다. 한때 일의 세계를 지배했고 '일'이라는 단어와 곧바로 연결되던 유형의 일은 하찮은 것으로 축소되고 새로운 유형의 일이 주목을 받고 있다.

유동적인 일상의 현실을 다룰 때 직관에 호소하는 것을 이해할 수는 있다. 하지만 일의 신학이 그 주제에 대해 직관에 만족할 수는 없다. 한 문화 안에서도 사람마다 각기 다른 활동을 일로 간주한다.[21] 따라서 혼란을 막기 위해서는 특정 고찰이 전제하는 일에 대한 특정한 이해를 제시할 필요가 있다. 물론 그러한 특정의 행위는 언제나 부분적으로 임의적일 수밖에 없는데, 누군가 한 단어를 특정 의미로 사용할 때 그러한 사용이 그 단어가 실제로 사용되는 방식과 정확하게 일치하는 경우는 없기 때문이다. 그러나 임의성이 문제가 되는 경우는 오직 그 단어를 정의하는 방식이 그것이 직관적으로 이해되는 방식과 중복되는 부분이 너무 적을 때뿐이다. 그 경우, 단어의 정의는 혼란을 제거하기보다 **발생시킨다**.

지시적 의미의 혼란을 피하는 것이 '일'의 의미에 대한 고찰이 필요한 한 가지 이유다. 그러나 단어는 단지 소통 수단일 뿐 아니라 종종 억압의 도구로도 사용된다. 예를 들어, 가사 노동을 일로 인식하느냐 아니냐는 차이를 만든다. 대부분 경제 선진국에서 어떤 사람이 '일을 한다'고 말할 때, 이는 단지 그 사람이 특정 유형의 활동에 참여하고 있음을 가리킬 뿐 아니라 암묵적으로 그 사람에게 가치를 부여한다. 일하는 것은 좋고, 일하지 않는 것은 나쁘다. 한 사회에서 일을 하지 않는 사람은 가치가 떨어진다.

---

20 Simon, *Work*, 1.
21 Neff, *Work*, 120를 보라.

따라서 우리는 '그냥 가정주부'인 여성을 (심지어 그들 스스로의 묘사에서도) 비하하는 표현을 듣는다. 더 나아가, 일은 경제력을 허락하고 따라서 독립성을 부여하며, 집과 더 넓게는 사회에서 활발한 참여의 문이 된다. 주부의 활동은 직장에서 받는 인정이나 보수가 없기 때문에, 주부들은 그들의 삶에 영향을 주는 결정조차 하지 못할 때가 많다. 마지막으로 가사 노동을 '일'로 보지 않는 것은 현대 사회에서 많은 여성에 대한 착취를 은폐하도록 돕는다. 여성은 똑같은 일에 대해서도 남성보다 평균적으로 더 낮은 임금을 받을 뿐 아니라, 일로 인정되지 않는 가사 노동을 남성보다 훨씬 더 많이, 한 주에 부가적으로 15-27시간이나 더 하기 때문이다. 책임감 있는 일의 신학이 사용하는 일의 정의는 이러한 억압적 남용을 허용하지 않아야 할 것이다.

일, 고역, 취업

구어적 사용에서 '일'이라는 단어는 일반적으로 힘들고 고된 노동 혹은 임금을 받는 취업을 의미한다.[22] 두 의미 모두 대체적으로 일에 대한 바른 묘사이기는 하지만, 일에 대한 공식적 정의나 의미를 구성하는 요소로는 분명 부적절하다. 양쪽 모두 문화적·역사적 영향을 받아 형성된 일의 지배적 특징을 일 자체의 본질로 간주하는 오류를 범하고 있기 때문이다. 일을 정의할 때 우리가 할 일은, 일이 어떤 특징을 지닐 수 있는지 혹은 대부분의 경우에 어떤 특징을 지니는지를 보여 주는 것이 아니다. 그 대신, 어떤 활동이 일로 간주되기 위해서는 어떤 특징을 지녀**야만** 하는지, 그리고 어떤 특징이 일을 다른 활동과 차별화하는지를 보여 주어야 한다.

---

22   고역이 일의 필수적 특징이라는 주장의 예로는 Welty, *Arbeit*, 7가 있다.

일이 고역을 의미하는 이유는 '일'(work)이라는 단어의 어원이 인도-유럽어에 깊이 뿌리내리고 있기 때문이다. 예를 들어, 나의 모국어인 크로아티아어에서 '일'(rad), '노예'(rob), '죄수'(robijaš)를 의미하는 단어들은 그 어원의 관계가 긴밀하다.[23] 영어 단어 '노동'(labor)은 '무거운 짐 아래에서 비틀거리다'라는 의미인 '라바레'(labare)와 그 어원이 같을 것이다. 일을 고역으로 이해하는 것은 역사 내내 대다수 노동자의 경험과도 부합한다. 그리고 오늘날 사람들은 점점 일이 재미있어야 한다고 믿지만, 여전히 대부분 노동자는 분명 힘들게 일하고 있다. 그러나 일이 반드시 고역이지는 않다. 만약 그렇다면 우리는 "대부분의 유능한 노동자가 하고 있는 것은 더 이상 일이 아니다"라는 이상한 주장을 해야 할 것이다.[24] 가장 유능한 노동자들은 하나같이 그들의 일을 최대한 즐기는 이들이기 때문이다.

오늘날 '일'이라는 단어는 임금을 받는 취업을 지칭하는 것으로 가장 널리 사용된다. 산업 혁명 이후, 임금을 받는 취업은 인구 대다수가 생계를 유지하는 주된 방식이었고, 따라서 개인과 그 가족의 삶에서 중심적 위치를 차지하게 되었다.[25] 임금을 받는 취업이 일의 가장 지배적 형태였기 때문에 사람들은 그것을 일과 동일시하게 되었다. 그러나 일을 하는 것과 돈을 버는 것을 긴밀하게 연결하는 현대 경제학에서조차 그 둘은 동일하지 않다. 모든 취업이 '일'은 아니며(실제로 일을 하지 않으면서도 돈을 받는 고용관계가 존재한다), 모든 일이 '취업'은 아니기 때문이다(어떠한 보상 없이도 일을 할 수 있다). 게다가 임금을 받는 취업으로 일을 이해하는 것은 정의상 일의 일차적 의미를 일하는 것 자체가 아닌 돈을 버는 데 두기 때문에 소외를

---

23 Kluge, *Wörterbuch*, 29; Skok, *Riječnik*, III, 150-151.
24 Simon, *Work*, 20.
25 Atteslander, "Von Arbeits-zur Tätigkeitsgesellschaft", 125를 보라.

조장할 수 있다. 이후에 살펴보겠지만, 일 자체를 위해 일을 하는 사람일수록 덜 소외된다고 할 수 있다.[26]

앞서 지적했듯이, 가사 노동을 '일'로 간주하지 않는 것은(이는 일의 개념을 임금을 받는 취업으로 축소할 때 따라오는 필연적 결과다) 여성을 억압한다. 더 나아가, 같은 활동을 다른 사람의 집에서 행하는 경우에는 일로 간주되므로 이는 임의적이다! 또한 일의 의미를 임금을 받는 취업으로 축소하는 것은 '삼 분의 이 세계'의 상황에서는 부적절하다. 가나 같은 나라를 보면 그 한계가 분명해진다. 1980년대 중반 이 나라의 인구는 약 1,250만 명이었다. 그중 50만 명 정도가 공식적으로 임금을 받는 취업 상태로 보고되어 있었다. 100만 명에 이르는 가나 사람들은 영세한 규모의 식량 준비, 의류와 신발 제작, 도구와 가구 제작 등 비공식 영역에서 자영업을 하거나 가족 사업장에서 일했다. 그러나 400만 명에 달하는 활동 인구 대다수는 주로 가족의 생계를 위해 농사를 짓는 자영업자였다.[27] 임금을 받는 취업으로 일을 이해하는 입장을 고수한다면, 가나의 경제 활동 인구 대다수가 일을 하지 않는다는 불합리한 주장을 할 수밖에 없다.

수단적 활동으로서의 일

나는 현대 사회에서 변화하고 있는 일의 현실을 적절하게 다루는 한편, 과거로부터 내려온 일의 개념 안에 담긴 억압적 함의를 피하고자, 일에 대한 포괄적 정의를 다음과 같이 제안해 왔다. 즉 일이란 일하는 개인이나 그들과 공생하는 존재들의 필요를 충족시킬 수 있는 생산물 또는 상황을 만들어 내는 것을 일차 목표로 삼는, 정직하고 목적이 있으며 지정된 방법

26　뒤의 309-315를 보라. 또한, Sölle, *Arbeiten*, 83를 보라.
27　*Labour*, 27를 보라.

으로 행해지는 사회 활동이다. 또는, 일차적으로 그 자체가 목적인 경우, 그 활동 자체의 필요와는 별개로, 일하는 개인의 필요 충족을 위해 필수적인 활동이다. 나는 이미 다른 곳에서 이러한 일의 정의를 자세히 논했고 여기서 그 논의를 반복할 생각은 없다.[28] 그러나 이 정의에 대해 세 가지를 언급하고자 한다. 첫째로 이 정의의 성격에 대해 간략하게 말할 것이고, 둘째로 이 정의가 일을 인간의 다른 활동과 구별하는 방식에 대해 길게 논할 것이며, 셋째로 이러한 정의가 함축하는 이 책의 범위에 대해 밝힐 것이다.

첫째로, 일에 대한 이 정의는 순수하게 **형식적인** 정의다. 이 정의는 하나의 활동이 일로 간주되려면 어떤 특징을 지녀야 하는지 제안한다. 일의 성격에 대한 규범적 내용은 언급하지 않는다. 예를 들어, 어떤 유형의 일이 인간 존엄에 부합하고 어떤 유형의 일이 부합하지 않는지는 언급하지 않는다.

둘째, 나는 표준 절차에 따라 여가와 일을 대조하는 방식으로[29] 일을 정의했다(그러나 일과 여가라는 두 극점이 인간 삶의 모든 활동을 아우른다는 암시는 빼고자 했는데,[30] 이는 일부 활동, 예를 들어 먹는 것과 같은 활동은 두 범주 중 어느 쪽에 속하는지 단정할 수 없기 때문이다). 일과 여가는 종종 자력의 양극처럼 이해되는데, 이러한 양극성은 강제(일) 대 자유(여가) 사이에 성립한다고 여겨진다.

일의 강제적 성격을 어떻게 이해할지에 대해서는 다양한 제안들이 있었다. 어떤 사람들은 일이 필연적으로 사회적 종속을 포함한다고 주장한다. 헤일브로너(Heilbroner)는 "일의 본질이란" 객관적으로 정의된 업무가

28　Volf, *Zukunft*, 102-104.
29　뒤의 213를 보라.
30　Parker, *Work and Leisure*, 25를 보라.

"종속 상태에서 수행되는 것"이며, 이 종속 상태는 "다른 이에게 꼭 필요한 자원에 대해 접근을 거부할 수 있는 일부 사회 구성원의 권리에 의해 부과된다"라고 말한다.[31] 이러한 정의는 수많은 활동을 일의 개념에서 임의적으로 제외시키기 때문에 그다지 설득력이 없다(예를 들어, 이러한 정의에 따르면 한부모의 가사 노동은 절대로 일이 될 수 없다). 더 일반적인 견해에 따르면, 일에 내재된 강제성은 반드시 사회적 맥락에 기인하지 않을 수도 있지만, 어쨌든 일의 과정 안에 존재한다. "사회적 개념에서 자유로운 노동자도⋯ 이러한 강제성을 느끼며, 아마 이는 일을 하는 동안 그 사람의 활동은 그 일의 목표에 지배를 당하고 결정되기 때문일 것이다.⋯어쩔 수 없이 일은 더 멀리 있는 목표에 대한 노동자의 종속이라는 의미를 갖는다."[32] 그러나 강제성에 대한 그러한 이해는 사실상 일과 여가 활동 간의 구분을 지우는데, 모든 취미 생활에서 사람들은 더 멀리 있는 목표에 자신을 종속시키기 때문이다. 일과 자유는 배타적 관계가 아니다. 일이 반드시 자유의 희생은 아니며, 오히려 자유의 실천일 수 있고 최상의 경우 정말로 그렇다.[33] 물론 일이 완벽하게 자유로운 활동일 수는 없다. 중요한 인간 활동 가운데 완벽하게 자유로운 활동은 어디에도 없다. 심지어 사고 활동조차 그렇다. 누군가 어떤 외부적 강제성 없이 일을 하고 있을 때도, 그 사람의 일은 언제나 많은 방식으로 결정된다. 즉 성취해야 할 목표를 통해, 그 목표를 현실화하는 과정에 놓인 장애물에 의해, 그러한 장애물을 극복하기 위해 대략적으로 수립된 방법에 의해 결정된다.[34] 그러나 단약 어떤 일이 누군가의 내적 필요에 의해, 그 자신의 속도로, 그 자신의 기술을 사용하여 이루어

---

31   Heilbroner, *Work*, 12.
32   de Man, *Work*, 67.
33   뒤의 281-283를 보라.
34   Marx, *Grundrisse*, 505를 보라.

진다면, 그 사람은 인간의 다른 어떤 중요한 활동에서와 마찬가지로 일에서도 자유를 누릴 수 있다.

일을 여가와 구별해 주는 본질적 특징은 외적 혹은 내적 강제성이 아니라 **수단성**(instrumentality)이다. '일'이라 불리는 활동은 그 활동 외부에 있는 어떤 목표를 이루는 수단이다. 그러나 일을 "생명을 보존하고 유지하는 것을 목적으로 하는, 인간에 의해 수행되는 수단적 활동"으로 정의하는 것은 지나친 단순화다.[35] 수단적 활동이라고 해서 모두 일은 아니며, 모든 일이 애초에 수단적 활동만은 아니기 때문이다. 정의상 일로 간주되지 않는 활동인 취미도 수단적 활동일 수 있다. 가족 중 자잘한 수리가 취미인 사람이 있으면 무척 편리하다. 그러나 그 사람의 일차 목표가 수리하는 활동 자체를 즐기는 것이 아니라 고장 난 물건 수리라는 문제 해결이 되는 순간, 그 사람의 취미는 (어느 정도 즐길 만한) 일이 된다. 한편, 어떤 활동은 비수단적 활동이면서도(예를 들어, 주관적으로 그 활동 자체가 목적인 경우) 여전히 일일 수 있다. 이 활동이 (이 활동에 대한 필요와는 별개로) 일을 하는 개인의 필요 혹은 이 사람이 책임지고 있는 사람들의 필요를 충족하기 위해 객관적으로 필수적이라면 말이다. 예를 들어, 어떤 정원사가 정원 가꾸기에서 얻는 보상보다 그 일이 주는 순수한 즐거움을 위해 일하는 경우를 상상할 수 있다. 그러나 그 사람의 일이 유용한 취미로 바뀌지 않으려면, 정원 가꾸기는 그 사람의 필요를 채워 주는 필수 요소여야만 한다. 만약 그 일이 객관적으로 볼 때 그의 필요를 채워 주는 필수 요소가 아닐지라도, 그것을 하는 일차 목적이 일 자체가 아니라 필요를 채우는 데 있다면, 그 일 자체는 부분적 목적이기 때문에 여전히 일로 간주될 수 있다.

---

35 Neff, *Work*, 99.

간략하게 말해 유쾌한 일을 유용한 취미와 구별하기 위해, 일은 그것을 하는 사람이 그 활동 자체에 대해 느끼는 필요가 아니라 [객관적] 필요를 충족하기 위해 필수적이거나, 적어도 그 활동의 일차 목적이 그 활동 자체가 아니면 된다.

필요를 채우기 위한 수단적 활동으로 일을 정의하는 것을 개인주의적이라고 오해할 수도 있다. 즉, 그 일을 하는 그 사람만의 필요를 충족하는지 아닌지에 따라 어떤 활동이 일인지 아닌지에 대한 판단이 내려진다고 생각하는 것이다. 그러나 내가 말하는 필요란 단지 일하는 개인의 필요만이 아니라 "그들과 공생하는 존재들의 필요"이기도 하다. 다소 번잡하게 '공생하는 존재들'이라는 용어를 쓴 이유는 인류 전체뿐 아니라 인간 이외의 생명체도 포함시키기 위해서다. 이런 방식으로 일에 대한 나의 정의는 사회적 그리고 생태적으로 책임 있는 일을 해야 할 필요성을 반영한다.

일에 대한 나의 정의를 따른다면, 일과 취미의 구분은 반드시 행해진 활동의 객관적 특징에 근거해 이루어질 필요가 없고 그것을 행하는 사람의 주관적 태도에 근거할 수 있다. 같은 활동도 그것을 행하는 사람이 일차적으로 그것을 수단으로 여기는지 혹은 그 활동 자체가 목적인지에 따라 일이 될 수도 있고 여가 활동이 될 수도 있다. 일과 여가 활동의 구분에서 이러한 주관적 요소는, 일을 여가 활동과 구분하는 경계가 모호하며 어떤 상황에서는 그 둘을 구분하는 것이 불가능할 수도 있음을 의미한다. 그러나 이러한 불가능성은 개념적 불명확성에 기인한다기보다, 오히려 경계 영역에서의 인간의 실제 경험을 반영한다.

셋째, 일을 인간의(그리고 다른 생명체의!) 필요를 채우기 위한 수단적 활동으로 광범위하게 정의하는 것은 함축적으로 이 논의의 범위를 결정한다. 이것은 고역이나 임금을 받는 취업을 다루는 책이 아니다. 내가 하려는 것은 기독교 전통에서 '비타 악티바'(vita activa)라고 부르는 것 대부분에 대한(여가 활동은 제외한) 신학적 고찰이다.

한편으로 이러한 의도는 자연스러워 보인다. 특정 유형의 인간 활동(경제, 사회, 정치, 문화, 교회 활동과 같은)이 일반적인 수단적 활동의 구체적인 예인 한, 그러한 활동은 수단적 활동 일반에 대한 신학적 고찰이라는 문맥 안에서도 연구될 필요가 있기 때문이다. 다른 한편, 수단적 활동의 범위 전체를 신학적으로 고찰하려는 시도는 인간 생활의 다양한 영역이 각각의 논리에 따라 기능하는 현대 사회의 특징적 경향과 부딪힌다. 각기 다른 작동 논리를 지닌 이러한 영역들은 그 자체의 특정한 윤리를 발전시키기 쉽다. 예를 들어, 경제생활을 위한 윤리가 있다면, 사적 생활을 위한 윤리는 따로 있다.

그러나 하나님께 헌신한 하나의 삶 안에 있는 기독교 신앙은 다수의 윤리와 양립할 수 없다. 정의상 하나님은 온 실재의 하나님이시기 때문이다. 그리스도인에게 특정한 삶의 영역에서 어떻게 책임감 있게 기능할 것인가의 문제에 대한 답은 하나의 전체로서의 삶을 어떻게 책임감 있게 살아 낼 것인가의 문제에 대한 답에 달려 있다. 나의 인생이라는 프로젝트가 단순히 내가 기능하는 다양한 독립적 영역을 통합하는 능력에 따른 결과일 수는 없다. 내가 행하는 다양한 역할은 하나님 앞에서 살아가는 '좋은 삶'에 대한 인식에 부합해야 한다. 따라서 특정한 수단적 활동에 대한 고찰은 수단적 활동 일반에 대한 고찰을 전제한다. 물론 나는 산업, 농업, 의학, 정치 혹은 예술과 같이 인간이 하는 각기 다른 유형의 일들에 대한 구체적 고찰의 필요성을 부정하지는 않는다. 단지 나는 이 각각의 일 유형이 **일**인 이상, 일의 의미와 성격과 목적에 대한 일반적인 신학 고찰이 이 모든 유형에 똑같이 적용될 수 있다는 말을 하고 있다.

경제적 틀

경제 체제 및 그것이 수반하는 이념에 대한 비교 연구는 신중한 경제학자나 사회과학자라면 기피하는 복잡한 과제다. 내가 하고자 하는 일에 대한 신학적 고찰이 어떠한 경제적 틀 안에서 이루어져야 하는지 구체적으로 밝힐 필요만 없다면 나도 그들을 따를 것이다. 나의 담론이 취하는 긍정적 형식에도 불구하고, 이 지점에서 나의 의도는 그보다 부정적이다. 즉, 나는 단순히 어떤 경제 체제가 일에 대한 나의 고찰과 양립할 수 없는지만 보일 것이며, 가장 훌륭한 경제 체제란 어떤 것이어야 하는지는 언급하지 않을 것이다.

윤리와 경제 체제

일부 경제 체제가 신학적 관점과 양립할 수 없다는 주장은, 경제 체제가 신학적 고찰의 규칙에 따라야지 신학적 고찰이 특정 경제 체제의 기능적 논리를 따라서는 안 된다는 것을 암시한다.[36] 후자는 경제 체제에 대한 평가가 윤리 신학의 적합한 과제라는 나의 신념과 어긋난다. 오늘날 경제학자들은 이와 다르게 생각하는 경향이 있다. 한동안 경제 활동의 자율화와 탈사회화가 증대되는 추세였다.[37] 경제 활동은 경제적 효율성이라는 원칙이 이끌어 가고, 경제학자의 임무 중 하나는 어떠한 '주관적' 윤리 규범이나 가치 판단도 그 과정을 방해하지 못하게 막는 것처럼 보인다. 그러나 경제 체제는 겉으로 볼 때만 가치에서 자유롭다. 개인의 경제적 선택을 안내할 뿐 아니라 경제 기관이 구현하고자 하는 특정 가치는 언제나 존재하

---

36 Griffiths, *Wealth*, 110-111를 보라.
37 Ricoeur, "Krise", 48; Rinklin, "Bienenfabel", 222를 보라.

기 마련이다.[38] 모든 사회 경제 체제에는 그 안에 내재된 규범적 전제가 있다. 그렇기에 경제 체제에 대한 윤리적 고찰은 가능할 뿐더러 필요하다.

맞다. 윤리적 요구는 너무나 자주 무시당한다. 경제라는 게임의 선수들은 윤리 규범이라는 외적 요구보다 경제 체제의 내부 규칙에 따라 경기를 한다.[39] 윤리 규범은 종종 개인의 양심에 의해서만 강화되기 때문이다. 반면에, 경제 법칙은 손으로 만질 수 있는 결과, 즉 종종 경제 영역 선수들에게 삶과 죽음을 의미할 수도 있는 금전적 이익이나 손실에 의해 강화된다. 분명 누군가는 윤리 규범을 지킬 **수도** 있지만,[40] 그것은 그 체제의 작동 방식이 그를 짓밟지 않는 한에서만 때로 가능하다. 양심과 생존 중 선택해야 한다면 생존을 택하기 쉬울 것이기 때문이다.

선(善)을 아는 것과 선을 현실화하는 것 사이의 구분이 참이라면(나는 그렇다고 믿는다), 인간 활동의 특정 영역에서 윤리 규범이 비효율적이라는 사실은 그것을 고려하지 말아야 할 충분한 이유가 되지 못한다. 오히려 그 사실은 윤리적 담론이 경제 체제의 작용에 집중할 수 있는 더 나은 방식을 탐색하도록 장려한다. 이러한 탐색은 개인들의 윤리적 결정을 신뢰할 수 있는 경우와 법적 제재 방안을 도입하기 위해 노력해야 하는 경우에 대한 신중한 조사를 포함해야 할 것이다.[41]

나는 경제 체제가 세 가지 주요한 규범적 원칙에 따라 판단되어야 한다고 믿는다. 개인의 자유, 모든 사람의 기본적 필요 충족, 자연이 회복 불가능한 손상을 입지 않도록 보호하는 것이 그것이다. 이 세 원칙 모두 이 책에서 핵심적 윤리 규범 역할을 하는 '새 창조'에 대한 인식에서 나온다.

38　"Economic Justice", no. 21를 보라.
39　Hartmann, "Ethik", 206이하를 보라.
40　같은 의견으로, Griffiths, *Wealth*, 66.
41　Hartmann, "Ethik", 208를 보라.

첫째, 새 창조의 개념은 **개인의 존엄 보호**를 함축한다. 각 개인은 하나님의 형상으로 창조되었고 그리스도의 형제와 자매로서 그분과의 개인적 관계 안으로 부름받는다. 따라서 경제생활에서 개인은 물건이 아니라 **자유롭고 책임감 있는 주체**로 다루어져야 한다. 둘째, 새 창조의 개념은 **공동체**를 위한 함축 의미를 갖는다. 그것은 **실천적 연대**를 함축한다. 모든 사람은 하나님의 백성이 이룬 공동체 안에서 그리스도와 함께 상속자로 부름받았다. 이러한 사실은 경제생활에서 우리로 하여금 **모든 사람의 기본 필요를 채우기 위한 일**에 참여하게 만든다. 특별히 그것은 가난한 사람을 우선적으로 고려하는 것을 함축한다. 셋째, 새 창조의 개념은 **자연환경**을 위한 의미를 내포한다. 그것은 **자연을 온전하게 보전하는 책임**을 함축한다. 자연은 단순히 하나의 사물이 아니다. 더 정확히 말해, 성경은 우리에게 자연이 썩어짐 아래 고통받고 있으며, 장차 하나님의 자녀가 누릴 자유를 함께 누릴 것이라고 가르친다(롬 8:18이하). 이는 경제생활을 할 때 자연 안에서나 혹은 자연에 행해지는 모든 일에서 **회복 불가능한 손상으로부터 자연을 보호하는 것**이 수반되어야 함을 함축한다.

나는 규범적 원칙을 실행 가능한 정책으로 번역하는 일이, 규범적 지침뿐 아니라 그러한 지침이 구체적인 형태를 입게 될 복잡한 역사적이고 문화적인 조건 안에서의 실재를 고려해야 하는 복합적이고 어려운 과제임을 깨닫는다. 그러나 그럼에도, 나는 조심스럽게 이 세 원칙이 책임감 있는 경제 체제를 위한 필수 요소로 **시장 경제와 계획 경제 두 체제 모두**를 요구한다고 말하고자 한다.

어떤 이들은 계획 경제의 필요성을 언급하는 것에 놀랄지도 모른다. 오늘날 계획 경제는 그다지 인기가 없다. 수십 년 전에는 정부의 개입과 계획을 강조하는 사회주의가 시대 질서였다면, 오늘날에는 많은 이유로 자본주의가 시대정신이 되었다. 즉, 시장은 점점 더 그 자체의 길을 추구하고, 기업가 정신은 드높여진다. 심지어 사회주의 국가에서도 상황은 마찬가지다. 중국이든 소비에트 연방이든 혹은 유고슬라비아든, 현재 사회주의 국가에서 시행 중인 모든 경제 개혁에는 시장 경제 요소의 도입이나 시장 운영에 더 많은 자유를 허용하는 방침이 포함되어 있다. 예를 들어, 고르바초프(Gorbachev)는 그의 책 『페레스트로이카』(Perestroika)에서 계획 경제의 이점에 사회주의 시장의 활기를 자극하는 요소를 점차 결합시켜 가려는 의도를 밝히는 것으로 자신이 제안하는 경제 변화를 요약했다.[42] 최근 그는 더욱 급격히 자유 시장 경제 방향으로 나아갔다. 현재의 자유 시장에 대한 세계적 열광에도 불구하고, 나는 시장이 계획에 의해 견제될 때에만 현재의 경제 체제가 건강하고 책임감 있는 방식으로 기능할 수 있다고 믿는다. 그러나 시장과 계획 양쪽 모두가 필요한 이유에 대한 도식적인(그러나 완전하지는 않은) 목록을 제시하기 전, 내가 '경제 계획'이라고 말하는 것이 무엇을 의미하는지 간략하게 설명할 필요가 있다.

민주적 계획

경제 계획의 결과가 시장 운영에 가끔 개입하는 것이든, (더 바람직하게는) 경제 활동을 위해 안정적으로 법적 틀을 세우는 것이든, 책임감 있는 경제 체제의 필수 요소가 되기 위해서 경제 계획은 다음과 같은 특징을 지녀야 한다.

첫째, 계획은 시장을 대체하는 것이 아니라 보충하는 수단으로 여겨져야 한다.[43] 동시에 계획을 자율적 경제의 하부 구조에 존재하는 불균형 조

---

42   Gorbatschow, *Perestroika*, 113.
43   Marx의 관점에서—그리고 그로부터 영감을 받은 사회주의 전통의 관점에서—계획은 공산

정에만 제한해서는 안 되며, 규범적 지침에 근거한 외인성(exogenous) 목표 설정으로, 또한 시장이 야기할 수 있는 인간학적이고 사회적이며 경제적으로 해로운 결과를 보정한다는 목적을 위해 이 목표들을 어떻게 가장 효과적으로 실행할 수 있는가에 대한 고찰로 이해해야 한다. 계획과 시장의 양립 가능성은 바람직하지만 필수적이지는 않다. 그러나 시장과 계획 양쪽 모두 규범적 지침과는 반드시 양립할 수 있어야 한다.

둘째, 직접 개입이나 간접 개입은 규범적 원칙에 따라 시장을 교정하는 일에 다소간 유용한 수단이다. 그렇기 때문에 계획은 오직 이러한 규범적 원칙이 요구하는 한에서만 실행되어야 한다. 흔히 말하는 정부 개입 자체가 선한 것은 아니다. 사실 여기에는 위험이 따른다. 모든 사회 경제는 필연적으로 개인의 자유를 제한하기 때문이다. 동구권과 서구권의 쓰라린 경험은 정부 기관이 사회적으로 바람직한 어떤 목표 달성에 사용될 수 있는 중립적 수단이라는 모든 환상을 없애 버렸다.⁴⁴ 따라서 정부 개입은 다른 중요한 가치가 위협을 받을 때에만 적법하다. 정부 계획에는 하위 기관이 자체적으로 할 수 있는 일을 상위 기관이 대신해서는 안 된다는 보완성의 원칙이 반드시 적용되어야 한다.

주의 안에서 시장을 대체하도록 의도되었다. Marx에게, 자본주의에서 착취보다 더 기본적인 형태의 소외는, 경제생활의 일차적 주체임에도 불구하고 통합체로서의 경제생활에서 **노동자가 통제력을 결핍**하는 것이었다. Marx의 견해에 따르면, 만약 노동자가 단지 생산 단위만이 아닌 경제생활 전체에 대한 완전한 통제력을 가지려면, 세부적인 계획이 필요하다. 더욱이, 자본주의에서는 개인의 경제 활동이 오직 비인격적이고 통제받지 않는 시장이라는 매개에 의해 사회적(*gesellschaftlich*)이 되는 반면(모든 사람은 자기 자신을 위해 일하고, 시장이 이러한 개인주의적 일을 전체 사회에 유익이 되게 만든다), 공산주의에서 경제 활동은 의식적으로 사회적일 것이다. 산업 사회에서 의식적으로 사회적인 경제 활동은 오직 생산 **조직**을 통해서만 가능하기 때문에, 공산주의에서는 계획이 본질적이 되는 것이다. 이런 면에서, Marx의 유토피아는 공산주의에서의 경제생활을 조직이 아닌 **유기체**의 측면에서 생각한 Moses Hess보다는, Comte(사회가 "하나의 단일한 사무실과 하나의 단일한 공장으로서" 조직되어야 한다고 주장), 그리고 이후에는 Lenin의 유토피아와 더 가깝다(Volf, "Das Marxsche Verständnis der Arbeit", 95이하를 보라).

44 또한, 최근의 같은 의견으로 Habermas, "Revolution", 192, 199.

셋째, 시장 메커니즘에 대한 직간접적인 조정은 민주적 절차에 따라 적법성을 지녀야 하고 통제되어야 한다. 계획이 민주적 성격을 지녀야 한다는 강조는 특별히 중요하다. 이는 단순히 중앙 계획 경제가 대체로 비민주적 성격을 띠기 때문만이 아니라, 통신 기술의 새로운 발전으로 정부가 사람들을 감독하고 심지어 철저하게 감시하는 것이 가능해졌기 때문이다.

마지막으로, 프랑스 혁명 이후 과도해진, 계획에 대한 잘못된 기대를 버려야 한다. 혁명은 제도 개혁이 적절하게만 이루어진다면 인류의 모든 문제가 해결될 수 있다는 아주 위험한 환상을 낳았다.[45] 사회 및 경제 계획은 이 세상에 구원을 가져오는 수단이 아니다. 그것은 절대적이기보다는 규범적이라고 이해되는 지침이 가리키는 방향에 따라, 설정된 목표 달성을 위한 수단과 잠재적인 부정적 역효과를 고려하는 "개방적이고 명시적이고 합리적인 목표 수립 과정"이다.[46]

이런 방식으로 계획을 이해한다는 가정하에, 나는 알페로비츠(Alperovitz)를 따라 다음과 같이 제안한다. 계획을 하지 않는 것은 "얼핏 봐도 불합리하다. 우리의 일상에서, 가정에서, 공동체에서, 기업에서, 지방 및 중앙 기관에서, 미래를 내다보고 미리 계획을 세워야 한다는 것은 자명하다. 오직 경제에서만 우리는 이것이 실수라고 말한다. 시종일관 계획이라는 풍조를 조용히 이어 가고 있으면서도, 우리의 솔직함 부족으로 인해 꽤 많은 부분에서 계획은 형편없고 기만적으로 이루어진다. 지금은 현실을—그리고 상식을—인식할 때다. 우리 앞에 놓인 사안은 계획을 할지 말지가 아니라, **어떻게** 효과적으로, 어떤 그룹에 의해, 어떤 목표를 위해 계획할 것인가이다."[47]

---

45 Pomian, "Die Krise", 109를 보라.
46 Alperovitz, "Planning", 333.

시장과 계획

위에서 언급한 세 가지 규범적 원칙, 즉 개인의 자유, 모든 사람의 기본적 필요 충족, 회복 불가능한 손상으로부터 자연을 보호하는 것은 경제 체제의 요소로서 계획과 시장 **양쪽 모두**가 필요하다고 요구한다.[48]

첫째, **개인의 자유**라는 측면에서 살펴보면, **시장**의 요소들은 생산과 소비의 자유를 보장하는 데 필수적인 것으로 보인다(그러나 생산자의 소비자 조종 능력에 대해 착각해서는 안 된다). 중앙 정부가 계획하고 시장에는 오직 주변적 역할만 허락하는 경제는, 사실상 경제 주체들이 어떤 영향력도 행사하지 못하게 하는 정부 결정이 경제 주체들의 선택을 심각하게 제한하기 때문에 결국 일의 소외와 인간 필요의 억압이라는 결과를 초래한다.

민주적 **계획**의 요소들 — (바람직한 예로) 시장의 작동 방식에 간접 개입하는 등 — 은 개인에게 경제 활동의 전체적 조건과 내용에 영향을 끼칠 수 있는 기회뿐 아니라 일터에서 중요한 결정을 내릴 수 있는 기회를 주기 위해 필수적이다. 전통적 시장 경제는 모든 권력을 소유주의 손에 쥐어 주기 때문에 인구 대다수는 그들의 삶을 지배하는 경제적 측면에서 어떠한 중요한 영향력도 행사할 수 없다.

회사 규모가 클수록 노동자가 일터에서 활발하게 참여할 수 있는 가능성은 더 적은 것 같다. 작은 것이 아름다울 뿐 아니라 참여하기도 쉽다. 회사를 작은 규모로 유지하거나 그렇게 만들기 위해, 민주적 계획이라는 요소는 필수적일 수 있다. 더 나아가 신자유주의자들의 인식처럼 경쟁적 시장이란 자연스러운 현상이 아니며 정부의 개입으로 보호받을

---

47 ibid., 356.
48 기독교 시각에서 시장 경제와 계획 경제를 살펴본 유익한 논의는, Hay, *Economics*, 144-219를 보라.

필요가 있다.

둘째, 모든 개인의 **기본 필요 충족**이라는 면에서, **시장**은 (경쟁을 통해서뿐 아니라 부분적으로 경쟁에 기초한 기술 혁신의 더 큰 잠재력을 통해) 더 큰 경제적 효율성을 확보해 주기 때문에 필수적이다. 시장의 '사회적 비용'을 열거할 때에도 잊어서는 안 될 시장의 '사회적 유익'이 분명 있다. 오늘날 세계에서 가장 사회주의적인 국가들이 오랫동안 지속된 쓰라린 경험을 통해 깨닫고 있는 것처럼, 중앙 정부에 의한 계획 경제에서 유연성 없는 관료 조직은 경제적 효율성을 감소시킨다. 가장 훌륭하고 가장 온순한 관료 조직조차(그런 것이 있다는 가정하에) 경제적 결정을 바로잡는 데 필요한 모든 정보를 얻는 것은 기술적으로 불가능하다. 더 나아가 설사 결정을 수정한다고 해도, 관료 조직 안에는 책임감 있고 효율적으로 수정을 실행할 수 있는 적절한 수단이 없다. 부분적으로 그것은 사회주의 계획 경제에서 일이 잘못되었을 때 그 문제의 원인을 누군가에게 귀속시키는 것이 어렵기 때문이다.[49]

그러나 모든 사람의 기본적 필요 충족을 위해서는 어떤 형태로든 중앙 정부의 **계획** 역시 필수적이다. 그것은 계획을 통해 경제에 안정성을 부여할 필요가 있기 때문만이 아니라, 시장 자체에는 현대 사회에서 불리한 조건을 가진(사회적인 혜택을 누리지 못하는) 사람들의 필요 충족에 필수적인 재분배의 메커니즘이 존재하지 않기 때문이다.

국가적 차원에서 계획은 (1) 공공 서비스의 질을 보장하고 (2) 부유한 소수보다는 상대적으로 가난한 다수의 필요에 맞추어 생산이 이루어지게

---

[49] Hay는 다음과 같이 논평한다. "직원에게 세부적 지침이 주어졌는데 작업이 만족스럽지 못한 경우, 불명확한 세계에서는 지침이 잘못이었는지, 노동 조건이 열악했는지, 직원이 충분한 노력을 하지 않았는지를 알기란 어렵다. 언제든 책임을 전가할 수 있기 때문에, 직원이 최선을 다해 노력하도록 만들 동기가 없다"(ibid., 204).

하고 (3) 구조적인 실업 문제를 해결하고 (4) 늘어 가는 고령 실업 인구에게 인간다운 삶을 보장하기 위해 필수적이다. **국제적 차원**에서 계획은 인구 폭발로 야기된 경제 문제를 해결하고, 부가 가난한 나라에서 부유한 나라로 흘러가는 것을 막기 위해 필요하다.

셋째, 회복 불가능한 손상을 입지 않도록 **온전한 자연을** 보호하는 것과 관련해서, **시장**은 제한적으로 존재하는 자원을 사용할 때 더 효율적인 것처럼 보인다. 자연이라는 이 제한된 자원은 비효율적인 관료주의와, 이해관계가 없기에 책임감도 느끼지 않는 노동자들에 의해 낭비되기에는 너무 소중하다.

반면에, **계획**은 이익을 추구하는 개인과 기업의 욕망이 가져오는 자연의 무차별적 개발을 막기 위해 필요하다. 장기적인 관점에서 시장은 미래에 눈을 가리고 있는 것처럼 보이지만, 인류 전체의 미래에 영향을 주는 돌이킬 수 없는 결정들은 바로 시장을 통해 이루어진다.

서구 세계의 보수적인 그리스도인들은 내가 제안하는 '계획과 시장'의 조합보다 '**전도와 시장**'의 조합을 더 선호한다. 이는 그들이 지니고 있는 구조적 변화에 대한 반감과 개인적 변화에 대한 열심을 반영한다.[50] 나는 그들이 확신하는 것, 즉 개인적 변화의 필요성에 대해 논쟁을 벌이고 싶은 생각은 없다. 그러나 그들이 부정하는 것, 즉 구조적 변화와 계획의 필요성에 대해서는 생각이 다르다. 나는 그들에게, 개인적인 변화는 한 개인이 하

---

50 구조적 변화를 싫어하는 것은 모든 보수적인—자본주의 선호와 사회주의 선호에 상관없이—집단의 일관된 특징이다. 사회주의 사회에서 보수주의자들은 종종 경제 문제의 탓을 형편없는 경영과 투자 실수, 잘못된 경제 정책, 과도한 군비 지출보다는 노동자의 나태함과 무책임함에 돌린다. 그러나 그러한 주장의 진짜 이유는 일반적으로 말하는 구조적 변화를 싫어해서가 아니다. 그들 자신을 제외한 다른 모든 진영에서 구조적 변화를 요청하는 것에 대해서는 전혀 거리끼지 않기 때문이다. 진짜 이유는 그들 자신이 역할을 담당하고 있는 사회 구조가 손 대지 않은 채로 보존되기 바라는 보수적 바람이다.

나님과의 관계를 회복하기 위해서뿐만 아니라, 경제가 바르게 작동하도록 만들기 위해서도 중요하다는 것을 강조하고 싶다. 경제생활의 재건은 개인적 생활에서의 변화를 수반해야 한다. 그럴 때에만 경제는 건강할 수 있다. **시장과 민주적 계획 양쪽 모두** (민주주의가 대체로 그렇듯) 윤리적으로 책임감 있는 개인들을 전제한다. 부패한 경제생활의 파괴적 영향력이 이를 잘 뒷받침한다.[51]

일부 경제학자들은 시장과 계획의 결합을 주장하는 것이 동시에 가질 수 없는 이점들을 모두 가지려 하는 것이라며 반대할지 모른다. 즉, 시장 경제와 계획 경제의 단점은 빼고 이점만 원한다는 것이다. 그러나 오늘날 폰 미제스(L. von Mises)처럼 시장과 계획을 극명하게 대조하는 경제학자는 거의 없을 것이다. 그는 이렇게 주장했다. "단순하게 이것 말고는 다른 선택이 없다. 즉, 시장이 벌이는 자유로운 경기에 개입을 삼가든지, 아니면 정부에게 생산과 분배의 관리를 완전히 맡기든지 둘 중 하나다. 자본주의 아니면 사회주의 둘 중 하나다. 중간은 없다."[52] 사실, 오늘날 산업 세계에 존재하는 모든 경제에서 시장과 계획은 같은 경제 체제 안에서 분리될 수 없이 공존하고 있다. 따라서 문제는 시장과 계획을 결합해야 할지 말지가 아니라, 모든 개인의 자유, 가난한 사람들에 대한 우선적 고려, 회복 불가능한 손상으로부터의 자연 보호라는 원칙에 민감하도록 어떻게 그 둘을 결합할 것인가가 되어야 한다.

---

51 Catherwood, "Economics", 4를 보라.
52 Wogaman, *Economic Debate*, 98에서 인용.

1부   이 시대 일의 세계

1장   일의 문제

일의 신학은 인간의 일이라는 실재에 대한 비판적 신학 고찰이다. 그것은 약속된 새 창조의 관점에서 일의 세계를 평가하는 것과 그것을 새롭게 형성하는 일에 (그 자체의 방식으로) 참여하는 것 둘 다를 목적으로 삼기 때문에,[1] 그것을 발전시키는 첫 단계는 지금 인간의 일이 처한 현실을 살펴보는 것이다. 신학자는 사람들이 과연 어떻게 일을 하고 있는지, 그리고 자신들이 하는 일을 어떻게 해석하는지 알 필요가 있다 일이라는 활동과 그에 대한 해석은 둘 다 인간의 일이 처한 현실 안에 분리될 수 없이 속해 있다. 다음 장(2장)에서 오늘날 일을 이해하는 두 가지 지배적인 방식을 살펴볼 것이다. 1장은 일이라는 활동 자체를 다룬다. 즉 일의 인간학적이고 사회적인 중요성, 역사를 지나오며 발생한 일의 급속한 변화, 오늘날 일의 심각한 위기에 대해 논할 것이다.

이 시대 일의 세계를 분석하는 목적은 일의 신학이 고려해야 할 중요한 특징을 강조하는 것과, 여전히 해결되지 않아서 해답이 필요한 문제를 구

---

1   뒤의 132-137를 보라.

체적으로 밝히는 것 두 가지다. 이 논의에서 문제와 해결책의 관계는, 질문과 그에 대한 구체적 답변의 관계와는 다르다. 예를 들어, 나는 일의 위기가 포함하는 각각의 측면을 다룬 뒤 내가 제안하는 일의 신학이 그러한 문제들을 어떻게 해결하는지 제시하지 않을 것이다. 또한, 내가 제안하는 일의 신학이 어떻게 더 설득력 있는지를 보여 줌으로써 일에 대한 지배적인 이해가 주장하는 내용 하나하나에 이의를 제기하지도 않을 것이다. 대신, 1부에서 다룬 이 시대 일의 세계에 대한 분석을 나의 주변시야 안에 계속 둔 채로, 2부에서 일의 신학 발전에 초점을 맞출 것이다. 다른 말로 하면, 나는 일이 받고 있는 개별적 도전에 대한 **직접적인** 반응을 배제한 채 일의 실재를 다룰 것이다.

일의 중요성

우리는 숨 쉬기에 필요한 공기만큼이나 일을 당연시한다. 해고나 은퇴 혹은 정상적으로 일을 할 수 없게 된 경우를 제외하면, 잠시 멈추어 서서 우리가 하는 일이 우리 자신에게 지니는 중요성 혹은 역사 내내 행해진 모든 인간의 일의 총합이 인류의 삶에 지니는 중요성에 대해 생각해 보는 일은 거의 없다. 만약 전 세계가 아주 긴 휴가를, 예를 들어 몇 달 동안 휴가를 갖기로 결정하고 그 기간 동안 아무 일도 하지 않는다면 무슨 일이 일어날지 예상하기란 어렵지 않다. 전 세계 인구는 그 휴가가 채 끝나기도 전에 멸종할 것이다. "일하기를 싫어하는 사람은 먹지도 말라"는 사도의 경고는(살후 3:10, 최근까지 소비에트 연방 헌법의 일부이기도 했다!) 단순한 기본 원칙에 근거한다. 곧 "아무도 일하지 않는다면, 아무도 먹지 **못할** 것이다." 인간은 밥으로만 살지 않는다. 이것은 예수님이 하신 말씀이다. 그러나 동시에 우리가 밥 없이는 살지 못한다는 것 그리고 오직 우리의(혹은 다른 사람의) 이마에 땀이 흐를 때에만 먹을 수 있다는 것은 누구나 아는 사실이다.

그러나 인간의 일이 갖는 중요성은 생명 유지에 필수적인 수단을 인간에게 제공한다는 차원을 훨씬 넘어선다. 우리는 우리가 행하는 것을 통해 살아갈 뿐 아니라, 넓게 보면 우리는 우리가 행하는 것이기도 하다. 이 진술은 중요한 의미에서 사실이 아닌 부분도 있지만,[2] 우리가 매일 어떻게 일하는지 고려하지 않은 채, 인간론적으로(예를 들어 인간으로서 우리는 누구인지) 또한 사회학적으로(우리 사회가 어떻게 조직되고 기능하는지) 우리를 이해하기란 불가능하다는 점을 누구든 부인하기 어렵다. 이러한 주장은 대체로 카를 마르크스의 이름을 연상시킨다. 지칠 줄 모르고(결코 공정하지는 않겠지만, 최소한으로 말해서) 일의 세계를 연구한 이 인물은 잘 알려진 대로, 사람들이 누구인가는 그들의 물질 생산 조건 및 양식과 일치한다고 주장했다.[3] 이러한 인간론적이고 사회학적인 관점을 발전시키고 많은 사람에게 알린 것은 마르크스였을지 모르지만, 사실 이러한 관점을 그가 창안한 것은 아니다. 사람들이 누구인가는 대체적으로 그들이 행하는 것에 따라 결정되며, 사회가 어떻게 조직되는가는 그들의 기본적 생산 양식에 따라 근본적으로 영향을 받는다는 이중 논제의 아버지는 바로 애덤 스미스다.[4]

일은 인간 개인과 그들이 살아가는 사회 둘 다의 생존과 안녕을 위해 필수적이며, 개인과 사회의 정체성에 영향을 끼친다. 이와 같이 일은 인간

---

2   뒤의 210-212를 보라.
3   Marx, *MEW*, III, 21를 보라.
4   뒤의 85이하를 보라.

의 개인적 삶뿐 아니라 모든 인간 역사의 기초다. 물론 그리스도인은 인간 역사의 모든 과정이 하나님의 보존하시고 인도하시는 활동의 결과라고 바르게 주장한다. 동시에 우리는 유고슬라비아 시인 알렉사 잔틱(Aleksa Šantić)이 쓴 것처럼, 기쁨으로 충만하신 **하나님**이 인간의 역사 전체를 부지런한 노동자들의 "굳은 살 박힌 손"에서 읽어 내시듯 우리도 역사를 그렇게 볼 수 있음을 인정해야 한다.[5]

일의 변화

일이 인간 역사의 근본 조건이기는 하지만, 인간이 하는 일의 성격은 역사의 시기마다 변해 왔다. 물론 인간의 역사 내내, 거래의 지혜만큼은 사실상 거의 변화 없이 세대를 거쳐 왔다. 일의 조건이나 성격에서 일어난 변화들은 수 세기 동안 점진적으로 이루어졌다. 그러나 산업화 이후(특히 20세기 후반 컴퓨터 기술의 발견으로), 일의 세계는 점점 가속화되는 기술 발전에 따라 한없이 변하고 있다.

농경 사회에서 정보 사회로

우리는 경제적으로 발전한 산업 국가에서 인간의 일이 지나온 역사를 현재까지 대략 세 개의 연속적 시대로 나눌 수 있다. 농경 시대, 산업 시대, 정보(와 서비스) 시대가 그것이다.[6] 물론 역사 내내 사람들은 식량을 생산하고 물건을 만들고 정보를 처리하는 일을 동시에 해 왔다. 이는 미래에도 변함이 없을 텐데, 이 세 가지는 인간이 일해야 할 가장 기본적 분야이

---

5   Volf, *I znam*, 99-100.
6   Naisbitt, *Megatrends*, 11이하를 보라.

기 때문이다. 그럼에도 시기 구분이 도움이 되는 이유는 역사의 특정 기간 동안에는 특정 유형의 일이 지배적이었기 때문이다. 고대에는(그러나 세계의 많은 지역에서는 현재에도) 식량과 상관없는 일을 하는 노동자를 따로 남겨 둘 여유가 거의 없었다. 반면에, 미국처럼 고도의 경제 발전을 이룬 국가에서는 인구의 3퍼센트가 국가 전체에 필요한 농산물 100퍼센트 이상을 생산한다.[7] 고대에는 오직 소수의 특권층 엘리트만 '정보 처리'에 전념할 수 있었다. 오늘날에는 특권층과 전혀 상관없는 인구 대다수가(미국의 경우 인구 60퍼센트를 훌쩍 넘으며, 그 숫자는 급격히 증가하고 있다) 다양한 정보 관련 직종에 종사한다.[8]

농업의 급격한 감소 및 정보 업무의 증가를 나타내는 통계는 인간의 일의 세계에서 일어나고 있는 격심한 변화를 알리는 신호다. 현재 이러한 변화는 대부분 경제 선진국에서 일어나고 있다. 많은 개발 도상국에서는 여전히 농업이나 제조업이 우세하다. 그러나 이 사회들 역시 미래에는 농업에서 정보 업무로의 (다소 급격한) 전환이 뚜렷하게 나타날 것이다.

농경 사회에서 정보 사회로의 이행은, 인간이 하는 일의 각 기본 영역(농업, 제조, 정보 처리)에서 급격한 변화가 일어났기에 가능했다. 이어지는 단락에서는 고대 사회의(또한 오늘날 많은 개발 도상국의) 식량 생산 및 제조업을, 경제 선진국에서 이루어지는 식량 생산 및 제조업과 비교함으로써 이러한 요점을 구체적으로 설명할 것이다.

농업 생산

부분적으로 나는 유고슬라비아에서 내가 직접 본 것에 기초하여 농업 생

---

7   Rasmussen, "Agriculture", 77를 보라.
8   Naisbitt, *Megatrends*, 14를 보라.

산에서의 급격한 변화에 대해 쓸 것이다. 약 25년 전 내가 어린이로서 경험한 농촌 생활은 이 시대 수많은 개발 도상국뿐 아니라 고대 세계의 농촌 생활과 꽤 정확하게 일치한다.⁹ 또한, 오늘날 유고슬라비아의 대규모 농경 단지에서 이루어지고 있는 농업은 많은 면에서 전 세계적으로 사용되는 현대적 농경 방식의 전형적 예를 보여 준다.

소규모 농사

내가 어릴 때 자주 방문하던 농촌 공동체 시락(Sirač)에서, 농사는 마을 주변의 소규모 가족 농장에서 이루어졌다. 여자들은(일손을 돕는 아이들과 함께) 빵을 굽고 가축을 먹이고 야채와 꽃을 기르는 텃밭을 관리하면서 집안일을 담당했다. 남자들은 밭에서 일을 했다(한창 바쁜 시기에는 여자들도 도왔다). 걷거나 말이 끄는 나무 수레를 타고 밭에 가기 위해서는 때로 한 시간이 족히 걸렸다. 땅을 갈기 위해, 농부가 딱딱한 토양에 작은 무쇠 쟁기를 박으면 말들이 그것을 끌었다. 파종은 손으로 했고, 앞치마에 씨앗을 담아서는 땅 위에 흩뿌렸다. 모아 둔 동물 분뇨는 수레에 싣고 와서 밭에 골고루 뿌렸다. 파종과 수확 사이에는 잡초 제거, 집수리, 돼지 도축, 특별한 날의 기념, 그리고 물론 비와 해를 위한 기도 같은 활동들로 대부분의 시간이 채워졌다. 추수철에는 새벽부터 온 가족이 밭으로 갈 것이다. 남자들은 곡식을 떨어지지 않게 받아서 차곡차곡 쌓아 놓기 위해 틀을 붙인 낫을 사용해 수확을 할 것이다. 여자들은 남자들을 뒤따라가면서 쌓인 밀을 모아 단으로 묶는다. 저녁이 가까워지면 가족은 더 많은 일이 기다리고 있는 집으로 간다. 더 많은 일이란, 단을 묶기 위한 끈을 꼬고 무뎌진

---

9   고대 세계와 현대의 대량 생산 농업 양쪽 모두의 농사일에 대한 설명은, Kranzberg and Gies, *By the Sweat*, 32-38, 139-148를 보라.

낫의 날을 갈고 가축을 돌보는 것들이다. 온 마을에 한 대뿐인, 트랙터를 이용해 돌리는 고정형 타작 기계로 타작을 마치면, 곡식의 일부는 저장하고 일부는 팔아서 설탕, 소금, 옷과 같은 물건을 산다. 가난한 생계를 이어가기 위해서도 온 가족이 힘들게 많은 일을 해야 했다.

기업식 영농

지금 (시락에서 멀지 않은) 내 아파트에서 창밖을 내다보면, 먼 밭에서 아주 다른 방식의 일이 행해지는 것이 보인다. 파종 시기에는 큰 트랙터 여러 대가 기름진 부분까지 땅을 깊게 갈아엎은 뒤 신중하게 선택된 씨앗을 골고루 흩뿌리고 밭에 화학 비료를 뿌리는 장면을 볼 수 있다(소리도 들을 수 있다). 관개 시스템은 언제든 토양이 마르지 않게 해 준다. 수확 때는 커다란 빨간색 콤바인 기계들이 타작된 곡물은 트럭 안으로 뱉어 내고 남은 짚은 깔끔하게 단으로 묶어 내놓는다. 근처 농업 연구소에서는 박사 학위를 가진 농학자들이 유전자 변형을 통해 토양 상태에 더 적합하고 병충해에 강해서 더 많은 수확량을 낼 수 있는 종자를 개발하고 있다. 토양의 생태적 피해를 일단 고려하지 않는다면, 이 모든 것의 결과는 더 높은 생산성과 농산물 총생산량의 증가라 할 수 있다.

미래의 농업 생산 발전을 예측하는 일은 쉽지 않은데, 특히 유전자 조작의 급속한 진보를 고려할 때 더욱 그렇다. 어떤 경우든 "[현재에도 농작물을] 여전히 손으로 거두는 수확 방식과 모내기와 각 밭에 관개용수를 공급하는 일에 있어" 기계와 자동화 시스템이 더욱 발전하리라는 것만큼은 확실히 예측할 수 있다.[10] 유비쿼터스 정보 기술이 농업 생산에 점점 더

10　Rasmussen, "Agriculture", 89.

많이 사용될 것이며, 이는 "기계와 에너지의 보다 효율적 관리"로 이어지고 "비용 계산, 비료 배합, 비료 및 다른 자원의 효과적 사용에 이바지"할 것이다.[11]

가족 단위의 소규모 농사와 '기업식 영농'은 전혀 다른 두 종류의 일의 세계다. 전자가 자급자족을 위한 생산, 손을 사용하는 노동의 세계이자 세대를 거듭하며 축적된 지혜의 세계이면서 자연의 변덕에 의존하는 세계라면, 후자는 대량 생산의 세계, 인간의 통제 아래 자연을 두는 기술과 과학의 세계다. 가족 단위의 농사가 일부 사회에서는 여전히 우세하고 다른 일부 사회에서는 그것과 기업식 영농이 나란히 존재한다 할지라도, 그것은 과거에 속하는 일의 유형이다(의도가 있어서 가족 단위의 농사를 삶의 방식으로 선택한 경우는 제외되며, 이는 또 다른 문제다). 가족 단위의 농사가 이런저런 형태의 현대식 영농으로 대체되고, 현재 경제 선진국의 경우처럼 전 세계에서 농사가 소수만 종사하는 일이 되는 것은 시간문제일 뿐이다.

제조업

제조업은 농업보다 더 급격한 변화를 겪었다. 경제 선진국을 보면 제조업 발전의 기본적인 세 **단계**를 식별할 수 있는데, 곧 "기능공이 기계 조작자로, 다시 기계 관리자"로 변해 온 것이다.[12] 전 지구적으로 볼 때 이러한 세 단계는 오늘날 세계의 세 가지 생산 **유형**으로 동시에 존재하며, 기능공은 기계 관리자로 급속하게 대체되고 있다. 지금부터 그 발전 순서에 따라 이러한 세 가지 생산 유형을 간략하게 살펴보겠다.

---

11 ibid.
12 Kranzberg and Gies, *By the Sweat*, 9.

수공 생산

고대 세계에서 물건 생산은 솜씨 좋은 기능공들의 몫이었다. 크세노폰(Xenophon)은 페르시아 제국에서 이루어지는 공예품 생산을 이렇게 묘사한다. "작은 마을에서는 한 명의 직공이 의자도 만들고 문도 만들고 쟁기도 만들고 테이블도 만들며, 종종 이 같은 장인이 집도 짓는다."[13] (예수님 시대 팔레스타인에서도 이와 유사하게 고도의 전문화가 부재했으므로, 크세노폰의 묘사는 예수님이 아버지의 목공소에서 배웠던 거래에도 무리 없이 적용될 수 있다.)

고대인들은 전문화 증대의 이점을 분명히 알았다. "누구든 다른 일은 놔두고 타고난 한 가지 일을 적절한 시기에 할 수 있을 때 모든 것이 더 풍부하고 쉽게, 또한 더 나은 질로 생산된다"고 말한 플라톤은 노동 분화의 많은 이점을 잘 파악했다.[14] 따라서 사람들은 더 많은 전문화가 가능해진 사회 경제적 조건에서는 그 장점을 취했다. 크세노폰은 페르시아의 도시에서 장인들이 하는 일을 다음과 같이 묘사한다. "큰 도시들에서는…각 산업 품목마다 사람들의 수요가 대단히 큰 만큼 한 종류의 거래만으로도 한 사람의 생계는 충분히 해결되고, 심지어 한 품목 전체를 다 거래하지 않더라도 많은 경우 생계 해결이 가능하다. 예를 들면, 한 사람은 남자 신발을, 다른 사람은 여자 신발을 만든다. 한 사람은 박음질을 하고 다른 사람은 재단을 하고 다른 사람은 갑피를 바느질하는 일만으로, 심지어 어떤 사람은 이런 작업에는 전혀 관여하지 않고 단지 부품을 조립하는 일만으로 생계가 해결되는 곳도 있다."[15] 그러나 직업 전문화의 증대에도 불구하

---

13 Xenophon, *Cyropaedia*, VII, 2, 5.
14 Plato, *Republic*, 370 C. Xenophon은 주장한다. "고도로 전문화된 분야의 일에 전념한 사람은 가능한 최상의 방식으로 그 일을 해야 할 의무가 있다"(Xenophon, *Cyropaedia*, VII, 2, 5).
15 Xenophon, *Cyropaedia*, VII, 2, 5.

고(혹은 사실 부분적으로 바로 그 때문에), 수작업 생산에서 "직공은 계속해서 자신의 작업을 통제할 수 있었다. 그는 자신의 기술과 취향과 판단에 따라, 즉 완성된 작업에서 드러날 작업 결과에 따라 자신이 생산하는 제품의 형태를 수정했다. 장인 혼자서 물건 전체를 만들지 않는 경우에도…자신의 기예가 만들어 내는 결과를 분명히 인식할 수 있었다."[16]

기계 생산

기계의 도입으로 일의 성격은 급속하게 변화했다. 다소간 기술을 지닌 기능공은 **기계 조작자**로 대체되었다. 19세기의 영향력 있는 경제학자 앤드루 우레(Andrew Ure)는 그 시대의 기계 생산을 위한 공장 시스템을 다음과 같이 정의했다. "공장 시스템이란 중앙 전력으로 쉴 새 없이 돌아가는 일련의 생산 기계를 근실한 기술을 가지고 시중드는, 성인과 어린이로 이루어진 여러 층의 노동자들의 협동 작업을 지칭했다."[17] 우레가 묘사하는 기계 생산의 핵심 측면들은 오늘날에도 많은 경우 사실이다(그가 묘사하는 모든 측면이 모든 형태의 기계 생산에 다 적용되는 것은 아니다). 우레의 기계 생산 묘사에 근거해(그중 한 가지 측면은 수정해서), 산업 시대의 제조업이 갖는 중요한 몇 가지 측면을 살펴보겠다.

첫째, 기계 생산은 '여러 층의 노동자들이 행하는 **협동 작업**'이다. 기계 생산을 도입함으로써 노동 분화 및 일의 파편화가 심해지기 시작되고, 이는 노동자가 오직 제품의 작은 부분만 다루는 단순 작업을 하게 만드는 '과학적 관리'의 실행에서 절정에 이른다.[18] 노동 분화의 심화는 특정 상품

---

16   Kranzberg and Gies, *By the Sweat*, 48.
17   Ure, *Philosophy*, 14.
18   뒤의 275-278를 보라.

을 제작하기 위해 필요한 협동 작업의 숫자만큼 노동자 수도 증가시킨다. 전에는 한 사람의 노동자가 하던 역할이 이제 '협동 작업자'의 활동이 된 것이다.[19]

둘째, 기계 생산의 특징은 노동자의 '**기술 감소**'다. 기계 생산에서 '근실한 기술'이 필요하다고 말한 부분은 우레가 틀렸다. 많은 경우 기계 생산은 오직 최소의 기술만 가진 노동자를 필요로 한다.[20] 심화된 노동 분화는 사실 노동자의 기술을 감소시키는 것처럼 보인다. 애덤 스미스가 비판적으로 관찰했듯이, 노동자는 "인간으로서 가능한 최대치로 어리석고 무지할" 수 있지만, 여전히 생산 공정에서 필요한 "단순한 몇 가지 작업"을 성공적으로 수행할 수 있다.[21]

셋째, '**성인과 어린이**' 모두 '공장 시스템'의 노동자가 될 수 있다. 기계 생산이 노동을 단순한 몇 가지 작업으로 축소시켰기 때문에, 경험은 기술만큼이나 불필요해졌다. 따라서 연장자의 노동에 투여되던 가치가 떨어질 뿐 아니라, 경험이 부족한 아이들(과 여자들)의 더 훌륭한 '손재주'는 생산에서 효과적으로 사용될 수 있었다. 이에 더해 그들에게는 돈을 덜 줘도 된다는 점도 이익이었다.

넷째, 산업 시대의 전형적인 노동은 '일련의 생산 기계를…**시중드는**' 것이 되었다. 간단한 도구와 기계 사이에는 중요한 차이가 있다. 도구는 노동자의 활동을 물체에 전달한다. 노동자는 여전히 생산의 일차 주체이며, 도구는 그가 사용하는 수단이다. 반면에, 기계 생산에서는 기계가 생산의 일차 주체다. (기계 주인과는 구별되는) 노동자는 엄격한 의미에서 기계를 사용

---

19 Marx, *Grundrisse*, 374를 보라.
20 Kranzberg and Gies, *By the Sweat*, 92를 보라.
21 Smith, *Wealth*, 734.

하는 것이 아니라, "고장이 나면 기계를 조정하고, 재료를 공급하고, 제대로 작동하고 있는지 확인하기 위해 생산량을 검토하는" 일을 함으로써 기계를 '시중든다.'[22]

다섯째, 기계는 '중앙 전력으로 **쉴 새 없이 돌아간다**.' 장인은 자신의 속도에 따라 일할 수 있지만, 끊임없이 돌아가는 기계는 그 조작자를 엄격한 규율 아래 근무하게 만들었다. (감독관에게는 변함없는 골칫거리요 고용주에게는 경제적 손실을 의미하는) 인간의 "무성의하고 가만히 있지 못하는 습관"(우레)은 기계적으로 통제되는 작업 속도에 따라 효과적으로 억제되었다(그럼에도 기계 생산의 단조로움을 타파하는 방법을 찾아내는 노동자들의 기발함을 과소평가해서는 안 된다).[23] 조립 라인은 특별히 엄격한 규율을 요구했다. 생산 흐름이 방해받지 않으려면 특정 노동자가 행하는 각각의 단순한 동작은 정해진 순서에 따라 이루어져야 했다.

산업 시대의 기계 생산에서는 노동자 자신이 작업 활동을 통제하지 않았다. 노동자는 대부분의 경우 기계적으로 강행되는 단조로운 반복성 아래 일했다. 노동은 세부 작업으로 분화되었고, 노동자는 자신의 일이 완성된 제품과 어떻게 연결되는지 전혀 이해하지 못했다. 그러한 노동은 정말로 인간 본성의 가치를 떨어뜨렸다.[24] 그러나 노동 분화는 큰 경제적 부를 창조하는 데 확실히 기여했고 생산의 다음 단계로 나아가는 길, 즉 정보 시대의 특징을 준비했다.

22　Kranzberg and Gies, *By the Sweat*, 94.
23　Ginzberg, "Work", 73; Pohl, *Divisions*, 44-45.
24　뒤의 275-278를 보라.

자동 생산

경제가 고도로 성장한 나라에서는 산업 시대가 정보 시대로 대체되고 있다. 지금까지 인간 역사에서 일어난 모든 기술 변화 가운데 가장 중요하다고 할 수 있는 이러한 변화의 뿌리에는 컴퓨터 칩이 존재한다. 그 공동 개발자 로버트 노이스(Robert Noyce)의 말을 빌리자면, 칩은 "진정한 혁신, 즉 인간 역량을 질적으로 변화시킨…기술의 질적 변화"를 상징한다.[25]

정보 기술이 산업 생산에 적용되면서, "네트워크로 연결된 컴퓨터와 마이크로프로세서의 계층적 시스템을 비축 자재 및 생산 공정 중의 부품 관리와 운반, 금속(및 다른 재료) 성형 공정, 생산 계획 조정, 기계 조립, 검사 및 테스트, 유지 보수, 회계 업무 처리에 사용하는"[26] 새로운 종류의 공장이 출현하고 있다. 새로운 기술의 적용으로, 제조업이 지배적이었던 산업 기업은 정보 조직으로 변화하고 있다.[27] 일부 과학자들에 따르면, 예를 들어 미국에서는 2025년에 이르면 로봇이 모든 제품을 생산할 것이다.[28]

정보 기술은 산업 생산에서 인간이 하는 일의 성격을 변화시키고 있다. 기계 조작자는 **기계 관리자**가 되었다. 이러한 변화가 노동을 더 인간적으로 만드는가는 또 다른 문제다. 최선의 경우, 노동자는 자신의 지능을 창조적인 방식으로 사용하도록 요구받는다. "각각의 노동자는 공정의 상당 부분을 통제하고 이해해야 하며 자신의 책임 아래 있는 기계의 프로그램을 짜고 재조정할 줄 알아야 한다."[29] 최악의 경우, 노동자의 "책임은 계기판과 표시등을 살피고 알람 소리에 귀를 기울이거나 생산 요소가 입력된

---

25 Lyon, *Silicon*, 11-12에서 인용.
26 Ouellette, *Automation*, 160.
27 Naisbitt and Aburdene, *Corporation*, 19를 보라.
28 Lyon, *Silicon*, 35.
29 Drucker, "Twilight", 100.

방식대로 제 역할을 하고 있는지 알려 주는 출력물을 해독하는 것으로 제한된다."[30] 두 시나리오 중 어느 쪽이 실제이든, 어제의 육체 노동자는 (만족감을 느끼거나 소외된) '정보 노동자'로 대체될 것이다.[31]

정보 기술이 산업에 적용될 때 따라오는 결과는 생산성 증가이며, 이는 결국 산업 생산에서 고용 인력의 감축을 불러온다(이것이 꼭 높은 실업률을 의미하지는 않는다). 산업 생산 분야에 남는 사람들은 '정보 노동자'이며 아주 낮은 비율의 사람만이 농업 생산에 종사하게 될 것이기 때문에, 미래에는 오직 소수의 사람만이 가공된 형태든 비가공된 형태든 '자연'을 대상으로 일을 할 것이다. 인간의 노동은 물질적 활동이기를 멈추고 점점 정신적 활동이 되고 있다. 이것이 노동의 주된 형태가 육체노동이던 지난 세기들과 급격하게 달라진 점이다.

정보 사회에서 이루어지는 노동에는 두 가지 특징이 더 있다. 첫째, 서비스 영역의 성장과 팀워크 필요성의 증가는 정보 사회에서 일어나는 노동을 점점 더 개인 간의 상호 작용과 관련된 활동으로 만든다. 그러나 개인주의와 평등주의가 우세한 정보 사회에서 사람들이 일터에서 맺는 상호관계는 개인적이지 않다. 그 관계는 '계약적 친밀성과 절차적 협력'으로 가장 잘 묘사된다.[32] 둘째, 전통 사회에서 모든 "개인은 알기 쉽고 모든 것이 명료한 시스템 내에서 그들에게 주어진 역할과 지위를 갖는" 반면에,[33] 현대의 정보 사회는 높은 직업적 유동성을 특징으로 한다. 어느 때든 사람들은 여러 일에 대한 역할이 생길 것이며, 그러한 역할들은 살아가면서 쉽게 바뀐다. 구성원들의 다양한 활동에 근거한 다원주의 사회인 것이다.

---

30 Kranzberg and Gies, *By the Sweat*, 178.
31 Naisbitt and Aburdene, *Corporation*, 101.
32 Bellah, *Habits*, 127.
33 MacIntyre, *After Virtue*, 122, "heroic societies"에 관하여.

일의 위기

오늘날 우리는 보편적인 일의 위기를 목격한다. 일의 위기는 노동자의 일에 대한 부정적 태도를 통해 겉으로 자주 드러난다. 많은 사람이 자신이 하는 일에 깊은 불만을 느낀다. 자신이 하는 일에 대한 당사자들의 태도는 진지하게 고려되어야 하겠지만, 그것이 현재 일의 위기에서 가장 중요한 측면은 아니다. 주관적 상태로서의 태도는 종종 우리를 기만한다. 많은 이유로 사람들은 종종 가장 저급한 일에 큰 중요성을 부여하곤 한다.[34] 반대로, 종종 자신들의 가장 창조적인 임무에 삶의 다른 영역에 대한 불만을 중첩시키기도 한다. 일에 대한 주관적인 부정적 느낌보다 일의 **객관적 위기**가 더 심각하다. 이러한 이유로, 뒤에서 나는 노동자들 자신의 주관적 태도보다 그들이 노동자로서 직면하는 객관적 상황을 다룰 것이다.

다양한 측면에서의 일의 위기는 곧 일의 신학이 해결책을 제안해야 할 문제들이다. 그러나 앞으로 일의 신학을 발전시킬 때, 아래에서 분석하는 위기의 모든 측면을 하나하나 다시 다루지는 않을 것이다. 그러한 시도는 이 연구의 범위를 넘어선다. 그러나 내가 제안하는 일의 신학은, 이러한 문제들의 해결책에 관해 책임 있고 창조적인 사고가 요구될 뿐 아니라 가능하기도 한 신학적 틀을 제공하기 위해 의식적으로 개발된 것이다.

일의 위기의 여러 측면

이 단락에서는 일의 위기에서 특별히 중요한 부분만 분석할 것이다. 세계 각 지역마다 위기에 대한 체감 수준은 다를 수 있다. 그러나 제3세계는 제

---

34 뒤의 252를 보라.

1세계나 심지어 (사라져 가는?) 제2세계보다 일의 위기를 불균형적으로 훨씬 심각하게 겪고 있다. 특히 내가 첫 번째로 분석할 위기의 측면에서 이런 불균형은 아주 심각하다.

아동 노동

내가 사는 오시예크 근처 쓰레기 처리장의 재활용품 처리 공장에서 일하는 사람들을 방문했다가 한 어린 소년을 만났다. 먼 친척의 보호 아래 있는 아홉 살의 버려진 아이였다. 아이는 1학년을 두 번 낙제한 뒤 문맹 상태로 학교를 떠났다. 쓰레기 처리장 안에 있는 판잣집이 여름 내내 그리고 대부분의 겨울 동안 아이가 사는 집이었다. 살아남기 위해 애쓰면서 아이는 해가 뜰 때부터 질 때까지 일을 했고, 쓰레기 더미에서 음식을 찾아 먹을 때도 많았다.

고도의 경제 선진국에서 (그리고 내 조국 유고슬라비아에서도) 이러한 비극은 적어도 사회 주변부에서만 일어난다. 그 나라들에서 이러한 일들은 산업 혁명 초기와 결부된다. 18세기 말 그리고 19세기 초, 하루 열여덟 시간씩 일을 해야만 하는 어린아이들의 고통이 서구 유럽인들의 양심을 찔렀다. 그러나 오늘날 그 나라들에서 어린이가 일을 하는 경우는 생존을 위해서가 아니라 단지 유행하는 옷이나 최신 전자제품을 사기 위한 돈을 벌기 위해서다. 환경이나 부모가 일을 하라고 강요하기 때문이 아니다. 오히려, 부모들의 관심은 '영재'나 '신동'을 만들기 위해 '이 작은 스펀지들 안에 가능한 한 어릴 때부터 많은 것을 채워 넣는 것'이다.

그러나 세계 많은 지역에서 아동 노동은 예외가 아니라 절실한 필요 때문에 강요받는 규칙이다. 세계의 노동 인구 중 15세 미만의 미성년자는 5천만에서 2억 명으로 추정된다. 이보다 많은 수가(라틴 아메리카의 거리의 아이들만 해도 4천만 명이다) 임금을 받는 취업 외의 상태에서 일을 하면서 "가정의 생계유지와 가족의 복지를 위해" 다양한 활동을 한다.[35] 어머니는 더 어린 아이들을 돌봐야 하고 아버지는 실업 상태이기 때문에 아이들이 가족을 부양하는 경우도 허다하다.[36] 종종 아이들의 생산력은 어른 못지않지만, 비용은 훨씬 적게 든다. 또한 고용주는 아이들을 자칫 불구가 될 수 있는 위험한 일에도 별 수고 없이 투입할 수 있다. 아이들은 세계 노동 인구 중 가장 심하게 착취당하고 신체적·심리적으로 학대받는 노동자들이다. 일하는 아이들 중 대다수는 "잔혹한 현실과 절망적 미래라는 운명의 굴레에 묶여 있다."[37]

실업

오늘날 세계에서 5억 명의 사람들이 실업이나 심각한 불완전 고용 상태에 놓여 있다. 대다수는 한 번도 일해 보지 않았거나(젊은이), 재교육을 받기 힘든(노인) 이들이다. 급속한 기술 발전이 가져온 생산력 향상과 예상되는 세계 인구의 높은 증가 때문에, 세계 많은 지역에서 미래의 취업 전망은 그다지 밝지 않다. 어떤 연구자들은 2000년까지 "전 세계적으로 일자리를 찾는 사람이 7억 5천 명 증가할 것"이라고 추정한다.[38] 특히 큰 타격을 입는 것은 개발 도상국일 텐데, 이는 단지 높은 실업률 때문만은 아니며 경제 선진국에 비해 한편으로는 일자리를 창출하고 다른 한편으로는 실업의 개인적·사회적 비용을 완화시킬 만한 자원이 상대적으로 적기 때

---

35 Munroe, Munroe, and Shimmin, "Children's Work", 369.
36 인도의 어떤 연구들에 따르면, 아이들이 총 가족 수입의 23퍼센트를 책임진다("All Work", 22).
37 "Children under 15", 116.
38 *Labour*, 8.

문이다.

일자리가 없는 젊은이 중에서도 많은 **장애인**은 절망적인 상황에 빠진다(특히 부유한 나라보다 가난한 나라에서의 비율이 훨씬 높다). 장애는 그들에게 이중의 불리함을 준다. 첫째, 그들은 일반 교육 과정의 효율성을 방해한다는 이유로, 종종 교육 수준이 떨어지는 특수 교육 기관에 배치되어 미래의 잠재적 직업을 위한 훈련을 제대로 받지 못한다. 둘째, 특정 직업에서 뛰어난 실력을 지닌 경우에도 그들은 비장애인에 비해 상대적으로 취업이 어렵다.[39] 많은 나라에서 장애인 실업자는 비장애인 실업자보다 빠르게 증가하고 있다.[40]

실업에는 극심한 **개인적 비용**이 따른다. 사람들 대부분은 기본적 필요를 채우기 위해 일이 필요하다. 부유한 국가에서 해고는 실업자의 재정 상태에 심각한 손상을 입히고, 많은 경우 이는 복지에 의존하는 생활을 의미한다. 경제 후진국에서 실업은 절망적 빈곤, 열악한 건강 상태, 굶주림, 수명 감소를 의미한다. 더 나아가 다양한 문화권의 사람들에게 일이란 인간 정체성에서 중요한 부분이고 그들의 사회적 위치를 정의한다. 직장을 찾다가 실패한 유고슬라비아 베오그라드 출신의 한 젊은 여성은 자신이 경험한 실업을 다음과 같이 묘사한다. "나는 소외되었어요. 일을 하지 않으면 사회의 일원이 아니고 불필요한 사람처럼 느낍니다. 직장이 있으면 다르죠. 다르게 말하고 다르게 숨을 쉽니다. 보수가 얼마나 높은지는 별로 중요하지 않아요. 직업이 없는 사람들은 어디에서도 어울리지 못해요." 이 젊은 여성이 경험한 실업의 고통은 경제적 손실보다는 가치 있고 인정받

---

[39] 연구들은 장애인들 가운데서도 성차별이 존재함을 보여 준다. 여성 장애인은 남성 장애인보다 더욱 심각하게 '불리한 조건'을 가진 것으로 보인다(참고. Biondić, *Odgoj*, 58).
[40] Biondić, *Odgoj*, 60이하를 보라.

는 사회의 일원이라는 정체성 상실에 따른 정신적 피해였다.

실업에 따르는 높은 **사회적 비용**도 있다. 모든 실업은 각 사람이 지닌 재능과 재주를 사용해 사회에 창조적으로 기여할 수 있는 기회를 막는다. 동시에 사회는 실업자를 지원하기 위해 상당한 양의 자원을 확보해야 하며, 실업과 연관이 있는 범죄 및 약물 남용 증가도 처리해야 한다.

차별

직장 내 차별 문제를 설명하기 위해, 나는 성차별(인종 차별 역시 좋은 예지만)을 살펴볼 것이다. 산업화 이후 일의 세계는(혹은 일로 여겨지게 된 것의 세계는)[41] 대부분 남성의 세계가 되었다. 그러나 최근 특히 선진국에서 여성들이 인력 시장으로 쏟아져 들어오고 있다. 많은 나라에서 성 평등과 관련해 상당한 진보가 이루어졌음에도 불구하고, 여성들은 여전히 직장 내 성차별을 당하고 있다. (그리고 엄격한 성 역할 구분이 무너지면서, 차별은 남성에게도 점점 문제가 되고 있다!)[42] 여기서 여성에게 차별이 가해지는 이유를 논하지는 않겠다(단, 그 이유가 반드시 남성의 편견이나 악의와 같은 의식적 태도에 기인하지는 않는다는 것을 말해 둔다).[43] 여성이 보수를 적게 받고 지위나 보장성이 거의 주어지지 않으며 승진 기회나 부가 수당이 거의 없는 "좁은 범위의 직업으로 내몰리거나 차출된다는"[44] 증거 자료는 많다. 페미니스트들의 활동이 가장 활발한 나라에서 여성 노동에 주어지는 저임금의 예를 들자면, 미국에서 남성이 1달러를 받을 때 교육 수준이 비슷한 여성은 여전히 약

---

41 앞의 35-37를 보라.
42 역차별 문제에 관해서는, Fullinwider, *Discrimination*을 보라.
43 Crosby, "Discrimination", 637이하를 보라.
44 Bielby and Baron, "Men and Women", 760.

60센트를 받는다(2000년에 이르러도 여전히 74센트일 것으로 추정된다).[45] 차별의 다른 측면을 언급하자면, 연구들은 남성과 여성 양쪽 모두에게 역할을 맡길 수 있는 영역에서 일반적으로 남성과 여성에게 다른 직책이 주어지며 남성이 더 좋은 직책을 맡는 것을 보여 준다. 연구들은 그러한 분리 패턴이 "한편으로는 고용주에게 합리성을 강조하고, 다른 한편으로는 노동자의 직업적 '투자'를 강조하는 관점과 조화되기 어렵다"는 것을 보여 주며, 비엘비(Bielby)와 배런(Baron)은 "따라서 우리는 성 분리가 조직의 직위 서열로 공고화되고 성 고정관념과 직장의 사회관계에 의해 유지된다고 생각한다"고 말한다.[46]

비인간화

나의 고향 근처 쓰레기 처리장을 방문한 기자에게 거기에서 일하던 한 여성은 이렇게 말했다. "우리에게 말을 거는 것은 괜찮지만, 사진은 찍지 마세요. 남편이 제가 어디에서 일하는지 신문에서 보게 하고 싶지는 않아요." 그녀는 자신의 일을 수치스럽게 느꼈다. 그것은 한 인간으로서 그녀의 **존엄성**을 손상시키는 비인간적인 일이었다.

소비자들이 버린 쓰레기를 처리해야 하는 이들에게만 일이 비인간적인 것은 아니다. 하루 종일 쓰레기를 뒤지는 것보다는 덜 혐오스럽게 느껴질지 몰라도, 소비재 생산직 역시 그에 못지않게 비인간적인 경우가 많다. 조립 라인에서 일하는 것을 생각해 보라. 정신이 멍해질 정도로 단순한 동작이 단조롭게 반복된다. 아서 헤일리(Arthur Hailey)는 그의 소설 『바퀴』(Wheels)에서 그것을 이렇게 잘 묘사한다.

---

45 Naisbitt and Aburdene, *Corporation*, 205를 보라.
46 Bielby and Baron, "Men and Women", 761.

그는 배우는 중이었다. 첫째, 라인이 돌아가는 속도는 보이는 것보다 빨랐다. 둘째, 속도보다 더 흥미로운 것은 그 맹렬함이었다. 라인은 끊임없이, 완고하게, 인간의 연약함이나 호소 따위에는 아랑곳없이 돌아갔다. 30분간의 점심시간이나 근무 시간 종료 혹은 기계 파괴 투쟁 이외에는 어떤 것도 멈출 수 없이 밀려드는 파도 같았다.[47]

맞다. 조립 라인에 의한 생산이 절정에 달한 시기에도, 산업 국가의 노동 인력 중 오직 5-6퍼센트만 조립 라인에서 일했다.[48] 그러나 아무리 소수의 노동자라도 매일같이 몇 가지 단순한 작업만 반복하도록 강요받는다면 우려해야 할 이유가 충분하다. 그러한 일은 인간의 **창조성**에 대한 공격이자 인간성을 파괴한다.

일의 비인간화가 갖는 또 다른 중요한 측면이 있다. 많은 나라의 경우 (특히 제3세계에서) 노동법이 존재하지 않거나 시행되지 않는다. 이는 경영진이 어떠한 제약도 받지 않고 폭압적 군주로 행동하던서 "최소 비용으로 최대의 노동량을 얻을 수 있는 방법을 짜내는 데만 혈안이 되게" 만든다.[49] 노동자는 종종 가족을 먹여 살리려면 일자리가 절실히 필요하기 때문에, 그들을 사용하고 학대하는 압제적 구조에 맞서 싸우지 못한다. 그들이 하는 일은 그들에게서 **자유**를 빼앗아 가기 때문에 인간 영혼의 가치를 좀먹는다. 인간의 존엄성과 창조성에 대한 부정과 함께, 일에서 자유를 박탈하는 것은 일의 비인간화에서 가장 중요한 측면 중 하나다.

---

47 Kranzberg and Gies, *By the Sweat*, 192에서 인용.
48 Ginzberg, "Work", 73; Erickson, "On Work", 4.
49 Cotton Spinner, "Address to the Public," Thompson, *Making*, 199에서 재인용.

착취

강제적인 아동 노동처럼, 경제 선진국에서 피고용인 착취는 대체로 어두운 과거의 일처럼 보인다(그러나 여전히 차별적 관행, 특히 인종 차별과 성차별의 결과로 일어나는 착취는 존재한다). 그러나 많은 개발 도상국에서 노동자는 여전히 착취당한다. 한 나라 안에는 (법적으로는 문제가 없을지라도) 도덕적으로 옳지 않은 방법으로 물질적 자원(특히 땅)을 축적하고 대중에게는 활용할 자원을 남겨 놓지 않는 부유한 엘리트들이 있다. 극빈한 다수가 부유한 소수의 손에 달려 있게 되고, 이는 그들의 부를 늘리기 위해 가난한 이들을 희생시키는 불공정한 임금으로 귀결된다.

또한 개발 도상국의 사람들은 (종종 그 국가의 부유한 엘리트들과 연합한) 경제 선진국에 의해서도 착취당한다. 현대 세계에서 부와 소득의 엄청난 격차가 만들어지는 원인은 잘 알려진 대로 밝히기가 무척 어렵다.[50] 예를 들면 부의 불평등한 분배 원인을 "고의적으로 가난한 사람들을 학대하고자 하는 사악한 자본가들의 존재"에 돌리는 것은 지나친 단순화다(또한, 많은 경우 이는 사실이 아니다).[51] 불평등은 종종 부당 경영, 사치, 부패, 직장에서의 규율 부족, 운명론, 높은 인구 성장률처럼 가난한 나라 안의 문화적·정치적·경제적 문제의 결과다.[52] 그러나 개발 도상국이 식량이나 제품을 수입하기 위해 원자재를 수출할 때, 그 가격은 힘 있는 선진국에 의해 부당하게 결정되는 경우가 많다. 한 국가에서 노동자를 고용하고 원료를 사용하면서 가장 많은 이윤을 차지하는 다국적 기업들이 그 현지 국가를 착취하고 있다는 주장은 설득력이 있다. 비록 그 나라에 기술과 자본을 들

---

50 Wogaman, *Economics*, 48.
51 Hay, "Order", 123.
52 Griffiths, *Morality*, 130이하를 보라.

여온다고 해도 말이다. 어쨌든 (세계 인구의 4분의 1이 세계 소득의 5분의 4를 가져가는) 부유한 북반구가 종종 그 힘을 사용해 '게임 규칙'을 정하고, "자신들에게 유리한 방향으로 북-남의 경제적 관계를 결정하는" 것에는 의심의 여지가 없다.[53] 특히 약소국과의 관계에서는 더욱 그렇다.

생태계 위기

환경 문제에 대한 대중의 관심은 수년간 심한 변동을 겪었다. 1970년대 초에 비해 1980년대에는 환경에 대한 대중적 관심이 상당히 감소한 반면에, 1990년대 초 (특히 철의 장막이 걷힌 뒤 동유럽에서 재앙에 가까운 훼손이 분명하게 드러나면서) 다시 전 세계의 주요 관심사로 떠오른 것처럼 보인다. 어쨌든 생태계 문제에 대한 관심 부족은 대중의 정보 포화 상태, 대중의 사적 영역으로의 후퇴, 생태 문제 해결을 향한 실질적 진전 대신 미디어가 부추기는 "폐쇄된 시스템 안에서의 선택된 강요"와 분명히 깊은 관련이 있다. 지구의 생명 유지 시스템이 위태로워지는 것뿐만 아니라 물과 공기 오염, 천연자원 감소, 인구 증가, 야생 동물과 야생성 파괴, 토양 유출과 사막화는 조금도 과장하지 않고 지난 20년간 전혀 줄어들지 않았다. 이 책을 쓰고 있는 동안에도, 잘 알려진 생태적 재앙이 유럽에서 두 번이나 일어났다. 체르노빌 핵 발전소의 노심 용융은 (근접 지역에서 동물과 인간에게 질병과 유전적 기형, 죽음을 가져온 것은 물론이고) 가장 심한 타격을 받은 곳이 아닌 우리 지역(유고슬라비아)에서도 몇 달 동안이나 오염되지 않은 신선한 음식을 구할 수 없게 만들었다. 스위스의 한 제약 회사가 라인강에 버린 유독성 폐기물은 강의 거의 모든 생명체를 말살했다. 그러한 생태적 홀로코스

---

53   Hay, "North", 95. 또한 Hay, "Order", 123도 보라.

트보다 더 충격적인 것은 생태계에 대한 우려 따위는 자신들의 처지에 어울리지 않는 사치로(혹은 경쟁적인 북쪽이 설치한 함정으로) 여기는 제3세계 지도자들의 경솔한 태도다. 결과는 제3세계의 많은 지역, 특히 큰 도시들에서 일어나는 심각한 오염이다.

여기에서 생태적 문제의 원인에 대한 복잡한 논쟁으로 뛰어들 필요는 없다. 생태적 위기에 대한 설명은 언제나 결국 **인간이 그들의 일을 통해 자연에 개입하는** 지점과 늘 교차한다는 점을 지적하는 것만으로도 충분하다. 정의상, 생태계 문제는 "인간이 자연을 다루는 일의 실제적 결과로" 일어나며,[54] 여기서 '자연'이란 인간이 사는 인간 이외의 환경으로 이해할 수 있다. 인간의 일이 곧 생태계 문제의 원인이라고 주장해도 무리가 없다.

생태적 위기가 생명 시스템 전체의 위기라면(실제로 그렇다), 이는 그러한 위기를 야기하는 종류의 일에 문제를 제기한다. 그러한 일은 인류의 장기적 자기 파괴의 한 형태다. 생태 문제를 우려하거나 낙관하는 사람 모두, 인간 삶의 질 그리고 정말로 인간의 미래는 인간이 인간 이외의 환경을 파괴하는 것이 아닌, 그것과 협력하는 방식으로 일하는 법을 배우는 능력에 달려 있음을 인정해야 한다.

일의 위기를 초래한 원인

여기서 나의 의도는 일의 위기를 야기한 원인에 대한 세밀한 분석보다는, 우리가 그 원인을 어느 수준에서 찾아야 하는지 밝히는 것이다. 우리는 일의 위기를 초래한 원인을 세 가지 수준, 곧 개인적·구조적·기술적 수준으로 구별해야 한다. 나는 분석이 목적이므로 이 세 수준을 분리해서 다

---

54 Passmore, *Responsibility*, 43.

루지만, 현실에서 세 수준은 서로 연결되어 있다. 사실, 일의 위기를 초래한 기술적 원인은 궁극적으로 원인의 한 독립 범주로 고려되기 어려워 보인다. 그것은 개인적 원인이나 구조적 원인을 통해서만 설명될 수 있다. 그러나 일의 세계에 끼치는 그 심오한 영향 때문에, 따로 떼서 언급할 가치가 충분하다.

개인적 원인과 구조적 원인은 **상호 의존적이다**. 그러나 그 둘은 분명히 **구별된다**. 일의 위기를 초래하는 개인적 원인은 사회적 원인에 긍정적으로든 부정적으로든 영향을 주고, 이 관계는 반대의 경우에도 적용된다. 그러나 그렇다고 한쪽을 다른 한쪽의 충분한 설명으로 여겨서는 안 된다. (사회의 모든 선과 악을 개인의 결정에서 찾는) 전형적인 자유주의 견해와 (모든 사회 문제를 구조 악으로 설명하고 구조 변혁을 통한 급진적 개선을 꿈꾸는) 전형적인 사회주의 견해 모두 불충분하다. 각 견해가 인정하는 내용은 부정하는 내용보다 조금 양호하기는 하지만 말이다. 사회주의 혁명을 거친 국가들의 쓰라린 과거 경험은 사회의 구조적 변화가 개인의 '윤리적 변화'를 수반해야 한다는 인식이 자라게 했다(물론 약간의 부가적인 구조적 변화는 기대하는 윤리적 변화의 현실화를 좀더 쉽게 해 줄 것이다). 반면에, 자본주의 국가에서도 사회의 안녕을 위해 한두 가지 구조적 조정이 필요하다는 인식이 존재한다.

개인적 원인

일의 위기의 다양한 측면들은 그 뿌리를 상당 부분 관계자들의 개인적 태도 및 행동에 두고 있다. 예를 들어 고위 경영진과 정부 관료의 부패가 그것이다. 이는 전 세계적으로 문제가 심각하지만, 그러한 부패가 사람들의 빈곤화에 크게 일조하는 일부 개발 도상국들에서 가장 격심하다. 특별히 부패 조장이 쉬운 사회 경제 구조와 법률이 있다 하더라도, 구조나 법률을 바꾼들 그 문제는 완전히 사라지지 않는 것처럼 보인다. 러스킨(Ruskin)은 일터에서 정직의 필요성에 대해 다음과 같이 바르게 주장한다. "그것을 얻으면 모든 것을 얻는다. 그것 없이는 투표권, 개혁…모두 허사다."[55] 부패는 기본적으로 개인의 진실성 문제다. 해답은 개인의 변화에 있다.

경영진이 일의 위기를 만드는 또 다른 방식은 특별히 취약한 노동자들을 부당하게 대우하는 것이다. 이러한 일은 법이 피고용인의 권리를 신중하게 보호하는 나라에서도 일어난다. 귄터 발라프(Günther Walraff)는 큰 파장을 일으킨 그의 책 『가장 낮은 곳에서 가장 보잘것없이』(Ganz Unten, 알마)에서 이주 노동자에 대한 몇몇 독일 고용주들의 비양심적 대우를 폭로한다. 노동자의 건강에 치명적 결과를 가져올 수 있음을 알면서도 고용주들은 이윤을 위해 아무것도 모르는 그 노동자들을 핵 발전소 청소 업무에 기꺼이 투입했다.[56]

그러나 일의 위기에 일조하는 개인의 문제는 **피고용인들**에게도 존재한다. 이런 측면을 다룰 때는 피해자에게 책임을 전가한다는 비판을 들을 위험이 따른다. 그러나 설령 가난한 사람을 우선적으로 고려하는 입장을 취하더라도(나 역시 그런 입장이다), 어떤 이들의 실업은 (예를 들면) 그들이 일을 하고 싶어 하지 않기 때문일 수도 있음을 인정할 필요가 있다. 종종 실업의 결과처럼 묘사되는 알코올 중독이, 사실은 실업의 원인인 경우도 많다. 또 다른 예로, 피고용인들은 소비자로서의 편리함을 포기하려 하지 않아서 생태 문제를 만들기도 한다. 그렇다. 산업 프로파간다가 생태 문제에 있어 개인들의 무책임한 선택에 중요한 영향력을 발휘하는 것은 사실이다. 그러나 모든 책임을 산업 프로파간다에 전가함으로써 소비자는 무죄라고

---

55 Ruskin, *Crown*, 49-50.
56 Walraff, *Ganz Unten*을 보라.

말해서는 안 된다.

구조적 원인

일의 위기를 초래한 어떤 원인은 경제생활의 **구조**에 깊이 뿌리내리고 있다. 예를 들면, 실직한 개인들의 행동보다는 '경제 게임'의 조건과 규칙이 실업의 주요 원인으로 보인다. 경제 게임의 모든 규칙에 적용되는 핵심 요건이 이윤 극대화라면, 일례로 기업은 경제가 발전한 본국에서 경제가 낙후된 유치국(host country)으로 자본을 이동시키기 쉬울 것이다. 그에 따른 결과를 완화시킬 사람이 아무도 없다면, 그러한 자본 이동은 많은 고통을 야기한다. 즉, 본국에서는 실업률 증가를 유발할 가능성이 높고, 유치국에서는 (그 나라에 매우 필요한 일자리를 주기도 하겠지만) 비인간적 노동을 야기할 수 있다.

엄격히 말해, 나는 개별 고용주나 피고용인이 경제생활의 구조에 의해 결정되지 않는 것을 당연하게 생각한다. 그들이 고차원적인 대의에 고취되어 경제적 차원의 처벌을 기꺼이 받으려 한다면, 게임의 규칙을 깰 수도 있다. 그러나 문제는 그들이 특정 경제 구조 안에서 어떻게 행동할 **가능성이 있는지**가 아니라 그들이 어떻게 행동하기 **쉬운지** 그리고 실제로 어떻게 **행동하는지**다. 일반적으로 고용주는 경제적 처벌을 피하려 하고, 게임의 규칙에 따라 경기를 한다. 따라서 경제 기관들은 종종 "그 안에서 일하는 최고 인력의 선택의 범위를 좁게 제한한다."[57]

57　*The Oxford Conference*, 103.

기술적 원인

기술 발전이 노동자에게 끼친 영향은 모호한 과정이다. 기술 혁신은 분명 노동자를 이롭게 했지만, 동시에 현재 일의 위기에 상당 부분 영향을 미쳤다. 기계 생산은 경제 성장과 인구 전체의 생활 수준 향상이라는 결과뿐 아니라, 노동자의 가치를 폄하하는 결과를 초래했다. 자신의 작업을 통제하고 그 결과를 완성된 제품에서 볼 수 있었던 숙련된 기능공은, 몇 가지 단순한 조작만 기계적으로 행하는 생각 없는 기계로 전락했다. 더 최근의 정보 기술 덕분에 많은 육체 노동자는 위험하고 단조로운 작업에서 벗어날 수 있었지만, 그 대가로 다른 작업에서의 기술을 잃었다. 기술 발전은 자연환경에도 심각한 손상을 입혔다.

일의 위기를 초래한 기술적 원인을 해결하기 위해 기술을 포기하고 산업 시대 이전의 생산 양식으로 회귀할 수는 없다. 산업 혁명 초창기에 영국과 유럽 대륙 모두에서 노동자들이 공장을 습격하고 기계를 파괴했다. 공장과 기계가 자신들의 생계를 빼앗아 가고 있다고 생각했기 때문이다. 오늘날 어떤 사람들은 향수에 젖어 두 세기 전 그들의 동지들이 반란을 일으켜 대항하던 원시적 기술 시대를 뒤돌아보면서, 산업 생산에서 새로운 정보 기술 도입을 일시 중단할 것을 제안한다. 그러나 문제는 새로운 기술 자체가 아니라 기술을 만들고 사용하는 특정 방식이다.[58] 그러므로 해답은 기술 폐지가 아니라 그것의 바른 구성과 사용에 있다.

---

58 뒤의 290-292를 보라.

2장 지배적 일 이해

일의 신학의 주요한 특징을 놓치지 않으려면, 개인적이고 공동체적인 삶에서의 일의 성격과 역할뿐 아니라(1장), 사람들이 자신의 일을 **이해**하는 방식 역시 살펴보아야 할 것이다. 일의 신학이 고찰할 필요가 있는 일의 실재 중에서 그 핵심은 일 이론이다. 일의 신학이 경제가 발전한 사회와 발전 중인 사회 모두에 타당성을 지니려면, 반드시 이 사회들에서 우세한 일의 철학을 분석해야 한다. 따라서 이번 장에서 나는 애덤 스미스와 카를 마르크스의 일 이론을 살펴볼 것이다.

일에 대한 이 시대의 지배적 이해를 분석하는 방법으로 18, 19세기에 살았던 사상가들을 다루는 것이 이상하게 보일 수 있다. 그러나 오늘날 세계에서 일의 실재와 그에 대한 이해에 마르크스와 스미스보다 더 많은 영향을 끼친 사상가는 과거에도 현재에도 없다. 잘 알려진 대로, 철학자이자 경제학자인 스미스와 마르크스 두 사람은 각각 현대 자본주의와 사회주의의 창시자로서, 이들의 두 이론은 다양하게 각색된 버전으로 오늘날 세계의 경제생활 및 사상을 여전히 지배하고 있다.

물론 현대의 자본주의 경제와 사회주의 경제가 정확하게 『국부론』

(Wealth of Nations)과 『자본론』(Das Kapital)에서 개진한 법칙과 규칙에 따라 움직이지는 않는다. 수년간 자본주의 세계와 사회주의 세계 양쪽 모두에서 경제학자들은 스미스와 마르크스의 이론을 상당 부분 수정했다. 그럼에도 우리는 스미스와 마르크스가 사용한 일의 개념을 분석함으로써 이 시대의 지배적인 일 이해에 대한 통찰을 얻을 수 있다. 첫째, 여기서 수정이란 종종 한 경제 제도의 요소들을 다른 제도의 요소와 통합시키는 것 이상으로 나아가지는 않았다. 결과적으로 순수한 시장 경제나 순수한 계획 경제는 존재하지 않는다. 각 경제 제도는 양쪽의 요소를 더 많거나 더 적은 수준에서 조합하며, 차이점은 오직 어느 쪽 요소가 더 우세한가다. 둘째, 상대적으로 이후에 이루어진 수정은 스미스와 마르크스의 일과 관련된 기본 사회 철학과 이론의 주된 특징은 거의 손대지 않고, 두 사람의 경제 이론의 특정 측면에 대한 세부 개량인 경우가 많다. '시장'을 더 이상 '기계'와 유사하게 인식하는(스미스) 대신 '생물학적 시스템'[스펜서(Spenser)]이나 '게임'[하이에크(Hayek), 프리드먼(Friedman)]과 유사하게 인식하는 것처럼, 그 수정이 경제의 작동 방식에 대한 이해의 패러다임 전환을 포함하는 경우에도 두 사람의 일에 대한 기본 철학 및 이론의 중요한 부분에는 손을 대지 않았다.[1]

　스미스와 마르크스의 일 이론을 분석할 때, 이념적 취향에 따라 이 사상가들에게 딱지를 붙이고 싶은 유혹을 받을 수도 있다. 그러나 그보다는 그들을 제대로 이해하고 그들의 중대한(그러나 간혹은 어리석은) 실수에서든 귀중한 통찰에서든 배우려는 태도가 더 도움이 된다. 스미스는 오직 사익 추구에만 눈이 먼 도덕적 불구가 아니다. 이런 식으로 그를 해석하는

1　Griffiths, *Wealth*, 97-106을 보라.

사람들은 도덕 철학에서 중요한 작품인 그의 『도덕 감정론』(The Theory of Moral Sentiments)뿐 아니라, 『국부론』에서 노동 분화에 따른 인간 본성의 유린을 비판하는 부분을 읽어 보는 것이 좋다. 또한, 마르크스는 인간의 자유와 창조성은 전혀 존중하지 않은 채 오직 부지런하고 부유한 사람들의 재산을 몰수하는 데만 급급한 빨간 악마가 아니다. 생명의 모든 영역, 특히 매일 하는 일에서의 자유와 창조성이 그가 추구한 학문의 가장 중요한 목표였음은 그의 초기 작품[예를 들면, 『경제학-철학 수고』(Economic and Philosophical Manuscripts, 이론과실천)]와 후기 작품[예를 들면, 『정치경제학 비판 요강』(Grundrisse, 그린비)] 모두에서 잘 드러난다.[2]

애덤 스미스의 일 이해

스미스의 대단히 중요한 작품인 『국부론』의 첫 문장은 그가 인간의 일에 부여한 중요성을 잘 드러낸다. "모든 국가의 연간 노동은 그 국가에 삶의 모든 필요와 편리함을 원천적으로 공급하는 자금이다."[3] 인간의 일을 경제적 부의 사실상 유일한 원천으로 꼽고 그것을 경제 이론의 중심에 둔 것은, 스미스가 경제 사상 발전에 가장 중요하게 기여한 부분 중 하나다.[4]

그러나 스미스에게 일이란 단지 경제적 부의 주요 원천만은 아니었다. 그것은 또한 사회의 모든 조직을 위한 구조를 제공했다. 그는 이후 아주

---

2   Smith를 도덕적 무감각에 대한 혐의로부터 변호하고, Marx를 전체주의에 대한 혐의로부터 변호함으로써, 물론 나는 각 철학자가 그들의 사상에 대한 그러한 (잘못된) 이해와 (잘못된) 적용에 각각의 방식으로 기여했음을 부인하고 싶지는 않다. Marx의 이론과 후기 마르크스주의자의 전체주의 버전들 간의 연결된 선을 추적한 내용은 Kolakowski, *Die Hauptströmungen*를 보라.
3   Smith, *Wealth*, 1. Smith, *Lectures*, 172; Smith, *Draft*, 332를 보라.
4   McNulty, "Smith", 347를 보라.

영향력 있는 이론이 된 논지, 즉 사회 정치 구조와 지적 상부 구조의 역사적 형태는 특정 시기에 우세한 '생산 양식'에 의해 결정된다는 논지를 처음으로 내세운 사상가였다.[5] 스미스는 "사회의 네 단계는 수렵, 목축, 농경, 상업"이라고 주장했다.[6] 이러한 네 단계 사회 발전 이론은, 그가 "법학이 공적이고 사적인 영역 모두에서, 가장 조잡한 시대로부터 가장 정제된 시대까지 점진적으로 이루어 온 진보를 추적하고, **그러한 학문이 법률과 행정에서 그에 상응하는 개선이나 개조를 이루어 내는 데 있어 생존과 부의 축적에 기여한 영향을 밝히는 것**"을 가능하게 해 준 구조적 윤곽을 제공했다.[7] 이후 마르크스가 외견상 그렇게 보이는 것과 달리 스미스는 경제적 요인을 정치, 사회, 지성의 역사를 설명하는 단일 요소로 여기지는 않았지만, 그의 관점에서 경제적 요인은 지배적인 요소였다.[8]

스미스에게는 **물질 생산**이 경제적으로나 사회적으로 중요한 종류의 일이었다. 그는 일과 재산의 관계에 대한 로크(Locke)의 고찰에 근거해,[9] "노동이 끝난 뒤 적어도 얼마 동안 지속될 수 있는 특정 대상 혹은 팔 수 있는 상품으로 고정되고 구체화되는"[10] 노동이 생산적이며 따라서 가장 중요한 형태의 노동이라고 주장했다. 목사, 철학자 혹은 정치인의 일은 비생산적인데, 그들의 일은 "행하는 즉시 사라지기" 때문이다.[11]

---

5   Meek, *Smith*, 15, 18-32를 보라.
6   Smith, *Lectures*, 107.
7   Stewart. Meek, *Smith*, 21에서 인용. 강조 추가.
8   Reisman은 Smith를 "경제적 결정론자"라고 부르는 지점까지 나갔다(*Economics*, 10). 그러나 250의 보다 신중한 그의 진술도 보라. 경제 구조와 이데올로기적 상부 구조의 관계에 대한 Marx의 견해는, Volf, "Das Marxsche Verständnis der Arbeit", 80이하를 보라.
9   "'자연'이 제공한 '상태'에서 무엇을 제거하고 무엇을 그 안에 남겨 두든, 그는 자신의 '노동'을 그것과 혼합시켰고 그 자신의 것을 거기에 첨가하였으며, 따라서 그것을 그 자신의 '소유'로 만든다"(Locke, *Two Treatises*, II, §27).
10 Smith, *Wealth*, 314.
11 ibid., 315.

스미스는 경제 활동과 영적·지적·정치적 활동 간의 전통적 관계에도 고개를 돌린다. 예를 들어, 아리스토텔레스(Aristotle)는 정치적 활동의 목표는 시민에게 좋은 삶을 보장하는 것이며, 그것이야말로 가장 고차원적 형태의 실용적 활동이라고 보았다.[12] 반면에, 스미스는 정치적 활동과 지적 활동이 경제 활동에 종속된다고 보았고, 경제 활동이 좋은 삶을 가능하게 하여 부를 창출하고 문명을 발전시킨다고 주장했다. 물질 생산에 대한 스미스의 강조는, 지속적으로 증가하는 생산성이라는 날개를 달고 역사가 되었다. 경제 활동이 인간의 행복에 이르는 열쇠를 쥐고 있다는 지배적인 신념 덕분에, 현대 세계에서는 육체노동을 통해서든 정신노동을 통해서든 물질 생산에 참여하는 것이야말로 가장 중요한 형태의 일이 되었다.

경제와 문명의 진보에서 일의 중요성을 강조하는 스미스는 (피히테와 헤겔의 활동에 대한 더 철학적인 강조와 함께) 일의 중요성과 역할에 대한 마르크스의 이해를 형성하는 데 많은 영향을 주었다. 스미스와 마르크스는 개인과 사회의 삶에서 일의 중심성에 대한 믿음을 공유한다. 그러나 일의 목적, 노동 분화, 그에 따른 결과인 자본주의 사회에서 노동자의 소외에 대해서는 견해가 다르다. 이후에 따라올 마르크스의 일 이론 분석을 위한 기초 작업으로, 이러한 세 가지 주제 아래 스미스의 일 이론을 계속 살펴보겠다.

일의 목적

우리는 스미스의 『도덕 감정론』에서 이런 문장을 만난다. "사람은 행동하도록, 자신의 능력을 힘써 사용함으로써 모든 사람의 행복에 가장 도움이

12　Aristotle, *Ethics*, 1140a, 25이하; 1177b, 15이하를 보라.

된다고 보이는 바대로 자신과 다른 이들의 외부적 환경 변화를 증진하도록 지어졌다."[13] 얼핏 보면, 문장 첫 부분은 인간 본성과 일의 인간학적 중요성에 대한 중대한 선언처럼 읽힌다. 스미스는 마치 새가 날아다니도록 만들어진 것처럼 인간도 일을 하도록 만들어졌다고 말하는 것 같다. 일은 인간이 창조된 위대한 목적이다.

그러나 문장 두 번째 부분은 첫 부분을 이런 식으로 읽으면 안 된다는 것을 분명히 한다. 거기서는 인간의 노동이 그와 같이 인간 삶의 목적이 아니라 '모든 사람의 행복'을 성취하기 위한 수단일 뿐이라고 말하고 있기 때문이다. 노동은 인간이라면 꼭 지녀야 할 본질적 특징이 아니다. 단지 '우리의 상태를 더 나아지게 하고자 하는 바람'—스미스의 관점에서 바로 이것이 인간을 인간으로 구별해 주는 한 특징이다—을 만족시키기 위한 수단일 뿐이다.

일을 행복을 성취하는 수단으로 보기 때문에, 스미스가 "소비"를 "모든 생산의 유일한 목표이자 목적"으로 꼽는 것은 당연하다.[14] 바로 그것이 육체노동이든 정신노동이든 상관없이 사회 모든 구성원의 일이 지향하는 목적이다. 스미스는 학생들에게 이렇게 말했다. "모든 예술, 과학, 법, 행정, 지혜, 심지어 덕 자체도[!] 이 한 가지, 즉 사람들에게 고기, 음료, 월급, 숙소를 제공하기 위해 봉사한다."[15] 사람들이 일을 하는 이유는 그것이 인간성의 표현이라서가 아니라, 물질적 필수품에서 "시시한 물건"에 대한 열광까지 그들의 필요를 충족시키기 위해서다.[16] 스미스의 경제 이론에서 일은 그 중요성에도 불구하고 인간의 존엄성을 반영하지 않는다. 오직 효용성만 있

---

13   Smith, *Theory*, 153-154.
14   Smith, *Wealth*, 625.
15   Smith, *Lectures*, 338.
16   Smith, *Theory*, 259.

을 뿐이다. 만약 더 나은 것을 바라는 인간의 욕망에서 자라나는, 끝없이 늘어나는 인간의 필요가 다른 방식으로 채워질 수만 있다면, 일은 아무 의미가 없을 것이다.

일을 "상품과 서비스 구매력을 갖기 위한 필요악"으로 상정하는 현대의 경제 분석은[17] 스미스의 일에 대한 가치 평가에 가깝다. 그는 전반적으로 일을 부정적인 것, 견뎌야 하는 무언가로 본다.[18] 일을 할 때 사람들은 "편안함, 자유, 행복의 일정 부분"을 언제나 포기해야 하기 때문이다.[19] 이는 마르크스 역시 조금도 망설이지 않고 인용하고자 한 진술이다. 스미스가 말하길 "노동의 달콤함"이란, 특히 "저급한 직업"의 경우, "노동에 대한 보상이 전부다."[20] 따라서 오직 필요만이 사람들로 하여금 일을 하게 만들 것이다.

일이 뭔가 부정적인 것일 때, 사람의 궁극적 관심은 일을 하지 않고 "가능한 한 편안하게 사는 것"이 될 것이다. 사실, 부를 획득하는 목적 가운데 하나는 일을 하지 않는 것이다. 스미스는 노동을 사실상 부의 유일한 원천으로 보았기 때문에, 그가 부를 "모든 노동에 행사하는 확실한 지휘권"으로 정의한 것은 자연스럽다.[21] 다른 사람에게 노동을 명령하는 사람은 부의 원천에 대한 통제력을 갖는다. 부는 다른 사람의 활동을 다룰 수 있는 힘이다.[22] 더 많은 부를 가질수록, 더욱 "귀찮은 일은 피하고 다른 사람에게 떠넘길" 수 있을 것이다.[23]

---

17 Hay, "Order", 88.
18 Smith, *Theory*, 297.
19 Smith, *Wealth*, 33.
20 ibid., 122.
21 ibid., 31.
22 Lindgren, *Smith*, 94, 112를 보라.
23 West, *Smith*, 169.

노동 분화와 사익 추구

인간의 일이 갖는 가치에 대한 스미스의 생각 안에는 명백한 긴장이 존재한다. 인간학적 측면에서 일은 분명히 부정적인 어떤 것이기 때문에 개인적 측면에서 모든 사람의 목표는 일을 피하는 것이다. 그러나 사회적 측면에서는 일의 양과 질을 향상시키는 것이 그 목표다. 경제적 측면에서 일은 철저하게 긍정적인 어떤 것, 즉 사회의 모든 진보를 책임지는 경제 성장의 일차 요인이기 때문이다. 일에 관한 인간학적 측면에서의 부정적 평가와 사회적 측면에서의 긍정적 평가 사이의 긴장은 역사적으로 일에 대한 숭배와, 인간적 요소를 생산에서 제거하려는 열띤 노력이 동시에 발생하는 겉으로 보기에 기이한 현상을 설명해 준다.[24] 그러나 수사(rhetoric)에도 불구하고 일은 단지 수단으로 여겨졌을 뿐 일 자체를 숭배한 것이 아니라 그것이 만들어 내는 결과물을 숭배한 것임을 주의 깊게 살핀다면, 그 기이한 현상은 설명된다. 생산의 효율성은 인간적 요소를 제거할 때 높아지기 때문이다.

노동 분화

인간적 요소를 제거하고 효율성을 높이는 가장 기본적인 방법은 노동 분화다. 노동 분화는 노동의 합리화와 노동 절약 기술의 근간을 이룬다. 분명 스미스가 노동 분화의 중요성을 처음으로 강조한 사상가는 아니다. 앞에서도 지적했듯이,[25] 사람들은 문명의 역사 아주 초기에 노동 분화가 주는 이익을 발견했다. 슘페터(Schumpeter)는 노동 분화를 두고 "경제학에서

---

24   Lyon, *Silicon*, 48, 86를 보라.
25   앞의 63를 보라.

영원한 다반사"라고 바르게 지칭한다.[26] 그러나 노동 분화에 대한 스미스의 생각에는 세 가지 고유한 강조점이 있으며, 이는 큰 영향력을 발휘해 왔다. 하나는 노동 분화의 인간학적 중요성에 관한 것이고, 다른 두 가지는 그것의 경제적이고 정치사회적인 중요성에 관한 것이다.

첫째, 노동 분화는 인간 본성을 형성한다. 플라톤에서 시작해 그 이후로 쭉 노동 분화의 근거를 인간의 자연적 차이에 두는 것은 일반적이었다. 플라톤은 "우리 사이에는 각기 다른 직업에 적합한 다양한 본성이 존재한다"고 주장했다.[27] 스미스는 정반대였다. 그도 사람들 사이의 타고난 차이를 보았지만, 그러한 차이를 대체로 노동 분화의 원인보다는 "노동 분화의 결과"로 보았다.[28] 그는 일이 인간 본질에 속하는 것은 부정한 반면, 인간 본성을 형성한다고 확신했다. 그들이 누구인지가 그들이 무엇을 하는지를 결정할 뿐 아니라, 그들이 무엇을 하는지가 그들이 누구인지를 결정한다는 현대적 인식을 예견한 것이다.

노동 분화의 인간학적 중요성에 대한 스미스의 견해에는 로크의 인간론이 깔려 있다. 로크는 모든 인간이 "서로에 대해" 평등하다는 결론에 이르기 위해, 모든 인간이 "한 분의 전능하시고 무한히 지혜로우신 창조자의 솜씨"라는 전제에서 시작했다.[29] 하나님이 창조하셨기에 그들은 "유사한 '능력'을 구비했고 '자연'이라는 하나의 공동체를 공유한다."[30] 인간 사이에 존재하는 명백한 차이들은 하나님이 심어 놓으신 것이 아니며, 따라서 인간이 타고난 것이 아니다. 그 차이는 "상이한 경제적 위치에 따라 사회

26　Schumpeter, *History*, 56.
27　Plato, *Republic*, 370B.
28　Smith, *Wealth*, 15.
29　Locke, *Two Treatises*, II, §6.
30　ibid.

적으로 습득되는 것이고" 결과적으로 개인이 자유롭게 행사하는 선택에 따라오는 결과다.[31] 그렇기에 인간 사이의 어떤 차이든 그것은 인간 행동의 결과다.

둘째, 스미스에게 노동 분화는 경제적 진보의 유일한 실질적 요인이다. "그것만이 문명사회에서 발생하는 우월한 풍요를…설명할" 수 있는데,[32] "정치적으로 안정된 사회에서"[33] 이 풍요는 부유한 사람과 가난한 사람 양쪽 모두에게 혜택을 주며, 문화 발전의 전제 조건이다. 스미스는 처음으로 노동 분화에 이러한 무거운 부담을 안겨 준 사람이다. 그리고 그는 노동 분화가 그것을 감당할 수 있다고 확신했다. 노동 분화는 모든 노동자의 손재주를 향상시키고 시간을 절약하며 창의성을 자극함으로써 "노동 생산력을 극대화"하는 효과가 있기 때문이다.[34] 곧 살펴보겠지만, 스미스는 노동 분화가 노동자의 기술과 창의성에 끼치는 영향에 대해 이중적으로 생각했다. 그렇지만 노동 분화가 인간의 일을 기계적이며 따라서 더 효율적인 활동이 되게 함으로써 생산력을 향상시켰다는 사실은 의심의 여지가 없다.

셋째, 스미스의 관점에서 노동 분화는 현대 사회를 조직하고 유지하는 원칙이었다. 현대 사회 구성원들은 상호 의존성이 아주 높은데, "문명화된 사회"에서 사람들은 생존과 번영을 위해 서로 협력하고 도울 필요가 있기 때문이다. 그들의 결속력은 신의 명령이나 카리스마 있는 지도자의 뜻에 따른 것이 아니다. 그것은 더 나은 지위에 오르고자 하는 그들 개개인의 욕망 그리고 노동 분화의 원칙을 사용할 때 일이 더 효율적이라는 통찰이

---

31   MacPherson, *Individualism*, 246.
32   Smith, *Draft*, 328. 강조 추가.
33   Smith, *Wealth*, 11.
34   ibid., 315.

키워 낸 결과물이다.[35]

노동 분화가 진전되고, 사람들을 묶는 결속력은 "어떤 물건을 다른 것과 거래하고, 물물 교환을 하려는 인간의 본성적 성향"에 의해 강화된다.[36] 사람들의 흔한 주장과 달리, 스미스는 이러한 성향을 인간 존재의 **구별되는** 특징으로 보지 않았다.[37] 그러나 대체로 모든 사람에게 있는 이 성향은 인간 본성에 포함된 **하나의** 원칙이거나, 더 정확하게는 이성과 언어 능력에 따르는 필연적 결과라고 주장했다.[38] 합리적 피조물인 인간은 각자의 상태를 개선시키기 위해 노동을 분화하고 상품과 서비스를 교환한다는 것이다.

사익 추구

노동 분화는 "문명화된 사회"에서 각 개인이 서로를 돕는 주된 방법이다. 스미스는 사람들이 기꺼이 그렇게 하는 이유는 자기희생적 사랑이 아닌 그들 자신의 이익 때문이라고 냉정하게 설명한다. 그는 인간의 일반적 경험을 묘사하면서, 다른 사람의 도움을 받을 가능성이 가장 큰 경우에 대해 다음과 같이 썼다. "그것은 나에게 호의를 베푸는 것과 그들의 자기 사랑 간의 이해관계가 성립할 때이며, 그리하여 내가 그들에게 나를 위해 해주기를 바라는 것을 그들이 하는 것이 사실 그들 자신에게도 이익이 된다는 것을 보여 줄 수 있을 때다. 어떤 종류의 흥정이든 다른 사람과 흥정을 할 때는 바로 이것을 제안하는 것이다." 바로 이어서 아마도 그의 글에서 가장 많이 인용되었을 문장이 따라온다. "우리가 기대하는 저녁 식사는 푸줏간 주인과 양조업자와 빵집 주인의 자선이 아니라, 자신이 얻을 이익

---

35 von Mises, "Liberalismus", 597를 보라.
36 Smith, *Wealth*, 13.
37 Spiegel, "Smith", 103; Arendt, *Vita activa*, 147; Mészáros, *Alienation*, 89-90를 보라.
38 Smith, *Wealth*, 13; Smith, *Lectures*, 171를 보라.

에 대한 그들의 관심에서 나온다."³⁹ 이런 식의 진술에 반대하는 사람은 자명한 것에 눈을 감는 사람이다. 다시 말해, 사익 추구는 스미스의 표현대로 사실 "모든 사람의 행동을 제어하는 일반 원칙"이다.⁴⁰

그러나 스미스는 사람들이 다른 이들과의 상호 작용에서 추구하는 것은 오직 그들 자신의 이익일 뿐 그 이상은 아무것도 필요하지 않다고 주장했다. 그가 철저하게 이기주의자였다고 말하는 것은 아니다. 『도덕 감정론』에서 그는 이렇게 쓴다. "우리의 이기심을 억누르는 것 그리고 자비로운 애정을 마음껏 발휘하는 것이야말로 인간 본성의 완성이다."⁴¹ 그러나 스미스는 경제 활동에서는 이러한 완성을 연습할 필요가 없다고 주장한다. 개인의 이익 추구만으로 충분했다. 스미스는 개인의 이익과 시민 사회의 선이 이루는 조화로운 관계 그리고 그 조화가 "보이지 않는 손"에 의해 유지되는 것에 대한 자유주의 신념을 지니고 있었다. "보이지 않는 손"을 신의 섭리로 보든, 정립된 자연 질서로 보든, 그 손은 사익을 위한 개인들의 합리적 노동을 상호 간에 서비스를 주고받는 시스템으로 탈바꿈시켰다. 공동선을 실현하기 위해 덕은 필요 없다. 공동선은, 말하자면 근면하게 자신의 이익을 추구하는 이들의 등 뒤에서 자동적으로 실현된다.⁴²

소외

소외는 "문명화된 사회"에서 주변적 현상이 아니다. 그것은 다수의 인구에게("**엄청난 수의 사람들**"에게) 영향을 끼치며, "**거의 모든 부패와 타락**"의 원인이다. 더 나아가 "엄청난 수의 사람들이 **반드시 필연적으로**" 소외를 경험한

---

39 Smith, *Wealth*, 14.
40 Smith, *Lectures*, 253.
41 Smith, *Theory*. Novak, *Corporation*, 11에서 재인용.
42 Bloon, *American Mind*, 165를 보라.

다고 주장한 것을 보면, 스미스는 소외가 문명화 사회의 우연한 특징이 아니라 그러한 사회가 기능하는 방식에 내재된 논리라고 믿은 것이 분명하다.[43] 소외는 그러한 사회들이 경제적 진보와 문명화를 위해 치러야 하는 대가인 것이다.

소외는 기본적으로 세 가지 상호 연결된 방식으로 드러난다. 즉, 노동자들은 무력하다. 착취를 당한다. 그들 자신에게서 소외된다. 첫째, 스미스의 관점에서 노동자는 실질적으로 "고용주와의 분쟁에서, 조립 작업의 조각 개수 결정에서, 시간급 노동의 작업 속도나 노동 시간 결정에서, 그리고 임금 형태 결정에서" 무력하다.[44] 스미스는 『국부론』의 초기 원고에서 이렇게 쓴다.

> 불쌍한 노동자는…국가의 다른 모든 구성원들에게 사치품을 공급하기 위한 물질을 제공하고, 인간 사회의 조직 전체를 이를테면 그의 양 어깨에 짊어지는 반면에, 그들 자신은 그 무게 때문에 땅 밑으로 눌려 들어가고 건물의 가장 낮은 토대 안에 보이지 않게 파묻혀 버린 것 같다.[45]

둘째, 스미스는 노동자 착취에 대해 말한다. 그는 기존의 노동자 상태를 적어도 부분적으로는 착취에 기인하는 "억압적 불평등"으로 묘사한다.[46] 어떤 사회라도 언제나 다음과 같은 소수가 존재하기 마련이다.

> 노동은 전혀 하지 않으면서, 폭력을 통해서든 질서 있는 법 위반[!]을 통해서

---

43 Smith, *Wealth*, 734.
44 Lamb, "Smith", 283. Smith, *Wealth*, 66, 249를 보라.
45 Smith, *Draft*, 327-328.
46 ibid., 328.

든 [사회 다수보다] 더 많은 양의 사회 노동력을 사용한다. 이러한 엄청난 부당 유용 이후 남은 것의 분배조차 결코 각 개인의 노동에 비례하여 이루어지지 않는다. 정반대로 가장 많이 일한 사람이 가장 적게 얻는다."[47]

셋째, 노동자들은 그들의 진정한 자아로부터 소외된다. 일이 인간 형성에 끼치는 영향에 대한 스미스의 견해는 이러한 형태의 소외에 대한 그의 비판의 배경이 된다. "인생 전체를 몇 가지 단순한 작업을 하며 보내는 사람은…일반적으로 인간이 이를 수 있는 최대한도로 어리석고 무지해진다."[48] 이것이 특히 고통스러운 이유는 이성적 능력이 인간의 고유한 특성이기 때문이다. 스미스의 관점에서, 그들은 "몽롱한 어리석음" 가운데서 살아가기 때문에 "인간 본성의 특징 중 본질적 부분이…훼손되고 기형적으로 변한다."[49] 사실, 스미스는 대단히 많은 사람에게서 "인간의 특성에서 고결한 모든 부분이 지워지거나 소멸할 수 있다"고 주장한다.

스미스는 그의 글에서 어떻게 소외를 극복할지 제안하지 않는다. 그는 모든 일이 앞서 설명한 식의 소외를 조장한다고 생각하지는 않았다. 그는 분화된 노동이 사람들에게 고통을 주는 '저급한 일자리'뿐 아니라 상대적으로 바람직한 일을 위한 '양질의 일자리'도 알았다. 그것에 대한 자세한 설명은 없지만, 바람직한 일에 대한 그의 인식은 노동 분화에 따른 소외의 결과를 벗어난 상류 계급 사람들을 묘사하는 이곳저곳에서 볼 수 있

---

47 ibid., 327.
48 Smith, *Wealth*, 734.
49 ibid., 735, 740. 『국부론』에서 노동 분화에 대한 Smith의 견해에는 모순이 존재한다. 첫 페이지에서 그는 노동 분화가 노동자의 기술을 증대시키고 창의성을 촉진한다고 찬양한다. 책의 마지막에서 그는 노동 분화가 노동자들을 몽롱한 어리석음에 던져 넣는다고 비난한다. 이러한 모순을 해결하는 것은 불가능하다. 이러한 모순을 해결하기 위한 다른 노력들에 대한 분석과 비판은, Volf, *Zukunft*, 74-75를 보라.

다. 그들의 일은 ("단순하고 획일적이지 않은") 복잡성 그리고 ("머리를 사용하는") 창조적 사고를 필요로 한다. 나아가 그들의 근무 시간은 더 짧기 때문에 "어느 분야의 실용적 지식이든 장식적 지식이든 갈고 닦을 수 있는 충분한 여가 시간"을 누릴 수 있다.[50]

'양질의 일자리'가 갖는 특징이 스미스가 제조업과 해외 무역 시대 이전의 "미개한 사회"의 일에 대해 기술한 부분에서도 발견된다는 점은 중요하다.[51] 분명 그는 노동 분화가 문명의 진보를 위한 열쇠이기 때문에, 그것의 필연적 결과인 소외는 감내해야 하는 짐이라고 믿었다. 사회의 경제적 번영이냐 노동자의 소외냐, "공동체에서 가장 낮은 위치에 있는 구성원"에게도 전해질 수 있는 풍요냐 "모든 하류 계급의 사람들"의 "부패와 타락"이냐의 선택에 직면했을 때,[52] 스미스는 경제의 진보를 택했고 노동 분화를 받아들여야 한다고 결정했던 것이다.

카를 마르크스의 일 이해

마르크스는 노동 분화의 결과인 소외를 두고 스미스와 다른 선택을 했다. 즉, 그는 노동 분화를 폐기해야 하며, 그것과 함께 시장 경제의 전체 구조 역시 폐기되어야 한다고 결정했다. 이러한 결정의 근거는 일이 갖는 인간학적 중요성에 대한 그의 견해였다.

마르크스의 사상에 관심을 갖는 신학자들은 그의 초기 저작에 초점을 맞추는 경향이 있다. 주로 경제 분석이 대부분인 그의 후기 저작 연구는

---

50   Smith, *Wealth*, 736-737.
51   ibid., 358, 735; Smith, *Lectures*, 255를 보라.
52   Smith, *Wealth*, 734, 740.

초기 저작이 담고 있는 마르크스의 철학적이고 사회학적인 사상 연구보다 확실히 구미가 덜 당기는 것 같다. 나는 두 가지 이유로 그의 후기 저작에 기초하여 마르크스의 일 이해를 분석할 것이다(그중에서도 그의 사후에 출간된 『정치경제학 비판 요강』에 집중할 것인데, 이 책은 전반적으로 그의 이론과 특별히 일에 대한 그의 이해를 가장 종합적으로 보여 준다).

첫째, 철학자와 사회학자 들이 초기 마르크스에 쏟는 큰 관심에도 불구하고, 후기 마르크스가 끼친 영향은 비교할 수 없을 만큼 지대하다. 현존하는 사회주의 사회들을 결정적으로 형성한 것은 바로 마르크스의 후기 저작물이다. 여기서 나의 임무는 우리 시대에 일을 이해하는 지배적 방식을 분석하는 것이기 때문에, 마르크스의 후기 저작물을 다루어야 마땅하다. 둘째, 마르크스는 후기 저작에서도 그의 초기 저작의 특징인 인본주의적 틀과 노동 소외를 극복하고자 하는 열망을 따라간다. 무엇보다 후기 저작에서는 그의 사상이 신중한 경제 연구를 통해 무르익었다.

마르크스는 자본주의 생산 분석에 대부분의 관심을 쏟았고 그 특징인 소외를 비판했지만, (중요하게 그러나 다소 낮은 목소리로) 자본주의가 문명화에 끼친 영향력을 높이 평가하기도 했다. 이어지는 두 번째와 세 번째 소단락에서는 마르크스의 자본주의 생산 분석에서 이러한 소외와 문명화라는 두 측면을 살펴볼 것이다. 이 두 단락의 마지막 부분은 공산주의 사회의 일과 여가에 대한 그의 고찰에 할애할 것이다. 먼저 사회 경제적 문맥과 상관없이 일반적 수준에서 일의 본질과 역할에 대한 그의 분석을 살펴보겠다.[53]

---

53   Marx의 일 이해에 대한 상세한 분석은, Volf, *Zukunft*, 19-96를 보라.

일의 본성과 목적

사람들은 언제나 일을 했고 그들이 존재하는 한 계속 일을 하겠지만, 사회사의 여러 시기마다 그들은 다른 방식으로 일했다. 그러나 역사적으로 대비되는 모든 형태의 일에는 분명한 공통의 특징이 있다. 마르크스의 견해에 따르자면, 이러한 공통점은 일이 대상으로서의 자연과 주체로 행동하는 인간 사이에서 이루어지는 과정이라는 사실에서 파생된다.[54]

인간의 일과 자연 사이의 관계를 이런 식으로 기술하는 것은 옳으면서도 오도할 소지가 있다. 인간과 자연 사이의 차이만 일방적으로 강조하기 때문이다. 그러나 마르크스에게 일이란 인간이 자연에 행사하는 "초자연적 창조 능력"이 아니라 **자연적** 능력이다. 인간 역시 근본적으로 자연의 존재이기 때문이다. 주체 인간과 객체 자연 사이에는 지울 수 없는 차이가 있음에도 불구하고, 인간이 자연을 대상으로 일을 하는 것은 인간을 통해 자연이 그 스스로에게 일하는 것이라 할 수 있다.

일을 인간과 자연 사이에 일어나는 과정으로 볼 때, 그것은 네 가지 특징을 지닌다. 첫째, 인간은 합리적 존재이기 때문에, 일은 **목적이 있는 활동**이다. 최악의 건축가라 할지라도 최고의 꿀벌과 다른 점은 "건축가는 밀랍으로 구조물을 짓기 전 머릿속으로 먼저 그것을 그려 본다"는 사실이다.[55] 일의 두 번째 본질적 요소는 일이 **행해지는 대상**이다. 그 대상은 (농업의 많은 부분이 그런 것처럼) 자연이 직접 제공할 수도 있고, (제조업에서처럼) "이전 단계의 일을 통해 걸러질" 수도 있다.[56] 세 번째 요소는 일을 수행할 때 **사용하는 물건** 혹은 도구다. 도구란 "노동자가 자신과 자신이 하는 노

---

54   Marx, *Grundrisse*, 7를 보라.
55   Marx, *MEW*, XXIII, 193.
56   ibid.

동의 대상 사이에 끼워 넣는, 그리고 노동자의 활동을 그 대상으로 옮겨주는 전도체로 쓰이는…것"이다.[57] 넷째, 인간은 본질적으로 사회적 존재이기 때문에, 모든 일은 "특정한 형태의 사회 안에서 그리고 그러한 사회를 통해서 한 개인의 입장에서 행하는 자연의 전유(appropriation)"다.[58] 따라서 일이란 사람들이 도구의 도움을 받아 자연을 능숙하게 다루는 것을 통해 이루어지는, 목적이 있는 사회적 활동이다.

마르크스는 일의 일차적 목적이 무엇인지 매우 분명하게 진술한다. 그것은 "사람과 자연 사이의 신진대사를, 따라서 인간의 생명 자체를 매개한다."[59] 일은 인간이 몸과 영혼을 하나로 유지하는 수단이다. 이것은 마르크스가 이전에 가졌던 일에 대한 가장 기초적인 신념의 일부와 모순되는 것처럼 보인다. 그의 초기 저작에서 단순히 수단으로 인식되는 일은 소외를 조장하는 일의 특징이지 일반적인 일의 특징이 아니었다.[60] 그러나 후기의 마르크스에게 일은 여전히 그 자체가 **목적이기도** 하며—그는 인간이 일을 즐겨야 한다는 인식을 포기한 적이 없다—마찬가지로 초기 마르크스에게도 일은 언제나 인간의 생활을 유지하는 **수단이기도** 했음을 유념할 필요가 있다.[61]

그러나 마르크스에게 일은 단순히 인간의 삶을 가능하게 하는 것뿐 아니라 더 광범위한 중요성을 갖는다. 자기실현 그리고 자연의 인간화를 통해 인간적 세계를 창조하는 것은 마르크스에게 일의 본질적 기능이다. 잘 알려진 대로, 초기 마르크스는 인간이 소외를 조장하지 않는 일을 통해

---

57 ibid.
58 Marx, *Grundrisse*, 9.
59 Marx, *MEW*, XXIII, 57.
60 *MEWEB*, I, 516를 보라.
61 뒤의 309이하를 보라.

그들의 신체적이고 정신적인 기술을 발전시키는 것을 강조했다. 같은 생각이 『자본론』에 다시 나오는데, 거기서 그는 외부적 자연을 대상으로 행위를 하는 사람은 자연 안에 "잠자고 있던 잠재력"을 개발하면서 "동시에 자기 자신의 본성을 바꾼다"고 썼다.[62]

일이 자연을 인간화하는 데 사용된다는 생각은 마르크스의 후기 저작에도 포함되어 있지만,[63] 『경제학-철학 수고』에서 특별히 두드러진다. 거기서 그는 사람이 자연을 대상으로 일을 할 때 "자연은 **그 사람의**[그 노동자의] 일과 현실로서 나타난다"고 쓴다.[64] 물론 마르크스가 인간이 하나님처럼 무에서(ex nihilo) 자연을 창조한다는 터무니없는 생각에 빠졌던 것은 아니다. 대신, 그가 의미한 것은 그들이 일을 통해 자연에 그들의 흔적을 남기고 그럼으로써 자연은 말하자면 그들의 확장된 자아가 된다는 것이다. 그들은 일을 통해 객관적 실재 안에서 그들 자신을 "재생산하고" "그들이 구축한 세계 안에서 그들 자신의 투영된 모습을 본다."[65] 따라서 일의 일차적 목적은 인간의 실존을 보장하는 것이지만, 동시에 일은 인간이 그들 자신의 잠재력을 개발하고 세상을 그들 자신의 형상으로 창조하는 수단으로써 기능한다.

소외와 일의 인간화

자본주의 사회와 그 안에서 인간이 경험하는 소외에 대한 분석은 마르크스가 평생 연구한 경제학에서 가장 중요한 부분이었다. 그의 분석을 떠받

---

62 Marx, *MEW*, XXIII, 192. 이 진술을 인간 이외의 자연에 대한 언급으로 보는 것에 반대하는 주장은, Volf, "Das Marxsche Verständnis der Arbeit", 105, 288, fn. 13를 보라.
63 Marx, *Grundrisse*, 715를 보라.
64 Marx, *MEWEB*, I, 517.
65 ibid.

친 배경은 자본주의 도래 때문에 파괴된 과거 생산 양식에 대한 향수가 아니라, 자본주의로부터 출현할 "더 고차원의 생산 양식"이 일이 조장하는 모든 소외를(또한 결과적으로 따라오는 인간 삶의 다른 모든 측면에서의 소외를) 극복할 것이라는 기대였다.

수단과 목적의 전도

자본주의 생산 양식의 한 가지 전제 조건은 생산의 일차적 목적이 제품 사용(생산자에 의해서든 그들의 동료 인간에 의해서든)에 있지 않고 상품으로서의 제품 교환에 있을 정도로 노동 분화가 진전되는 것이다. 노동자 자신에게는 그가 만드는 제품이 제품으로서는 아무런 가치가 없고 다만 그가 필요로 하는 다른 제품이나 서비스를 얻기 위한 수단으로서만 가치가 있다. 노동자는 자신이 만들고 있는 물건에 전혀 무관심하다. 마르크스는 이러한 상태를 노동자가 소비를 위해 생산하는 규범적 모델과 대조한다. 이에 상응하여, 공산주의 사회에서는 사람들이 생계 유지나 이윤 창출을 위해서 생산하지 않고, 동료 인간의 구체적 필요를 충족시키기 위해 생산한다.[66]

마르크스는 만약 제품이 단지 수단이라면 그것을 만드는 행위 역시 "그 자체가 목적이 아니라⋯수단"이 된다고 주장한다.[67] 두 가지 이유로, 일은 그 자체가 목적이 아니라 수단일 때 소외를 조장한다. 첫째, 인간은 적어도 부분적으로라도 일 자체를 위한 일을 할 때에만 그것을 즐길 수 있다. 일이 단지 수단일 뿐일 때, 사람들은 그것을 즐기기 위해서가 아니라 일을 하지 않으면 생존할 수 없기 때문에 일을 한다. 그렇게 되면 일은 강

---

66   Marx, *MEW*, XXIV/3, 115를 보라.
67   Marx, *Grundrisse*, 111.

제 노동의 한 형태라 할 수 있다. 스미스의 주장대로, 노동자의 편안함, 자유, 행복을 필수적으로 희생해야 하는 것이다. 물론 다르크스는 자연에 의존하는 인간은 생존을 위해 일해야 한다는 점을 알았다. 그는 일을 "영원한 필수"라고 여겼다.[68] 그런 의미에서 사람들은 의심할 여지 없이 일을 해야만 한다. 그러나 마르크스는 인간이 일을 하는 이유는 단지 해야 하기 때문만이 아니라 좋아하기 때문이어야 한다고 믿었다. 단순히 일의 결과물이 필요해서가 아니라, 인간 본성 안에는 "적당량의 일을 할 필요"[69] 역시 들어 있기 때문이다.

인간에게는 일이 필요하다. 그들에게 일은 "삶의 표현"이기 때문이다. 사실, 일은 인간 본질을 구성한다.[70] 마르크스의 관점에서 "한 종(種)의 성격 전체"는 "삶의 활동 종류"가 결정하며, 인간에게 삶의 활동이란 곧 "자유롭고 의식적인 활동"으로서의 일이라 할 수 있기 때문이다.[71] 인간학적으로 일이 갖는 중요성의 핵심은, 왜 일이 단순히 수단으로 축소되면 소외를 조장하게 되는지의 두 번째 이유에 있다. 일이 수단으로 축소되면 한 사람의 **존재**(being)가 단지 그의 **실존**(existence)을 위한 수단"이 되고 말기 때문이다.[72] 마르크스는 공산주의 사회에서 일이 인간의 "자기실현"의 형태가 되고, 따라서 그 자체가 목적인 "자유로운 활동"이 되기를 기대한다.[73]

자본주의 사회에서 개인이 일을 할 때 그들은 자신의 이익을 추구하되 오직 그것만 추구한다. 공동의 이익은 타당하다고 인식되기는 하지만, 행동의 동기가 되지는 않는다. 대신, 공동의 이익은 "다른 사람의 이익과 반

---

68 Marx, *MEW*, XXIII, 57.
69 Marx, *Grundrisse*, 505.
70 Marx가 본 일과 인간의 본성 간의 관계에 대해서는, 또한 뒤의 315-317를 보라.
71 Marx, *MEWEB*, I, 516.
72 ibid.
73 Marx, *Grundrisse*, 505.

대되는 한 개인의 이익 등 뒤에서" 실현된다.[74] 마르크스는 그러한 조건에서 각 사람은 "자신을 돕기 위해서만 다른 사람들을 돕는다"고 주장한다. "즉, 서로가 서로를 수단으로 이용한다"는 것이다.[75]

마르크스는 사익을 추구하는 개인(스미스가 역사적으로 공동선을 조성하는 긍정적 기능을 한다고 보았던)을 인간 본성의 타락이라고 비판한다. 그의 비판에 깔려 있는 규범적 전제는, 인간이 동물과 구별되는 점은 그들이 목적을 가지고 자유롭게 일할 뿐 아니라 의식적으로 서로를 위해 일하는 것이라는 인간학적 신념이다. 오직 그들 자신의 특정한 필요를 "뛰어넘어" 다른 이들의 안녕에 관심을 가질 때에만 그들은 "인간으로서 서로 관계를 맺는다."[76] 나아가 개인의 이익과 공공의 이익이 동시에 성립하기 위해서는 자신의 이익을 추구하는 것으로는 충분하지 않다. 모든 개인은 다른 사람의 이익을 곧 자신의 이익으로 삼아야 한다.

노동 분화와 기계 생산

나는 이미, 마르크스의 관점에서 노동 분화가 소외를 조장하는 이유는 자본주의 상황에서 그것이 노동자와 그 노동자의 활동 및 생산품을 단순한 수단으로 바꾸기 때문이라고 말했다. 그러나 심화된 노동 분화가 소외를 조장하는 또 다른 이유는 그것이 인간이 하는 일의 특징을 변화시키기 때문이다. 한 명의 개인 노동자가 하던 작업이 여러 명의 노동자 사이에서 분절되고 나뉜다.[77] 원래 통합적인 작업 과정의 구조적 성질은 하나도 소실되지 않지만, 말하자면 넓게 퍼져서 "협동 작업자"가 하는 일의 특징이 된

---

74   ibid., 156.
75   ibid., 155.
76   ibid., 154.
77   Marx는 노동 분화에 대한 분석에서 Hegel에게 기댄다(Hegel, *Systeme*, 32, 235를 보라).

다. 그 과정에서 개별 노동자의 일은 "모든 예술적 특성을 잃고" 점점 "순수하게 기계적인 활동이 되어 가고, 따라서 그것의 특정 형식에는 무관심하게 된다."[78]

마르크스는 그러한 기계적 활동을 두 가지 점에서 비판한다. 첫째, 스미스와 마찬가지로[79] 마르크스는 노동 분화가 노동자를 불구로 만든다고 비판했다. 한 가지 작업만 기계처럼 끝없이 반복하는 것은 노동자들의 육체적·정신적 건강과 성장에 엄청난 손상을 끼치는 결과를 가져온다.[80] 둘째, 노동 분화로 노동자가 상실하는 기술은 일을 조직하는 특정 형식 안으로 통합된다. 노동자에게서 빼앗은 기술이 자본가의 소유가 되거나 노동자의 일을 통제하는 관리자의 소유가 되는 것이다. 따라서 노동 분화는 "노동에 대한 자본의 우위를 위한 새로운 조건을 창출한다."[81]

자본주의의 긍정적 측면 중 하나는 "부에 대한 끝없는 열광"을 통해 기술 발전이 "앞으로 나아가도록 끊임없이 채찍질"한다는 것이다.[82] 자연 과학을 활용하여 그동안 전해 받은 도구를 변형시키고 "**기계** 혹은 더 정확하게는 **자동 기계 시스템**"을 창조한다.[83] 기계류는 그저 좀더 복잡한 도구가 아니다. 도구는 "노동자의 활동을 그 대상에게로 전달하는 것"을 돕는 반면에,[84] 기계는 그 자체의 활동 원리가 있고 따라서 인간은 단지 기계를 감독하고 그것의 작동이 방해받지 않도록 지킴으로써 "기계가 하는 일을 [대상에게로] 전달"하기 위해 그곳에 있다.

---

78 Marx, *Grundrisse*, 204.
79 Marx는 노동 분화의 결과로서 소외에 대한 Smith의 우려를 알고 있었다(Marx, *MEW*, XXIII, 371를 보라).
80 ibid., 371이하.
81 ibid., 381.
82 Marx, *Grundrisse*, 231.
83 ibid., 584.
84 ibid.

마르크스는 기계에 대해 그렇게 비판적이지는 않았다. 그는 공산주의 사회가 기술 발전에서 한 단계 올라설 수 있기를 바랐다. 그러나 자본주의 생산의 기계 사용 방식에 대해서는 반대했다. 한 가지 이유는 노동자가 일을 할 때 더 이상 어떤 기술도 필요치 않게 만들기 때문이다. 기계 스스로가 "그것을 통해 작동하는 기계적 법칙 안에서 자체의 영혼을 지닌 거장(virtuoso)"으로 존재한다. 따라서 인간의 일은 "단지 추상적 활동"으로 축소될 수 있다.[85] 둘째, 노동자들은 자유를 잃는다. 도구를 가지고 일을 할 때, 도구를 사용하는 것은 그들이다. 이제는 기계가 그들을 사용한다. 다시 말해, 그들의 활동은 "기계의 움직임에 의해 모든 면에서 결정되고 통제되며, 그 반대의 경우는 성립되지 않는다."[86] 셋째, 노동 분화의 경우에서처럼, 노동자의 기술 감소와 그들의 기술이 기계 안으로 통합되는 현상은 노동자에 대한 자본가의 우위를 심화시키는데, 자본가가 기계를 통제하기 때문이다.

노동 분화와 자본주의 방식의 기계 사용 두 가지 모두에 대한 마르크스의 비판에서 규범적 전제는 자유와 창조성이 인간의 일에서도(사실은 그 무엇보다 인간의 일에서) 표현되어야 할 인간의 본질적 특성이라는 그의 인간학적 신념에 있다. 마르크스는 공산주의 사회에서는 노동자가 더 이상 기계의 지배를 받지 않을 것이라고 기대하는데, 기계가 노동자의 소유가 되고 노동자는 기계가 어떻게 작동하는지 이해할 수 있는 충분한 기술적 노하우를 갖게 될 것이기 때문이다. 따라서 그들은 더 이상 "반복적으로 훈련받은 동물"로서가 아니라 자유롭고 창조적인 주체로서 일할 것이다. 마르크스는 심지어 개별 노동자들이 "사회의 축적된 지식"을 소유하게 될

---

85 ibid.
86 ibid.

것이며, 그들의 일은 "실험적 과학, 물질적으로 창조적인…과학"이 될 것이라는 (상당히 비현실적인) 사유를 음미한다.[87]

"자본의 위대한 문명화 효과"

자본주의에 대한 날카로운 비판에도 불구하고, 마르크스는 그것을 단순히 역사적 일탈로 치부하는 것보다는 더 예리한 사상가였다. 그는 스미스와 아주 비슷하게 자본주의의 "문명화 효과"를 가치 있게 생각했기 때문에,[88] 자본주의는 공산주의 사회를 향해 가는 인류의 발전에서 필수적 단계라고 믿었다. 그는 특별히 그가 자본주의의 "혁신적" 특징이라고 불렀던 것을 찬양했는데, 즉 자본주의는 "현재의 수요를 전통적이고 한정적이며 안일하고 딱딱하게 굳은 방식으로 만족시키고 오래된 삶의 방식을 재생산하는 것"을 파괴하고, "생산력 발달, 수요 확장, 생산의 전방위적 발전, 자연과 정신의 힘 개발 및 교환을 가로막는 모든 장애물"을 해체한다고 칭송했다.[89]

마르크스는 여기에서 자신의 용어를 사용해 자본이 가져오는 문명화 효과의 세 가지 측면을 언급한다. 기술 진보, 개인의 기술 및 수요 개발을 통한 인간의 개성 강화, 자연에 대한 인간의 지배력 확장이 그것이다. 나는 이미 자본주의의 기술 발전을 마르크스가 인정한 데 대해 언급했고, 그에 대해 더 자세하게 설명하지는 않을 것이다. 단지 그가 기술 진보를 자본주의의 문명화 효과의 나머지 측면들을 위한 주요한 전제 조건 중 하나로 보았다는 점만 언급하겠다.

---

87   ibid., 599-600.
88   ibid., 313.
89   ibid.

자연 지배

자본주의의 문명화 효과에서 중요한 한 가지 측면은 인간과 자연의 관계에 관한 것이다. 이윤 창출에 대한 욕망이 자본가들에게 지속적인 기술 진보를 재촉하듯이, 그들의 이윤 추구는 또한 "사물에서 새롭고 유용한 성질을 발견하기 위해 모든 자연을 [과학적으로] 탐구"하도록 자극한다.[90] 자본주의 이전 모든 사회의 대체적인 특징이었던 자연에 대한 존중은 그 효용성에 대한 관심으로 대체된다. 그리고 강력한 기술은 "사회 구성원들에 의한…자연의 보편적 전유"를 가능하게 한다.[91]

마르크스는 자본주의의 문명화 성과로서 자연 정복을 찬양했다. 자연과 연합하는 삶으로 돌아가자는 낭만적 요청에 대해서는 많이 생각하지 않았다. 심지어 "반동분자 기독교"조차 그러한 자연 숭배를 뛰어넘었다.[92] 맞다. 초기 저작에서 마르크스는 공산주의에서 "인간과 자연이 충돌하는 것에 대한 진정한 해결책"을 (신중한 고찰이라기보다는) 자유롭게 사색한다.[93] 그러나 심지어 거기에서도 인간과 자연의 대립은 인간이 자연과의 평화로운 연합으로 돌아감으로써 해결되는 것이 아니라, 인간이 일을 통해 자연을 정복함으로써 해결된다.[94] 자본주의자들이 자연을 정복하는 방법을 알았다면, 마르크스는 그것을 감상하는 법을 알았던 것이다. 그러나 그는 자본주의 생산 양식의 진보가 노동자를 갈취하는 기술뿐 아니라 지구를 갈취하는 기술의 진보를 의미한다고 확신했다. 자본주의 생산 양식은 자연을 정복함으로써 지구 생태계의 균형을 파괴했다.

---

90 ibid., 312.
91 ibid., 313.
92 Marx, *MEW*, VII, 202를 보라.
93 Marx, *MEWEB*, I, 536를 보라.
94 ibid., 518를 보라.

공산주의에서의 민중은 이윤이라는 동기에 눈이 먼 채 끌려가지 않으며 생산 수단이 그들의 소유이기 때문에, 자연을 파괴하지 않는 방식으로 생산을 계획할 수 있을 것이다. 자연을 지배할 뿐 아니라 그러한 지배가 가져올 가능성이 있는 부정적 결과 역시 지배할 것이다. 인간에게 그 책임이 있는 이유는, 마르크스가 볼 때 그들은 자연의 주인이 아니라 오직 자연을 "장차 올 시대에게 더 나은 상태로" 물려주어야 할 의무와 더불어 그것을 이용할 권리를 가졌을 뿐이기 때문이다.[95] 그들이 그렇게 한다는 가정 하에, 인간의 임무는 "자연의 힘, 이른바 자연환경뿐 아니라 인간 자신의 본성이 지닌 힘에 대한…통제력을 온전히 발전시키는 것"이 된다.[96]

인간의 능력 및 필요 개발

자본주의가 문명화에 기여하는 가장 중요한 부분은 "풍부한 개성" 발전을 위한 조건을 창출한다는 점이다.[97] 활동과 즐김이 인간 삶의 가장 기본이 되는 두 측면이라고 할 때, 풍부한 개성을 지닌 사람들은 고도로 발달한 기술과 필요를 지닐 것이다. 전자는 마르크스가 "전방위 생산"이라고 부르는 것을 위한 전제 조건이고, 후자는 "전방위 소비"를 즐기기 위한 전제 조건이다.

자본주의에서의 일이 인간의 몸과 영혼 둘 다를 불구로 만든다는 마르크스의 비판을 고려할 때, 그가 보편적으로 유능한 노동자 개발에 자본주의가 기여한다고 말하는 것은 이상하게 보일 수도 있다.[98] 그러나 마르크스

---

95 Marx, *MEW*, XXV, 784. 미래 세대에게 자연을 더 나은 상태로 남겨 주어야 한다는 Marx의 관심은 인간의 임무가 자연을 인간화하는(자연화하는 대신에) 것이라는 그의 주장과 긴장을 이룬다. Volf, *Zukunft*, 38를 보라.
96 Marx, *Grundrisse*, 387.
97 ibid., 231.
98 비슷한 문제가 Smith에게서도 관찰되며(앞의 92, 95-97를 보라). 그뿐 아니라 Fichte와

는 그다지 설득력 없는 다양한 이유로 자본주의가 계속해서 일을 몇 가지 단순한 작업 수행으로 축소해 갈 수는 없다고 믿은 것 같다. 그는 현대적 기계 생산이 자본가들로 하여금 다음과 같이 하도록 강요할 것이라고 예측했다.

> 평생 똑같은 사소한 작업을 반복함으로써 불구가 되어 버린, 따라서 단순히 인간의 한 파편으로 축소되어 버린 오늘날의 세부 작업 노동자를, 다양한 노동에 적합하고 어떠한 생산의 변화에도 직면할 준비가 되어 있으며 그가 수행하는 각기 다른 사회적 기능들은 그저 그의 타고난 능력과 습득된 능력을 마음껏 발휘할 수 있는 기회를 주는 수많은 방식에 다름 아닌, 충분히 발전된 개인으로 대체할 것이다.[99]

이런 일이 일어날 때, "자유의 왕국"이 가까워진다.

공산주의 사회에서 모든 개인은 그 잠재력이 완전히 개발될 것이다. 그것이 가능한 이유는, 물질 생산의 영역(마르크스는 이를 "필요의 왕국"이라고 부른다) 안에서 노동자들은 그들을 무지하게 만드는 임무를 수행하지 않고, 창조적인 과학자로서 일할 것이기 때문이다. 기술 진보에 힘입은 생산력 증가는 그러한 필요를 위한 (그러나 소외를 조장하지는 않는) 활동을 최소로 줄여 줄 것이다. 따라서 사람들은 아주 많은 자유 시간을 자신의 예술적이고 과학적인 발전을 위해 쓸 것이다.[100] 바로 이 자유 시간의 영역을 마르크스는 "자유의 왕국"이라 부르며, 이는 공산주의의 절정을 보여 준다.

　　　Hegel의 일 이해에서도 관찰된다(Volf, *Zukunft*, 75-76를 보라).
99　Marx, *MEW*, XXIII, 512.
100　Marx, *Grundrisse*, 593를 보라.

공산주의 사회의 목표는 "필요의 왕국"(공산주의의 전제 조건은 이를 위해 보편적 부를 희생하지 않는 것이다)을 축소하고, "개성의 자유로운 개발"을 위한 시간인 자유의 왕국을 퍼뜨리는 것이다.[101]

풍부한 개성의 한 측면은 복잡한 많은 임무를 능숙하게 수행하는 능력이다. 다른 측면은 "전방위⋯소비"에 있다.[102] 헤겔에 기대어,[103] 마르크스는 인간의 본성을 "필요와 욕구의 총체"로 묘사한다.[104] 더 많은 필요를 가질수록, 또한 그것이 더 정제된 필요일수록 그 사람은 더 발전된 인간이다. 인간은 그들의 필요가 멈춰 있지 않고 역동적이라는, 다시 말해 실로 "한이 없다는" 점에서 동물과 다르다.[105] (먹을 것에 대한 필요같이) 인간의 가장 단순한 필요조차 고정되어 있지 않다. 인간의 사실성이 아니라면 분명 그들의 인성 안에 있는 이러한 필요들은 역사적으로 개발된 산물이다.

인간의 필요는 새로운 제품이 발명되면서 확장된다. 즉, 새로운 제품에 대한 인지가 그 제품의 수요를 창출하는 것이다. 마르크스는 예술을 예로 들었다. "예술 작품이―다른 모든 제품과 마찬가지로―예술적 감수성이 있고 아름다움을 즐기는 대중을 만들어 낸다."[106] 자본가들은 끊임없이 이윤을 추구하기 때문에, 결국 새로운 필요를 불러일으킬 새로운 제품을 만들어 내는 데 특별히 창의적이다. 이런 식으로 자본주의는 자본주의 이전의 어떤 경제보다 더욱 인간 개성의 보편적 발전을 의한 조건을 조성한다.

그러나 주어지는 것은 오직 **조건**이며, 풍부한 개성이 아니다. 적어도 인구 대다수에게는! 마르크스는 리카도(Richardo)의 임금 이론에 기대어, 자

---

101   ibid.를 보라.
102   ibid., 231.
103   Hegel, *Werke*, VII, §182를 보라.
104   Marx, *Grundrisse*, 157.
105   Marx, *Resultate*, 118.
106   Marx, *Grundrisse*, 14.

본주의에서 부유한 소수의 필요가 발전할 수는 있지만, 오직 이것은 동시에 노동자들의 필요가 "가장 헐벗고 가장 비참한 수준의 물리적 실존"을 위한 필요로 축소되었기 때문이라고 주장했다.[107]

마르크스는 고도로 증대된 생산성 때문에 공산주의에서는 모든 인간이 부유할 것이라고 기대했다. "사회적 부의 모든 원천이 풍부하게 흘러넘칠 것이다."[108] 또한 경제적 산출량이 지속적으로 증가하면 인구 전체의 수요 역시 무제한으로 자랄 것이다.[109] 마르크스가 머릿속에 그렸던 공산주의에서는 사람들이 여가를 많이 누릴 것이기 때문에, 자신이 행한 일의 열매를 즐길 수 있는 시간 역시 누릴 수 있을 것이다. 사실, 그는 "자유의 왕국"에 대해 설명하면서 "즐기는 것"을 그 주요한 특징 중 하나로 계속 언급한다.

---

[107] Marx, *MEWEB*, I, 548.
[108] Marx, *MEW*, XIX, 21. 참고. Marx, *Grundrisse*, 596.
[109] Marx, *MEW*, XXV, 828를 보라.

2부   **성령론적 일의 신학을 향하여**

3장   일의 신학을 향하여

자유주의와 사회주의 양쪽 모두의 경제·사회 이론에서 일이 차지하는 독보적 중요성을 고려할 때, 일이 지배하는 세상에서 심각한 일의 위기가 덮칠 때까지 교회 기관들이 인간의 일 문제에 관심을 두지 않았다는 사실은 주목할 만하다.[1] 이러한 과거의 태만은 신학자들의 책임이다. 이전에는 우리의 시간을 그토록 많이 차지하는 활동에 대한 신학적 고찰이 놀라울 정도로 거의 없었다. 예를 들어, 신학자들이 (일요일마다 일어나는 혹은 일어나지 않는) 성체 변화(transubstantiation)를 다룬 논문은 월요일부터 토요일까지 우리의 삶을 채우는 일을 다룬 논문보다 아마 엄청나게 더 많을 것이다. 요점은 성찬식에서 일어나는 그리스도의 실재적 임재에 대한 올바른 이해의 중요성을 폄하하는 것이 아니라, 인간의 일에 대한 적절한 시각 역시 적어도 그만큼 중요하다는 것이다.

  누군가는 삶에서 가장 기본적인 것이라고 해서 반드시 가장 중요한 것은 아니며, 따라서 그런 기본적인 것에 대한 고찰에 많은 시간을 할애하

---

1   앞의 28-32를 보라.

는 일이 불필요하다고 이의를 제기할 수도 있다. 숨쉬기는 생명 유지를 위한 기본이지만, 공기 오염이 문제가 되기 전까지 우리는 그에 대해 깊이 생각하지 않고 하루 24시간 숨을 쉰다. 누군가는 일이 숨쉬기와 비슷하다고 말할지 모른다. 핵심은 우리를 계속 살아 있게 해 주는 것이고, 그렇다면 그 기능이 방해받기 전까지는 그에 대해 신경 쓸 필요가 없는 것이다.

그러나 숨쉬기와 일의 유비 관계는 오직 '비타 악티바'(vita activa, 활동적 삶)가 '비타 콘템플라티바'(vita contemplativa, 관조적 삶)에 완전히 종속된 신학에서만 성립한다.² 토마스 아퀴나스(Thomas Aquinas)가 일에 대한 고찰에서 서술하듯, 그러한 신학에서 말하는 일의 유일한 진짜 이유는 하나님을 묵상할 수 있게 하는 것이고, 이를 위해 일은 첫째, "현재 삶의 필수품"을 공급함으로써 그것이 없다면 할 수 없을 묵상을 가능하게 하고³ 둘째, "영혼의 내적 욕구를 잠재우고 지도함"으로써 인간이 "묵상에 적합[충분]하게" 만든다.⁴ 그러나 육체의 필요를 제공하고 영혼의 욕구를 잠재우기 위해 필수라는 사실을 제외하면, 일은 인간에게 **해롭다**. "외부 활동으로 분주한 동시에 하나님을 묵상하는 일에 전념하기란 불가능하기" 때문이다.⁵ 하나님의 사랑에 고취된 사람이 세상에서 하나님의 뜻을 행할 때, 그 사람은 하나님을 묵상하는 달콤함에서 분리되는 **고통을 겪는다**.⁶ '비타 악티바'가 '비타 콘템플라티바'에 완전히 종속된 곳에서는 인간의 일에 대한 광범위한 고찰이 필요 없다. 단지 더 고차원의 목적을 이루기 위한 수단일 뿐

---

2   수도원 규칙 '오라 에트 라보라'(ora et labora, 기도하며 일하라)는 예배와 일이 그리스도인의 삶에서 교차하는 두 측면이고, 하나가 다른 하나로 축소될 수 없음을 함축하지는 않는다. 여기서 일은 금욕적 행위의 한 형태이고, 따라서 '비타 콘템플라티바'에 종속된다 (Mieth, *Vita Activa*, 112를 보라).
3   Aquinas, *ST*, II-II, Q. 179, A. 2; Aquinas, *SCG*, III, 135, 13를 보라.
4   Aquinas, *ST*, II-II, Q. 182, A. 3, 4.
5   ibid., A. 3.
6   ibid., A. 2를 보라.

인 일은 장기적으로 인간 삶의 진정한 목적에 부차적 요소이기 때문이다.

수 세기 내내 기독교 신학의 많은 부분에서 기본 조건이었던 '비타 콘템플라티바'에 대한 '비타 악티바'의 완전한 종속은, 그리스 인간론이 기독교 신학 안으로 불법적으로 침투했음을 드러낸다.[7] 유대-기독교의 성경적 뿌리에 충실하고자 한다면 우리는 그러한 태도를 버려야 한다. 그렇다고 '비타 악티바'와 '비타 콘템플라티바'의 전통적 질서에 대한 현대적 역전을 따름으로써 '비타 콘템플라티바'를 '비타 악티바'에 완전히 종속시켜야 한다고 주장하는 것은 아니다.[8] 심지어 그 둘을 동일선상에 놓아야 한다고 주장하는 것도 아니다. 그러나 나는 그 둘을, **중요도는 다를 수 있지만 하나가 다른 하나로 축소되어서는 안 되며, 또한 서로 분리될 수 없이 통합을 이루는, 그리스도인의 삶에서 기본적이고 교차하는 두 측면으로** 다루자고 제안한다.[9]

'비타 악티바'에(그럼으로써 인간의 일에도) 단순히 수단적 가치가 아닌 본질적 가치를 부여하자마자, 우리는 일에 대한 신학적 고찰이 신학의 근본적 임무인지 주변적 임무인지에 대한 질문에 답하게 된다. 이제 또 다른 질문이 우리를 기다린다. 꼭 필요한 일에 대한 신학 고찰은 어떤 형태를 띠어야 하는가? (기독교 신학자들이 수 세기에 걸쳐 생각했듯) 일 **윤리**로 충분할까? 아니면 일의 **신학**이 요구되는가? 다음 단락에서는 일의 신학을 변호한 뒤, 일의 신학이 발전하기 위해 적용되어야 할 접근 방식을 다룰 것이다. 그런 뒤 일의 신학이 새 창조의 개념적 틀 안에서 발전될 경우 띠게 될 형식적 특성을 간략하게 논함으로써 이번 장을 마칠 것이다.

---

7   Arendt, *Vita activa*, 20를 보라.
8   ibid., 244이하를 보라.
9   뒤의 219이하를 보라. 또한, Wolterstorff, *Justice*, 151-152를 보라.

일의 신학

인간 일의 본질적 중요성, 그리고 새롭게 나타나고 있는 정보 사회에서 일의 위기에 반응할 필요,[10] 이 두 가지 모두가 **이 시대의 종합적 일의 신학**을 발전시키도록 요청한다. '일의 신학'이라는 용어는 최근에 나왔다. 처음으로 이를 발전시킨 한 사람인 체누(M.-D. Chenu)에 따르면, 이 용어는 1950년대 초기에 처음 등장했다.[11] 일 문제에 대한 신학적 접근에서 중요한 변화를 표현하기 위해 도입된 용어였다.

일과 성화

전통적으로, **성화**의 교리는 일 문제를 신학적으로 고찰하는 데 필요한 맥락을 제공했다. 이러한 접근은 일에 대한 성경적 이해의 몇 가지 주요한 특징을 발전시킨 초기 교부들에 의해 도입되었다. 교부들은 일 문제를 부차적 주제로 다루었음에도 불구하고, 그 이후 이루어진 일에 대한 신학적 사고 대부분의 기본 방향을 제공했다. 이후에 나온 신학자들의 글은 조금씩 변화하는 역사적 상황을 고려하고는 있지만, 많은 부분에서 교부들의 기본 테마를 변형한 것에 불과하다.

전통적 접근

성화의 교리를 출발점으로 삼은 초기 교부들은 두 가지 주요 관점에서 일을 고찰했다. 가장 먼저 그들은 **그리스도 안에서의 새로운 삶이 그리스도인의 일상적인 일에 어떤 영향을 끼쳐야 하는지** 논했다. 그리스 철학이 일

---

10   앞의 1장을 보라.
11   Chenu, *Work*, 4.

을 가치 폄하하는 데 반대하여, 교부들은 육체노동이 전혀 수치스럽거나 모욕적이지 않다고 단언했다. 예를 들면, 에덴동산에서 아담이 일을 하고 동산을 돌보는 것을 묘사하는 구약에 따라(창 2:15을 보라), 알렉산드리아의 클레멘스(Clement of Alexandria)는 "사람이 직접 물을 기르고 자신이 사용할 나무 장작을 패는 것은 훌륭한 일"이라고 선언했다.[12]

초기 교부들은 일의 고결함뿐 아니라 게으르지 않고 부지런히 일해야 할 의무도 분명하게 말했다. 자기 손으로 직접 일하라는 사도의 명령을 반복하면서(살전 4:11; 살후 3:10을 보라), 그리스도인들이 "선하고 거룩한 일에 늘 힘써야 한다"고 강조했다.[13] 동시에 지나치게 많은 일의 위험에 대해서 경고하면서, "많은 일로 분주하여 마음이 아래를 향해 굽어 있거나 세상의 덫에 사로잡히지" 말고 쉼과 예배를 위한 시간을 가지라고 훈계했다.[14] 예수 그리스도 자신도, 예수님의 발치에 앉아 가르침을 듣는 마리아가 분주한 그녀의 언니 마르다보다 더 나은 자리를 택했다고 말씀하셨기 때문이다(눅 10:38이하). 초기 교부들은 사람이 일의 결과물, 즉 부에 의존하는 것이 하나님을 의지하는 태도에 어긋난다고 강하게 비판했다. 그리스도인은 "그의 영혼에" 소유를 담아 다니지 않아야 하며, "그의 삶 역시 소유에 묶이거나 제한되어서는" 안 된다고 주장했다.[15] 그들은 어리석은 부자에 대한 예수님의 이야기에서 "재산이 차고 넘치더라도, 사람의 생명은 거기에

---

12 Clement of Alexandria, *Paedagogus*, 3, 10.
13 Clement of Alexandria, *Salvation*, 16.
14 ibid.
15 ibid. Clement의 글에서 인간 정신과 부의 관계에 대한 핵심 논지는 마음과 부의 관계에 관한 예수님의 말씀을 정확하게 뒤집어 놓은 것이다. 예수님은 "너희의 재물이 있는 곳에 너희의 마음도 있을 것"이라고 말씀하셨다(눅 12:34). 반대로 Clement는 "사람의 정신이 있는 곳에 그의 재물도 있을 것이기 때문이다"라고 말한다(*Salvation*, 17). 물론 두 진술 사이에는 모순이 존재하지 않는다. 즉, 둘 다 동시에 사실일 수 있다. 그러나 우리는 Clement에게서 부를 향한 내적 태도에 있어서 중요한 강조점의 이동을 보게 되고, 이는 그 이후 교회의 사회적 가르침에 중대한 결과를 가져왔다.

달려 있지 않다"는 것을 배웠다(눅 12:15).

또한 그들은 그리스도인이라면 자신의 필요를 충족시키기 위해서뿐 아니라 궁핍한 이웃과 나눌 것을 마련하기 위해 일해야 함을 강조했다(엡 4:28을 보라). "가난한 사람을 측은히 여기는 마음이 없고", "고역에 시달리는 사람을 위해 일하지 않는" 이들은 "'검은 존재'의 길"을 따르고 있다고 믿었기 때문이다.[16]

또한 초기 교부들은 그리스도인의 새로운 삶과 양립할 수 없는 직업이 있다고 주장했다. 예를 들면 군인이 그랬다. 주님은 베드로로 하여금 칼을 내려놓게 하실 때(마 26:52) "모든 군인의 칼을 거두어들이셨고" "성례전과 인간적 예식(예를 들면, 군인의 서약)은 일치할 수 없음"을 분명히 하셨다. 그러므로 그리스도인은 전쟁을 일으키거나 "심지어 평화로운 시기의 복무"도 해서는 안 된다.[17]

초기 교부들의 일에 대한 두 번째 접근은 일이 **그리스도인의 성품에 끼치는 영향**에 대한 고찰이다. 때로 우리는 그들의 글에서 일의 대속 기능이라는 유사 이단적 생각을 접한다. 예를 들면, 『바나바서』(*Epistle of Barnabas*)에서는 "그대가 범한 죄의 대속을 위해 그대의 손으로 일하는 것"을 긍정한다.[18] 그러나 일이 그리스도인의 성품에 끼치는 영향력에 대한 더 지배적인(그리고 정통적인) 이해는, 일이 '아드 코르푸스 도만둠'(*ad corpus domandum*, 몸을 길들임), 즉 악하고 불순종하는 육체를 재갈 물리는 것을 돕는다는 데 중점을 두었다. 특히 수도원주의 후기에 나태는 "영혼의 적"으로 비난받았고,[19] 일은—특히 힘든 일인 경우—"영적 연습과 훈련, 참회

---

16 Barnabas, xx, 2.
17 Turtullian, "Idolatry", xix. von Harnack, *Mission*, 300-301를 보라.
18 Barnabas, xix, 10.
19 Benedict, *Rule*, 48. 기독교 이외의 종교에서도 일이 노동자의 영혼에 끼치는 긍정적 영향에

의 실천"으로 높이 평가되었다.[20] 수도사들은 일이 "정욕을 가라앉히고 유혹을 물리치며 겸손과 수도원의 평등을 촉진한다"고 믿었다.[21] 수도원주의와 일에 대한 그 이해를 그다지 좋아하지 않았던 루터(Luther)조차[22] 일의 훈육 기능을 가치 있게 여겼고, 그리스도인은 게으름이 아닌 "정욕을 거슬러 일하는 것"으로 부름받았다고 주장했다.[23]

전통적 고찰 재성형하기

성화의 교리라는 관점으로 일을 고찰하는 것은 기독교 윤리에 꼭 필요하다. 일에 대한 이러한 접근은, 그리스도인들이 노동자로서 가져야 할 윤리적 행동 지침을 얻고자 할 때 필수적이다. 그러나 성경적 계시에 충실하고 이 시대 일의 세계에도 적실성을 가지려면, 이러한 접근에서 몇 가지를 수정하고, 좀더 광범위한 신학적 틀 안으로 옮겨 놓을 필요가 있다.

지난 수십 년 동안 다양한 신학자들의 새로운 제안이 증명하듯, 그리스도인의 새로운 삶이 일에 끼치는 영향과 일이 그리스도인의 성품에 가져오는 결과에 대한 전통적 접근은 양쪽 모두 수정이 필요하다. 군수 산업에서 일하는 것이 첫 번째 문제에 해당하는 예다. 교부들의 시대와 달리, 오늘날 가난한 사람의 점진적 빈곤화와 병행하여 경제의 군사화가 증대되는 우리의 맥락에서는[24] 군수 산업에서 일하는 것에 대한 신중한 성찰이 필요

대한 유사한 강조가 존재한다. 예를 들면, 불교 수도승들은 "절에서 쓸고 닦고 요리하고 땔감을 모으는 등의 일에 전념해야 한다. 이는 가장 보잘것없는 행위조차 깨달음에 이르는 길이라는 생각에 기초한다."(J. Konishi. Kitagawa, "Work Ethic", 38에서 재인용).

20　Kaiser, "Work", 1016.
21　ibid.
22　뒤의 169-172를 보라.
23　Luther, *WA*, 56, 350("··· sed ad laborem contra passionem"); Luther, *WA*, 7, 30를 보라. Calvin은 노동에 의해 신실한 사람들이 "회개하도록 자극을 받고, 그들 자신을 육체의 금욕에 길들이게 된다"고 강조했다(Calvin, *Genesis*, 176).
24　Gillett, *Enterprise*, 58이하.

하다. 21세기로 들어가는 전환점에서 우리는 (교부들이 고민했던 바대로) 그리스도인이 군인으로 복무할 수 있는지뿐 아니라, 더 나아가 어느 정도까지 군수 산업을 위해 (직접적으로든 간접적으로든) 일하는 것이 그리스도인의 신앙과 양립할 수 있는지도 고민할 필요가 있다. 이 문제에 대한 그리스도인들의 의견은 (정당한 전쟁 이론에 대한 가치 판단에 따라) 일치하지 않을 것이 분명하다. 그러나 예를 들어 제2차 세계대전 직후 바르트(Barth)가 군비 산업에서의 일이 가져온 결과물은 "종종 전쟁을 일으키는 가장 강력한 원인 중 하나라는 것이 이미 드러났다"라고 쓴 것처럼, 그리스도인들은 이러한 사실에서 어떤 결론을 도출해야 하는지 묻지 않을 수 없다.[25]

일이 그리스도인의 성품에 끼치는 영향과 관련해서는, 예를 들어 인간이 일을 통해 성취감을 얻는다는 긍정적인 생각에, 일이 '아드 코르푸스 도만둠'을 돕는다는 부정적인(그리고 잠재적으로 인간론적인 오류로 이끄는) 생각을 덧붙여야 할지도 모른다.[26] 전통적으로 성화의 교리라는 틀 안에서 이루어졌던 일에 대한 윤리적 고찰은 인간론적 관점의 고찰로 보완되어야 한다. 예를 들면, 어떤 형태의 일이 하나님이 만드신 자유롭고 책임감 있는 피조물로서의 인간의 존엄성과 양립할 수 없는지, 그리고 어떤 형태의 일이 그들의 개성을 발전시키거나 억압하는지에 대한 논의가 반드시 필요하다.

일과 하나님의 창조 목적

일의 문제에 대한 전통적인 윤리적 접근에서 이러한 수정은 꼭 필요하지만, 이는 일에 대한 이 시대의 책임 있는 신학적 이해를 향한 한 걸음일 뿐

---

25 Barth, *CD*, III/4, 531.
26 *Laborem Exercens*, no. 9를 보라.

이다. 일에 관한 성경적 진술을 해석하고 거기에서 여러 문화적 영향을 반영하는 윤리 원칙들은 걸러 낸 뒤 그리스도인이 어떻게 일해야 하는가에 대한 일관성 있는 하나의 진술을 조합해 내는 것으로는 충분하지 않다. 인간의 일에 대한 윤리적 평가에서 개별 기독교 교리(창조와 인간론 교리 같은)가 함축하는 바를 묻는 것 역시 충분하지 않다. **종합적인 일의 신학을 발전**시키는 것이 매우 필요하다.

일의 신학은 인간이 행하는 일의 성격과 결과에 대한 교리적 고찰이다. 이는 인간의 일에 대한 윤리 신학적 고찰을 불필요하게 만드는 것이 아니라 그것에 없어서는 안 될 신학적 틀을 제공한다. 어떻게 일해야 하는가 혹은 하지 않아야 하는가, 그리고 무엇을 생산해야 하는가의 문제를 더 큰 맥락 안에 위치시키기 때문이다. 여기서 더 큰 맥락이란, 세상과 함께 하시는 하나님의 역사 안에서 일이 갖는 의미에 대한 고찰, 그리고 인간과 그들 자신의 본성과의 관계 및 그들의 동료 인간과 자연 세계와의 관계에서 일의 위치에 대한 고찰을 말한다.

왜 인간의 일에 대한 윤리 신학적 고찰에 만족해서는 안 되는가? 첫째, 성경 말씀 자체가 인간이 어떻게 일해야 하는가 혹은 하지 않아야 하는가를 규정할 뿐 아니라, 인간의 일이 지니는 궁극적 의미를 조명한다. 성경은 인간의 일을 오직 성화라는 규정 아래에서만 고려하는 것이 아니라 하나님의 창조 목적이라는 더 넓은 시각 안에 위치시킨다(창 1, 2장을 보라).[27] 둘째, 인간의 일이 갖는 성격과 결과 자체가 성화의 교리가 제공하는 것보다 더 넓은 일에 대한 신학적 고찰의 지평을 요구한다. 인간은 일을 하면서 그들 자신을 변화시키고, 그뿐 아니라 역사적 과정 안에 있는 사회적이

---

27   뒤의 158-160를 보라.

고 자연적인 환경을 변화시킨다. 따라서 일에 관한 윤리적 질문은 일의 인간론적·사회적·우주론적 차원에 대한 광범위한 고찰이라는 맥락 안에서만 적절하게 다루어질 수 있다. 따라서 일과 그것의 결과를 교리적 관점에서 해석하고 평가할 필요가 있다.

지난 20여 년 동안 여러 가지 잡다한 '…의 신학'이 우후죽순처럼 출현했기 때문에, 일의 신학의 성격에 관한 두 가지 설명이 필요할 듯싶다. 첫째, 일의 신학을, 예를 들어 '신의 죽음에 관한 신학'처럼 또 다른 '패드 신학'(fad theology)으로 여겨서는 안 된다. 인간의 일은 일시적 유행(fad)이 아니기에, 그에 대한 신학적 고찰 역시 일시적 유행일 수 없다. 문화적 유행은 왔다가 사라지지만, 일은 인간이 존재하는 한 존재한다. 일의 성격은 역사 내내 변화해 왔지만, 일은 인간 실존의 근본 조건이자 차원이었고 이는 앞으로도 변함없을 것이다. 인간의 실존을 진지하게 대하는 신학자라면 인간의 일에 대한 신학적 고찰을 우회할 수는 없다.

둘째, '일의 신학'이라는 신태그마(syntagma)에서 '신학'이라는 단어가 사용된 방식과, 예를 들어 '해방 신학'에서 그 단어가 사용된 방식을 조심스럽게 구별하는 것이 중요하다. 해방 신학은 해방을 신학적 고찰 전체의 방법론적 원칙의 자리로 올려놓는다. 해방 신학은 인간 삶의 특정한 한 측면에 관한 신학적 고찰(소유격 신학)이 아니라, 전체 신학을 하는 하나의 새로운 방법이다.[28] 일의 신학에 주어지는 임무는 훨씬 소박하다. 일의 신학은 소유격 신학**이며**, 일을 모든 것을 아우르는 신학 주제로 만드는 대신 교의적 관점에서 그것을 다룬다. 일이라는 주제를 중심으로 신학적 고찰을 조직하려는 노력은 부적절한데, 이는 그러한 노력이 이 시대의 많은 사

---

28 Volf, "Doing and Interpreting", 11를 보라.

회에서 거의 완전한 일의 지배에 대한 신학적 묵인에 다름 아니기 때문이다. 결정적으로, 그러한 일의 신학은 단지 현재의 일 세계의 반영일 뿐이며, 따라서 이 시대의 일에 관한 논의에서 비평적 파트너로서의 기능을 박탈당할 것이다.

이 책을 쓰는 의도는 최근 몇 년 동안 출판된 인간의 일에 관한(특히 실업 문제의 윤리적 측면에 관한) 윤리 신학 저작물의 홍수에 한 권 더 보태려는 것이 결코 아니다. 이 책의 목적은 일에 대한 **새로운**, 즉 **성령론적 신학**을 발전시키는 것이다. 특히 개신교의 관점에서 일의 신학을 다루는 책은 그동안 많이 나오지 않았다. 일에 관한 개신교 출판물은 하나같이 일의 문제에 관한 교리적 관점을 소홀히 하거나, 그에 관해 더 이상 말할 것이 없다고 여긴다.[29] 이 책은 인간의 일이라는 주제를 신학적으로 적절하게 다루기 위해서는 그에 관한 교리적 고찰이 필수적이고, 더 많은 연구가 필요한 해결되지 않은 많은 문제가 있으며, 무엇보다 일을 이해하기 위한 개신교 신학의 지배적인 패러다임이 부적절하다는 신념에서 쓰였다.

이 책의 주요 임무는 인간의 일을 이해하기 위한 신학적 틀을 발전시키고, 일의 세계를 평가하고 재구성하려는 노력을 안내할 암묵적인 윤리 원칙을 명확하게 설명하는 것이다. 지면 부족으로 인해, 또한 나의 관심과 전공 분야에 집중하기 위해, 이러한 윤리 원칙들이 어떻게 구체적인 정책으로 번역되어야 하는지는 제안하지 않기로 결정했다. 그러한 번역의 복합적 임무는 기독교 경제학자와 사회과학자의 (그러나 신학자들과의 대화 안에서 이루어져 할) 창조적 과제라고 생각한다.

나는 규범적 신학의 일반론 뒤에 안전하게 머무는 것의 문제를 알고 있

---

29 예외로는, Moltmann, "Work"를 보라.

으며, 특히 "어떤 윤리 철학의 주장도 그 사회적 구현을 설명할 수 없다면 완전히 이해했다고 할 수 없다"는 것도 인정한다.[30] 그러나 이러한 문제를 피하는 최악의 방법 중 하나는 신학도인 내가 하나님의 승인 도장을 받았다고 주장하면서 정책 수립을 제안하고 경제학자와 사회과학자의 권한 영역으로 급하게 뛰어드는 것이다. 진정한 학제 간 연구 기획에 참여하는 것 외에 신학자가 이러한 실수를 피하는 최선의 방법은, 자신의 학문 영역에 머무르면서 규범적 원칙을 세우되 그 원칙이 실행되어야 할 구체적 현실을 신중하게 고려하는 것이다. 바로 이것이 내가 하고자 노력해 온 것이다.

일의 신학을 발전시키는 방법에 관하여

일의 신학에 어떻게 도달할 것인가? 과거에 신학자들은 자주 인간과 인간의 일상적인 일에 관해 말하는 개별 성경 구절을 분석하고 조합하여 일에 대한 기독교적 이해를 공식적으로 진술하려고 했다. 그 과정은 엄격한 귀납적 방식으로 이루어지도록 의도되었고, 일에 대한 **성경적 가르침**에 관한 책과 글이 그 결과물이었다.[31] 그런 방식으로 일의 신학을 발전시키려고 하면 세 가지 주요한 문제에 부딪히게 된다.

첫째, 기독교적 일의 신학을 발전시키기 위한 핵심적 근거 자료인 신약성경은 인간의 일이라는 주제를 가끔씩만, 그것도 부차적 주제로만 다룬다.[32] 아주 소수의 관련 신약성경 구절들은 그리스도인이 어떻게 일해야 하는지에 대한 구체적인 지침으로 이루어져 있지만, 인간의 일이 갖는 의미

---

30 MacIntyre, *After Virtue*, 23.
31 예를 들면, Bienert, *Arbeit*; Richardson, *Work*를 보라.
32 Hengel, "Arbeit", 178를 보라.

를 근본적으로 확정하지는 않는다. 단순히 이 구절들을 합쳐 놓는다고 해서 인간의 일에 관한 **신학**이 되지는 않는다. 얼핏 보면, 일에 대해 더 종합적인 시각을 담고 있는 구약성경의 몇몇 구절이(창 1, 2장 같은) 더 유망해 보인다. 그러나 그 구절들은 최선의 경우 일의 신학을 위한 몇 가지 요소만 제공한다. 게다가 그러한 요소조차 그 자체로는 **기독교적** 일의 신학으로는 쓸모가 없다. 그 요소들을 기독교 신학으로 통합하기 위해서는 구약성경의 진술을 그리스도 안에 있는 하나님의 계시에 비추어 해석해야 한다.[33]

둘째, 성경 시대의 일과 현재의 산업 및 정보 사회에서의 일의 세계 사이에는 깊은 간극이 존재한다.[34] 점점 넓어지는 이러한 간극은, 성경에 나오는 구절들을 더 넓은 신학적 틀 안에 위치시키지 않은 채, '용어 색인 방식'으로 우리 시대에 적절한 일의 신학을 발전시키는 것을 불가능하게 한다. 예를 들어, 일에 대한 성경의 명시적인 진술들은 일 혹은 실업과 인간 정체성 사이의 관련성, 정보 사회에서 인간적인 일의 특징, 끝없는 기술 혁신 시대에 일과 자연 사이의 관계 등과 같은 이 시대의 근본적인 질문들과 다소 동떨어져 있다. 몰트만이 정확하게(약간의 과장을 섞어) 논평했듯이, "만약 일에 관한 성경의 정신을 알고자 하는 사람이 인간의 일에 관한 성

---

[33] 출 22:26-27의 분명한 윤리적 진술은, 기독교 신학자가 구약의 윤리적 지침을 다룰 때 직면하는 어려움의 좋은 예를 제공한다. 본문은 이렇다. "너희가 정녕 너희 이웃에게서 겉옷을 담보로 잡거든, 해가 지기 전에 그에게 돌려주어야 한다. 그가 덮을 것이라고는 오직 그것뿐이다. 몸을 가릴 것이라고는 그것밖에 없는데, 그가 무엇을 덮고 자겠느냐? 그가 나에게 부르짖으면 자애로운 나는 들어주지 않을 수 없다." 이 구절에 기초하여 다음과 같은 사회 윤리학적 원칙을 공식화할 수 있다(마지막 문장의 "적절한 수준의"라는 단어는 모호하지만). "경제생활에서 주고받는 것은…사람들에게서 밤에 덮고 잘 이불 같은 어떤 기본적인 재화를 빼앗아서는 안 된다. 사람은 적절한 수준의(decent) 실존을 위해 필요한 물질 재화에 대한 권리가 있다"(Beversluis, "A Critique", 32). 적절한 수준의 실존을 보장하는 것이 기독교 사회 윤리의 중요한 원칙이기는 하지만, 그리스도인은 단순히 여기서 인용된 문맥에서 구약의 참고 본문에 근거해 그 원칙을 받아들여서는 안 된다. 똑같은 본문이 성적 도착에 대해서는 사형을 선고하기 때문이다(Nash, "A Reply", 61). 구약의 윤리적 지침은 기독교 신학의 틀 안에서 해석되어야 한다.

[34] 역사의 과정에서 일어난 일의 급격한 변화에 대한 분석은, 앞의 58-68를 보라.

경의 진술만 살핀다면 과거 사회의 문화사와 부딪힐 것이다."³⁵ 따라서 설사 성경 기록 안에 용어 색인 방식으로 일의 신학을 구성하기에 충분한 자료가 들어 있다고 해도, 그런 방식으로 만들어진 일의 신학은 현대 일의 세계에서 제한적인 타당성만 지닐 것이다.

셋째, 일에 대한 성경 구절을 현재에 적용할 수 있는 경우라도, 다른 구절과의 관계를 고려해 각각의 구절에 어떤 중요성을 부여해야 하는지, 따라서 그 구절들이 기독교적 사고와 행동에 정확히 어떻게 영향을 주어야 하는지는 여전히 곧바로 분명해지지 않는다. 그러한 정보들은 우리가 이 구절들을 위치시켜야 할 신학적 틀에 의해 제공된다. 예를 들면, 경제 사안에 대해 상이한 입장을 대표하는 사람들이라고 해도 아모스 선지자가 착취와 그 결과인 가난을 맹렬히 비판했는지 여부에 대해서는 거의 의견이 일치할 것이다. 그러나 착취 근절을 위한 싸움의 긴급성이라든지 그렇게 하는 가장 효과적인 방법에 대해서는 극단적으로 다른 의견을 주장할 것이다. 이러한 차이가 발생하는 이유는 여러 가지이지만, 그중 한 가지가 의견이 상충하는 그리스도인들이 각자 다른 포괄적 신학에 비추어 아모스의 맹렬한 비판을 읽기 때문이라는 데에는 의심할 여지가 없다.³⁶ 그렇기에 신학적 틀은 일에 대한 개별 성경 구절의 의미를 밝히는 데 결정적인 역할을 한다.

귀납적 접근으로 일의 신학을 발전시키는 것이 부적절한 이유는, 무엇보다 관련된 성경적 자료가 희박하고, 존재하는 자료 역시 현대 일의 세계에는 제한적으로만 적합하며, 그 성격 역시 모호하기 때문이다. 일에 대한 성경 구절을 마치 큰 퍼즐 조각처럼 다룰 수 있어서 그 조각들 안에 함축

---

35 Moltmann, "Work", 43.
36 Wolterstorff, "Economics", 15이하를 보라.

된 패턴을 따라 그것을 배열하기만 하면 성경적이면서도 적실한 일의 신학이 나올 것이라는 생각은 착각이다. 대신 우리는 연역적으로 접근할 필요가 있다. 즉, 신학적 틀을 먼저 정립한 뒤 그 틀 안에서 일에 대한 성경적 진술을 통합해야 한다. 사실, 신학적 틀은 성경 해석에서 해석자가 그 영향을 인식하든 하지 못하든 늘 작동하고 있다. 해석은 특정 신학 전통 안에서 이루어지는데, 각각의 신학 전통은 "거의 언제나 **성경의 메시지를 하나의 전체로 이해하는 방식들**의 형태, 즉 포괄적 신학들의 형태를 취한다."[37] 일의 신학을 발전시키는 것은 일에 관한 성경적 진술을, 성경을 하나의 전체로 읽는 독해의 문맥 안에 의식적으로 위치시키고, 이러한 개별 진술들과 전체를 아우르는 성경 독해 둘 다를 이 시대 일의 세계에 적용하는 것을 의미한다.

물론 관련된 성경적 진술과 무관하게 신학적 틀을 정립할 수 있다고 말하는 것은 아니다. 성경적 자료에서 가져온 개별 조각이 퍼즐의 틀을 짜는 데에도 규범적으로 기여하는 것은 모든 진정한 기독교 '신학 퍼즐'의 본질적 특성이다. 단순히 개별 성경 진술과 거기서 추론할 수 있는 일에 대한 윤리 규칙을 조합해 내는 것으로 일의 신학에 이를 수 없다면, 사전에 짜 놓은 패턴에 그 말씀들을 인위적으로 끼워 맞추는 식으로는 더욱 어려울 것이며, 그 말씀들을 완전히 무시하는 것은 더더욱 용납될 수 없을 것이다. 일의 신학에서는 성경적으로 명백하게 허위일 가능성이 있는 어떤 측면도 용납될 수 없다(과학 철학자들이 지적하는 '명백한 허위 입증'의 어려움을 인정한다는 전제하에).

37　　ibid., 16.

일의 신학과 새 창조

내가 일의 신학을 발전시키기 위해 제안하는 광범위한 신학적 틀은 **새 창조**의 개념이다. 여기에서 곧바로 이 단계를 자세하게 옹호하거나, 인간의 일에 대한 이해에서 그것이 함축하는 의미를 늘어놓지는 않겠다. 여기서는 내가 몰트만의 『희망의 신학』(*Theology of Hope*, 대한기독교서회)에 담긴 기본 통찰을 따르고 있음을 밝히는 것으로 충분하다. 곧, 기독교 신앙은 본질적으로 종말론적이다. 그리스도인의 삶은 새 창조의 성령 안에서 사는 삶이며, 그렇지 않은 그리스도인의 삶이란 없다. 그리고 성령은 그리스도인의 삶 전체, 곧 영적인 삶과 세속적인 삶 모두를 주관하셔야 한다. 그러므로 그리스도인의 일은 성령의 영감 아래에서, 그리고 장차 올 새 창조에 비추어 행해져야 한다.[38] 이 책의 나머지 부분은 이러한 주제에 대한 자세한 설명으로 이루어질 것이다. '종말론적'이고 성령론적인 일의 신학을 선택한 이유는 그러한 일의 신학을 발전시켜 가는 과정에서 가장 잘 드러날 것이라 믿는다.

이번 장의 나머지 부분에서는 새 창조의 개념에 기초한 일의 신학이 지니는 몇 가지 형식적 특징을 지적하고, 어떻게 이 시대 일의 현실이 그러한 폭넓은 틀을 요구하는지 보일 것이다.

기독교적 일의 신학

새 창조에 기초한 일의 신학이 지니는 첫 번째이자 가장 기본적인 특징은 그것이 **기독교적인** 일의 신학이라는 것이다. 그것은 하나님이 이루시는 새

---

38 Volf, "On Loving with Hope", 24이하를 보라.

창조의 선행적 경험과 미래에 있을 그 완성에 대한 소망을 본질로 하는 특별히 기독교적인 구원론과 종말론에 기초하여 발전된다.

기독교 신앙이 이치에 맞는다는 가정하에, 기독교 신학의 일 고찰은 세속적인 일의 철학에 비해 일에 대한 윤리적 담론을 위한 합당한 기초를 구비했다는 점에서 중요한 이점을 갖는다. 도스토예프스키(Dostoyevsky, 또한 그에 앞서 니체)는 만약 신이 없다면 모든 것이 허용된다고 바르게 주장했다. 옳고 그름에 대한 판단은 오직 종교적 담론의 맥락에서만 적절하게 정당화되는 것 같다(자신들의 행동을 정당화해 줄 적절한 근거를 결핍하기는 했지만, 그렇다고 종교적 세계관을 수용하지 않은 이들이 모범적인 윤리적 자질을 입증할 수 없다는 것은 아니다).[39] 이성(reason)에 의해 가치가 정립될 수 있다는 믿음은 "가장 어리석고 가장 치명적인 환상" 중 하나일 가능성이 높다.[40]

그러나 일에 대한 윤리적 고찰에서 기독교적 토대를 채택하는 것에 따르는 불리한 점도 있다. 일의 문제는 오늘날 세상 모든 사람에게 일반적인 문제다. 우리는 다원주의 세계에 살고 있고, 거기에 살고 있는 사람들 중 오직 소수만이 기독교 신앙에 지적으로 동의한다. 그보다 더 소수의 사람만이 기독교 신앙이 함축하는 윤리적 의미에 헌신되어 있다고 느낀다. 나의 기독교적 전제에 동의하지 않는 일부 독자는 그들과 나 사이에 생산적인 사고 교환이 이루어질 수 없다고 생각할지 모른다. 따라서 윤리적 고찰을 위한 견고한 토대라는 이점은 오직 비그리스도인 독자에 대한 타당성과 설득력을 박탈당하는 대가를 치를 때에만 얻을 수 있는 것처럼 보일 수 있다.

---

39 Kolakowski, *Gott*, 172; Holmes, *Ethics*, 69-70를 보라. 다른 견해를 보려면, Stout, *Ethics*, 13이하, 109이하를 보라.
40 Bloom, *American Mind*, 194. 현대에 이성에 의해 도덕성을 정당화하려는 노력의 문제적 성격에 대해서는, MacIntyre, *After Virtue*, 36-78를 보라.

여기서 비그리스도인에게 기독교 신앙이 이치에 맞는다고(나는 그렇다고 믿는다) 확신시키고자 노력할 생각은 없다. 그저 나는 그들에게 과학 철학에서 흔히 있는 일, 즉 오류가 있고 심지어 터무니없는 형이상학적 신념(그들은 나의 신앙이 그렇다고 믿을 것이다)으로부터도 통찰을 얻는 것은 가능하다는 점을 상기시키고 싶다.

신학적이자 윤리적인 고찰을 위한 틀로서 새 창조의 개념을 사용하는 기독교 신학자는 어떤 경우에도 비기독교적 윤리 신념을 오류가 있거나 터무니없는 것으로 간단히 치부해 버리지 않도록 조심해야 한다. 성령께서는 기독교 공동체 안에서 이루어지는 새 창조의 현재적 선행에서뿐 아니라 세상 안에서도 일하고 계신다. 더욱이 기독교 공동체에서 새 창조는 현재 오직 선행적인 형태로만 실현된다. 마지막 날은 아직 오지 않았기에, 신학자는 말하자면 최후의 심판자로서 신학적 판결문을 선고할 수 없다. 한 명의 신학자가 지닌 견해는 절대적이지 않다. 더 나아가, 자신의 진술을 상대화함에 따라 신학자는 비그리스도인들의 윤리적 담론에서도 성령의 목소리를 들을 준비가 (그러나 여기서도 '해석학적 의심'을 적용하는 것을 잊지 않은 채) 항상 되어 있어야 한다. 기독교 윤리 담론은 그리스도께서 시작하신 새 창조의 개념에 기초한다는 점에서 배타적이지만, 다른 전통으로부터도 그리스도의 영의 목소리를 들을 준비가 되어 있기에 그들을 존중하고 그들로부터 배우고자 한다는 점에서 포괄적이다.[41]

규범적인 일의 신학

새 창조의 개념에 기초한 일의 신학은 **규범적인** 일의 신학이고자 한다. 나

---

[41] 비그리스도인에 대한 존중과 관용을 위한 성령론적 토대는, Kasper, "Kirche", 36를 보라.

는 이 책을 쓰면서 단순히 나나 다른 누군가가 주관적으로 바람직한 상태라고 여기는 것을 진술하고 있는 것이 아니다. 이 책은 기본적으로 인간의 일이란 어떤 것이었으면 하는 나의 바람에 관한 것이 아니다. 혹은, 특정 하위문화가 그 문화의 일의 세계를 어떻게 구성하고자 하는가에 관한 것도 아니다. 이 책은 인간 존재가 그들의 일이란 어떤 것이기를 바라**야 하는가**에 관한 것이다.

나는 "어떤 것이 바람직하다는 것이 성립 가능한 유일한 근거는 사람들이 실제로 그것을 바란다는 것"이라는 원칙이 틀렸다고 믿는다.[42] 실용주의적 관점에서 이해하든[그것을 처음 발전시킨 밀(Mill)처럼], 윤리적으로 자기중심주의 관점에서 이해하든, 이 원칙은 옳지 않다. 기독교 신학에서는 각 개인이 자신의 윤리적 우주를 결정하지 않기 때문에, 욕망―개인의 욕망이든, 일치된 공동의 욕망이든―의 실제성이 그 욕망의 객관적 타당성을 성립시키지 못한다. 사람들이 바라는 것은 오직 사랑 많고 공의로우신 하나님이 그분의 피조물인 그들을 위해 바라시는 것과 부합할 때에만 객관적인 타당성을 얻는다. 그리고 하나님은 그들을 위해 새 **창조**를 바라신다. 새 창조는 하나님이 우주를 향해 갖고 계시는 모든 목적의 지향점이고, 그렇기 때문에 선하다고 여겨질 수 있는 모든 인간 행동을 위한 명시적 혹은 암묵적 필수 범주다. 이런 이유로, 새 창조의 개념 안에는 인간의 일의 실재를 구성하고자 하는 그리스도인들을 안내해야 할 규범적 원칙이 함축되어 있다.

나는 사람들이 욕망하는 것들이 **정치적으로** 부적절하다고 말하는 것이 아니라, 다만 **윤리적**으로 결정적이지 않다고 말하고 있다. 누구도 새 창

---

42   Mill, *Utilitarianism*, 234.

조의 개념에 함축된 목표를 사회 다수에게든 소수에게든 그들의 의지에 반하여 강요할 수 없다. 그러한 강요는 사람들의 자유에 대한 침해가 될 것이며, 따라서 이러한 목표 자체와 모순이다. 그 자체가 목적인 인간의 인격성(personhood)의 본질적 차원인 인간의 자유 역시 그 자체가 목적으로 존중되어야 한다. 규범은 오직 진정으로 민주적인 절차를 통해 대중이 원하는 것이 될 때에만 정치적으로 시행될 수 있다. (여기서 진정으로 민주적인 절차란 설득력 있는 공공의 윤리 담론에 기초하여 대중이 원하는 바에 근거를 두는 절차를 뜻하며, 윤리적이냐 비윤리적이냐에 상관없이 다수가 '문명화된' 폭력을 사용함으로써 승리를 거두는, 이해관계를 위한 유사 민주주의적 시민전쟁과 혼동해서는 안 된다.) 어떤 경우에도, 사회적 상호 작용에서 사람들이 원하는 것을 무시하는 것은 독재의 특징이며, 그런 의미에서 정치적으로나 윤리적으로나 용납될 수 없다. 그러나 **윤리적** 규범을 정립하는 데 사람들의 선호 만족과 공동체 내의 유통이 근본적인 중요성을 갖는 사안은 아니다.[43]

만일 누구라도 윤리적 담론에 대한 나의 객관주의적 접근에 불편함을 느낀다면, 그 사람은 아마 내가 객관적인 규범적 진술로 여기는 것을, 나의 주관적 선호 혹은 내가 속한 하위문화의 선호로 해석하고 있는 것이라 생각한다. 내 입장에서, 나의 견해를 부적절한 것으로 보는 이러한 해석은 크게 잘못되지 않았다. 나는 내가 객관적으로 선하다고 믿는 것뿐만 아니라, 나와 (아마도) 나의 동료 그리스도인 일부가 주관적으로 선하다고 여기는 데 대해서도 말하고 있기 때문이다. 그런 까닭에, 나는 이 책에 대한 비판적 독해를, 여기에서 표현되는 나의 주관적 선호가 내 독자의 개인적이거나 공동체적인 윤리적 감수성의 틀 안에서 어느 정도까지 타당성을 지

---

43   대조. Arneson, "Meaningful Work", 527.

니는지 기꺼이 가늠해 보려 하는 경우, (어느 정도의 불만족은 있겠지만) 기꺼이 받아들일 의사가 있다.

새 창조의 개념이 지니는 규범적 기능을 더 정확하게 규정하는 것은 아주 중요하다. 이를 위해 나는 정의와 사랑 간의 전통적인 윤리적 구분에 주의를 기울이고자 한다. 새 창조의 개념은 정의가 승리하기 위해서라면 제쳐 놓아서는 안 되는 어떤 원칙을 함축한다. 우리는 이것을 '윤리의 최소치'라고 부를 수 있다. 그러나 또한 새 창조는 정의의 방식을 뛰어넘어 사랑의 방식을 가리키는 어떤 원칙 역시 함축하는데, 우리는 이를 '윤리의 최대치'라고 부를 수 있다. 책임감 있는 모든 그리스도인의 행동은 윤리의 최소치를 만족시켜야 하며, 십자가에서 드러나고 새 창조의 비전이 안내하는 그리스도의 희생적 사랑에 고취됨으로써 윤리의 최대치를 향해 나아가야 한다. 윤리적 최소치가 일의 세계를 조직하기 위한 **기준**이라면, 윤리의 최대치는 필수적인 **규제적 이상**(regulative ideal)이다.

윤리적 최대치가 규제적 이상에서 신성불가침의 기준으로 열성적으로 바뀌지 않을 수도 있다. 최적의 구조를 이끌어 내고자 윤리의 최대치를 사용할 때는 실제적으로 실현 가능한 것이 무엇인지 냉정하게 따져 보아야 한다.[44] 그렇게 하지 않는 사람은 유익한 비판적 사례가 되어야 할 것을 폭압적 이념으로 왜곡시키기 쉽다. 동시에 사회 윤리에서 사랑을 쓸모없는 것으로 제쳐 놓지 않는 것 역시 아주 중요하다. 정의에 대한 절차적 이해만을 가지고 작업하는 것이 아니라 해도(나 역시 그렇다)[45], 정의를 실천하는 것만으로는 인간적인 사회를 창조하는 데 충분하지 않다. 사랑 없이는 평화(*shalom*)도 없기 때문이다.

---

44 Rich, *Wirtschaftsethik*, 218를 보라.
45 그러한 관점을 보려면, Nash, *Social Justice*, 53이하를 보라.

변혁적인 일의 신학

일의 신학에는 규범적 윤리의 함의가 있기 때문에, 그 임무는 단순히 일의 세계를 특정한 방식으로 해석하는 것이 아니라, 현재 일의 세계를 새 창조에서 "약속되었고 고대하는 변화를 향해"[46] 이끄는 것이다. 분명, 일에 대한 신학적 해석은 무의미하지 않으며, 그것을 단지 "초자연적이고 초월적인 교리로 머리를 몽롱하게 하려는" 기만적 시도로 매도해서는 더더욱 안 된다.[47] 그러나 일에 대한 신학적 해석은 오직 장차 올 새 창조와 점점 더 부합하는 방향으로 일의 변화를 촉진할 때에만 유효하다.

일의 신학이 지닌 변혁적 기능은, 일의 신학을 발전시킬 때 그 근거 자료(일에 대한 성경적 계시)를 세심하게 읽고 연구 대상(이 시대 일의 상황)의 성격을 조심스럽게 분석하는 것뿐 아니라, 일의 신학이 생산하는 공식에 따라올 수 있는 실천에 대한 비판적 고찰 역시 요구한다. 그러나 오용의 가능성이 전혀 없는 신학적 진술을 작성하는 것은 불가능하기 때문에, 일의 신학에게 그 신학적 공식에 따라올 잠재적인 결과까지 고려하라고 요구하는 것은 부당해 보일 수 있다. 다시 말해, 그러한 요구는 신학의 운명을 사람들이 그것을 바르게 이해하고 실천하려는 용의에 달려 있게 만드는 것처럼 보인다. 그러나 핵심은 분명 개인의 해석상의 변덕에 주의를 기울이는 것이 아니라, 신학적 진술이 만들어지는 문화적 맥락의 논리에서 기인하는 잘못된 해석의 폭넓은 경향을 고려하자는 것이다.

신학적 공식의 실제적 결과에 대한 고려는, 이러한 결과를 신학 연구를 위한 독립적 기초로 삼는 접근으로 왜곡되기 쉽다는 점에 대해서도 이의를 제기할 수 있다. 그렇지만 신학의 기능에 대한 비판적 고찰의 목적은,

---

46 통합체로서의 신학의 임무에 대해 말하는 Moltmann, *Hope*, 18.
47 Bebel, *Die Frau*, I, 410.

신학적 공식의 바람직한 고찰이 그 내용을 결정하게 하는 것이 아니라, 신학적 공식이 그 내용이 지시하는 기능을 수행하도록 하는 것이다.

인간의 일의 변화를 촉진할 때, 일의 신학은 사회적 현실에 대한 **진화론적** 이해를 가지고 작동할 수 없다. 새 창조의 개념은 인간의 윤리적 진보의 영속성에 대한 모든 순진한 믿음을 배제한다. 진정한 **새** 창조는 역사를 더 나은 상태로 나아가게 하는 역사의 내적 힘이 작용한 결과일 수 없다. 우리는 현재 질서와 미래 질서 사이의 연속성을 긍정해야 하지만,[48] 그러한 긍정이 우리로 하여금 하나님의 새 창조가 사물의 현재 질서의 단선적 발전을 통해 이루어질 것이라는 생각에 빠지게 해서는 안 된다. 새 창조가 함축하는 규범성은 인간이 현재 성취한 것을 평가할 수 있게(또한 감상할 수 있게) 해 주고, 하나님의 미래 창조의 혁신적인 새로움은 역사를 유토피아적 발전 계획으로 밀어붙여야 한다는 의무감에서 우리를 자유롭게 해 준다. 새 창조의 신학적 틀을 고수하는 것은 사회적 삶의 특정 측면 혹은 역사의 특정 기간에 이루어진 진전을 인식할 수 있게 해 주지만, 다른 한편으로 "세계는[일반적 세계를 총칭하든 어떤 특정 '세계'를 가리키든] 하루하루 더 악화되어 가고 있다"는 루터의 견해에 공감하게 한다.[49] 새 창조의 개념은 우리로 하여금 사회적 삶에 대한 규범적 접근을, 사회적 삶에 대한 '만화경' 이론이라 부를 수 있는 것, 즉 사회적 합의는 반드시 진화론적이거나 퇴화론적 패턴만 따르는 것이 아니라 (하나님, 인간, 사탄의) 다양한 영향력 아래 다양한 방식으로 변화한다는 생각과 **조합**할 수 있게 해 준다.

48　뒤의 152-155를 보라.
49　Luther, *WA*, 42, 154.

종합적인 일의 신학

새 창조의 개념에 기초한 일의 신학은 **종합적**일 필요가 있다. 새 창조는 우주적 실재(새 하늘과 새 땅의 창조)이기 때문에, 그것에 기초한 일의 신학은 인간의 일이 모든 실재, 즉 하나님, 인간, 인간 이외의 환경과 어떤 관계가 있는지에 대한 질문에 답할 필요가 있다.

일의 신학이 그러한 포괄적 틀을 필요로 하는 것은 인간의 일이 갖는 중요성 때문이다. 인간의 전체 역사는 여러 세대의 일을 합쳐 놓은 결과물로 볼 수도 있다. 신학적으로 바르게 이해된 인간의 일은 하나님, 인간, 인간 이외의 창조세계가 '샬롬의' 조화를 이루게 될 모든 역사의 종착점과 연결되어 있다. 개인의 발전(자기실현)도, 공동체의 안녕(연대)도, 그 자체만으로는 인간의 일에 대한 신학적 고찰을 위한 적절한 맥락이 될 수 없다. 주제(일)와 근거 자료(기독교 계시)의 성격에 타당한 일의 신학이 되기 위해서는, 개별적 존재이자 사회적 존재인 인간과 인간 이외의 환경을 포함하는 창조세계 전체의 미래 운명과 일의 관계를 살펴보아야 한다. 일의 신학이 발전되어야 할 타당한 신학적 틀은 인간론이 아니라 모든 것을 아우르는 종말론이다.

새 창조의 보편성 때문에, 일의 신학은 일을 실재의 모든 차원, 즉 하나님, 인간, 자연과 연결시킬 뿐 아니라 인류와 자연의 총체성과 연결시킴으로써 종합적일 필요가 있다. 일의 신학은 **전 지구적** 신학이어야 한다.[50] 인간의 일의 세계가 전 지구적 세계이기 때문에, 일의 신학 역시 전 지구적 맥락에서 일을 고찰하려고 노력해야 하는 것이다.

역사의 여명기에 최초의 노동 분화가 만들어 낸 상호 의존성은 인류 전

---

50   Langan, "Nature of Work", 121을 보라.

체를 거의 다 포함할 정도로 확장되었고 계속 확장될 추세다. 부유하고 기술적으로 발전한 북반구와 빈곤한 남반구는 자원을 위해 점점 서로에게 의존하고 있다. 북반구는 남반구가 제공하는 원료와 시장 없이는 돌아갈 수 없고, 남반구 역시 북반구의 기술력과 노하우가 필요하다. 최근 등장한 세계 경제는 세계를 일련의 독립적 부족 및 국가에서 하나의 지구촌(혹은 지구 도시)으로 변화시키고 있다. 인류의 단일성(the unity of the human race)은 더 이상 단순히 추상적 개념이 아니다. 자연환경 역시 마찬가지다. 즉, (신흥 세계 경제를 **위해** 만들어졌을 뿐 아니라, 그것에 **의해** 만들어진) 강력한 기술력은 지정학적으로 다소 독립적이던 단위들을 단일한 지구적 환경으로 융합시키는 생태적 결과를 낳고 있다.

일의 신학은 (지구촌과 전 지구적 환경을 고려하는) 공시적 의미에서뿐만 아니라 통시적 의미에서도 종합적이어야 한다. 상호 의존적으로 일하는 개인과 공동체의 관계망으로서 현재의 세대는 미래 세대의 세계를 형성하고 있으며 이는 대체 불가능하다. 인간의 환경에 대한 현대 기술의 축적된 효과를 통해 탄생하고 있는 새로운 세상은 꿈결 같은 세상 못지않게 악몽 같은 세상일 가능성이 크다. 이런 이유로, 우리는 현재가 탄생시키고 있는 미래를 고려하는 가운데 현재의 상황을 고찰하는 일의 신학이 필요하다. 새 창조의 개념을 일의 신학을 위한 토대로 삼을 때, 현 세대의 일과 장차 올 세대의 일을 한 실재의 두 측면이자 단일한 인류의 협동적인 일로 생각할 수 있다. 현대의 일의 세계에 적합한 일의 신학은 문화와 역사를 가로지르는 범인류적 일의 신학이어야 한다.[51]

---

51 국제적 정신과 신학의 필요는 최근 Küng, *Weltethos*와 Ambler, *Global Theology*에서 강조되었다.

산업 사회를 위한 일의 신학

새 창조의 개념에 기초한 일의 신학은 **개별 문화 단위들의 기여에 열려 있다**. 새 창조는 하나님의 영을 통해 역사 안에서 그 자체를 실현시키는 우주적 실재다. 새 창조는 역사를 파괴하거나 그것이 포함하는 개별 문화들의 다양성을 소멸시키지 않는다. 그리고 다른 문화마다 다른 방식으로 매개된다. 예를 들어, 사람들이 일에 대해 생각하고 느끼는 것, 일이 만족스럽거나 좌절감을 주거나 그저 견딜 만하다고 느끼는 정도는 적어도 부분적으로 그들이 사는 특정 문화에 달려 있다.[52] 이러한 각양각색의 문화적 형식, 그리고 새 창조에서 그 형식들이 부분적으로 보전될 것이라는 사실은, 특정 문화에서의 일의 성격과 이해에 따라 어느 정도 조정된 다양한 일의 신학이 유효하게 존재할 수 있다는 것을 함축한다.

다양한 일의 신학을 인정하는 것은 문화적·역사적 상대주의에 순진하게 굴복하는 것이 아니다. 그러한 상대주의는 철학적으로 문제 있을 뿐 아니라,[53] 기독교 신학에서도 적절하지 않다. 새 창조의 개념은 보편적으로 타당한 규범적 원칙을 함축하기 때문이다. 특정 문화에서 유의미하게 보이는 일의 어떤 측면은 이러한 규범적 원칙과 조화를 이루지 못할 수도 있다. 자신의 일에 만족감을 느꼈던 노예를 생각해 볼 수는 있지만(마르크스가 말했던 "즐거운 노예살이"),[54] 분명 노예제를 인간들 간의 관계를 결정하는 경제적 합의의 한 양식으로 수용하는 것은 윤리적으로 불가능하다. 문화가 새 창조와 대립할 때는 문화가 양보해야 한다. 그러나 인간의 일에는 (일의 기술적이고 미학적인 측면같이) 윤리적으로 중립적이면서도 특정 문화의

---

52 같은 의견으로, Neff, *Work*, 89; Nielsen, "Needs", 148를 보라.
53 Holmes, *Ethics*, 15이하.
54 Marx, *MEW*, III, 52.

표현으로서 가치가 있는 측면도 존재한다. 그러한 종류의 문화적 영향을 반영하는 일의 방식들은 의미 있는 일의 개념으로 타당하게 통합될 수 있다. 일의 신학이 갖는 규범적 성격은, 특정 문화를 위해 구성된 일의 신학에서 그 문화 특유의 다른 **억양**을 배제하지 않는다.

그러나 나의 관심은 일의 신학이 지니는 문화적으로 특수한 측면보다는 그것의 규범적 주장과 그 실현에 있다. 규범적 원칙의 실현에 대한 고찰은 그러한 원칙이 실현되는 특정한 상황을 고려해야 한다. 그런 면에서도 책임감 있는 일의 신학은 그것이 섬기고자 하는 이 시대 사회들에서의 일의 성격과 이해를 반드시 반영해야 할 것이다.

이 책은 정보 사회를 향해 느리지만 불가역적인 변화를 겪고 있는 산업화된 혹은 산업화 중인 사회에서 일의 실재와 일에 대한 이해를 다룬다. 이는 이른바 제1세계의 사회뿐 아니라 제2세계와 제3세계의 발전 중인 일부 사회(예를 들면, 나의 조국 유고슬라비아)를 포함한다. 진정한 세계 경제가 조성되어 감에 따라 산업 사회의 일의 조건과 성격은 점점 더 다른 지역에서도 일의 특징이 되고 있다.

따라서 나는 특정 맥락(산업화 중이거나 산업화된 사회)을 위해 글을 쓰고 있지만, 이 맥락은 보편적 성향을 띤다. 일의 신학은 전 지구적 성격을 지녀야 하기 때문에, 나는 나의 제안이 현재 여전히 산업화 전 단계에 있는 사회 혹은 사회 내 특정 구역에서 갖는 함의 역시 계속 염두에 두려고 노력할 것이다. 종종 긴장은 특정 맥락과 보편적 관점 사이에서 발생한다. 이 긴장을 완전히 제거할 수는 없지만, 줄일 수 있으며 줄이도록 노력해야 한다. 서로 다른 맥락에 속해 있지만 그럼에도 보편적인 시각을 지닌 사상가들 사이의 대화는, 다른 모든 특정 이해관계 사이에 발생하는 긴장을 더 명확하게 진술하도록 촉진할 수 있으며 따라서 그것을 줄이는 데 기여할 수 있다. 이것은 결국 그 안에 살고 있는 사람들의 상호 의존성이 점점 높아지는 이 세상에서 평화로운 삶을 위한 전제 조건이다.

4장

일, 성령, 새 창조

앞서 오늘날 세계에서 지배적인 일 이론과 현재 변화를 겪고 있는 일의 실재를 분석한 것은(1, 2장) 이 연구의 대상에 대해 초점을 뚜렷하게 맞추는 것이 목적이었다. 그런 다음, 3장에서는 일의 윤리 대신 일의 신학을 발전시킬 것을 호소하면서, '새 창조' 개념의 틀 안에서 발전시킨 성령론적 일의 신학을 제안하고, 그러한 신학이 갖는 몇 가지 형식적 특징을 설명했다.

이번 장에서는 그러한 성령론적 일의 신학을 위한 기초를 놓고 그 기본 윤곽을 그릴 것이다. 첫 번째 단락은 현재와 종말론적 질서 사이의 연속성과 비연속성의 문제를 논함으로써 일의 궁극적 **중요성**을 다루고, 일을 하나님과의 협력으로 이해하는 관점을 옹호함으로써 일의 근본적 **의미**를 다룰 것이다. 두 번째 단락에서는 먼저 성령론적 일의 신학이 가능한 이유를 제시할 것이다. 그런 다음, 시초론적(protological) 틀 안에서 발전된, 일을 소명으로 보는 개신교 내의 우세한 관점과 비판적으로 대화하면서, 인간이 그 자신과 동료 피조물의 필요를 만족시키기 위해 행하는 수많은 활동은 성령의 행하심이라는 관점에서 보아야 한다고 제안하는 **은사** 신학에 기초한 성령론적 일 이해를 주장할 것이다. 그런 뒤, 성령론적 일 이해가 일에 대한 기독교적 이데올로기라고 비판받을 가능성에 대해 변론함으로써 이번 장을 마칠 것이다.

일과 새 창조

현재 질서와 미래 질서 사이의 연속성과 비연속성의 문제는[1] 일의 신학을 발전시킬 때 핵심 사안이다. 인간의 일이 갖는 궁극적 중요성이 이 문제에 대한 답에 달려 있는데, 그 답에 따라 일이 일시적인 사물 및 관계에 종사하는 것('비타 악티바')으로서 내재적 가치를 갖는지, 아니면 단지 영원한 실재에 종사하는 것('비타 콘템플라티바')을 가능하게 해 주는 수단적 가치만 지니는지가 결정되기 때문이다.[2]

종말론과 인간의 일이 갖는 중요성

더 최근에 나온 (내가 보기에는 신학적으로나 종교적으로나 별로 설득력이 없는) 우주론적 종말론의 진술에 대한 윤리적이고 실존적인 해석을 제외한다면, 기독교 신학자들은 세상의 종말론적 미래에 대해 크게 두 가지 기본 입장을 견지해 왔다. 일부 신학자들은 시대의 종말에 현재 세상은 완전히 파괴되고 완전히 새로운 세상이 창조될 것을 믿으면서 현재 질서와 미래 질서 사이의 근본적 불연속성을 강조한다. 또 다른 신학자들은 현재 세상이 새 하늘과 새 땅으로 변화될 것을 믿으면서 그 둘 사이의 연속성을 가정한다. 이러한 기본적인 종말론의 두 모델로부터 근본적으로 아주 다른 두 개의

---

1 이 사안에 대해서는, Berkhof, *Christ*, 189; Dabney, "Die Kenosis"; Gese, "Der Tod", 50; Hoekema, *The Future*, 39-40, 73-75, 274-287를 보라.
2 *vita activa*와 *vita contemplativa*의 관계는, 앞의 116-117를 보라.

일의 신학이 따라온다.

일과 '세상의 소멸'

만약 세상이 소멸되고 무에서(ex nihilo) 새 세상이 창조될 것이라고 한다면, 일상적 일은 오직 "하늘은 요란한 소리를 내면서 사라지고 원소들은 불에 녹아 버리고 땅과 그 안에 있는 모든 일은 드러날" 그날까지만(벤후 3:10) 일을 하는 당사자와 그 사람이 속한 공동체와 그 후손들의 안녕을 위해 사용되는 현세적 중요성만 가질 것이다. 역사를 통해 축적된 인류의 일의 결과물들은 최후의 대재앙에서 완전히 무(無)로 돌아갈 것이기 때문에, 인간의 일은 직접적인 궁극적 의미를 결여한다.

물론 종말론적 '안니힐라티오 문디'(annihilatio mundi, 세상의 소멸)의 가정 아래에서도, 인간의 일이 간접적으로 개인의 죽음이나 전체 우주의 종말을 초월하는 중요성을 지닌 어떤 목표를 도울 수는 있다. 예를 들면, 일을 천국의 지락(至樂)을 준비하기 위해 영혼을 정화하는 학교로 볼 수 있다.[3] 토마스 아퀴나스의 표현대로, 그것은 "수많은 악을 낳는 게으름"을 제거하고 "정욕을 억제하기" 때문이다.[4] (칼 바르트가 주장했듯이) 일은 몸과 영혼을 하나로 유지해 주고 그럼으로써 기독교 신앙과 섬김을 가능하게 해 주기 때문에 간접적으로 궁극적인 중요성을 갖는다고 주장할 수도 있다. 즉 인간이 믿고 섬기기 위해서는 살아 있어야 하고, 살아 있기 위해서는 일을 해야 한다는 것이다.[5] 그러한 관점에 따르면, 인간의 일과 그 결과물

---

3 앞의 119-121를 보라.
4 Aquinas, ST, II-II, Q. 187, Art. 3. Luther, WA, 56, 350를 보라. 이러한 생각의 현대 기독교적 버전을 보려면, Schumacher, Work, 112이하를 보라. 불교 전통에서도 일은 깨달음에 이르는 길로 인식된다(Kitagawa, "Work Ethic", 38를 보라).
5 Barth, CD, III/4, 525를 보라.

이 필요한 이유는 그것 없이는 (신앙, 성화 혹은 섬김과 같은) 기독교의 '오푸스 프로프리움'(opus proprium, 본래적 일)이 일어날 수 없기 때문이다. 그러나 인간의 일과 그 결과물이 단지 이러한 '오푸스 프로프리움'의 전제 조건이라면, 직접적이든 간접적이든 모든 인간의 영혼에 끼치는 그 영향과 상관없이 종말론적으로는 아무런 중요성도 갖지 못한다.

인간의 일에 종말론적 중요성을 부여하는 것을 거부하고 일을 하나님과의 수직적 관계에 완전히 종속된 것으로 볼 때, 인간의 일과 그리스도인의 문화 참여(나는 이 단어를 사회적이고 생태적인 차원의 참여를 포괄하는 넓은 의미로 사용한다)는 가치 절하된다. 물론 논리적으로는 마지막에 세상이 소멸하리라는 것을 확신하는 동시에, 개인들의 삶을 향상시키고 적합한 사회 구조를 만들고자 애쓰고 심지어 효과적인 환경 보호에 의욕을 보이는 것이 양립할 수 있다. 세상이 지속되는 한(또는 그 안에서 인류가 지속되는 한) 그것을 이용하고 거기서 기쁨을 얻기를 바라는 것은 모순이 아니기 때문이다. 세상의 멸망을 믿으면서도 그것을 즐기는 것을 긍정하는 것이 가능하기 때문에, 문화 참여 역시 이웃을 온전히 사랑하는 한 방법으로 볼 수 있다. 예를 들면, 만약 바흐(Bach)가 소멸론자였다면, 음악 작곡을 꺼림칙하게 느껴야 했을까?[6] 당연히 그렇지 않다. 설령 그가 소멸론자였다고 해도, 청중을 영적으로 고양시키고 그럼으로써 하나님을 영화롭게 하려는 갈망에서 이 일을 할 수 있었을 것이다.[7]

이와 같이 논리적으로는 종말론적 소멸을 믿는 것과 책임감 있는 사회

---

6 Williams, "Love and Hope", 26를 보라.
7 소멸론자의 전제 아래에서는 Bach의 음악이 하나님을 영화롭게 할 수 없을 수도 있는데, 그 음악에는 어떤 내재적 가치도 없기 때문이다. 오직 인간의 청각 기관에 맞는 형태로 이루어진 상태의 일시적 배열에 기초한 유쾌함의 감각만이, Bach의 오르간 곡을 내 손가락이 컴퓨터 자판을 두드리는 소리보다 더 아름답고 가치 있게 만들어 주는 것이다.

참여가 양립할 수 있다. 그러나 **신학적으로는 일관성이 없다**. 세상의 종말론적 파괴를 예상하는 것은 선한 창조에 대한 믿음과 부합하지 않기 때문이다. 즉 하나님이 소멸하시고자 하는 대상은 분명히 구속받는 것이 불가능할 정도로 악하든지, 구속받을 가치가 없을 정도로 중요하지 않든지 둘 중 하나일 것이다. 하나님이 완전히 소멸하실 무언가가 내재적 가치와 선함을 지녔다고는 믿기 어렵다.

그리고 **창조세계의 내재적 가치와 선함에 대해 신학적으로 견고한 믿음이 없다면, 문화 참여에 대한 긍정도 신학적으로 공중에 붕 뜨게 된다**. 따라서 세상의 멸망을 기다리는(그러면서 분열증적인 삶을 사는 것은 편리하게 거부하는) 그리스도인들은 하나같이 사회와 문화에의 참여를 기피한다(이는 논리적 일관성이 아니라 신학적 일관성에 기인한다). 세상은 본질적으로 선하지 않다는 가정 아래, 문화 참여를 정당화하는 유일한 신학적 명분이라면 그러한 참여가 몸의 괴로움을 줄여 주고 영혼의 유익에 기여한다는(전도를 가능하게 하거나 성화를 촉진함으로써) 정도가 될 것이다 편안함이나 기술 혹은 아름다움(인간 육체의 아름다움이든 다른 대상의 아름다움이든)이 지니는 내재적 가치 역시 육체 자체의 내재적 가치에서 조금도 더 나아가지 못한다. 즉 그것들은 단지 영적인 목적을 위한 수단이 될 수 있을 뿐이다. 우리의 예로 돌아가자면, 소멸주의자라는 가정이 바흐의 작곡 자체를 가로막지는 못하더라도, 그가 자신의 음악에서 사람들이 즐거움을 누릴 수 있게 하려는 목적으로 작곡을 하는 것이 신학적 동기는 되지 못한다. 다른 이들을 사랑하는 이 중요한 방법을 뒷받침하는 신학적 근거가 없기 때문이다. 그러나 만약 바흐가 창조세계의 본질적 선함을 믿는다고 가정하면, 이러한 문제는 발생하지 않는다. 그리고 창조세계의 본질적 선함을 믿는 것은, 종말론적 파괴가 아닌 종말론적 변혁을 믿을 때에만 가능하다.

일과 '세상의 변혁'

세상의 마지막에 묵시록적 멸망이 아니라 종말론적 변혁이 있을 것이라고 가정하면, 그림은 근본적으로 달라진다. 그런 경우, 인간이 행해 온 일의 축적된 결과물들은 본질적 가치와 궁극적 중요성을 지니게 된다. 인간의 일이 종말론적인 새 창조와 간접적으로만, 즉 그것이 가능하게 하는 신앙과 섬김 혹은 그것이 촉진하는 성화를 통해서만 연결되는 것이 아니라, 직접적으로 연결되기 때문이다. 즉 인간 창의력의 고귀한 결과물은, "인간의 문화에서 아름답고 진실하고 선한 어떤 것이든,"[8] 불순물이 제거되고 완성되고 변형되어 하나님의 새 창조의 일부분이 될 것이다. 그것들은 (변형된 뒤에) "영화로운 세상"을 건설하는 "기본 재료"를 형성할 것이다.[9]

현 시대와 장차 올 시대 간의 연속성(현 시대를 특징짓는 모든 악함과 덧없음은 소멸되겠지만)에 대한 확신은 "문화 참여…를 위한 강력한 동기 부여"가 된다.[10] 연속성은 어떤 숭고한 노력도 헛되이 버려지지 않을 것을 보장하기 때문이다. 분명 문화 참여가 그리스도인의 가장 중요한 임무는 아니다. 일을 통해 세상을 정복하고 변화시킨 사람이 믿음이 부족해서 영혼을 잃어버리는 것이야말로 정말로 헛된 일일 것이다(막 8:36을 보라). 그러나 신앙이 일을 위해 존재하지 않는 것처럼(신앙이 일을 자극하고 지시하고 제한해야 하겠지만), 일 역시 단지 신앙을 위해서만 존재하지 않는다(일의 목적 중 하나가 신앙을 가능하게 하는 것이기는 하지만). 신앙과 인간의 일은 각각 그 자체의 방식으로 새 창조를 위해 사용되어야 한다. 인간의 일이 만들어 낸 결과물이 '천국'을 창조하거나 대체해서는 안 되며, 그럴 수도 없다. 인간의 일은

---

8 *Evangelism*, 41-42.
9 Berkhof, *Christ*, 190를 보라.
10 *Evangelism*, 42. 참고. Samuel and Sugden, "Evangelism", 208이하.

결코 그렇게 할 수 없다. 그럼에도, 사람들은 성공에 도취되어 이 단순한 진리를 자주 잊는다. 오히려, 인간의 일은 종말론적 '트란스포르마티오 문디'(*transformatio mundi*, 세상의 변혁)에서 정화된 후에 신적 변혁의 행위에 의해 새 하늘과 새 땅으로 통합될 것이다. 그렇기에 종말론적 변혁에 대한 기대는 인간의 일에 궁극적인 중요성을 부여한다. 일을 통해 인간은 소박하고 깨어진 방식으로나마 하나님의 새 창조에 기여한다.

긍정적인 문화 참여에 대해 그 본질적 가치와 궁극적인 중요성을 인정하는 것이, 종말론적 연속성에 대한 믿음이라는 틀 안에서 일의 신학을 발전시키는 것의 유일한 이점은 아니다. 거기에 덧붙여, 그러한 믿음은 선한 일을 하고 실재의 어떤 측면에 대한 진리를 탐구하고 아름다움을 창조하려는 노력들이 인정을 받지 못할 때에도 그러한 활동을 지속할 수 있는 중요한 영감을 사람들에게 제공한다. 문제는 단지 바흐가 소멸주의자라면 음악을 작곡하는 것을 거리낄 것인가 하는 것만이 아니다. 또한 문제는 인간 활동의 다양한 분야에서 인정받지 못한 모든 크고 작은 반 고흐들이, 그들의 고결한 수고가 사라지지 않을 것이며 하나님은 그들이 창조하는 선하고 진실하고 아름다운 모든 것을 귀히 여기시고 새 창조에서는 그것이 인정받으리라는 믿음에서 영감과 힘을 얻지 않겠는가 하는 것이기도 하다.

신약에서 일의 중요성

종말론적 소멸과 변혁을 논하는 것은 인간의 일이 갖는 중요성을 신학적으로 고찰함에 있어 우회적인 방법처럼 보일 수도 있다. 우리는 일에 관해 신약성경이 명시적으로 말하는 것에 따라 이 사안에 대한 입장을 결정해야 하는 것이 아닐까? 그런데 만약 신약성경의 명시적 진술을 따른다면,

우리는 문화 참여에 대해 '트란스포르마티오 문디'의 개념이 함축하는 것과는 상당히 다른 가치 평가에 이르게 될 것이다. 신약성경에서는 '일의 복음'은 고사하고 문화 명령도 찾을 수 없기 때문이다.[11] 예수님은 공적 사역을 시작하실 때 목수의 연장을 버리셨고, 제자들 역시 그분의 부르심을 받고 그들의 직업을 떠났다. 예수님은 오직 가난한 이들의 인간으로서의 기본적 필요(먹을 것, 마실 것, 입을 것)를 채워 주기 위해 노력했는지에 근거해 사람들이 심판받게 될 것이라는 말씀을 통해(마 25:34이하) 간접적으로만 일의 필요를 인정하셨을 뿐이다.[12] 이후에 나오는 서신서에서는 일을 하라는 명령이 명시적으로 나오지만, 이 역시 일하는 사람과 그 이웃의 필요를 채우기 위한 것이어야 한다는 분명한 지침이 따라온다(살후 3:6이하; 엡 4:28을 보라). 일에 관한 신약성경의 명시적 진술들은 일을 문화적 발전의 도구가 아닌, 엄격하게 생계 보장을 위한 수단으로 본다.

핵심 질문은 신약성경이 인간의 일에 더 광범위한 중요성을 부여하는 데 대해 침묵하는 것을 어떻게 해석할 것인가이다. 그러한 침묵은 문화 참여를 암묵적으로 금기시하는가 아니면 단지 구원사의 특정 시기에 요구되는 다른 종류의 일에 모든 초점이 **집중**되고 있음을 표현하는가?(마 9:37-38을 보라) 이러한 질문에 답하기 위해, 초기 그리스도인들의 '성경'인 구약에 나오는 일의 목적은 단지 생계유지만이 아니라 완벽하게 건물을 짓는 기술에서 음악적 기교 연마까지 광범위한 활동을 아우르는 문화적 발전이었음을 기억하는 것이 좋다(창 4:17이하). 게다가 창세기는 그러한 문화적 발

---

11 반대 의견은 *Laborem Exercens*, no. 26.
12 Hengel, "Arbeit", 194를 보라. 만약 일부 주석가들이 제안하는 것처럼 "내 형제자매 가운데, 지극히 보잘 것 없는 사람"(마 25:40)을 오직 예수님의 제자들을 가리키는 것으로 본다면, 인간의 일에 대한 예수님의 긍정은 (완전한 부재는 아니라도) 훨씬 약화될 것이다 (Gundry, *Matthew*, 514를 보라).

전의 당연한 결과인 직업의 다양화를 하나님의 축복의 결과로 본다.[13] 일에 대한 구약성경의 관점은, 문화적 발전에 대한 긍정적 평가가 신약의 기독교 신앙 이해와 양립할 수 없다고 너무 쉽게 결론짓는 것을 경고한다.

구약성경에 근거한 이러한 주장이 중요하기는 하지만 결정적인 것은 아니다. 기독교적 일의 신학은 일이 단지 생계유지의 수단이 아니며 더 광범위한 중요성을 갖는다는 데 대해 신약성경이 침묵하는 것을 어떻게 번역해야 하는가? 이에 대한 답은 궁극적으로 신약의 종말론이 어떤 성격을 띠는가에 달려 있다. 세속적인 일의 중요성은 창조세계의 가치에 달려 있고, 창조세계의 가치는 그 최종적 운명에 달려 있기 때문이다. 만약 그 운명이 종말론적 변혁이라면, 명시적 해석의 지지를 결핍하고 있다고 해도 우리는 인간의 일이 복음 전파라는 목적과는 별개로 그 자체의 본질적인 가치를 갖는다고 주장**해야** 한다(인간의 일과 복음 전파는 각각 그 자체의 방식으로 새 창조를 향해 있다). 현재의 질서에서 많은 부분이 인간의 일에서 나온 결과이기 때문에, 만약 현재의 질서가 변화될 것이라면, 인간의 일은 필연적으로 궁극적인 중요성을 지닌다. 따라서 일의 중요성에 대한 신약성경의 명시적 진술을 어떻게 해석할 것인가 하는 것은 그 진술들을 둘러싼 종말론적 틀에 달려 있다. 따라서 일이 생계유지 보장보다 더 광범위한 중요성을 갖는가 하는 질문에 대한 직접적인 답을 신약성경에서 찾고자 하는 노력은, 현재 질서와 미래 질서의 연속성에 관한 처음의 논의로 다시 돌아가게 한다.

---

13   Westermann, *Genesis*, 85를 보라.

종말론적 '트란스포르마티오 문디'

종말론적 '트란스포르마티오 문디' 개념을 뒷받침하고, 그렇기에 현재 질서와 미래 질서 간의 연속성을 뒷받침하는 신학적 논지는 암시적으로도 명시적으로도 제시될 수 있다.

이 세상을 위한 하나님 나라

소멸 대신 세상의 종말론적 변혁을 간접적으로 변호하는 한 방법은 **하나님 나라의 위치가 이 땅임을 지적하는 것이다.**[14] 건드리(R. H. Gundry)는 요한계시록에서 성도가 거주할 장소를 새 땅이라고 말한다고 설득력 있게 주장한다. "요한계시록에서 분명히 약속된 것은 새 땅에서의 영원한 삶이지…새 하늘에서의 영묘한 삶이 아니다." 성도가 거하게 될 곳이 지상이라는 사실에 상응하여, 서머나 교회에 주어진 약속, "그런데 사실 너는 부요하다"(2:9) 역시 "물질주의적 독해"가 필요하다. 즉, 그것은 "성도에게 가는… 재산의 재분배"를 지칭한다. 더 나아가, 요한계시록은 그 약속의 경제적 측면을 보완하는 정치적 측면을 부가한다. 다시 말해, 성도들은 "땅의 새로운 왕들, 그들 모두가 모든 나라의 왕들"로서 통치할 것이다.[15]

요한계시록에서 나타나는, 하나님의 백성이 종말에 거할 장소로서 새 땅에 대한 강조는 마태복음에서도 똑같이 나온다. 하나님 나라의 도래를 위한 기도(6:10)는 하나님이 "온 땅을 통치하시기를" 바라는 기도이며, 하나님 나라를 구하는 것은(6:33) "그분의 통치가 최종적으로 땅 위에 임하기를 갈망하는 것을 의미한다."[16] 유사하게, 온유한 사람이 땅을 차지하게

---

14   이러한 인식을 보려면, Miranda, *Communism*, 12이하를 보라.
15   Gundry, "The New Jerusalem", 258, 263.
16   Gundry, *Matthew*, 106, 119.

되리라는 약속에서(5:5) "땅"은 오직 "하나님 나라의 지상적 위치"를 가리킨다.[17] 세상의 종말(*eschaton*)에, 부활한 하나님의 백성은 새로워진 땅에서 살 것이다.

신약이 하나님 나라의 위치로 땅을 강조하는 것은 구약 선지자들의 땅에 대한 소망과(사 11:6-10; 65:17-25) 부합할 뿐 아니라, 더 중요하게는 몸의 부활을 믿는 기독교 교리에도 부합한다. 몸의 부활을 믿으면서 동시에 땅이 없는 종말론적 실존을 추정하는 것은 신학적으로 이치가 맞지 않는다.[18] 몸의 부활에 대한 교리를 기독교 종말론의 우발적인 부분으로 축소시키기 원치 않는다면, (예를 들어, 토마스 아퀴나스에 반대하여) 완벽한 행복은 부활한 몸에 달려 있다고 주장해야 할 것이다.[19] 더불어, '몸'이라는 개념의 명확한 이해를 위해 '순수한 영혼'이라는 개념과 구별하려면, 완벽한 행복을 위해서는 '외적인 사물들' 역시 필요하다고 주장해야 한다.[20] 부활의 몸은 그에 부합하는, 영화롭게 된 그러나 여전히 물질적인 환경을 요구한다. 따라서 미래의 **물질적** 존재는 기독교의 종말론적 기대에서 양보할 수 없는 부분이다.[21]

17　ibid., 69. Hengel은 초기 기독교에서의 일에 관한 글에서, 현실적인 종말론은 "예수님의 현실적인 설교[에 뿌리를 두고 있으며,] 초기 기독교에 널리 퍼져 있었다"고 쓴다(Hengel, "Arbeit", 194).
18　Ratschow, "Eschatologie VIII", 355를 보라.
19　대조. Aquinas, *ST*, I-II, Q. 4, Art. 5.
20　ibid., Art. 7.
21　Moltmann은 그의 세기적 작품 *Theology of Hope*에서, Bultmann의 개인주의적이고 (수사적이기는 하지만) 현재 지향적인 종말론에 반대해 우주적 종말론을 설득력 있게 주장한다(Moltmann, *Hope*, 58이하, 133이하). 이후 Moltmann은 그의 종말론적 개념 중 일부를 더 자세하게 발전시켰다. 여기서 논의된 문제와 관련해서는, Moltmann, *Der Weg*, 282이하, 특히 286를 보라.

창조세계의 해방

신약의 일부 진술은 종말론적 '트란스포르마티오 문디' 개념을 명시적으로 뒷받침하고, "모든 것"의 멸망을 말하는 묵시적 언어(벧후 3:11)를 창조세계 파괴에 대한 암시로 이해해서는 안 된다는 것을 보여 준다. 바울은 로마서 8:21에서 "피조물도 썩어짐의 종살이에서 해방되어서, 하나님의 자녀가 누릴 영광된 자유를 얻[을]" 것이라고 썼다. 창조세계(즉 "생물과 무생물을 모두 포함하는, 인간 하위의 총체적 자연")²²의 해방은 **그것의 파괴가 아닌 오직 그것의 변혁을 통해서만 일어날 수 있다**. 브루스(F. F. Bruce)는 "만약 말씀이 뭔가를 의미한다면, 바울의 이 말은 계시의 그날에 현재의 물질적 우주가 완전히 새로운 우주로 대체되기 위하여 소멸되는 것이 아니라, 현재의 우주가 변화됨으로써 그것을 창조하신 하나님의 목적을 성취하게 되리란 것을 뜻한다"고 바르게 지적한다.²³ 하나님이 마침내 그분의 나라로 인도하실 때, "새롭게 되는 것을 [고대하던] 하늘과 땅의 모든 것"의 분투가 성취될 것이다.²⁴

현재 질서와 미래 질서 사이의 연속성을 긍정하는 성경적 진술은 하나님의 창조가 선하다고 보는 유대-기독교의 믿음과 신학적으로 분리될 수 없다. 현재와 새 창조 간의 연속성에 대한 믿음은 창조의 선함에 대한 시초론적 믿음이 종말론적으로 표현된 것이다. 다시 말해, 둘 중 하나만 취하고 하나는 버리는 것은 불가능하다. 창조의 선함을 긍정하면서 그것의 종말론적 파괴를 기대하는 것은 앞뒤가 맞지 않다. 그리고 선하다는 것은 최초의 창조뿐 아니라 현재의 창조세계에도(악의 실재 역시 존재하지만) 해당

---

22 Cranfield, *Romans*, I, 411-412.
23 Bruce, *Romans*, 170.
24 Calvin, *Institutes*, 989. 현재 질서와 미래 질서 사이의 연속성을 긍정하는 몇몇 다른 신약 구절은, 마 19:28; 행 3:19-21; 계 21:24-26.

하는 속성이다. 따라서 하나님은 궁극적으로 창조세계를 '버리지' 않으시며, 목회서신에서 음식과 관련하여 말하는 것처럼 그것을 '거룩하게' 하실 것이다(딤전 4:4-5).

물론 물질적 창조세계의 선함은 단지 수단적이며, 따라서 종말론적 소멸은 창조세계의 선함을 부정하지 않는다고 믿는 것 역시 가능하다. 음식과 같은 모든 사물이 선한 것은 그것이 인간의 몸을 살아 있게 하는 데 필요하기 때문이고, 인간의 몸이 선한 것은 그것이 영혼이 거할 일시적 장소를 제공하기 때문이라는 것이다. 대안적인 관점으로는, 오직 하나님의 위대하심과 영광을 드러내는 일시적인 수단이라는 점을 들어 물질적 창조세계가 수단적으로 선하다고 주장할 수도 있다. 수단적인 의미에서 물질적 창조세계의 선함을 부정하거나 깎아내릴 이유는 어디에도 없다. 그러나 물질적 창조세계는 단지 수단 그 이상이다. 즉, 그 자체가 목적이기도 하다. 한 가지 이유로, 우리는 성경 본문에서 물질적 창조세계의 '구원론적 독립성'으로 가장 잘 묘사될 수 있을 어떤 것과 마주친다. 창조세계 역시 하나님 자녀들의 자유에 참여할 것이라는 사실이다(롬 8:21; 창 9:10이하를 보라).[25] 더 나아가, 인간론적으로 우리는 인간이 몸을 가지기만 한 것이 아님을 주장해야 한다. 즉 인간은 곧 몸이다.[26] 그렇다면 물질적 창조세계 전체의 선함은 단지 수단적일 뿐 아니라 본질적이기도 하다. 그리고 창조세계의 본질적 선함에 대한 믿음은 오직 종말론적 연속성에 대한 믿음과만 양립한다.

---

25 뒤의 229-231를 보라.
26 뒤의 227-229를 보라.

영화롭게 된 세상에서 인간의 일?

세상의 종말론적 변혁에 대한 믿음은 인간의 일에 특별한 중요성을 더해 준다. 일의 결과물에 영화롭게 된 세상을 위해 사용될 '기본 재료'라는 독립적인 가치를 부여하기 때문이다. 앞에서 보여 준 것처럼, 영화롭게 된 세상에 대한 인간의 기여를 말하는 것은 신학적으로 타당하다. 그러나 논리적으로도 설득력이 있는가? 부패하기 쉬운 인간이 만드는 것이 영원한 지속성이 있다고 말하는 것은 모순이지 않은가?[27] 의자는 1년 만에 부서지고, 빵은 하루 안에 먹혀 사라지고, 말은 한 시간이면 잊힌다. 인간의 일의 결과 대부분은 종말론적 변화의 날을 보기도 전에 사라질 것이다.

우리는 고립된 개인들의 일이라는 측면에서뿐 아니라 인류 전체의 축적된 일이라는 측면에서도 생각할 필요가 있다. 개별 인간의 일은 인류가 관여해 온 '프로젝트'에 기여한다. 한 세대가 다른 세대 위에 세워지는 것처럼, 각 세대의 성취는 이전 세대가 성취한 기반 위에 세워진다. 낭비되었거나 파괴되어 버린 것도, 사용한 뒤에는 옆으로 치워 놓는 사다리 같은 역할을 하는 경우가 종종 있다.

둘째, 한편으로 인간의 일에서 많은 부분은 생계유지를 위한 것이고 그 결과는 대부분 나타나자마자 사라지는 것이 사실이다. 그러나 다른 한편으로 인간의 일은 많은 부분에서 자연과 사회적 환경에 영구적인 흔적을 남기고, 따라서 인간이 인간으로 존재할 수 있게 해 주는 인간의 터전을 창조한다. 역사 전체의 모든 개인적 창조 결과가 장차 올 세상 안으로 전부 통합되지는 않겠지만, 총체적 의미에서 그러한 인간의 터전은 새로운 세상 안으로 통합될 것이다.

---

27 Arendt, *Vita activa*, 26를 보라. 일의 일시성과 영구성에 대한 흔치 않은 신학적 고찰은, Haughey, *Converting*, 99이하를 보라.

셋째, 일과 그것의 인지된 결과는 부분적으로 인간의 인성과 그들의 정체성 구조를 결정한다.[28] 부활은 지상의 존재로서 인간의 정체성에 대한 부정이 아니라 긍정이기 때문에, 지상의 일은 부활 이후의 인성에 영향을 끼칠 것이다. 롱데(Rondet)는 영화롭게 된 상태의 구텐베르크(Gutenberg)가 그를 유명하게 만들어 준 발명품과 종말론적으로 어떠한 상관도 없는 구텐베르크일지 바르게 묻는다.[29] 더 나아가, 우리는 구텐베르크의 발명이 가져온 유익을 누려 온 모든 인간이 영화롭게 된 상태에서, 그의 발명 없이 과연 같은 인간일 수 있을지 물을 수도 있다. 만약 세상의 소멸에 관한 교리를 고수한다면, 인간의 일이 갖는 직접적이고 궁극적인 중요성을 이런 식으로, 즉 그것이 인간의 인성에 미치는 인지적 영향과 관련해 이해하는 것이 가능하다고 주장할 수도 있다. 엄격하게 말해, 이는 사실이다. 그러나 인간의 창조물이 반드시 파괴되어야 할 정도로 악하거나 하찮다고 말하는 동시에, 그것이 인간의 인성에 끼치는 영향은(일의 과정이 개인의 성화에 끼치는 영향과는 신중하게 구별되어야 하는) 종말론적으로 보전되어야 할 만큼 충분히 선하다고 말하는 것은 일관성이 없다고 보인다.

성도들은 "수고(*kopōn*)를 그치고 쉬게 될 것이다. 그들이 행한 일(*erga*)이 그들을 따라다니기 때문이다"(계 14:13; 참고. 엡 6:8). 이 같은 요한계시록의 진술은 지상의 일이 부활한 개인들의 인성 안에 그 흔적을 남기리라는 암시로 해석될 수 있다. 이 본문은 일의 결과물의 보전 여부는 고려하지 않기 때문에, 그들이 행한 일은 오직 그들의 인성을 이루는 핵심 부분으로서만 그들을 따라다닐 것이다.[30] 인간의 일이 궁극적으로 중요한 이유

---

28 뒤의 205-210를 보라.
29 Rondet, *Arbeit*, 64를 보라.
30 이 구절은 특별히 믿음 안에서 충실하게 행한 일을 지칭하지만(Mounce, *Revelation*, 278를 보라), 이 진술의 적용을 이런 일로만 제한할 이유는 없다.

는 그것이 단지 인간의 미래 환경에 기여하기 때문만이 아니라 인간의 인성에 지울 수 없는 흔적을 남기기 때문이기도 하다.

'하나님과의 협력'

지난 몇 세기 동안 기독교 신학자들은 인간의 일을 **하나님과의 협력**으로 보기에 이르렀다. 개신교와 로마 가톨릭 양쪽 모두의 전통에서 오늘날 인간의 일이 갖는 가장 심오한 의미는 남자와 여자가 하나님과 협력하는 것에 있다는 데 동의한다.[31] 일을 하나님과의 협력으로 보는 입장은 종말론적 소멸에 대한 믿음과도 양립 가능하다(최종적 멸망 전까지 세상의 보존을 위해 하나님과 협력한다는 것). 그러나 종말론적 변혁에 대한 믿음은 일을 하나님과 협력하는 것으로 보는 관점과 양립할 수 있을 뿐 아니라, 그러한 관점을 필수적으로 만든다.

인간이 어떤 방식으로 그들의 일을 통해 하나님과 협력하는가를 보는 관점에 따라, 일의 신학을 두 종류로 구별할 수 있다. 한쪽은 창조의 교리에 근거해 일을 하나님의 '크레아티오 콘티누아'(creatio continua, 계속되는 창조)에 협력하는 것으로 보고, 다른 한쪽은 마지막 일들에 관한 교리에 근거해 일을 하나님의 종말론적 '트란스포르마티오 문디'에 선행하여 협력하는 것으로 본다. 인간의 일을 하나님과 협력하는 것으로 이해하는 이러한 두 가지 방식을 간략하게 비판적으로 살펴보겠다.

---

31 개신교의 예를 들면, Moltmann, "Work", 38-45, 53-57; Stott, *Issues*, 160-161. 로마 가톨릭 신학의 예는, 참고. *Laborem Exercens*, nos. 85이하. [여기서 John Paul II는 제2차 바티칸 공의회의 목회 헌장 *Gaudium et Spes*(nos. 67이하)에서 발전된 일의 신학을 받아들이고 있다]; "Economic Justice", no. 32.

보전을 위해 협력하는 것

일을 하나님과의 협력으로 해석하는 첫 번째 방식은 구약에서, 특히 창조 기사에서 시작한다. 창세기 첫 장은 인간이 행하는 평범한 일에서조차 그들을 하나님의 창조 행위의 동역자로 묘사한다. 맞다. 구약은 하나님의 첫 창조 행위의 고유성을 강조한다. 인간의 어떤 일도 하나님이 무에서(*ex nihilo*) 창조하신 것(*bara*)과 같을 수 없다. 동시에 구약은 하나님의 만드심(*asa*)과 인간의 일 사이에 유비 관계를 상정하는데,[32] 이는 창조하시는 하나님과 일하는 인간 사이의 협력 관계가 존재함을 암시하는 것으로 볼 수 있다.

두 번째 창조 기사는 이러한 협력 관계를 가장 분명한 방식으로 묘사한다. 이 본문은 땅 위에 식물이 부족한 이유를 설명하면서, 하나님의 창조와 인간의 일 사이의 관계를 언급한다. "주 하나님이 땅 위에 비를 내리지 않으셨고, 땅을 갈 사람도 아직 없었으므로…"(창 2:5). 식물이 자라기 위해서는 비를 내려 주시는 하나님과 땅을 경작하는 인간 사이의 협력이 필요한 것이다. 창조세계를 보전하는 임무 안에는 하나님과 인간의 상호 의존성이 존재한다. 한편으로, 인간은 그들의 일에서 하나님을 의존한다. 시편 기자가 말하듯, "주님께서 집을 세우지 아니하시면 집을 세우는 사람의 수고가 헛[되다]"(시 127:1a; 참고. 시 65:11-13). 다른 한편으로, 창조주 하나님은 인간의 도움에 '의존'하기로 스스로 선택하시고, 인간의 일을 세상에서 그분의 일을 성취하는 수단으로 삼으신다. 루터가 말했듯, 인간의 일은 "자신을 숨기신 채 세상에서 모든 것을 장엄하게 다스리시는 하나님이 사용하시는 가면"이다.[33]

루터의 진술이 보여 주듯, 하나님과 협력하기 위해 인간의 편에서 의식

---

32 Moltmann, *Creation*, 86; Bienert, *Arbeit*, 45. 다른 의견은, Preuß, "Arbeit", 614.
33 Luther, *WA*, 15, 373. 마지막 문단은 Volf, *Zukunft*, 115에서 가져옴.

적으로 노력할 필요는 없다. 다른 말로 하면, 일은 객관적으로 하나님의 뜻에 부합해야 하지만, 주관적으로 하나님의 뜻에 따라 행해질 필요는 없다. 성경 기록에 따르면, 하나님은 이후에 그들이 행한 일에 대해 심판하실 이들조차 하나님의 뜻을 성취하는 데 협력하게 만드신다(사 37:26이하). 더 나아가, 하나님과 협력하는 것은 만약 그 결과가 하나님의 뜻에 일치한다면, 소외를 조장하는 형태의 일을 통해서도 이루어질 수 있다. 새 창조의 개념이 일에서 발생하는 소외를 극복하기 위한 싸움을 필수적으로 상정하기는 하지만,[34] 소외를 야기하지 않는 것이 인간이 하나님과 협력하는 것의 필수적인 전제 조건은 아니다.

변혁을 위해 협력하는 것

최근의 또 다른 신학 전통은 일의 신학을 위한 근거를, 인간이 하나님의 종말론적 '트란스포르마티오 문디'에 선행적으로 협력하는 것에 둔다. 그러한 전통은 일을 창조의 보전을 위해 하나님과 협력하는 것으로 이해하는 관점의 본질적 요소 역시 포함하며, 그것을 약속된 새 창조라는 종말론적인 측면에 비추어 이해한다. 맞다. 현재 세상은 죄의 권세 아래 있고, 지나가는 것이다. 그렇기에, 인간의 동기가 아무리 고결할지언정, 인간의 일은 하나님의 새로운 세상을 창조할 수 없다.[35] 요한계시록의 "새 예루살렘"—하나님의 새 백성—에 대한 묘사는 이것을 분명하게 드러낸다.[36] 새 예루살렘은 **하나님**의 ("백성"을 상징하는) 도시이며, "하늘에서 내려[온다]"(계 21:2; 참고. 벧전 1:4; 마 25:34). 하나님이 창조하시는 그 도시는 모든 악과 타

---

34 뒤의 259-266를 보라.
35 이는 Honnecker, "Krise", 213에 의해 강조되었다.
36 '새 예루살렘'을 장소가 아닌 사람들로 보는 입장은, Gundry, "The New Jerusalem"을 보라.

락 가능성에서 자유로운 "살아 있는 소망"이며, 따라서 인간이 계획하거나 실행할 수 있는 모든 것을 무한하게 초월한다.[37] "새 예루살렘"의 기원과 성격은 총체적으로 새 창조가 근본적으로 선물이며, 그것과 관련된 인간의 일차적 행위는 하는 것이 아니라 '기다리는 것'임을 보여 준다(벧후 3:12; 참고. 마 6:10; 계 22:17).

그러나 기다림을 수동성과 혼동해서는 안 된다. 신약에서 하나님 나라를 간절히 기다리라는 명령은 **그 나라를 위해 열심히 일하라**는 권고와 상충하지 않는다. '하나님 나라 참여'는 '하나님 나라 열망'과 대조적이 아니라 보완적이며, 전자는 후자의 필연적 결과다.[38] 하나님 나라 참여라는 맥락에서, 세상을 더 나은 곳으로 만드는 인간의 일상적인 일은 오직 하나님의 행하심을 통해 오게 될 종말론적 하나님 나라에 (하나님의 정화가 필요한 제한적이고 불완전한 방식으로나마) 기여한다. 일상적인 일을 하는 인간은 "창조를 완성하고 하늘과 땅을 새롭게 할 하나님 나라를 위한 동역자"인 것이다.[39]

미래의 새 창조에 인간이 기여한다는 사실을 긍정하는 동시에, 새 창조는 오직 하나님의 행위의 결과라고 주장하는 것은 모순처럼 보일 수 있다. 양쪽 모두를 긍정하기 위해서는 역사 **안에서** 하나님이 행하시는 종말론적 행위와 역사의 **마지막에** 하나님이 행하실 종말론적 행위를 구분하는 것이 필요하다. 성령을 통해 역사 안에서 이미 일하고 계신 하나님은 인간의 행위를 사용하여 새 창조를 실제적 방식으로 선행하는 임시적 상태를 창조하신다. 그러나 이러한 역사적 선행은, 하늘과 땅이 먼 것만큼 새 창

---

37 Lockman, *Marx*, 117이하를 보라.
38 이 표현들에 대해서는, Kuzmič, "History", 150이하를 참고하라.
39 Moltmann, "Work", 45.

조의 완성과 거리가 멀다. 완성은 오직 하나님의 일이다. 그러나 하나님이 단독으로 행하시는 이 일은 인간이 참여해 온 새 창조의 역사적 선행을 소멸하는 것이 아니라 변화시킬 것이기 때문에, 인간의 일이 하나님의 독점적 행위인 '트란스포르마티오 문디'의 적극적 선행의 한 측면이라고 말하는 것은 모순이 아니다.

앞에서 간략하게 분석한, 일상적인 일을 통한 하나님과의 협력을 시초론적으로 이해하는 관점과 종말론적으로 이해하는 관점은 양쪽 모두 신학적으로 유효하다. 종말론적 틀과 시초론적 틀 어느 쪽을 사용하더라도 성경적으로 충실한 일의 신학을 발전시킬 수 있다. 그러나 여러 가지 이유로, 나는 종말론적 틀을 선호한다. 그 이유 중 일부는 뒤에서 내가 루터가 시초론적 틀 안에서 발전시킨 소명 개념을 비판하고, 성령론에 입각한 일의 이해를 제안하는 이유를 밝힐 때 분명해질 것이다.[40] 여기서는 네 가지 이유만 먼저 언급하고자 한다.

첫째, 그리스도인의 존재가 갖는 종말론적 성격은, 내 생각에 일의 신학을 단순히 창조 교리의 틀(시초론적 틀) 안에서만 발전시키는 것을 불가능하게 만든다.[41] 두 번째 이유는 처음 창조와 새 창조의 관계가 지니는 성격이다. 그렇다. 종말론적 연속성 때문에, 새 창조는 단순히 처음 창조에 대한 부정이 아니라 재확인이다. 이런 이유로, 우리는 창조 교리와 일의 신학을 떼어 놓고 이해할 수 없다.[42] 그러나 새 창조가 단지 처음 창조의 회복인 것만은 아니다. "세상의 그리고 인류의 구속은 단지 우리가 시작했던 에덴동산으로 우리를 되돌려 놓기만 하는 것이 아니다. 그것은 에덴동산에서

---

40 뒤의 181이하를 보라.
41 앞의 130를 보라.
42 현재 일의 신학을 창조 신학과 통합한 예는, 뒤의 5, 6장을 보라.

부터 이미 우리가 향하고 있던 더 먼 운명으로 우리를 이끈다."[43] 이런 이유로, 창조 교리는 그 자체로 일의 신학을 발전시키는 데 충분한 기초가 되지 못한다. 일의 신학은 새 창조의 (부분적) 실현 그리고 새 창조에 대한 기대라는 더 넓은 맥락 안에 놓여야 한다. 그러므로 종말론적 일의 신학을 지지하는 사람이라면 '코오페라티오 데이'(*cooperatio Dei*, 하나님과의 협력)에 대한 시초론적 이해와 종말론적 이해를 양자택일의 관계로 보지 않을 것이다. 오히려, 그 두 가지 이해는 서로 보완적이다. 새 창조는 첫 창조의 변혁을 통해 이루어지기 때문에, 세상의 보전을 위해 하나님과 협력하는 것은 세상의 변혁을 위해 하나님과 협력하는 것의 필수적인 일부분이다.

    시초론적 이해보다 종말론적 이해를 선호하는 세 번째 이유는, 현대의 일을 해석할 때는 '시초론적' 일의 신학(들)이 개념적으로 부적합하기 때문이다. 시초론적 일의 신학에서는, 하나님과의 협력이라는 측면에서 인간의 일이 갖는 궁극적 목적이 세상을 **보전**하는 데 있다. 인간이 하는 일의 많은 부분은 그 일을 하는 사람들과 그들이 살고 있는 세상을 보전하는 것을 목적으로 하는 것이 맞지만, 또한 인간은 강력한 현대 기술력을 사용함으로써 그들의 터전인 세상을 유지하는 것만이 아니라 지구의 모습을 근본적으로 바꾸고 있다. 현대의 일은 세상을 보전하는 만큼 그것을 변화시키고, 오직 변화시킴으로써 그것을 보존한다. 보전이라는 고정된 틀은 (그러한 틀을, 인간 일의 현재적 결과에 근본적인 의문을 제기하고 일의 목적을 생계유지로 제한하기 위해 사용하지 않는 한) 인간이 하는 일의 이러한 역동적 성격을 적절하게 포괄하지 못한다. 마지막으로, 시초론적 일의 신학(들)은 하나님이 세상을 보전하신다는 사실에 호소함으로써 현상(*status quo*)을 정당화

---

43   O'Donovan, *Moral Order*, 55.

하고, 미시 경제학적이든 거시 경제학적이든 필요한 구조적 변화를 가로막는 경향이 있다. 즉, 창조주 하나님이 자신이 창조하신 세상을 보전하시기 때문에, 인간 역시 그들의 일에서 기존의 질서를 그대로 보전하도록 힘써야 한다는 것이다.

일과 성령

성령론적 일의 신학?

성령을 언급하지 않은 채 새 창조를 말하는 것은 불가능하다. 바울이 말했듯이, 성령은 미래에 있을 구원의 "첫 열매" 혹은 "보증[금]"(롬 8:23; 고후 1:22을 보라)이시고, 그들 안에 있는 종말론적 변혁의 현재적 능력이기 때문이다. 복음서에서도, 성령은 미래의 새 창조가 현재 선행될 수 있게 하는 주체시다(마 12:28). 성령 없이는 새 창조의 경험도 없다! 따라서 일을 '트란스포르마티오 문디'의 적극적 선행으로 이해하고자 하는 일의 신학은 **성령론적** 일의 신학이 될 수밖에 없다.

일과 성령

그러나 성령과 인간의 일상적인 일이 어떤 상관이 있는가? 대부분의 개신교 신학은 거의 아무런 상관이 없다는 입장을 취한다. 즉, 개신교 신학은 "성령의 활동을 개인의 영적·심리적·윤리적·종교적 삶에 국한시키는 경향"을 띠어 왔다.[44] 이러한 제한은 거기에 따라오는 두 가지 신학적 결론이 설명해 준다. 전통적 표현 방식에 따르면 첫째, 성령의 활동은 구원의 영역

---

44 Heron, *The Holy Spirit*, 154.

에만 국한되고, 둘째, 구원의 현재적 실현이 일어나는 **중심점**(*locus*)은 오직 인간의 영혼으로 제한된다. 이 책의 다른 곳에서 나는 성령이 구속의 영(*spiritus redemptor*)이실 뿐 아니라 창조의 영(*spiritus creator*)이심을 보여 주고자 노력할 것이다.[45] 따라서 성령이 구속자로서 세상에 오실 때, 그는 이방 영토가 아니라 "그분 자신의 땅"에(비록 세상은 악의 권세 안에 있기는 하지만) 오시는 것이다(요 1:11).[46] 그러나 여기서는 성령의 구원 작업을 인간의 영혼에 국한시키는 이해가 갖는 한계를 간단히 살펴보고자 한다. 이 책의 목적상, 이것은 아주 중요한 사안이다. 인간의 일을 새 창조 개념의 틀 안에서 고찰하고 성령론적 일 신학을 발전시킬 수 있는가의 문제는, 구원과 관련된 성령의 일이 인간의 영혼에만 제한되는가 아니면 온 실재로 확장되는가의 여부에 달려 있기 때문이다.

개신교 사상이 대체적으로 구원의 영역에서 인간의 몸과 물질성을 배제하는 것은[47] 루터의 『그리스도인의 자유』(*The Freedom of a Christian*)에서 잘 드러난다. 루터 자신의 의견에 따르면, 이 "작은 책"은 작은 분량에도 불구하고 "간략한 형식으로나마 그리스도인 삶 전체"를 포괄하는 그의 관점을 제시한다.[48] 이후 개신교 신학자들은 구원의 물질성과 관련해 루터의 입장을 아주 가깝게 따라간다.[49] 잘 알려진 대로, 루터는 『그리스도인의 자유』에서 '속사람'과 '겉사람'을 구별한다. 구원의 물질성과 관련해 루터가

---

45 뒤의 227-229를 보라.
46 Berkhof, *The Holy Spirit*, 96를 보라.
47 이 사안에 대해서는, Volf, "Materiality"를 보라.
48 Luther, *WA*, 7, 11, 8-9. 이 논문은 *De servo arbitrio*와 함께, "그의[Luther의] 신학을 체계적으로 보여 주는 것"으로 가장 쉽게 묘사될 수 있다(Ebeling, *Luther*, 212).
49 이 진술을 뒷받침하는 문서를 광범위하게 제시할 필요는 없다. 단 한 가지 예만 들겠다. Bultmann은 Luther의 '속사람'과 '겉사람'의 구별을 받아들여, 사람이 새로운 피조물이 될 때 "겉의 모든 것은 전과 같이 그대로지만, 속으로 세상과의 관계는 근본적으로 변한다"고 쓴다(Bultmann, "New Testament and Mythology", 20).

이러한 표현을 통해 정확하게 무엇을 의미했는지 판단하는 것은 아주 중요하다. 문제는 보이는 것만큼 간단하지 않은데, 루터가 그러한 용어의 사용 방식 면에서 모호할뿐더러, **이중적**으로 구분하고 있기 때문이다.[50]

먼저 그리고 가장 분명하게, 루터는 **인간론적**으로 구분한다. 이 인간론적 구분의 성격을 정확하게 파악하기는 쉽지 않다. 특히, 그가 말하는 '속사람'이 무엇을 의미하는지가 분명하지 않다. 다행히 루터는 '겉사람'이 의미하는 바에 대해서는 명확하게 밝히고 있다. 그것은 아프거나 건강하고, 자유롭거나 갇혀 있고, 먹거나 배고프고, 마시거나 목마르고, 즐거움을 경험하거나 어떤 외적인 불행을 겪는 인간의 측면이다.[51] 겉사람은 한 사람의 세상에서의 육체적 실존과 관련된 부분이다. 이는 속사람을, 모든 물성을 벗겨낸 채 "그의[인간의] 마음 안에 감추어진 채로 존재하는 벌거벗은 자아"로 남겨 둔다.[52] "벌거벗은 자아" 혹은 루터의 표현대로 "영혼"이 무엇이든 간에, 한 가지만은 분명하다. 루터에게 그것은 인간의 육체적 실존을 의미하지 않는다.

속사람과 겉사람의 인간론적 구분 위에 두 번째 구분, 즉 '새 사람'과 '옛 사람'의 **구원론적** 구분이 중첩되어 있다. 구원의 물질성에 관한 연구에서 중요한 점은 루터가 새 사람과 옛 사람의 구분을 오직 속사람에만 적용한다는 사실이다. '**겉사람**'은 '**옛 사람**'이고, **또한** (죽은 자들의 부활의 날까지) '**옛 사람**'으로 **남아 있을 것**이다. 그리스도인과 비그리스도인 모두 마찬가지다. 오직 속사람만 새 사람이 될 수 있다. 구원의 인간론적 **중심점**은

---

50 속사람과 겉사람에 관해 Luther, Plato, Aristotle가 말하는 바의 차이점과 유사점에 대한 논의는, Jüngel, *Freiheit*, 69이하, 116이하를 보라.
51 Luther, *WA*, 7, 21-22.
52 Ebeling, *Luther*, 202.

속사람이다.⁵³ 겉사람과 물질적 실재 전체는 하나님의 구원 활동이 일어나는 영역 바깥에 남겨져 있다.⁵⁴

성령의 현재적 구원 활동의 영역에서 물질성을 배제하는 것이 해석학적으로 그리고 신학적으로 받아들여질 수 없다는 사실을 확인하기 위해서는 복음서만으로도 충분하다. 복음서는 구원론적 용어[예를 들면, '소제인' (sōzein) 같은 단어]를 육체적 생명과 관련된 어려움이나 위험에서 구조되는 것을 언급할 때 광범위하게 사용한다.⁵⁵ 더 중요하게, 복음서는 예수님의 치유 기적을 하나님 나라가 침투해 오고 있음을 보여 주는 신호로 설명한다.⁵⁶ 성령의 능력으로 행하는 치유는 단순히 미래 하나님의 통치를 상징할 뿐 아니라, 현재 하나님의 통치가 선행적으로 실현되는 것이기도 하다. 그 치유들은 구원의 물질성에 대한 구체적인 증언을 제공한다. 즉, 몸을 포함한 인간 전체 그리고 손상된 실재 전체를 온전하게 하고자 하시는 하나님의 열망을 드러내는 것이다.⁵⁷ 깨어진 방식이기는 하나(치유를 받은 사람들도 죽음의 권세에서는 건져지지 않으므로), 지금 여기서 성령의 능력으로 이루어지는 치유는 하나님이 현재 세상을 약속된 새 창조로 변화시키실 마지막 때에 일어날 일을 예시한다.

---

53 Jüngel, *Freibeit*, 72-73를 보라. Calvin은 이 사안에 대해 Luther와 약간 다르게 생각한 것 같다. "우리가 그리스도와 더불어 갖게 되는 영적 연합은 영혼만의 문제가 아니라 몸의 문제이기도 하며, 따라서 우리가 그분의 살 중의 살이라는 것을 주지해야 한다(엡 5:30). 그분과의 연합이 그처럼 완전하고 총체적이지 않다면, 부활의 소망은 희미해질 것이다"(Calvin, *Corinthians*, ad 1Cor. 6, 15).
54 고전적 개신교는 미래에 있을 육체의 부활을 고대하기 때문에, 완전한 구원 경험이 육체적 실존에 직접적으로 영향을 끼친다는 사실을 부인하지 않는다는 것을 지적해야 한다. 요점은 구원 경험이 **현재에는**, 즉 완성 이전에는 인간의 육체적 실존에 직접적인 영향을 끼치지 않는다는 것이다.
55 Schrage, "Heil und Heilung", 200를 보라.
56 Ladd, *A Theology*, 76-77를 보라.
57 Moltmann, *Der Weg*, 127를 보라. 현대 신약 연구의 결과를 모른 채로, 오순절파들은 사람들이 몸의 치유를 경험함으로써 "**하나님 나라의 육체적 본성**에 참여하는 자들"이 된다고 바르게 주장했다(Paulk, *Pentecostal Neighbor*, 110−강조는 내가 추가한 것이다).

승천하신 그리스도께서 성령을 보내셨을 때, 그분은 "역사 안에 하나님의 능력을, 하나님이 모든 것을 새롭게 하실 때까지 사그라들지 않을 능력을 풀어 놓으셨다."⁵⁸ 새 창조의 성령은 '속사람' 안에 갇혀 계실 수 없다. 온 창조세계가 성령의 작업 영역이며, 성령은 종교적 경험의 영만이 아니라 세상에 관여하시는 영이시다. 그렇기에, 성령을 일상의 일과 연결하는 것은 전혀 이상하지 않다. 사실, 인간의 일에 대한 적절한 이해는 성령론에 기대지 않고는 거의 불가능하다.⁵⁹

일과 은사

어떤 의미에서, 일에 대한 성령론적 이해는 새로운 것이 아니다. 심지어 루터에게서도 비슷한 흔적이 보인다. 그는 '보카티오 엑스테르나'(*vocatio externa*, 외적 소명)를 (바울의 은사 이해와 밀접하게 연결되는) 바울의 '그리스도의 몸' 개념의 맥락에서뿐 아니라, 은혜의 선물이라는 맥락에서도(때때로 명백하게) 다루었다. "보라, 여기서 성 베드로는 하나님의 **은혜와 은사**가 하나가 아니라 여러 종류라고 말한다. 각자 자신이 받은 은사가 무엇인지 이해하고 그것을 사용하여 다른 이들에게 도움이 되어야 한다."⁶⁰

최근 몇 년 동안 다양한 기독교 전통에 속한 저자들은 인간의 일을 은사적 삶의 한 측면으로 해석하도록 제안해 왔다.⁶¹ 제2차 바티칸 공의회의

---

58 Pinnock, "Introduction", 7.
59 유사하게, 세상, 문화, 정치의 신학을 언급하는 Kasper, "Kirche", 35.
60 Luther, *WA*, 10, I, 311-강조는 내가 추가한 것이다. 로마서 12장의 은사 주제를 그리스도인의 교회 활동뿐만 아니라 세속적 활동에 적용한 (보수적인) 개신교의 초기 예는, Laurence Chaderton이 행한 로마서 12장에 대한 유명한 설교 "A fruitful sermon, upon the 3, 4, 5, 6, 7, and 8 verse of the 12 chapter of the epistle of St. Paul to the Romans" (Lake, *Puritans*, 28이하)를 보라.
61 예를 들면, Mühlen, "Charisma", 168; Lampe, *God*, 202; Taylor, *The Go-Between God*, 26-27를 보라. 비기독교 전통의 예는, 다음과 같이 말한 Plato의 경우를 보라. "다시, 인공적으로 만드는 일에서, 우리는 이 선생의 신을 지닌 사람이 아주 뛰어난 것으로 드러난 반면,

문서 『가우디움 에트 스페스』(*Gaudium et Spes*, 기쁨과 희망)는 그리스도인이 일을 통해 동료 인간을 섬기는 것에 대한 은사적 해석의 가장 주목할 만한 예다. "이제, 성령의 은사는 다양합니다.…그분은…세상에서 다른 이들을 섬기는 일에 헌신하고, 이러한 그들의 사역에 의해 천상의 재료를 준비하도록 [사람들을] 부르십니다."[62] 그러나 내가 알기로 이제껏 이러한 제안을 받아들여 일관성 있는 일의 신학으로 발전시킨 사람은 없었다.

내가 제안하는 성령론적 일 이해는, 모든 개신교 전통의 사회 윤리에서 지배적이라 할 수 있는, 일을 소명으로 이해하는 관점을 계승한다.[63] 따라서 일의 성령론적 이해를 발전시키기 전에, 일을 소명으로 이해하는 입장의 강점과 약점을 살펴보는 것이 도움이 될 것이다. 다른 모든 이론과 마찬가지로, 특정한 일의 신학 역시 그것과 경쟁하는 다른 입장에 대해 신학적이고 역사적인 우월성을 입증하는 만큼 설득력을 얻을 수 있을 것이다.

소명으로서의 일

루터와 칼뱅(Calvin) 두 사람 모두 각각 자신의 방법대로 일을 소명으로 보는 관점을 지지했다. 이 생각이 루터에서 처음 나왔을 뿐 아니라, 루터가 칼뱅보다 이러한 관점에 대해 더 광범위하게 글을 썼으므로, 여기서는 (몇

사랑에 붙들리지 않은 경우를 알지 못한다. 만약 아폴로가 궁술, 의학, 점술을 발명했다면, 그것은 욕망과 사랑의 안내를 받아 이루어진 것이다. 그리하여 뮤즈가 음악에서, 헤파이토스가 금속 세공에서, 아테나가 직조에서 그런 것처럼, 그 역시 사랑의 제자로 여겨질 수 있는 것이다"(*Symposium*, 197A-198). Plato를 따라 Coomaraswamy는 일종의 '성령론적' 일 이해를 제안했다. "어떤 것을 만드는 사람이 만약 창조자라 불린다면, 최선의 경우 그는 내재하는 '천재성'의 종이며,…그 자신의 힘으로 혹은 자신을 위해 일하는 것이 아니라, 다른 에너지, 곧 '내재하는 에로스', 상투스 스피리투스(Sanctus Spiritus), 모든 '재능'의 원천에 의해, 그리고 그 에너지를 위해 일하고 있다"(Coomaraswamy, "A Figure of Speech", 33).

62 Documents, *GS*, n. 38.
63 예를 들면, 개신교 내의 다른 그룹에서 나온 이 시대의 두 개신교 작품을 보라. Field and Stephenson, *Just the Job*, 18이하; Raines and Day-Lower, *Work*, 94이하.

가지 중요한 측면에서 칼뱅의 인식과 차이가 있고,[64] 이후 칼뱅주의자들의 인식과는 더욱 큰 차이를 보이는) 루터의 소명 개념을 비판적 대화 상대자로 삼아 일의 신학을 발전시키고자 한다.

 루터의 소명에 대한 이해의 기초는 이신칭의 교리이며, 그 계기는 중세 수도원주의를 반박하는 논쟁이었다. 문화적으로 큰 영향력을 끼친 루터의 업적 중 하나는, '보카티오'(*vocatio*, 소명)를 특정한 종류의 종교적 삶으로의 부르심으로 축소한 수도원주의적 이해를 극복한 것이다. 그는 그리스도인의 직업에 대한 두 가지 상호 연결된 신념을 갖게 되었다. (1) **모든 그리스도인이**(수도사뿐만 아니라) 소명을 갖는다. (2) 그리스도인이 행하는 **모든 종류의 일**이(종교적 활동뿐만 아니라) 소명이 될 수 있다. 루터는 '보카티오'를 더 넓은 기독교 공동체 안에서 오직 선택된 그룹만을 특별한 종류의 삶으로 부르는 부르심으로 해석하는 대신, 모든 그리스도인의 이중 소명에 대해 말한다. '보카티오 스피리투알리스'(*vocatio spiritualis*, 영적 소명)와 '보카티오 엑스테르나'(*vocatio externa*, 외적 소명)가 그것이다. 영적 소명은 하나님 나라로 들어가라는 하나님의 부르심이며, 이는 복음 선포를 통해 온다. 이 부르심은 모든 그리스도인에게 공통된 것이며, 모든 그리스도인에게 동일하다("*communis et similis*").[65] 외적 소명은 세상 속에서 하나님과 동료 인간을 섬기라는 부르심이다. 이는 그 사람의 삶에 주어진 역할이나 직위(Stand)를 통해 온다.[66] 이 소명 역시 모든 그리스도인에게, 그러나 그 사람의 특정 지위나 직업에 따라 각각 다른 방식으로 주어진다("*macht ein*

---

64 Calvin, *Institutes*, 724-725를 보라.
65 Luther, *WA*, 34, II, 300.
66 나는 Luther가 소명을 사용한 방식이 세 질서 내의 신분에 국한되지 않으며 그 사람의 직업과 같다고 받아들인다(반대 의견은 Bockmühl, "Ethics", 108).

unterschied").[67]

루터가 처음으로 '소명'을 "순전히 세속적인 활동'을 의미하는 '테르미누스 테크니쿠스'(*terminus technicus*, 전문 용어)로 사용한[68] 『1522년 교회 설교』(*Kirchenpostille 1522*)에서, 그는 소명을 받지 못했다고 느끼는 사람의 질문에 답하면서 외적 소명을 설명한다. "부르심을 받지 못했다면 어떻게 합니까? 저는 무엇을 해야 합니까? 답: 어떻게 부르심을 받지 못할 수 있다는 말입니까? 당신은 분명히 역할(Stand)이 있습니다. 즉 남편이거나 아내이며, 아들이거나 딸이며, 남종이거나 여종입니다."[69] 남편, 아내, 자녀 혹은 종이라는 것은 특정한 종류의 활동으로 **하나님께 부름받았음을 의미한다**. 곧, 소명이 있다는 것이다. 복음 선포를 통해 하나님의 영적 부르심이 역할이나 직위를 가진 한 사람에게 이를 때, 이는 그 사람의 그러한 역할이나 직위를 소명으로 변화시킨다. 그 역할에 주어진 의무들은 하나님이 그 사람에게 주시는 명령이 된다. 이런 방식으로, 루터는 모든 그리스도인이 행하는 일상의 일을 그리스도인 신앙의 핵심과 분리될 수 없이 묶는다. 다시 말해, 그리스도인에게는 교회와 관련된 직업뿐 아니라 모든 직업의 일이 하나님의 부르심에 기초하게 되는 것이다.

루터의 소명 개념에는 두 가지 중요하고 상호 연결된 결과가 따라온다. 이 두 가지 통찰이 인간의 일에 대한 루터의 접근을 새로운 것(*novum*)으로 만든다. 첫째, 루터의 소명 개념은 일에 이전보다 훨씬 더 큰 가치를 돌린다. 베버(Weber)가 바르게 관찰했듯, 루터는 "세상사의 의무를 이행하는 것을 개인의 윤리적 활동이 상정할 수 있는 가장 고차원의 형태로" 높이

---

67   Luther, *WA*, 34, II, 306.
68   Wingren, "Beruf", 661.
69   Luther, *WA*, 10, I, 308.

평가했다. "하나님이 받으실 만한 유일한 삶의 방식은 수도원의 금욕주의 안에서 세상의 도덕성을 능가하는 것이 아니라, 오직 세상 안에서의 역할에 의해 각자에게 부과된 의무를 이행하는 것을 통해서다."[70] 둘째, 루터의 소명 개념은 **중세의 '비타 악티바'와 '비타 콘템플라티바' 간의 위계 관계를 극복한다.**[71] 모든 소명은 하나님의 위임에 근거하기에, 근본적으로 하나님 앞에서 동등한 가치를 지닌다.

일을 소명으로 이해하는 것의 한계

책임감 있는 일의 신학이라면, 모든 일을 하나님의 부르심으로 보는 루터의 통찰과 그것의 필연적인 두 귀결을 함께 견지하기 위해 애써야 할 것이다. 그러나 루터가(그리고 특히 이후 루터교가) 이러한 기본적 통찰을 발전시키고 적용한 방식에는 문제가 있다. 루터의 소명 개념은 현대의 일에의 적용 가능성과 신학적 설득력이라는 두 측면 모두에서 심각한 한계가 있다.

소명 비판

(1) 일을 소명으로 이해하는 루터의 관점은 일에서 발생하는 **소외에 무관심**하다. 그의 관점에서, 특정한 일이 소명으로 인정되기 위해 신학적으로 필수적인 요건은 두 가지다. 하나님의 부르심 그리고 동료 인간을 섬기는 것이다. 일의 내재적 질이 아닌, 그 기원과 목적이 소명을 규정한다. 따라서 (그 일을 할 때 하나님의 명령을 어기지만 않는다면) 설령 비인간화를 초래한다고 해도, 사실상 **모든** 유형의 일이 소명이 될 수 있는 것처럼 보인다.[72] 일

---

70 Weber, *Ethic*, 80.
71 앞의 116-117를 보라.
72 Weber, *Ethic*, 282를 보라.

을 소명으로 이해하는 관점에 따른다면, 매춘부가 되는 것은 하나님의 명령을 어기는 것이기 때문에 소명이 될 수 없지만, 질주하는 속도로 진행되는 조립 라인에서 아무 생각 없이 하는 작업은 소명이 되지 못할 이유가 없다. 그러한 광범위한 적용 가능성은 일의 이해에서 바람직한 특징처럼 보일 수 있다. 특히 (칼뱅의 지적대로) "더럽고 천한" 일을 하는 이들에게 "특별한 위로"가 될 수 있기 때문이다.[73] 그러나 광범위한 적용 가능성과 위로가 주는 유익은, 소외를 극복하기 위한 변화가 필요한 동시에 가능한 상황에서도 그러한 변화 가능성을 희생함으로써만 얻는 것일 수 있다. "지푸라기 하나를 들어 올리는 것"조차 "완전히 거룩한" 일이라면,[74] 같은 설명이 산업 사회와 정보 사회에서 가장 모멸적인 종류의 일에도 적용되지 못할 이유가 없는 것이다.

(2) 루터의 소명 개념에는 **위험한 모호함**이 존재한다. 그의 견해에 따르면, 외적 부르심은 그 사람의 역할(Stand)을 통해 오는 반면에, 영적 부르심은 복음의 선포를 통해 온다. 한 개인의 삶에서 두 부르심 사이에 갈등이 생길 때 루터교 신학이 이 둘을 화해시키기 어렵다는 것은 증명되었다. "루터교 윤리학뿐만 아니라 루터교 역사는 루터의 소명[즉, '보카티오 엑스테르나']과 부르심[즉, '보카티오 스피리투알리스'] 간의 대담한 동일시가 부르심이 소명으로 통합되고 소명이 직업으로 통합되는 것으로 반복적으로 이어지고, 따라서 **소명-직업 구조의 성별**(consecration)로 이어졌음을 보여 준다. '소명은 부르심보다 우위를 차지하기 시작했다. 즉, 오른쪽의 하나님 말씀(복음)이 왼쪽의 하나님 말씀(율법)으로 흡수되어 버린 것이다.'"[75]

---

73 Calvin, *Institutes*, 725.
74 Luther, *WA*, 10, I, 317.
75 Moltmann, "Work", 47.

(3) 일을 소명으로 이해하는 것은 **이념적으로 남용**되기 쉽다. 이미 지적한 대로, 루터는 모든 직위의 일을 하나님을 섬기는 행위의 위치로 격상시켰다.[76] 문제는 일에 대한 그러한 높은 가치 평가가 소외에 대한 무관심 및 부르심과 직업의 동일시와 조합될 때 발생한다. 소명 개념은 **모든 일자리**가 (일에서 인간이 하는 활동이 '영혼 없는 움직임'으로 축소될 때조차) 하나님을 섬기는 자리임을 암시하기 때문에,[77] 구조적 변화나 다른 종류의 변화를 통해 일의 질을 향상시키는 것이 필요한 상황에서도 단순히 비인간적인 일을 고상하게 만드는 기능만 한다.

(4) 소명 개념은 점점 유동적이 되어 가는 산업 사회와 정보 사회에 적용하기 어렵다. 이러한 사회에서 대부분 사람들은 평생 하나의 직업이나 일터에 머무르지 않고 활동적인 삶을 사는 과정에서 종종 한 직업에서 다른 직업으로 옮겨 간다. 대부분 직업 기술의 반감기는 계속해서 급격하게 짧아지고 있고, 따라서 사람들은 직업 이동이 필요하다. 직업을 유지할 수 있는 경우라도, 사람들은 종종 한 가지 직업에 묶여 있는 것이 자유와 발전을 위한 기회를 부정하는 것이라고 느낀다. 산업 사회와 정보 사회는 그 구성원들을 위한 **일자리나 직업의 통시적 다원성**을 특징으로 한다. 외적 소명에 대한 루터의 이해는 필연적으로 영적 부르심의 단일성과 영구성에 상응한다. 하나의 바꿀 수 없는 영적 부르심만 있기에, 하나의 바꿀 수 없는 외적 부르심만 있어야 하는 것이다.

외적 소명의 단일성과 고정성에 대한 루터의 확신을 고려할 때, 그가 왜 반복적으로 외적 소명에 대한 언급을 그리스도의 몸에 대한 보수적 해

---

76 일을 하나님을 섬기는 것으로 이해하는 Luther의 입장에 대해서는, Gatzen, "Beruf", 79를 보라.
77 Althaus, *Grundriß*, 80를 보라.

석과 연결하고 다음과 같은 명령을 덧붙였는지 쉽게 이해할 수 있다. "각각 자신의 소명에 머무르고 자신의 은사에 만족하며 살도록 하라."[78] '머무르고' '만족하는' 것에 대한 명령은 소명 개념에 따라오는 논리적 결과다.[79] 직장을 바꾸는 것은 하나님의 처음 명령에 꾸준히 충실하지 못한 것이 된다. 직장을 바꾸는 것을 긍정적으로 해석하는 동시에 소명 개념을 고수하는 유일한 길은 외적 소명의 통시적 다원성을 상정하는 것뿐이다. 그러나 소명의 사회 윤리적 이해를 위한 패러다임 역할을 하는 소명의 구원론적 의미는 그러한 상정을 이례적인 것으로 만든다. 단일성과 영구성이 소명의 구원론적 이해를 구성하는 기본 특징이기 때문이다.

(5) 산업 사회와 정보 사회에서 사람들은 점점 한 가지 이상의 직업이나 일자리를 갖는다. 직업이나 일자리의 공시적 다원성은 이런 사회의 중요한 특징이다. 루터교 신학에서 '보카티오 엑스테르나'는 사람들이 평생 유지하는 단일한 일자리나 직업을 일관되게 지칭한다. 물론 이는 '보카티오 스피리투알리스'도 마찬가지다. 대체적인 루터교 신학과 다르게, 루터 자신은 사람이 대부분 한 가지 이상의 역할(Stand)에 속하므로(한 여자가 동시에 딸이자 여자 주인이자 아내일 수 있다), 하나 이상의 외적 소명을 갖는다고 주장했다.[80] 그의 현실 감각이 그로 하여금 소명 개념에 입각한 해석학적이고 교리적인 틀에서 약간 떨어져 나오게 한 것이다. 그가 다른 사람의 소명에 '간섭'하지 말 것을 권고할 때는 이러한 소명 개념에 더 일치한다.[81] 엄

---

78   Luther, *WA*, 42, 640.
79   Calvin은 하나님이 인간에게 소명을 주시는 것은 "인간의 본성이 얼마나 쉼 없이 타오르는지" 아시기 때문이라고 주장한다(Calvin, *Institutes*, 724). 하나님께 부르심을 받았다면, "무명의 역할을 맡은 [사람도] 하나님이 자신을 두신 지위를 떠나지 않기 위해 불평 없이 사적인 삶을 살아갈 것이다"(Calvin, *Institutes*, 725).
80   Wingren, *Beruf*, 17를 보라.
81   Luther, *WA*, 34, II, 307.

격하게 말해, 오직 그리스도인은 한 가지 일자리나 직업만 가져야 한다고 가정할 때에만 일을 '보카티오'로 생각할 수 있다.[82]

(6) 인간의 일의 성격이 산업화 과정에서 변화하면서, 소명은 임금을 받는 취업으로 축소되었다. 루터교의 사회 윤리도 이러한 사회학적 발전을 따랐고, 루터에게서 떨어져 나오는 대신 '보카티오 스피리투알리스'의 단일성에서 유추하여 소명 개념을 임금을 받는 취업으로 축소했다.[83] 소명을 취업으로 축소한 것은, 소명은 평범한 사람들이 하나님께 올려드리는 가장 주요한 섬김이라는 믿음과 짝을 이루어, 현대에 일이 종교의 위치까지 치명적으로 격상되는 데 기여했다. 일에 대한 종교적 추구는 일하는 개인과 동료 인간 그리고 자연에 치명적 피해를 입힌다.

소명 재해석?

이러한 비판에 대한 반응으로, 일을 소명으로 보는 관점에서 신학적인 약점을 제거하고 산업 사회와 정보 사회에 좀더 적용 가능하도록 이를 재해석하고 싶은 유혹을 받을 수도 있다. 그러나 그러한 접근에 반대하는 해석학적이고 신학적인 이유는 다음과 같다.

(1) 해석학자들은 루터가 그의 일 이해를 위한 주요 근거 본문으로 사용한 고린도전서 7:20을 잘못 해석했다는 데 동의한다. "이 구절에서 **부르심**은 각 사람이 어떤 것으로 **또는** 어떤 것에 의해 부르심을 받았는지가 아니라, 그 사람이 그리스도인으로 부르심을 받을 **당시의 상태**를 지칭한다."[84] 고린도전서 7:20(그리고 아마도 고전 1:26)을 제외하면, 바울과 그의 전

---

82 Wunsch, *Wirtschaftsethik*, 579.
83 Trilhaas, *Ethik*, 396; Althaus, *Grundriß*, 80를 보라.
84 Barrett, *First Corinthians*, 169-170; 참고. Brockhaus, *Charisma*, 224; Eckert, "Kaleō, ktl.", 599.

통을 따르는 다른 사람들은 '클레시스'(*klēsis*, 부르심)라는 단어를 '그리스도인이 되는 것'을 의미하는 전문 용어(*terminus technicus*)로 사용한다. 그런데 베드로전서 2:9이 보여 주듯, 클레시스는 "어둠에서 불러내어 자기의 놀라운 빛 가운데로 인도하신" 하나님의 부르심과 이 "빛"에 합당하게 행동하라는 부르심(벧전 1:15을 보라) 두 가지 모두를 포괄한다. 전자는 그리스도인을 그리스도인이 되게 하는 부르심이라면, 후자는 그리스도인의 삶을 특징짓는 부르심이다.[85] 따라서 '클레시스'가 그리스도인이 되는 것이 아닌 그리스도인으로서 사는 것을 지칭할 때, 이는 루터가 '보카티오 엑스테르나'에 대해 주장했듯이 각 그리스도인에게 고유하고 한 그리스도인을 다른 그리스도인과 구별해 주는 부르심을 가리키지 않는다. 대신, **모든 그리스도인이 그리스도인으로서** 지녀야 할 삶의 자질을 가리킨다.

(2) 일을 '보카티오 엑스테르나'로 이해하는 것이 신학적으로 논리가 성립하려면, '보카티오 엑스테르나'를 '보카티오 스피리투알리스'와의 유비 관계 안에서 보아야 한다. 우리는 '보카티오 스피리투알리스'의 단일성과 영구성에서 시작해야 하는데, '보카티오 스피리투알리스'의 단일성과 영구성은 인간의 반응 과정에서 **단일하고 영구적인 '보카티오 엑스테르나**'의 형태로 개별화되고 구체화된다. 루터 자신도 상대적으로 정적인 사회를 위해 기획된 사회 윤리에서 이러한 상응관계를 일관적으로 유지하지 못했다. 누군가는 '보카티오 스피리투알리스'와 '보카티오 엑스테르나' 사이의 상응관계를 약화시켜서, 모든 사람을 향해 그리스도인이 되라고 요청하는 하나님의 부르심이 각 개인에게 도달할 때 그 단일한 부르심은 여러 개

---

[85] Preston, "Vocation", 355를 보라. 신약성경에서 쓰인 *vocatio*는 "하나님이 그리스도 안에서 '성도들', 곧 자기 백성 공동체의 일원으로 부르시는 부르심, 그리고 이것이 함축하는 그리스도인의 삶의 자질로의 부르심을 지칭한다."

의 특정 임무에 대한 부르심으로 다각화된다고 주장할 수도 있다.[86] 그러나 이런 식으로, 신약에서 그리고 '보카티오'의 교리적이고 구원론적인 사용에서 벗어나는 것은 유익하지 못하다. 특히 신약은 모든 그리스도인을 기독교 교회 안팎의 특정 임무들로 부르는 다중적 부르심을 의미하기 위해, 신중하게 선택된 용어—사실, 전문 용어(terminus technicus)—를 사용하기 때문이다. 바로 '카리스마'(charisma, 은사)라는 용어다.

나는 은사 신학이 하나님의 계시에 충실하고 동시에 현대 일의 세계에 적실성을 갖는 일의 신학을 정립할 수 있는 견고한 토대를 제공한다고 제안한다. 이제부터 나는 먼저 바울의 '카리스마' 개념을 신학적으로 고찰하고, 그것을 일에 대한 기독교적 이해에 적용하는 한편, 그러한 적용에 따라 은사 신학을 더욱 심화시킬 것이다.

은사에 대한 신학적 고찰

최근 몇십 년 동안, 은사라는 주제는 해석학과 신학의 활발한 토론에서 초점이 되어 왔다. 여기서 내가 은사에 대한 특정한 이해를 간략하게 주장할 때, 그 목적은 단순히 바울의 진술을 분석하는 것이 아니라, 그의 은사 이해에서 몇 가지 결정적인 측면을 신학적으로 발전시키고 그럼으로써 일의 신학을 위한 배경을 수립하는 것이다.

(1) '카리스마'를 기독교 윤리 활동의 모든 범위를 아우르는 용어로 만들 정도로 너무 광범위하게 정의해서는 안 된다. 케제만(E. Käsemann)은 그리스도인의 윤리적 실존 전체, '노바 오보이디엔티아'[nova oboedientia, (하나님께의) 새로운 순종]가 은사적(charismatic)이라고 주장했다.[87] 그리스도인의

---

86 Wagner, "Berufung", 711를 보라.
87 Käsemann, "Amt", 109-134; Käsemann, "Gottesdienst", 204를 보라.

새로운 삶 전체를 성령론의 측면에서 조망해야 한다는 사실은 의심할 여지가 없으나, 문제는 그것을 보다 특정적으로 **은사적**이라고 묘사하는 것이 합당한가이다. 일에 관한 이 책의 범위 안에서 이를 변론하기는 힘들지만,[88] 바울처럼 성령의 **은사와 열매**를 구별하는 것이 내게는 더 적절해 보인다는 점만은 분명히 해야겠다. 성령의 열매는 그리스도인 실존의 일반적 특성, "성령이 내주하시고 힘을 공급하시는 이들의 삶의 방식"을 가리킨다.[89] 성령의 은사는 하나님이 각각의 그리스도인을 부르시고 구비시키시는 특정한 임무나 기능과 관련이 있다.

(2) '카리스마'를 오직 교회 활동만 포함시키는 용어로 만들 만큼 너무 좁게 정의해서는 안 된다. 어떤 해석은 "그리스도인이 아닌 이웃과의 관계에서 그리스도인이 행하는 다양한 활동은 은사적으로" 이해할 수 없다고 주장하면서, 은사의 작동 범위를 기독교 공동체 안으로 제한한다.[90] 그러나 개별 은사들을 예로 사용하면 은사의 작동을 언제나 기독교 교회 안으로 제한하는 것은 불가능하다는 것을 보여 주기는 어렵지 않다. 예를 들어, 복음 전도자의 은사는(엡 4:11을 보라) 그 목적이 온전히 복음을 **비그리스도인**과 연결하는 것이다. 또 다른 예로, 극빈자들의 필요를 돕는 데 대해서도(롬 12:8을 보라) 그리스도인과 관련된 경우에는 '카리스마'로, 비그리스도인과 관련된 경우에는 단순히 자선으로 이해하는 것은 인위적이라 할 것이다. 구원의 첫 열매이신 그리스도의 영은 기독교 공동체 안에서 행하실 뿐 아니라, 그러한 공동체를 **통해 세상에** 영향을 끼치기를 바라신다.[91]

---

88 이 사안에 대해서는, Brockhaus, *Charisma*, 220이하를 보라
89 Bruce, *Galatians*, 251.
90 Brockhaus, *Charisma*, 239.
91 *charisma*에 대한 유사한 이해는, Harper, *Let My People*, 100; Mühlen, "Charisma", 161를 보라.

기독교 공동체의 모든 기능은—기독교 공동체 안을 향해 있든, 밖으로 세상을 향해 있든—성령이 작업하신 결과이며, 따라서 은사적이다. 은사를 규정하는 것은 그 작업이 일어나는 장소가 아니라, 하나님이 정하신 목적을 명시화하는 성령의 표징이다.

(3) 은사는 기독교 공동체 내 엘리트 집단의 소유물이 아니다. 은사를 다루는 신약성경 구절들은 은사가 "특정한 집단의 사람들에 제한되기보다는 교회 전체적으로 발견되는" 것임을 일관적으로 강조한다.[92] 그리스도의 몸인 기독교 공동체에서 역할이 없는 지체는 없으며, 따라서 '카리스마'가 없는 지체도 없다. 모든 사람에게 부어지시는 성령은(행 2:17이하) 또한 모든 사람에게 은사를 나누어 주신다. 다시 말해, 은사는 기독교 공동체에 주어지는 선물로서 그 안에 이미 존재하는 구별이나 상태와는 무관하다.[93]

(4) 은사를 기독교 공동체 내의 엘리트 집단에 한정하려는 경향은 은사 자체에 엘리트적 성격을 부여하려는 경향과 함께 간다. 성령의 역할이 세상적 본성을 부정하고 심지어 파괴하는 것이라고 주장하는 널리 퍼져 있는 성령론에서는,[94] '은사적'이라는 것이 아주 자주 '특별하다'는 의미로 받아들여진다. 교회론적 측면에서, 이러한 제한된 은사 이해는 은사적인 것을 극적으로 기적적인 것과 동일시하는 몇몇 오순절(혹은 '은사적') 교회에서 볼 수 있다.[95] 이러한 '초자연적 축소'의 세속적 버전은, '카리스마'를 비이성적 동기에 호소하는 지도자의 특별한 자질로 보는 보편적으로 수용되는 베버 식의 이해에서 찾을 수 있다.[96] 바울의 은사 신학에서 주요 핵심

---

92 Kiting, *Church*, 246.
93 Brockhaus, *Charisma*, 170를 보라.
94 Joest, *Dogmatik*, 302를 보라.
95 신약에서 은사에 대한 비슷한 이해는, 또한 Berger, "Charisma", 1105를 보라.
96 카리스마적 성격에 대한 베버의 이해와 서구 문화에서 이러한 이해가 대중적으로 사용된 것에 대한 중요한(그러나 오직 부분적인) 비판은 Bloom, *American Mind*, 208이하를 보라.

중 하나는 그러한 기적적이고 특별한 것에의 제한적 집중을 극복하는 것이다. 이런 이유로, '카리스마'를 극적인 것과 평범한 것 양쪽 모두를 포괄하는 용어로 유지하는 것은 무척 중요하다.[97]

(5) 은사 분배에 대한 전통적 관점은 다음과 같은 첨가 모델로 설명된다. "성령은 이를테면 새로운 '무언가', 새로운 능력, 새로운 자질을 주심으로써 그 사람과 함께하신다"는 것이다.[98] 그러나 은사 분배는 상호 작용 모델을 따를 때 더 잘 이해할 수 있다.[99] 즉 유전적 계승과 사회적 상호 작용에 의해 형성된 사람이 하나님의 임재 앞에서 살아가는 새로운 상황이라는 도전에 직면하고 거기에 새로운 방식으로 반응하는 것을 배우는 것이다. 바로 이것이 새로운 영적 선물을 얻는다는 것의 의미다. 실체나 자질이 첨가되는 것이 아니라, 다소 영구적인 기술을 배우는 것이다.

우리는 부르심과 은사의 관계를 다음과 같은 방식으로 결정할 수 있다. 곧, 복음의 선포를 통해 오는 하나님 나라에 들어가고 이 나라에 합당하게 살아가라는 일반적인 부르심은 신자에게 성령의 열매를 맺으라는 부르심이 된다. 그 열매는 모든 그리스도인의 특징이 되어야 하는 한편, 그들이 다양한 상황에 놓여 있기에 하나님 나라에 합당하게 살아가라는 그 부르심은 각 개인에게 주시는 성령의 여러 선물 안에서 다각화된다.

성령 안에서의 일

그러나 은사와 일상적인 일 사이에 연관성이 있는가? 만약 있다면, 일의 신학은 은사 신학에 기초할 수 있는가? 그리고 만약 그럴 수 있다면, 그러

---

97 Schulz, "Charismenlehre", 444.
98 Veenhof, "Charismata", 90.
99 ibid., 91를 보라.

한 일의 신학은 일을 소명으로 이해하는 관점보다 더 나은 이점이 있고, 따라서 우리는 아무런 거리낌 없이 후자를 버리고 전자를 택할 수 있는가? 그러한 일의 신학은 비그리스도인의 일에도 적용될 수 있는가 아니면 오직 기독교 하위문화만을 위한 일의 신학인가? 성령론적 일 이해는 인간의 성취에 대한 신학적 이데올로기에 불과한 것은 아닌가? 이제 이러한 질문들로 관심을 돌리고자 한다.

신학적 기초

만약 교회와 세상에서 그리스도인이 행하는 모든 특정한 기능과 임무를 이해하고자 한다면, 일상의 일 역시 예외가 될 수 없다. 성령은 그리스도인들을 그들의 다양한 소명 안에서 일하도록 부르시고 자격을 부여하시고 능력을 주신다. 모든 그리스도인의 활동의 은사적 성격은 일에 대한 성령론적 이해를 위한 **신학적** 기초다.

성령론적 일 이해를 암시하는 것으로 볼 수 있는 **성경적** 진술도 있다. 구약에는 성령이 성막과 성전을 디자인하고 건설하고 장식한 장인과 예술가에게 영감을 주셨다고 기록한다. "주님께서…브살렐을 지명하여 부르셔서, 그에게 하나님의 영을 가득하게 하시고, 지혜와 총명과 지식과 온갖 기술…또한…남을 가르치는 능력도 주셨습니다"(출 35:30-34). "다윗이…그의 아들 솔로몬에게…그가 영감으로 받은 모든 것, 곧 하나님의 성전 뜰과 주위의 모든 방과 하나님의 성전 곳간과 성물 곳간의 설계도를 주었다"(대상 28:11-12). 더 나아가, 이스라엘의 사사들과 왕들은 성령의 기름부음 아래 그들의 임무를 행했다고 자주 나온다(삿 3:10; 삼상 16:13; 23:2; 잠 16:10을 보라).[100]

그 자체로 보면, 성경이 인간이 하는 활동의 은사적 성격을 이렇게 확실하게 인정하는 것은, 성령께서 다양한 특별 임무를 위해 재능을 주신 사람들을 평범한 일을 하는 다른 사람들과 구별하기 때문에 모든 일에 대한 성령론적 이해의 기초가 되지 못한다. 그러나 우리는 이 구절들을, 성령이 모든 하나님 백성에게 특별한 재능을 주시고 다양한 임무로 부르시는 새 언약의 관점에서 읽을 수 있다. 이 경우, 이 구절들은 인간이 하는 일의 기본적인 유형—지적이거나(예를 들면, 가르치는 일) 육체적인(예를 들어, 제작하는 일) 일, '포이에시스'(poiesis, 제작. 예를 들면, 미술 공예)나 '프락시스'(praxis, 행위. 예를 들면, 통치)—을 은사적으로 이해할 수 있는 성경적 예를 제공한다. 아무리 복잡하건 단순하건, 인간의 모든 일은 일하는 그 사람 안에서 작업하시는 성령 때문에 가능해진다. 또한, 그 성격과 결과가 새 창조의 가치를 반영하는 모든 일은 성령의 지도와 영감 아래 이루어진다(사 28:24-29을 보라).

일, 하나님과 협력하는 것

그리스도인의 일상적인 일이 성령 안에서 행하는 일이라면, 그것은 **하나님과 협력하는 것**으로 이해되어야 한다. '카리스마'는 하나님이 우리에게 특별한 임무를 행하도록 명하시는 부르심뿐만 아니라, 그 임무를 성취하기 위한 영감과 재능이기도 하다. '카리스마'가 소위 자연적 능력을 사용함으로써 발휘될 때에도, 하나님과의 관계와 별개로 사람이 그렇게 '할 수 있었다'고 말하는 것은 정확하지 않을 것이다. 오히려, 그렇게 할 수 있는 것은 성령의 임재와 활동에 근거한다. 성령의 선물을 능하게 하시는 성령의 능력과 분리하는 것은 불가능하다.[101] 사람들이 새 창조의 가치를 드러내는

---

100 성령의 영감에 대한 주장이 근본적으로 세속적인 권력에 대한 종교적 정당화로서 오직 이스라엘 왕들을 위해 복무할 뿐이라는 관찰은 내가 말하려는 요점을 무효화하지 못한다(von Rad, *Theologie*, 109를 보라).
101 Käsemann, "Amt", 110를 보라.

일을 할 때(바울이 "성령의 열매"라고 부르는 것에서 표현되는 것처럼), 성령은 그들 안에서 그리고 그들을 통해 일하신다.

일을 하나님과의 협력으로 이해하는 것은 그리스도인의 생활 일반에 대한 신약성경의 시각 안에 함축되어 있다. 바울은 그리스도인으로서의 자신의 경험을 그리스도인의 생활을 위한 기준으로 제시하면서 이렇게 말한다. "이제 살고 있는 것은 내가 아닙니다. 그리스도께서 내 안에서 살고 계십니다. 내가 지금 육신 안에서 살고 있는 삶은…하나님의 아들을 믿는 믿음 안에서 살아가는 것입니다"(갈 2:20). 바울이 그리스도인의 삶에서 행동하는 주체에 대해 모순처럼 보이는 이러한 진술을 연이어 할 수 있는 것("이제 살고 있는 것은 내가 아닙니다. **그리스도께서 내 안에서 살고 계십니다**"와 "**내가 지금 육신 안에서 살고 있는 삶은**")은 그리스도인의 삶 전체가 성령의 임재를 통해 하나님과 협력하는 삶이라는 것을 명백하게 증언한다. 그리스도인의 일상적인 일도 예외가 아니다. 여기서 우리는 또한 이렇게 말해야 한다. 내가 일하면, 부활하신 그리스도의 영께서 나를 통해 일하신다.

은사를 나누어 주시고 그 은사를 통해 행하시는 성령은 종말론적 새 창조 실현의 "보증"이시기 때문에(고후 1:22; 참고. 롬 8:23), 일에서 하나님과 협력하는 것은 하나님의 종말론적 '트란스포르마티오 문디'에서 선행적으로 하나님과 협력하는 것이 된다. 영광을 받으신 주이신 예수 그리스도는 "그분의 은사 안에, 그리고 이러한 은사를 드러내는 동시에 그것에 의해 가능해지는 섬김 안에 임재하신다."[102] 악의 세력이 그분의 통치를 여전히 방해하고 있지만, 그분은 그러한 은사를 통해 그분의 사랑의 통치를 세상 안에 실현하고 계신다. 그리스도인들이 그들의 일상적인 일을 할 때, 성령

---

102   ibid., 118.

은 그들이 "창조를 완성하고 하늘과 땅을 새롭게 하는" 하나님 나라에서 하나님과 협력할 수 있게 하신다.[103]

일에 대한 성령론적 접근: 과연 해결되는 것이 있는가?

마지막 두 장에서는 일에 대한 성령론적 이해에서 가장 중요한 몇 가지 측면을 발전시킬 것이다. 여기서 나는 일에 대한 이러한 이해가 일을 소명으로 이해하는 관점이 지닌 심각한 결점들의 무게에서 자유롭다는 것을 보여 주고자 한다.

(1) 일에 대한 성령론적 이해는, 복음을 통한 영적 부르심과 지위를 통한 외적 부르심 사이의 규정되지 않은 관계에 존재하는 루터의 소명 개념의 불길한 모호함에서 자유롭다. 부활하신 주님만이 성령을 통해 사람을 세상에서의 특정한 임무로 부르시고 구비하신다. 물론 성령의 부르심도, 구비하심도, 사회적이고 자연적인 진공 상태에서 일어나지는 않는다. 다시 말해, 부르심이나 구비하심은 비물질적인 그리스도의 영으로부터 고립된 인간 영혼으로 직접적으로 오지 않는다. 그것은 각 사람의 사회적 상호 관계와 심신의 구성을 통해 매개된다. 이러한 매개 자체는 인간 존재가 하나님의 영과 상호 작용함에서 비롯된다. 그러나 은사들은 **그 매개와 구별된 채로 존재하며**, 매개로 축소되거나 혼동되어서는 안 된다.[104] 사회적이고 자연적인 매개에 의해 "원하시는 대로"(고전 12:11) 은사를 주시는 성령은 인간의 사회적 구조나 심신의 구성의 영이 아니라, 십자가에서 죽으시고 부활하셨으며 새 창조의 첫 열매이신 그리스도의 영이시기 때문이다.

---

103   Moltmann, "Work", 45.
104   일을 소명으로 이해하는 관점 내에서 부르심과 매개 간의 유사한 구별을 보려면, Bayer, "Berufung", 142.

(2) 일에 대한 성령론적 이해는 일을 소명으로 이해하는 관점에 비해 **이데올로기적 오용 가능성이 적다.**[105] 성령론적 일 이해는 일을 인간화하기 위한 노력을 하지 않은 채 그저 일을 의미 있다고 선언하지 않는다. 성령론적 일 이해에서 일을 하나님과 협력하는 행위로 격상시키는 것은 소외를 극복해야 할 의무를 함축한다. 사람의 개인적 은사는 진지하게 다루어져야 하기 때문이다. 요점은 단순히 일을 하나님과의 협력으로 종교적으로 해석하고 그럼으로써 그것을 이데올로기적으로 미화하는 것이 아니라, 일을 새 창조의 '기획'을 위해 하나님과 은사적으로 협력하는 것으로 변화시키는 것이다.

(3) 일에 대한 성령론적 이해는 산업 사회와 정보 사회의 특징인 일자리나 직업에서의 증가하는 **통시적 다원성**에 쉽게 적용할 수 있다. 그리스도인의 부르심과 다르게, '카리스마'는—기술적인 의미에서—'철회될 수 없다'(롬 11:29을 보라). 맞다. 사람은 자신의 '카리스마'를 단순히 고르고 선택할 수 없다. 주권적이신 성령이 "원하시는 대로" 은사를 나누어 주시기 때문이다(고전 12:11). 그러나 성령의 주권은 영적 은사를 "열심히 구하[는 것]"과(고전 12:31; 14:1, 12), 때에 따라 다양한 은사를 받는 것을 막지 않으신다.[106] 바울은 은사의 통시적 다원성과 공시적인 다원성 둘 다를 전제한다.

은사의 통시적 다원성은 현대 사회의 일자리나 직업의 통시적 다원성에 들어맞는다. 일을 소명으로 이해하는 관점과는 달리, 일을 성령론적으로 이해하는 관점에서는 (하나님이 한 사람을 하나의 직업으로 부르셨다거나 모든 사람이 상대적으로 고정된 패턴의 직업적 특성을 갖는다는 이유로) 직업 선택이 일

---

105 뒤의 256-266를 보라.
106 바울은 은사에 대한 자신의 입장을 교회를 그리스도의 몸으로 이해하는 문맥 안에서 설명한다. 그는 은사에 대한 견해를 이러한 교회의 비유로부터 추론하지는 않았지만, 은사에 대한 자신의 가르침의 어떤 측면들을 예시하기 위해 이 비유를 사용한다.

회성 사건이어야 한다거나 모든 이들에게 오직 하나의 올바른 직업만 있다고 주장할 필요가 없다.[107] 사람들은 급속히 변하는 일의 환경에서 여러 개의 연속적인 직업을 거리낌 없이 취할 수 있다. 다시 말해, 그들의 직업 결정은 철회할 수 없는 결단일 필요가 없으며, 그들의 선호와 재능이라는 한편과 존재하는 직업 기회라는 다른 한편 사이의 끊임없는 대화 안에서 반복적으로 이루어질 수 있다.[108]

어떤 경우라도, 누구든 신실하지 못하다는 의심을 받지 않고도 직업을 바꿀 수 있다. 만약 그 변경이 주어진 '카리스마'와 조화를 이룬다면, 사실 그것은 그 '카리스마'를 주신 하나님께 대한 신실함의 표현이자 새로운 방식으로 동료 인간을 섬기고자 준비되어 있다는 표현일 수 있다. 영구적인 부르심이 없이는 (칼뱅이 생각했던 것처럼) 인간의 삶이 "뒤죽박죽"되거나,[109] (청교도들이 두려워했던 것처럼) 사람들이 "일을 하는 것보다 게으름을 피우며 더 많은 시간을 보낼" 것이라는 걱정은 하지 않아도 된다.[110] 오히려 단일하고 영구적인 소명의 경직성에서 자유로워지는 것은 창조성이라는 풍미를 더해 주고, 현대 일중독자들의 단조로운 생활을 깨뜨리는 쉼을 가져올 수 있다.

(4) 일에 대한 성령론적 이해는 직업이나 일자리의 **공시적 다원성**에도 적용하기 쉽다. 바울의 관점에서, 모든 그리스도인은 어느 때고 한 가지

---

107 따라서 최근까지 산업의 심리학을 보려면, Neff, *Work*, 125.
108 Thomas Aquinas는 특정 직업에 대한 (하나님의 섭리에 의해 야기되는) 자연적 성향에 대해 말한다. "Hæc autem diversificatio hominum in diversis officiis contingit primo ex divina providentia, quæ ita hominum status distribuit… secundo etiam ex causis naturalibus, ex quibus contingit, quod in diversis hominibus sund diversæ inclinationes ad diversa officia"(*Quæst. quodliberal*, VI, Art. 17c; 참고. Welty, *Arbeit*, 41). Thomas Aquinas가 묘사한 대로, 다른 사람들의 자연적 성향은 Luther의 부르심처럼 정태적이고, 따라서 현대의 역동적인 사회에는 똑같이 잘 맞지 않는다.
109 Calvin, *Institutes*, 724.
110 Baxter, Weber, *Ethic*, 161에서 재인용.

이상의 '카리스마'를 가질 수 있다. 그의 목표는 그리스도인이 "은사를 더욱 넘치게 받[는]" 것이다(고전 14:12). 그들이 그 은사를 공동체 안에서 상호 의존적으로, 또한 공동선을 위한 마음으로 사용한다면 말이다. 성령론적 일 이해는 그리스도인의 단일 고용만 신학적으로 해석 가능하다는 한계에서(또는 주업이 아닌 일에 대해서는 다른 신학적 해석에 의존해야만 하는 한계에서) 우리를 자유롭게 해 준다. 은사의 다원성에 부합하여, 일자리나 직업의 다원성도 가능해지며, 그러한 다수의 일자리나 직업 중 어떤 것도 신학적으로 열등하거나 단순한 '부업'으로 여겨지지 않을 수 있다. 따라서 성령론적 일 이해는 오늘날의 산업 사회와 정보 사회가 요구하는 일에 대한 재정의에도 열려 있다.[111]

성령과 '자연의 영역'에서의 일

대략적으로 설명했듯이, 성령론적 일 이해는 분명 **기독교적인** 일의 신학이다. 기독교적 일의 중요성과 의미는 종말론적 '트란스포르마티오 문디'의 선행에서 하나님과 협력하는 것에 있다. 그들의 일을 가능하게 하고 그 성격을 결정하는 능력은 성령이시며, 그들은 이 성령을 그리스도 안에 있는 하나님의 부르심에 믿음으로 반응할 때 받게 된다.

그러나 비그리스도인들의 일은 어떤가? 전통적으로 신학자들은 이 사안에 그다지 흥미를 갖지 않고 지나쳤다. 예를 들어, 루터는 소명 개념을 비그리스도인의 일에는 적용하지 않았지만,[112] 그의 글에서 그들의 일이 갖는 신학적 중요성에 대해서도 거의 고찰하지 않았다. 이는 루터와 과거의 영향력 있는 신학자들이 전제했던 '코르푸스 크리스티아눔'(*Corpus*

---

111 앞의 33-42; Volf, *Zukunft*, 100이하를 보라.
112 Wingren, *Beruf*, 15; Gatzen, *Beruf*, 39이하를 보라.

Christianum, 기독교 단일체 혹은 기독교 왕국, 교회와 국가의 일치를 의미하는 중세적 개념-옮긴이)에서의 교회와 사회의 정체성을 고려할 때 이해할 만한 일이다. 그러나 역사 내내 세상의 많은 지역에서 교회와 사회는 일치하지 않았고, '코르푸스 크리스티아눔'의 발상지는 그 무덤이 되어 가고 있다. 즉 서구 사회에서 교회와 사회의 분명하고도 돌이킬 수 없는 분리가 일어나고 있다. 오늘날 그리스도인들은 종교 다원주의 사회에 살고 있기 때문에, 그들의 일의 신학 역시 비그리스도인들의 일에 대한 고찰과 통합되어야 한다. 따라서 다음으로 내가 할 일은 성령론적 일 신학이 비그리스도인들의 일을 이해하는 데 어떤 함의를 갖는지 보여 주는 것이다.

비그리스도인의 일은 새 창조와 어떤 관련이 있는가? 이 질문에 대한 답은 내가 현재 질서와 미래 질서의 관계를 규정하는 방식에 암시되어 있다. 세계가 변화될 것이라면, 비그리스도인의 일은 원칙적으로 그리스도인의 일과 동일하게 궁극적인 중요성을 갖는다. 즉, 비그리스도인의 일의 결과가 하나님의 정화의 심판을 통과하는 한, 그것은 미래의 새 창조에 기여할 것이다. 요한계시록에서, 이 세상의 왕들과 민족들은 그들의 영광과 명예를 새 예루살렘으로 들여오는 것으로 묘사된다(계 21:24, 26). 아마도 이 수수께끼 같은 진술은 비그리스도인들의 모든 순전하고 훌륭한 성취가 새 창조 안에 포함되리라는 의미라고 보는 것이 가장 이치에 맞을 것이다.

그러나 비그리스도인들의 일을 **성령론적으로** 이해하는 것이 가능한가? 은사는 특별히 교회적 현상이다. 그것은 예수님을 주로 인정하는 이들에게 주어지는 선물이다. 그렇다면 우리가 일의 성격에 대해 **은사** 신학에서 배운 것들을 비그리스도인의 일에 어떻게 적용할 수 있는가? 그 답은 우리가 성령과 비그리스도인의 관계를 어떻게 보느냐에 달려 있다. 여기에서 나는 이 극단적으로 복잡하고 충분히 밝혀지지 않은 주제에 대한 접근을 오직 대략적으로만 설명할 수 있다.

첫째, 만약 그리스도께서 모든 인류의―실로, 온 우주의―주이시며, 단지 그분을 주로 고백하는 이들만의 주가 아니심을 인정한다면, 그리고 그분이 성령의 능력을 통해 다스리심을 인정한다면, 우리는 또한 생명을 주는 성령의 능력 안에서 의식적으로 살아가는 이들뿐만 아니라 모든 사람 안에서 성령이 어떤 방식으로든 활동하고 계신다고 추정해야 한다. 카이사레아의 바실리오(Basil of Caesarea)가 그의 책 『성령에 관하여』(De Spiritu Sancto)에서 관찰하듯, 창조세계는 어떤 것도―일을 위해 필요한 어떤 능력도, 동기도, 창의력도―성령에게서 받지 않은 것이 없다.[113] 따라서 중요한 의미에서 모든 인간의 일은 '성령의 능력 안에서' 이루어진다고 말할 수 있다.

둘째, 한 분이신 같은 성령께서 교회와 세상 문화 양쪽 모두에서 활동하신다. 새 창조의 첫 열매이신 성령은 교회 안에서 활동하시면서 하나님의 백성을 구속하시고 거룩하게 하신다. 성령은 세상 문화 안에서 활동하시면서 인류를 유지하시고 발전시키신다. 이 두 영역에서 성령의 활동이 지니는 차이점은 두 집단의 사람들을 향한 성령의 목적이 아닌, 사람들의 수용력의 성격에 있다. 셋째, 교회와 세상에서 성령의 목표는 동일하다. 즉, 성령은 자연의 영역(*regnum naturæ*)과 은혜의 영역(*regnum gratiæ*) 양쪽 모두가 새 창조에서 최종적으로 영화롭게 되는 것(*regnum gloriæ*)을 향해 나아가도록 애쓰신다.[114]

은혜의 영역에서 성령은 장차 올 영광의 첫 열매로서 활동하시며, 장차

---

[113] Basil, *De Spiritu Sancto*. Kern and Congar, "Geist", 87에서 재인용.
[114] *natura, gratia, gloria*의 관계에 관해서는, Moltmann, "Christsein", 626를 보라(Moltman이 *gratia*와 *gloria*의 관계 그에 따라 *natura*와 *gratia*의 관계 역시 결정하는 방식에 언제나 동의하는 것은 아니다).

올 영광은 자연의 영역이 바라보는 목표이기도 하기 때문에, 우리는 자연의 영역에서 성령의 활동을 은혜의 영역에서 성령의 활동과 유사하게 생각해야 한다. 따라서 은사에 대한 성경적 이해에 기초하여 그리스도인의 일에 대해 말할 수 있는 것은 비그리스도인의 일에 대해서도 유사하게 말할 수 있다. 은혜의 영역에서 드러나는 미래 영광에 대한 계시는, 자연의 영역에서 일어나는 사건을 판단할 때 사용해야 할 기준이다. 비그리스도인이 성령의 이끄심에 열려 있는 만큼, 그들의 일 역시 종말론적 세상 변혁의 선행을 위해 하나님과 협력하는 것이 될 수 있다. 이는 그들이 그것을 의식하지 못할 때에도 사실이다.

일의 기독교적 이데올로기?

종말론적 세상의 변혁에서 하나님과 협력하는 것으로서의 일! 성령 안에서의 일! 이것은 인간의 일에 대한 고매한 말들이다. 그러나 일은 단순히 인간이 하나님과 협력하는 영광일 뿐 아니라 하나님께 대한 인간의 반역이 불러온 불행이기도 하지 않은가? 이것은 실로 창세기 2, 3장이 증언하는 바다. 이 본문은 동산 안에서의 즐거운 일(2:15)이 어떻게 동산 바깥에서의 무익한 고역(3:17이하)이 되었는지 설명한다. 대부분 노동자의 경험 역시 이를 확인해 준다. 월터스토프(Wolterstorff)가 예술에 대해 쓴 다음의 진술이 일에 대해서는 더더욱(*a fortiori*) 사실이다. 즉, 그것은 "살인, 압제, 노예화, 민족주의, 우상숭배, 인종 차별, 성차별의 악취를 풍긴다."[115]

현대의 일에 존재하는 힘들고 지루한 노동, 노동자 착취 그리고 인간의

---

[115] Wolterstorff, "Arts", 467.

일 때문에 일어나는 자연 파괴를 생각한다면, 성령 안에서의 일에 대해 그리고 일이 지니는 종말론적 중요성에 대해 말하는 것은 회의적으로 들리지 않는가? 그것은 노동자 피폐화를 은폐하고 일을 미화하는 것에 다름 아니지 않은가? 일의 신학은 위장된 일의 이데올로기인가?

인간의 일에 대한 하나님의 심판

일을 '트란스포르마티오 문디'를 위해 하나님과 협력하는 것으로 이해하는 것은 모든 인간의 일에 해당하는 일반 이론이 아니다. 모든 종류의 일과 모든 방식의 일에 적용할 수 있는 것도 아니다. 새 창조가 현재의 창조세계에서 발견되는 모든 것을 포함하지는 않을 것이라는 단순한 이유에서다. 새로운 세상을 창조하실 때, 하나님은 현재 세상의 모든 것을 무차별적으로 인정하시지 않을 것이다. 그러한 마구잡이식 인정은 가장 값싼 은혜가 될 것이고, 따라서 은혜가 아닐 것이다. 새 창조의 실현은 심판의 날, 곧 현재 창조세계 내의 부정적인 모든 것이 부정될 그날을 우회할 수 없다."[116]

바울은 하나님의 심판 앞에서 선교의 일이 갖는 절대적 중요성을 고찰하는 부분에서(고전 3:12-15), 인간의 일 전반과 관련해 하나님의 심판을 이해할 수 있는 실마리를 제공한다. 불의 시험처럼, 하나님의 심판은 하나님과 협력하여 행한, 따라서 궁극적인 중요성을 지니는 일을 환히 보여 줄 것이다. 금과 은, 보석처럼(고전 3:12을 보라) 그러한 일은 불에 타지 않고 남아 정화될 것이다. 그러나 심판의 날은 궁극적으로 중요하지 않은 일 역

---

[116] "일을 포함한 인간의 모든 활동이 구원 사건에 의해 붙들리고 관통되고 변형되며" "세속적 현실이 새로운—신성한—차원을 얻게 된다"는 주장(Roos, "Work", 103, 프랑스 일의 신학에 대해 소개하면서)은 **모든** 인간 활동과 세속적 현실 **전체**에 대한 무차별적 진술로 이해되는 경우, 위험한 일의 이데올로기가 될 수 있다. 인간 활동 중 어떤 것은 구원의 가능성을 초과하기에 폐기되어야 하고(예를 들면, 매춘), 세속적 현실 중 어떤 것은 악마적 차원을 지니기에 파괴되어야 한다(예를 들면, 화학 무기).

시 명백하게 드러낼 것이다. 그것은 하나님과 협력하는 대신, 하나님의 선한 창조세계를 훼손하기 위해 계략을 꾸미는 사탄의 권세와 협력하여 행한 일이기 때문이다. 나무, 풀, 짚처럼 그러한 일은 타서 없어져 버릴 것인데, 새 예루살렘에는 "속된 것은 무엇이나…들어가지 못[하기]" 때문이다 (계 21:27). 심판의 주제를 포함하지 않은 채 일을 하나님과의 협력으로 보는 어떤 식의 이해도 적절하지 못하다. 우리는 우리의 일을 새 창조의 가치에 따라 재단해야 하기에, 또한 종말론적 심판에 비추어 그것을 비판할 필요가 있다.

인간의 일에 대한 하나님의 심판과 관련하여, 인간의 일이 갖는 윤리적 가치로 불릴 수 있는 것과 목적론적 가치로 불릴 수 있는 것을 구별하는 것이 중요하다. 이미 나는 단순히 일에서 나타나는 사랑의 태도로만 종말론적 중요성을 평가하는 것을 반박했다.[117] 사랑 안에서 행한 일의 결과에만 종말론적 중요성을 부여하는 것 역시 불충분할 것이다.[118] 현실적인 전도서 기자가 표현하듯 "사람끼리 갖는 경쟁심"(전 4:4)은 사람으로 하여금 가장 훌륭한 인간의 성취를 이루도록 자극한다. 그러한 일은 윤리적으로 불순한 동기에서 이루어졌으므로 내재적 가치를 잃는가? 인간의 일이 가져오는 모든 훌륭한 결과는 궁극적으로 중요하다. 심판의 불이 일의 결과는 태워 버리고 그 일을 한 사람은 "불 속을" 헤치고 나오게 할 수 있을 뿐 아니라,[119] 반대로 "모든 것을 찾아내고 꿰뚫는 하나님 사랑"의 불이[120] 악한 사람을 뒤덮어 버리는 반면에 그 사람이 한 일은 정화되고 보전될 수도 있는 것이다.

---

117 앞의 156-158를 보라.
118 *Documents, GS*, n. 39 : "manete caritate eiusque opere"를 보라.
119 고전 3:15에 대한 이러한 해석은, Fee, *First Corinthians*, 144를 보라.
120 Hebblethwaite, *Hope*, 215.

심판의 실재는 인간의 일을 하나님의 새 창조와 긍정적으로 연결시키는 것이 일에 대한 이데올로기적 미화가 아님을 분명히 한다. 세상의 일시성에도 불구하고 분명 일에는 의미가 있다. 인간의 일이 사실은 "바람을 잡으려는 것"이라면(전 4:4),—사람이 주관적으로 그 일을 의미 있는 것으로 경험하는지와 상관없이—그것은 세상이 일시적이기 때문이 아니라, 그 일이 악하기 때문이다. 새 창조와 대립하는 모든 일은 무의미하다. 다시 말해, 새 창조에 부합하는 모든 일은 궁극적으로 의미가 있다. 이 사실은 시시포스의 비극적인 모습에서 자신을 발견하는 모든 '선한 노동자들'에게 격려가 되어야 한다. 겉으로 보이는 모든 것에도 불구하고, 그들의 일은 단순히 이 세상의 죽음 구덩이로부터 언덕 위로 무거운 돌을 밀어 올리는 행위만은 아닌 것이다. 그들은 영광스러운 새 창조를 위한 건축 재료를 준비하고 있다. 더 나아가, 대부분의 일이 수반하는 고역에 짓눌린 그들 모두는, 그들의 고난이 그들이 기여하고 있는 하나님의 새 창조의 "영광에 견주면 아무것도 아니라고" 확신해도 좋다(롬 8:18).

성령을 거스르는 일

하나님의 심판을 받기에 마땅한 일과 성령은 어떤 관련이 있는가? 어떤 의미에서 모든 인간의 일은 성령의 능력 안에서 수행된다고 말할 수 있다. 성령은 모든 생명을 주시는 분이고, 따라서 인간 삶의 표현인 모든 일은 성령의 충만한 에너지에서 그 에너지를 끌어온다. 인간이 일을 하는 것은 오직 성령이 그들에게 일을 할 수 있는 힘과 재능을 주셨기 때문에 가능하다. 똑같은 생각을 더 전통적인 용어로 표현하자면, 하나님의 보전하시고 지탱하시는 지속적인 은혜가 없다면 어떤 일도 불가능할 것이다.

그러나 사람은 자신의 재능을 오용하고 하나님의 뜻에 반하여 사용할 수 있다. 그 사람은 자신의 일을 통해 인간이나 자연의 생명을 파괴할 수 있기 때문에, 이전 창조를 변화된 형태 안에서 보존하는 새 창조의 실재에 반한다. 성령이 주시는 재능과 에너지가 성령의 뜻에 반하여 사용될 수 있는 환경은, 역사 안에서 성령의 겸양에 기인한다. 즉, 성령은 창조세계에 생명을 주심으로써 그 세계가 성령의 이끄심에서 독립적일 수 있는 힘을 부여하신다. 성령은 인간을 자유로운 주체로 창조하시기 때문에, 성령의 능력 안에서 행하는 일은 성령의 뜻에 부합할 수도 있고 반할 수도 있다. 다시 말해, 성령의 능력 안에서 행하는 일은 영광스러운 새 창조를 선행하여 창조세계를 변화시키시는 성령과 협력하는 것이 될 수도, 그것을 망치려고 하는 불경한 영에 부역하는 것이 될 수도 있다.

5장   일, 인간, 자연

앞 장의 기본 주장과 이 책의 주된 논지는 그리스도인이 그들의 일상적인 일을 '성령 안에서의 일'로 이해해야 한다는 것이다. 즉, 성령은 종말론적 세상의 변혁을 적극적으로 선행하는 일을 위해 사람들을 부르시고 은사를 주신다. 그러나 그것은 구체적으로 무엇을 의미하는가? 은사에 대한 바울의 가르침을 일상의 일에 적용할 때 우리는 일과 인간에 대해 어떤 관점을 얻게 되는가? 성령론적 관점에서, 우리는 일과 여가의 관계, 일과 인간의 필요의 관계, 일과 자연의 관계를 어떻게 인식해야 하는가? 일에 대한 이러한 관점은 소외의 문제와 일의 인간화를 어떻게 다루는가? 책의 나머지 부분에서는 이러한 질문에 답하고자 노력할 것이다.

  종합적인 일의 신학이라면 이러한 사안들에 대해 내가 여기서 할 수 있는 것보다 훨씬 더 철저한 논의가 필요할 것이다. 완전한 일의 신학을 발전시키는 것은 이 책의 한계를 훨씬 초과한다. 여기서 내가 하고자 하는 것은 오직 인간에 대한—즉 인간의 본성, 인간의 필요, 인간의 다른 중요 활동들에 대한—그리고 인간을 둘러싼 자연환경에 대한 일의 관계에서 몇 가지 기본적인 측면을 대략적으로 살펴보는 것이다.¹ 첫째로, 나는 그리스도인의 삶에서 일의 중심성의 문제와 일의 인간론적 중요성의 문제를 다룰 것이다. 둘째로, 나는 여가의 문제(특히 그 중심 측면인 예배의 문제), 그리고 일의 세계와 여가 사이의 관계를 논할 것이다. 그런 다음, 일의 대상 또는 환경인 위험에 처한 자연 세계와 일의 관계를 다룰 것이다. 마지막으로, 인간의 일이 의식적으로나 무의식적으로 만족시키고자 하는, 역동적이며 확장하는 인간의 필요의 문제를 살펴볼 것이다. 다음 장에서는, 종합적인 일의 신학이란 어떤 모습이어야 하는지를 구체적으로 보여 주기 위해 오늘날 일이 직면하고 있는 핵심적인 문제, 곧 소외와 인간화의 문제를 성령론적 시각에서 더 폭넓게 논할 것이다.

일의 인간론적 중요성, 일과 여가의 관계, 일과 자연의 관계, 일과 인간 필요의 관계를 논하는 것은 인간의 일이라는 단일한 실재를 다양한 시각에서 바라보는 것을 의미한다. 이 사안들을 공정하게 다루기 위해서는, 모든 사안을 각각의 시각에서 논해야 할 것이다. 그러나 그럴 경우, 논의는 그 주제 중심으로 선회할 것이고, 상당한 양의 반복 역시 불가피할 것이다. 타협안으로, 나는 가능한 한 반복을 피하면서 각 구역을 연결하는 통로를 지시하는 표지판을 세워 놓을 것이다. 한 구역에서 다른 구역으로 필요한 만큼의 재료를 가지고 이동하는 단순한 작업은 독자의 몫으로 남기겠다.

---

1 여기서 언급된 일의 측면과 Marx의 일 이론 간의 연관성에 대해서는, Volf, *Zukunft*, 119-182를 보라. 이 장과 거기서 제시된 자료는 서로를 보완해 준다.

성령, 일, 인간

일—그리스도인 삶의 중심 측면?

하나님이 사람들을 그분의 자녀로 부르실 때, 성령은 그들에게 부르심, 재능, '능력'(은사)을 주심으로써 기독교 공동체와 세상에서 하나님의 종말론적 새 창조를 선행하면서 하나님의 뜻을 행할 수 있게 하신다. 모든 그리스도인에게는 성령의 여러 가지 은사가 있다. 이러한 은사의 많은 부분이 오직 일을 통해서만 사용될 수 있기 때문에, 일은 그리스도인의 삶에서 중심 측면으로 여겨져야 한다. 인간론적 고찰은 이러한 성령론적 통찰을 확증해 줄 것이다.[2]

그리스도인의 삶에서 일의 중심성 그리고 그리스도인이 하는 모든 일이 성령의 영감 아래에서 행해져야 한다는 사실에 따라오는 한 가지 결론은 그리스도인이 행하는 다양한 임무 사이에 위계적 가치 판단이 존재하지 않는다는 것이다. 루터가 말했듯이 "영적이건 물리적이건"[3] 모든 임무는 근본적으로 같은 존엄성을 갖는다.

일에 대한 과도한 가치 부여?

하나님의 종말론적 세상 변혁을 선행하여 성령과 협력하는 일상의 일! 일에 대한 이러한 관점은 단지 일에 열광하는 현대의 현상에 대한 기독교적 미러링이 아닌가? 이러한 관점은 사실 현대의 일의 종교화나 일을 하나님을 위한 섬김으로 격상시킨 개신교의 일 이해를 모두 왜소해 보이게 만들 만큼 일을 너무 높이는 것 아닌가?

---

2   뒤의 203-205를 보라.
3   Luther, *WA*, 10, I, 310.

이러한 질문들은 성령론적 일 신학에서 일의 동기가 갖는 성격을 염두에 두면 더욱 무시하기 힘들어진다. 일을 소명으로 보는 이해에서는, 하나님이 인간에게 일을 하도록 말씀하시고, 그러면 그들은 순종함으로써 하나님의 부르심에 일차적으로 응답한다. 인간은 **의무**감에서 일을 한다. 성령론적인 일 이해에서는, 하나님이 인간에게 일하라고 먼저 명령부터 하시는 것이 아니라, 그들에게 일을 할 수 있는 힘과 재능을 주신다. 그들이 일을 하는 것은 일차적으로 그것이 그들의 의무이기 때문이 아니라, 그들이 성령으로부터 오는 영감과 능력을 경험하고 따라서 "진심으로" 하나님의 뜻을 행할 수 있기 때문이다(엡 6:6; 참고. 골 3:23). 하나님이 주신 새 생명에 감사하여 세상에서 주어진 임무를 순종하여 행할 때에도, 그 사람은 자신이 경험한 하나님의 은혜에 기인하여 일을 한다. 그러나 이 경우 은혜는 말하자면 배경에 남아 있다. 은혜는 오직 행동하도록 그 사람을 "휘어잡[을]" 뿐이다(고후 5:14을 보라).[4] 그러나 은혜가 한 사람에게 특정 임무를 할 수 있는 은사와 능력을 주는 경우에는, 그 은혜가 그 사람이 하는 일의 중심에 있게 된다. 그러한 은혜의 경험에 대한 적절한 반응은 벌거벗은(감사하는 마음은 있겠지만!) 순종보다는, 맡겨진 '프로젝트'를 위해 부여된 능력을 기꺼이 즐겁게 사용하고자 하는 마음일 것이다. 의무감이 전혀 없지는 않더라도, 영감에 대한 감각이 대체로 그것을 대신한다.

이렇게 달라진 일의 동기는, 지식이 주요 원천이 되어 감에 따라 자유와 창조성이 일의 필수적 특징이 되고 있는 현대 사회와 더 잘 맞는다. 그러나 그것을 위해 성령론적 일 이해가 치러야 할 대가가 너무 크지는 않은가? 이런 이해는 일을 상대화하는 대신 현대 세계의 일에 대한 열광에

---

4   그러나 바울이 단지 설교를 해야 한다는 강박감을 느꼈다고 암시하는 것은 아니다. 그는 성령의 능력 안에서 선교적 활동을 했기 때문이다.

기여하는 것처럼 보이기 때문이다. 이 문제에 대한 답의 일부는 이번 장의 "성령, 일, 여가"라는 제목이 달린 부분에서 제시할 것이다.[5] 거기서 나는 예배가 인간 실존의 근본적 측면으로서 일을 제한한다는 사실을 보여 줄 것이다. 여기서는 일의 인간론적 중요성을 살펴봄으로써 기독교 신학이 일에 어떤 가치를 부여해야 하는지 살펴보고자 한다. 고대 그리스와 현대의 관점을 간략하게 살펴보는 것에서 시작하겠다.

일: 저주 아니면 종교

고대 그리스의 영향력 있는 사상가들은 일을 그 자체 안에는 고유한 어떤 가치도 들어 있지 않은 필요악으로 여겼다. 아리스토텔레스는 전쟁의 유일한 목적이 평화인 것처럼, 일의 유일한 목적은 여가라고 생각했다.[6] 일에 대한 그러한 부정적 태도의 한 가지 이유는, 인간의 육체적 필요에 의해 필수적이 되는 노동이 노예적이라는 확신 때문이었다. "노동을 하는 것은 필요에 의해 노예가 되는 것을 의미하고, 이러한 노예화는 인간 삶의 조건 안에 내재한다."[7] 또 다른 이유는 노동이 인간의 신체적·지적·윤리적 건강에 필수적인 여가를 빼앗아 가기 때문에 인간의 몸과 영혼 모두를 피폐화시킨다는 믿음이었다. 노동의 해로운 영향을 요약하면서 플라톤은 노동자들에 대해 "기계적 기술에 의해 그 몸이 망가지는 것처럼 그 영혼이 저속한 작업에 의해 구부러지고 손상된" 이들이라고 말한다.[8] 일의 성격과 영

---

5 뒤의 212-224를 보라.
6 Aristotle, *Politics*, 1334a.
7 Arendt, *Vita activa*, 78.
8 Plato, *Republic*, 495E; 참고. 611D; 참고. Aristotle, *Politics*, 1258b; Xenophon, *Oeconomicus*, IV, 2, 3: "기계적 기술이라고 불리는 것은 사회적 수치이며 우리 도시들에서 바르게 불명예를 뒤집어쓴다. 이러한 기술은 그것에 몰두하는 사람들의 신체에 해를 입히기 때문이다." Aristotle은 "육체적 중노동을 하는 삶을 살거나 고용된 노동자로 사는 사람은 선을 행하기를 추구하는 것을 연습할 수 없다"고 강조했다(Aristotle, *Politics*, 1278a).

향에 대한 그러한 관점을 고려할 때, 헤시오도스(Hesiod)가 사람들이 "노동을 쉴 수 없는"⁹ 불행한 자신의 세대를, 비옥한 "땅이 자발적으로 그들을 위해 아낌없이 풍성하게 열매를 맺기 때문에" "신들처럼…고역에서 멀리 떨어져 자유롭게" 살 수 있었던 "인류의 황금기"인 인간의 첫 세대와 대조한 것은 놀랍지 않다.¹⁰ 인간의 목표는 일이라는 필요악에서 벗어나 자유롭게 신들처럼 사는 것이다.

현대에 일에 대한 태도는 급격하게 변화되었다. 많은 현대 철학자들이 인간의 일이 가져온 성취에 매료되었지만, 그것을 가장 높이 찬양한 것은 토머스 칼라일(Thomas Carlyle)이었다. 그를 통해 일은 분명하게 종교적 색채를 띠게 된다. 칼라일은 '오라 에트 라보라'(ora et labora, 기도하고 노동하라)라는 오랜 수도원 규칙을 '라보라레 에스트 오라레'(laborare est orare, 노동이 곧 기도다)로 바꿈으로써 일의 가장 심오한 중요성에 대한 자신의 견해를 가장 적절하게 표현했다. 칼라일에게 일상적인 일은 하나님을 향한 기도를 대체했고, 세속적 구원의 수단이 되었다. 칼라일은 일이 "이 세상의 마지막 복음"이라고 썼다.¹¹ 일은 사람들로 하여금 그들의 진정한 자아를 찾도록 돕고, 그들을 "이 땅의 낮은 곳에서 말 그대로 거룩한 천국으로" 끌어올리기 때문이다.¹²

오늘날 칼라일처럼 열광적으로 일을 찬양하는 사람은 거의 없겠지만, 대다수는 일을 인간의 본성을 타락시키는 원인보다는 인류의 구원자로 볼 것이다. 그리스도인 역시 거기에 따라야 하는가? 성경적 전통은 일을 신성시하는 현대의 경향에 반대하여, 타락하고 일시적인 세상에서 인간이

---

9   Hesiod, *Works*, 175이하.
10 ibid., 110이하.
11 Carlyle, *Past*, 196.
12 ibid., 294.

하는 일의 많은 부분에 수반되는 단조로운 고됨과 무익성을 냉정하게 지적한다. 성령의 능력 안에서 행하는 일일지라도 말이다. 다른 한편으로, 성경적 전통은 일을 악으로 취급하는 고대의 관점에도 반대하여 일을 인간 실존의 근본 차원으로서 긍정한다.

일: 인간 실존의 근본 차원

창세기의 두 창조 기사 모두에서 볼 수 있는 것처럼, 구약은 일을 인간의 삶에 본질적인 것으로 본다.[13] 첫 번째 창조 기사에 나오는 '이마고 데이'(*imago Dei*)가 정확하게 무엇을 의미하는지에 대해서는 논쟁이 있을 수 있지만,[14] 인간이 하나님의 형상으로 창조되었다는 것과 일 사이에 밀접한 연관이 있다는 것에는 의심의 여지가 없다. 하나님이 그분의 형상으로 인간을 만들어 "바다의 고기와 공중의 새…[를] **다스리게**" 하고자 하셨다고 쓰여 있기 때문이다(창 1:26).[15] 본문은 명시적으로 일을 언급하지는 않지만, 인간은 하나님께 받은 임무를 오직 일을 통해서만 수행할 수 있기 때문에 기독교 인간론의 이 '로쿠스 클라시쿠스'(*locus classicus*, 표준 전거)가 일을 인간 실존에 근본적인 것으로 본다는 것은 분명하다. 오직 일하는 존재로서만—그것이 배타적이거나 주요한 의미에서가 아니라 할지라도—인간은 그들의 창조주의 의도에 부합하게 살 수 있다.

두 번째 창조 기사는 특별히 인간의 일 문제를 다루고 그 인간론적 중요성을 똑같이 강력하게 강조한다. 기사는 "땅을 갈 사람도 아직 없었[다]"는 진술로 시작하고(창 2:5), 하나님이 첫 인간 부부를 에덴동산에서

---

13 Lochman, "Werk", 110를 보라.
14 이 논쟁의 요약은, Westermann, *Genesis*, 147-155를 보라.
15 마지막 구문에 대해서는, Schmidt, *Schöpfungsbericht*, 42를 보라.

내보시고 "[그들이] 흙에서 나왔으므로, 흙을 갈게 하셨다"는 진술로 끝난다(창 3:23). 이야기의 마지막 부분에는 타락의 영향으로 일이 고되고 일의 결과는 불안정할 것이라는 내용이 나온다(창 3:17이하). 땅을 갈고 보전하는 낙원의 일이 어떻게 에덴동산 바깥의 지치고 좌절감을 주는 고역이 되었는지는 이야기의 극적 요소에서 중요한 한 측면이다.[16] 따라서 창세기 2장에 따르면 "인간의 일은…하나님이 원래 [그들을] 만드신 바로 그 목적에 속한다"고 말하는 것은 옳다.[17] 인간이 "일을 하러 나[오는]" 것은(시 104:23) 창조주가 그들의 삶을 향해 원래부터 품으신 계획을 성취하는 것이다. 종교개혁가들이 일하는 '마르다'를 묵상하는 '마리아'의 지배에서 해방시킨 것은 아주 옳았다.[18]

그러나 구약은 인간의 일이 갖는 어두운 이면에도 눈을 감지 않는다. "필수적인 일에 대한 성경의 저주"에 관해 말하는 것은 완전히 잘못된 것이지만,[19] 많은 노동자들은, 심지어 아주 훌륭하고 만족감을 느끼는 노동자조차 창세기 3:17-19이 노동자로서 그들 자신이 경험하는 바를 반영한다고 느낀다. 그 구절은 이렇다.

…땅이 너 때문에 저주를 받을 것이다.
너는, 죽는 날까지 수고를 하여야만, 땅에서 나는 것을 먹을 수 있을 것이다.

---

16 Agrell은 창세기 2-3장 전체를 부분적으로 인간의 일 문제에 대한 반응으로 해석할 수 있음을 보여 주고자 시도한다(참고. Agrell, *Work*, 8이하).
17 Hengel, "Arbeit", 179.
18 앞의 116-117, 169-172를 보라. Calvin은 인간이 "행동을 위해 창조되었고" "무활동과 게으름 속에서 누워 있기 위해서가 아니라 무슨 일에든지 자신을 사용하기 위해" 창조되었다고 주장했다(Calvin, *Genesis*, 175, 125). Luther 역시 인간은 "새가 날기 위해 태어난 것처럼 일하기 위해 태어났다"고 주장했다(Luther, WA, 17, I, 23) 인간 본성과 일의 관계에 대한 Luther의 이해에 관해서는, Bayer, "Tudich auf!" 70를 보라.
19 Habermas, *Erkenntnis*, 80. 또한, Scheler, "Arbeit", 174를 보라.

땅은 너에게 가시덤불과 엉겅퀴를 낼 것이다.
너는 들에서 자라는 푸성귀를 먹을 것이다.
너는…흙으로 돌아갈 것이다. 그때까지,
너는 얼굴에 땀을 흘려야 낟알을 먹을 수 있을 것이다.

이 본문의 어디에서도 일 자체를 저주라고 암시하지는 않는다. 그러나 본문은 땅에 대한 저주의 결과로 일이 **고역으로서의 특징**을 띠게 되었다고 분명하게 말한다. 이야기는 인간 일의 고됨을 두 가지 방식으로 설명한다. 첫째, 더 이상 인간은 경작이라는 성취감을 주는 일을 통해 얻던 "동산"의 열매를 먹지 못한다(창 2:15). 그들은 "얼굴에 땀을 흘[려]" 기경해야만 하는 "들에서 자라는 푸성귀"를 먹어야 한다. 역경이 인간의 일에 수반된다. 둘째, 타락 이후, 고된 일에도 불구하고 경작물과 함께 가시덤불과 엉겅퀴가 자라는 것을 막지 못한다. 인간의 일은 '실패와 시간 낭비라는 위협에 시달리고, 종종 허사로 돌아가고 만다."[20]

일과 인간의 본성

기독교 인간론에서 일과 관련해 가장 핵심적인 질문은, 일이 인간의 실존에 얼마나 중심적인가가 아니라, 일이 인간의 본성에 어떤 영향을 미치는가이다. 일이 인간 본성과 맺는 (실제의 또는 인식상의) 관계는 현대 세계의 일에 대한 열광을 이해하는 열쇠이기도 하다.

어떤 사회 분석가들은 경제적으로 발전한 현더 사회에서 사람들이 일에 사로잡히는 현상을 관찰한 뒤 오늘날에도 프로테스탄트 일 윤리가 아

---

20   von Rad, *Genesis*, 95.

직 살아 있고 건재하다고 결론 내렸다. 그러나 이 시대 일의 추동력과 관련해 특별히 개신교적(종교적)이거나 윤리적이라고 할 수 있는 부분은 별로 없다. 현대의 일중독에 역사적으로 프로테스탄트 일 윤리가 기여한 바를 부정하는 것은 아니다. 그러나 서구 문명은 프로테스탄트 일 윤리라는 사다리를 타고 쉼 없이 일하는 것을 그 주요 특징 중 하나로 만드는 지점까지 올라간 뒤에 이 사다리를 옆으로 밀어내 버렸지만, 그 후에 오히려 더 미친 듯 일을 계속했다. 오늘날 일은 프로테스탄트 일 윤리보다는 자기실현을 향한 지칠 줄 모르는 허기 위에서 더 번성하고 있다. 그들 자신이 보기에나 동시대인들이 보기에나,[21] 현대의 인간이란 곧 그들이 하는 일이다. 그들이 하는 일의 종류와 그들이 일을 통해 성취하거나 얻는 것이 그들의 정체성에 기본적인 열쇠를 제공한다. 그런 까닭에 '자아'에 대한 자기도취적이고 고립적인 몰두가 반드시 힘든 일을 억제하기보다 오히려 촉진시킬 수 있는 것이다.[22] 이 시대의 종교가 된 일은, 하나님을 예배하거나 하나님이 인간의 삶에 요구하시는 바와는 별로 상관이 없다. 그것은 자아 '숭배'와 자아에 대한 인간의 요구와 상관이 있다.[23] 그런 까닭에 성령론적 일 이해가 현대의 일중독과 어떤 관계가 있는가 하는 질문은 (부분적으로) 다른 질문, 즉 이러한 일 이해는 이 시대의 사회가 일에 부여한 인간학적 중요성과 어떤 관계가 있는가의 문제로 바뀐다.

---

21   물론 두 시각은 서로 의존적이다. 다른 사람이 나를 보는 방식은 내가 나를 보는 방식으로 유입되고, 내가 나를 보는 방식은 다른 사람이 나를 보는 방식에 영향을 준다. 개인과 사회 단위가 자기를 정의하는 데에서 내부적 시각과 외부적 시각을 조율하는 것의 필요성에 대해서는, Welker, "Towards a World Theology", 441이하를 보라.
22   Bellah, *Habits*, 56를 보라.
23   자기실현에 대한 굶주림은 일에 대한 계속되는 강조뿐만 아니라 직업 의식을 여가 경험에까지 가져오는 경향 역시 설명해 준다(Johnston, *Play*, 20-21를 보라).

일과 개성

최근 미국의 여론 조사가 보여 주듯, 바람직한 일의 최상위 특징 네 가지 중 하나는 그것이 그 일을 하는 사람에게 기술을 발전시킬 기회를 제공한다는 것이다. 점점 더 사람들은 일터가 '이익이 증대되는' 장소일 뿐 아니라 '사람들이 번영하는' 장소가 되어야 한다고 생각한다. 심지어 일부 기업들은 "전체 작업 단위(work package)가…개인적 성장을 위한 정신적 자극을 제공할 만큼 충분히 다양할" 수 있도록 노력하고 있다.[24] (이러한 노력은 회사의 자선적 측면보다는 지식이 주요 원천인 정보 사회의 경제에서는 오직 번영하는 사람들만이 훌륭한 작업 수행자가 될 수 있다는 사실과 관련이 있다.)

사람들이 일을 통해 발전해야 한다는 믿음은 일이 인간의 개성에 중요하게 영향을 끼칠 수 있고, 실제로 끼친다는 통찰에 근거한다. 앞에서 지적한 대로, 애덤 스미스는 일을 통한 윤리적 발전이라는 (기독교 전통에 깊이 뿌리박은) 개념을 일을 통한 **인간학적** 발전이라는 범주로 번역한 선구자 중 한 명이었다.[25] 인간 사이의 타고난 차이의 존재를 부정하지는 않았지만, 스미스는 성인 개인 사이의 지적 능력과 기술의 차이는 대체로 그들이 하고 있는 일의 종류에 따른 결과라고 주장했다. 일을 통한 발전이라는 개념은 특히 이상주의 전통의 유럽 철학자들에게 선택되었고 일의 성격과 중요성에 대한 그들의 사고에서 근본적인 부분이 되었다.[26]

사회학적 연구는, 특히 일을 단순히 독립된 활동이 아닌 직업이나 경력으로 볼 경우, 일을 통한 인간의 발전이라는 인간학적 논지를 확증해 준다. 인간이 일을 꼭 해야 한다면, 그들은 사회화 과정을 통해 그들이 대응

---

24 Naisbitt and Aburdene, *Corporation*, 47.
25 앞의 90-93를 보라.
26 Volf, *Zukunft*, 31이하, 73이하를 보라.

해야만 하는 일련의 개인 외적 조건들을 내재화해야 한다. 이 과정이 일반 개성의 중요한 하위 영역인 일 개성을 형성한다.[27] 더 나아가, 직업은 사람들의 정체성의 주요 부분에 기여하는 것 같다. 즉 그들이 누구인지, 어디에 있었는지, 어디로 갈지에 대한 인식에 영향을 끼친다.[28]

얼핏 보면, 인간의 개성이 일에 의해 형성된다는 개념과 일을 통해 발전한다는 개념은 성령론적 일 이해에 쉽게 부합하지 않는 것처럼 보일 수 있다. 은사는 인간의 성취물이나 그들 환경의 산물이 아닌 하나님의 선물이기 때문이다. 그러나 은사를, 말하자면 '위로부터' 오는 것으로만 생각하는 것은 하나님의 행하심의 성격을 잘못 해석하는 것일 수 있다. 어떤 능력은 인간이 가지고 태어나고, 다른 많은 능력은 그들이 살아가는 과정에서 문화적·자연적 환경 및 다른 인간과의 상호작용을 통해 획득된다. 이러한 능력들 역시 성령의 선물이다. 출애굽기 31:2-3과 같은 구절에 근거해, 칼뱅은 모든 인간의 기술이 성령의 작업에 기인한다고 강조했다.[29]

더욱이, 성령의 은사는 단지 수동적으로 받아서는 안 된다. 은사 분배의 상호 작용 모델은[30] 받는 사람의 활동과 적극적인 수용 태도를 요구한다. 이 모델에 따르면, 은사는 부분적으로 그 사람이 대면하거나 살고 있는 상황과 관계를 맺는 방식에 의해 구성된다. 새 은사를 얻거나 기존의 은사를 발전시키는 것은 부분적으로 자신의 활동을 통해서다. 일 경험 안에서든 그 외의 시간에든, 새로운 은사를 구하는 것과(고전 14:12을 보라) 기존의 은사를 재활성화시키고 발전시키는 것은(딤후 1:6을 보라) 모든 그리

---

27 Neff, *Work*, 159. Kohn과 Schooler는 일의 실질적 복잡성과 매우 안정적인 성격 특성인 관념적 유연성 사이에 중요한 상관성이 있다는 연구에 근거해, 직무 조건이 개성을 주조한다고 결론 내린다("Substantive Complexity of Work", 122).
28 Branda, *Work*, 141를 보라.
29 Krusche, *Das Wirken*, 95-125를 보라.
30 앞의 180-181를 보라.

스도인의 임무다. 그러나 신약성경에서, 은사를 받고 발전시키고 사용하는 것은 성령의 열매를 맺는 것과 함께 이루어져야 한다(갈 5:22-23). 새 창조의 가치를 담고 있는 성령의 열매는 성령의 은사를 어떻게 사용해야 하는지를 결정한다. 따라서 성령론적 일 이해에서, 일을 통한 인간의 발전은 자아실현을 위한 개인주의적 탐구의 영역을 벗어나,[31] 하나님의 새 창조에 관심을 두는 맥락 안에 놓인다. 이러한 자기 발전 개념은 의식적이고 당당하게 가치를 내포한다. 자기 발전이라는 개념이 유용하려면 반드시 가치를 내포해야 하는데, 그것은 그 개념이 인간 본성에 대한 규범적 이해를 가정하기 때문이다. "인간의 모든 행위는 특정 인간의 자아를 실현하는 행위 패턴의 일부"이기에, 가치 판단에서 자유로운 자기 발전의 개념은 동어반복일 뿐이다.[32]

나 자신의 발전이 하나님의 새 창조와 어떤 관련이 있는가? 나 역시 성취감과 만족감을 느끼는 개인으로서 하나님의 새 창조의 일부가 되기를 소망하기 때문에, 새 창조에 대한 관심은 나 자신의 발전에 대한 관심을 포함한다. 나 자신의 발전은 그 자체를 목적으로 하는데, 이는 나의 발전이 새 창조의 필수적인 부분이며 따라서 긍정되어야 할 선(good)이기 때문이다. 그러나 나의 발전은 자족적이지 않은데, 개인으로서 내가 자족적이지 않기 때문이다. 오직 온 창조세계가 그 성취를 이룰 때에만 나 또한 성취될 수 있다. 나는 본질적으로 사회적이고 자연적인 존재이기 때문에, 그 자체가 목적인 나의 발전은 동시에 다른 사람을 이롭게 하는 수단이기도 하다. 따라서 나의 능력을 내가 살고 있는 사회와 자연 세계의 안녕

---

31 심리학 문헌에서 일반적으로 이해되는 것처럼, "윤리적 목표로서의 자아실현은 유사 생물학적 승인을 받은 역력한 개인주의다"(Smith, "Needs", 138).
32 Fitzgerald, "Needs", 49.

을 위해 사용하는 것을 고려하지 않은 채 그 발전에만 집중할 수는 없다. 나의 발전은 창조세계 전체의 안녕과 조화를 이루어야 한다. 따라서 사회적이고 생태적인 실천의 관점에서 일을 보는 것과, 일하는 사람의 자아 발전의 관점에서 일을 보는 것은 양립할 수 없는 양자택일의 관계가 아니다. 개인, 사회, 자연은 통합된 단일체를 형성하기 때문에, 일에 대한 이 관점들은 상호 보완적이다.

인간: 그들 자신의 생산물?

일부 영향력 있는 철학자들은 인간이 일을 통해 발전한다고 말하는 것으로는 충분하지 않다고 생각했다. 그들은 인간이 그들 일의 **결과**라는 더 강력한 주장을 했다. 그리스 철학의 안내를 따라, 서구의 신학과 철학 전통은 수 세기 동안 인간을 일차적으로 '아니말 라티오날레'(*animal rationale*, 이성적 동물)로 이해했다. 즉 인간을 다른 생물과 구별해 주는 것은 이성이라는 것이다. 마르크스는 그보다 앞선 헤겔(사람을 '그가 하는 행위들의 연속'으로 보았던)[33] 및 그보다 나중의 니체('행위자'라는 것은 단지 행위에 덧붙여진 허구일 뿐이라고, 즉 행위만이 전부라고 주장했던)[34]와 아주 유사하게, 이러한 전통과 근본적으로 결별하고 인간을 그들의 행위를 통해 규정했다. 그러나 그는 다른 어떤 사상가보다도 더욱 인간의 일이 갖는 독자적인 인간학적 중요성을 강조했다. 마르크스에게 인간 개인은 일차적으로 '호모 크레아토르'(*homo creator*, 창조하는 인간)이기 때문이다.[35]

---

33 Hegel, *Werke*, VII, 124.
34 Nietzsche, *Moral*, *KGW*, VI, 2, 293; 참고. Nehamas, "How One Becomes What One is."
35 이 사안에 대해서는, 앞의 99-101를 보라. 따라오는 문단에서 나오는 것처럼, 일과 인간됨 간의 관계에 대한 Marx의 해석에 우호적인 세부적 논지는, Volf, "Das Marxsche Verständnis der Arbeit", 8-169를 보라.

마르크스의 사상에서, 인간의 일은 서로 연관된 세 가지 방식으로 인간학적 중요성을 지닌다. 첫째, 역사적으로 인간은 생존을 위해 그들 자신의 수단을 생산하기 시작하는 순간 동물과 달라지기 시작한다.[36] 둘째, 역사 발전의 특정 지점에서 인간은 그들의 물질 생산의 특성에 의해 규정된다. "개인은 그들의 생산, 곧 그들이 무엇을 생산하는가와 어떻게 생산하는가 양쪽 모두와 일치한다."[37] 인간은 정태적 존재가 아니다. 즉, 그들의 본성은 그들이 하는 일의 성격과 함께 변한다. 따라서 한 종으로서(개인이 아니라) 그들은 언제나 그리고 배타적으로 그들 "자신의 생산물이자 결과물"이다.[38] 셋째, 마르크스는 인간의 본성에 대한 자신의 규범적 이해를 특정한 종류의 인간의 일과 밀접하게 연결시켰다. 그의 견해에서, 어떤 종의 "전체 성격"은 "그 생명 활동의 성격"에 달려 있다.[39] 인간의 생명 활동은 서로를 돕는 자유로운 활동으로서의 일이다. 그런 까닭에 인간은 서로를 위해 자유롭게 일할 때 가장 그들 자신이다. 마르크스의 표현으로는, "집처럼 편안하다."

그러나 인간을 그들 자신의 일이 만들어 낸 생산물로 보는 것이 신학적으로 적절한가? 그리고 인간은 일을 할 때 '집처럼 편안'한가? 우리는 인간이 일을 통해 발전할 수 있고 발전한다는 것을 긍정해야 하는 반면에, 그들이 일을 통해 인간이 된다는 생각을 단호히 거부해야 한다.[40] 개인으

---

36 Marx, *MEW*, III, 21, 85를 보라. Hegel의 비슷한 관점은, *Werke*, XXIII, 336를 보라.
37 Marx, *MEW*, III, 21. 강조 추가.
38 ibid., XXVI/3, 482. "여기 내가 있다.…그리고 여기 나의 존재에 대해 감사를 돌려야 할 것은 그 누구도 아닌 나 자신이다"(Dickens, *Hard Times*, 12). 인류가 자체의 생산물이라는 Marx의 견해는, 이와 같이 자신의 경제적 성공을 자랑하는 Bounderby가 표현하는 강성 자본주의 이상의 사회주의적 반영에 불과한 것이 아닌지 의심이 든다.
39 Marx, *MEWEB*, I, 516.
40 다른 의견으로는, Sölle, *Arbeiten*, 110. Sölle는 일이 하나님의 형상이 **되어 가는** 한 방법(단지 하나님의 형상으로 사는 한 방법이 아니라!)이라고 쓴다.

로든 하나의 종으로든, 인간은 스스로에게 인간성을 부여할 수 없다. 오직 하나님만 그렇게 하실 수 있다. 그들과 동역자 관계를 맺으심으로써 하나님이 그들을 인간으로 만드신다.[41] 만약 하나님이 그들과 맺으시는 관계가 그들의 인간 됨의 열쇠라면, 그들이 하나님과 나누는 교제는 그들의 진정한 정체성의 열쇠다. 인간은 오직 그들이 하나님과 맺는 관계가 하나님이 그들과 맺으시는 관계를 믿음과 사랑 안에서 받아들이는 것의 일환일 때에만 진정으로 그들 자신이다. 그들은 성령을 통해 그들의 창조주이자 구속자에게 참여할 때에만 진정으로 그들 자신이다.

인간 정체성의 열쇠는 성령의 임재이기 때문에, 인간은 일하지 않는다고 해서 자기 자신을 잃어버릴까 두려워하지 않아도 된다. 사실, 일을 하면서도 허식이나 자기 비하에만 매달린다면 자신을 잃어버릴 것이다(막 8:36). 일을 통해, 말하자면 '스스로를 낳고자 하는' 노력은 일에 너무 많은 것을 기대하는 것이며, 따라서 결국 불가피하게 소외를 초래할 것이다. 반면에, 인간이 성령을 통해 하나님을 예배하고 세상 속에서 하나님과 협력함으로써 하나님의 새 창조를 구하기 시작하면, 그들은 그들 자신을 찾을 것이다(마 6:33을 보라). 성령께서 인간을 자아에 예속된 노예 상태에서 해방시켜 하나님의 새 창조의 실재에 열려 있게 하시는 가운데, 그들은 자유롭게 일할 뿐 아니라 자유롭게 예배하고 놀이할 것이다.

성령, 일, 여가

오늘날 여가에 대한 사회적이고 학문적인 관심이 높다. 그러나 여가가 무

---

41 이러한 인간론적 논지에 대한 해석과 합리화는, Dalferth and Jüngel, "Person", 70; Moltmann, *Creation*, 226이하를 보라.

엇인지 규정하는 것은 어렵기로 유명하다. 뉴링거(Neulinger)는 모든 사람이 그 단어를 사용하지만 "그것이 의미하는 바에 대해 사람들 간에 의견이 일치하는 경우는 거의 없다"고 말한다.[42] 여기서 이러한 문제에 대한 논의로 들어가지는 않겠지만,[43] 일에 대한 나의 정의에 근거해 여가의 정의를 간단하게 제안하고자 한다. 일과 여가는 반대 개념이라는 것을 염두에 두면서 서론에서 내가 제시한 일의 정의를 받아들인다고 가정하면,[44] 여가 활동에 대한 형식적 정의는 자연스럽게 따라온다. 즉 **여가란 일차적으로 그 자체를 목적으로 하며, 따라서 (하나의 활동으로서) 행하는 사람의 필요를 만족시키지만, 동시에 행하는 개인 자신의 필요나 동료 피조물의 필요를 만족시키기 위해 필수적이지는 않은 혹은 그러한 필요를 만족시키는 것을 일차 목적으로 하지 않는 활동이다.**[45]

나의 정의에 따른다면, 일과 여가는 정반대편에 속하기는 하지만 상호 배타적인 활동은 아니다. 다시 말해, 그 둘을 구분하는 경계선은 명확하지 않다.[46] 정의상, 일과 여가 사이에는 완벽한 일치가 존재할 수 없으므로, 그 둘은 인간의 활동에서 뚜렷하게 구별되는 두 영역이다. 반면에, 두 종류의 활동은 완벽하게 분리될 필요도 없다. 일과 여가는 한 연속체의 양 끝을 대표하며, 따라서 분명한 조건 아래에서 일은 여전히 일이면서도 여가 활동의 특성을 가질 수 있고, 반대로도 마찬가지다. 또한, 일이 여가가 될 수는 없지만, 일이 여가와 유사해질수록 더욱 인간적인 일이 될 것이다.[47]

여가 활동은 그 자체가 목적이기 때문에, 정의상 즐길 수 있는 활동이

---

42 Neulinger, *Leisure*, 31.
43 이에 관해서는, Parker, *Work and Leisure*, 그리고 Neulinger, *Leisure*, 3이하를 보라.
44 일의 정의에 관해서는, 앞의 33-42를 보라.
45 여가 활동에 대한 나의 정의를 더 상세하게 설명한 내용은 Volf, *Zukunft*, 159-161를 보라.
46 대조. de Man, *Joy in Work*, 19.
47 뒤의 308-315를 보라.

다. 산업 사회와 정보 사회에는 그러한 즐김이 가능한 비수단적 활동을 위한 여지가 얼마나 있는가?

여가 사회의 꿈?

많은 사람의 생각과는 달리, 산업화는 초기에 사람들이 일하는 데 쓰는 평균 시간을 급격하게 증가시켜 놓았다. 18세기 이전에는 세속적이거나 종교적인 휴일이 6개월에 가까웠다. 산업화 초기 단계에서 이러한 휴일 중 많은 부분이 사라졌고, 노동자는 종종 하루 16시간 혹은 그 이상 일하도록 강요받았다. 1860년에도 유럽의 노동자들은 여전히 일주일에 평균 80시간을 일했다. 그러나 산업화 후기 단계에서는 노동자들의 압력과 더 합리적인 일 조직, 새로운 기술 발전으로 산업 부분의 주당 근무 시간이 장기적으로 꾸준히 감소했다.

50, 60년대에는 기술 발전에 속도가 붙으면서, 인류는 새로운 여가 시대의 문턱에 서 있는 것처럼 보였다. 따라서 "1967년 미국 상원 소위원회에서 나온 진술은 1985년에 이르면 사람들이 주당 22시간 또는 1년에 27주만 일하거나, 38세에 은퇴할 수도 있음을 시사했다."[48] 초소형 전자 기술 혁명이 불러온 기대감은 일부 사회학자와 경제학자로 하여금 미래의 어느 날에는 주 1일만 일해도 소비재 전체를 충분히 생산할 수 있을 것이라는 추측을 부추겼다.[49] 이제 일에 죽음을 선고하고, 여가의 가치가 일의 가치를 대체할 시간이 무르익은 것처럼 보였다.[50]

일 생산성이 인간의 소비재 수요보다 더 빠르게 증가하여, 먼 미래에는

---

48 "America Runs Out of Time", 53.
49 von Nell-Breuning, *Arbeitet der Mensch zu viel?* 98.
50 Neulinger, *Leisure*, 155이하.

소비재 생산에 필요한 시간이 획기적으로 줄어들 수도 있다(그럴 가능성이 높다). 그러나 그것이 일의 폐지는 고사하고, 일의 양이 크게 감소할 것이라는 의미는 아니다. 현재의 발전 상황에 근거해 판단하자면, 정반대 상황이 벌어질 수 있다. 해리스(Harris) 조사에 따르면, 영구적인 기술 혁신을 통한 효율성 증가에도 불구하고 "1973년 이래 평균적 미국 시민이 즐기는 여가 양은 37퍼센트 줄어들었다." 같은 기간, 통근 시간을 포함한 평균 주중 노동 시간은 41시간 미만에서 거의 47시간까지 올라갔다.[51] 놀랄 만한 노동력 절감 혁신을 자랑하는 이 시대 기술 문명에서, 역설적으로 인간은 이전보다 훨씬 더 많이 일하고 있다.[52]

일이 죽지 않은 것만이 아니다. 적어도 어떤 집단에서는 일의 가치도 아직 죽지 않았다. 맞다. 직급이 낮은 노동자들은 종종 일을 순수하게 수단적 관점으로 본다. 그들에게 일은 내재적 가치를 갖지 않는다. 일은 영혼과 몸을 하나로 유지해 주고 일 외부에 존재하는 행복을 추구하도록 지탱해 주는 필수적 수단의 역할만 한다(더 면밀히 조사해 보면, 하위 직급 노동자들의 삶에서 일이 갖는 실제 중요성은 인지된 중요성보다 훨씬 클 것이다). 여가는 일보다 더 큰 범위의 자기 결정권을 제공하기 때문에, 그들이 꿈꾸는 개인적 성취에서 주된 초점이다.[53] 그러나 그 수가 늘고 있는 전문 직업은 일에서 많은 양의 자유를 허락하고 따라서 일에서 성취감을 찾는 것이 가능하기는 하지만, 그런 만큼 그들의 정체성은 종종 일 안에 완전히 매몰된다. 그들이 일에 두는 가치와 개신교 일 윤리를 진지하게 받아들였던 그들의

---

51 "America Runs Out of Time", 52. 분석은 "취업 상태의 미국 성인 전체 인구가 제2차 세계대전 이후 30년이 넘는 기간 동안 그들의 여가에서 순이익을 전혀 얻지 못했다"는 것을 보여 준다(Kraus, "New Leisure", 12).
52 Ellul, *System*, 314를 보라.
53 또한 Hawtrey, "Work and Leisure", 16를 보라.

선조가 일에 두던 가치는 크게 다를 수 있지만, 그들이 일의 가치를 여가의 가치로 대체하지는 않았다. 대신, 일의 가치가 여가의 가치 안으로 침투한 것처럼 보인다. 오늘날 사람들의 삶은 점점 더 광적인 일과 광적인 놀이 사이를 오간다. 여가 안에 쉼을 위한 자리는 없다.

자신을 일과 동일시하는 사람들과 일과 거리를 두는 사람들, 과도하게 일을 하는 사람들(생존을 위해서든 성공을 위해서든)과 충분히 일하지 않는 사람들, 이들 모두가 일과 여가의 바른 관계에 대해 신중하게 생각해 볼 필요가 있다. 아리스토텔레스가 사람은 "일을 잘 하는 것뿐 아니라 여가를 잘 사용하는 것도" 배울 필요가 있다고 말한 것은 옳다.[54] 그러나 '여가를 잘 사용한다'는 말이 이치에 맞는가? 여가 활동은 자유로워야 하며, 일차적으로 그 자체를 위해 행해지기 때문에 정의상 그저 즐길 수 있어야 하지 않는가? 그러나 즐길 수 있는 모든 활동이 바람직한 것은 아니다. 어떤 활동이 여가의 성격을 띤다는 것은 그것이 바람직한가의 여부에 대해서는 어떤 것도 말해 주지 않는다. 여가에 대한 나의 정의에 따른다면, 음주는 여가 활동이지만, 그것이 음주를 독려해야 한다는 의미는 아니다. 깊이 생각해 본다면, 핵심은 단순히 즐기는 것이 아니라 잘 즐기는 것이라는 점에 우리 대부분이 동의할 것이다.

그러나 여가를 잘 즐기는 것을 어떻게 배우는가? 정말로, 좋은 여가란 무엇인지를 어떻게 알 수 있는가? 좋은 여가 사용을 위한 이론은 인간과 그들의 근본적 필요에 관한 이론에 근거해야 한다. 뒤에서 내가 근본적 필요에 대해 논하기에 앞서,[55] 여기서는 좋은 '여가자'(leisurer)란 자연, 자기 능력의 자유로운 활용, 다른 이들과의 교제를 즐기는 법을 알고, 무엇보다

---

54 Aristotle, *Politics*, 1337b, 30.
55 뒤의 241-244를 보라.

하나님과의 교제 안에서 즐거워하는 법을 아는 사람이라는 것을 감히 말하겠다.

일과 예배

자연의 아름다움을 즐기는 것, 자신의 기술을 활용하고 발전시키는 즐거움, 다른 이들과의 교제(특히 이성 관계)를 음미하는 것은 여가 활동의 세 가지 근본적 측면이다. 이러한 활동들은 직접적으로, 또 그것이 일의 경험에 끼치는 영향력을 통해, 인간의 삶에서 없어서는 안 될 역할을 한다. 그러나 지면상의 제약으로, 이 활동들의 성격과 역할을 더 자세히 살펴보는 것은 불가능하다.[56] 여기서는 좋은 삶에 대한 기독교적 개념에서 가장 중심이 되는 여가 활동인 하나님과의 교제와 일의 관계만 언급하겠다.

하나님과의 교제

앞에서 말했듯, 우리 인간성의 핵심은 하나님이 우리와 맺으시는 관계다. 우리의 진정한 정체성의 핵심은 우리가 성령을 통해 하나님과 나누는 교제다. 다음과 같은 질문이 제기될 수 있다. 우리는 예배라는 특별한 활동을 통해 하나님과 교제할 필요가 있는가? 일이 인간 실존의 근본 차원이라면, 왜 단순히 하나님의 뜻을 순종적으로 행함으로써 하나님과 교제하지 않는가? 예배란 그저 이 세상에서 우리가 살아가는 삶의 방식이어야 하지 않는가?[57] 왜 굳이 '골방'에 가는 시간을(마 6:6) 사용해야 한다는 말인가?

그리스도인이 일을 포함한 그들의 전 존재로 하나님을 예배해야 한다

---

56   Volf, *Zukunft*, 161이하를 보라.
57   Käsemann, "Gottesdienst", 200-201를 보라.

는 사실에는 의심의 여지가 없다(롬 12:1-2을 보라). 일을 통해 하나님을 섬길 때, 그들은 하나님을 예배한다.[58] 그러나 하나님은 인간을 단순히 종이 되라고 창조하신 것이 아니라, 무엇보다 하나님의 자녀이자 친구가 되도록 창조하셨다. 인간은 하나님의 뜻을 행해야 하는 만큼, 또한 하나님의 임재를 즐거워해야 한다. 진정한 그들 자신이 되기 위해서는, 하나님의 명령과 그들의 임무가 의식의 전면에서 사라지고 그저 하나님이 그들을 위해 거기 계시고 그들 역시 하나님을 위해 거기 있는, 즉 사랑 많고 거룩하신 하나님을 경배하고 거룩한 사랑의 하나님께 감사하고 기도하는 시간을 주기적으로 가질 필요가 있다.

하나님과 교제하는 특별한 시간이 필요한 것은 그리스도인의 구원 경험에 근거한다. 그리스도인 삶의 중심에 있는 것은 개인의 자아 인식의 변화도 아니고, 죄에서의 해방이나 삶의 새로운 윤리적 방향성 부여도 아니고, 심지어 새 창조로의 선행적 변화도 아니다. 그 중심에는 그리스도인 삶의 이 모든 측면에 기초가 되는 훨씬 깊은 뭔가가 있다. 바로 성령을 통한 인간과 하나님 아들의 연합이다(고전 1:9을 보라). 바울은 가장 친밀한 성격을 강조하는 은유들, 예를 들면 성령을 "마시게 되었[다]"와 같은 은유를 사용해 그러한 연합을 묘사한다(고전 12:13). 그리스도인이 예배에서 하나님과 교제할 때, 그들은 그 샘에서 그리스도인으로서 그들의 생명을 마시게 되고, 거기에 인간으로서 그들의 정체성이 의존한다. 동시에, 그들은 공동체적으로 삼위일체 하나님 안에 거하고 삼위일체 하나님은 그들 안에 거하실 새 창조에서(계 21:22; 요 17:21을 보라) 하나님을 즐거워함을 예배에

---

[58] 나는 그리스도인의 삶 전체가 예배여야 함을 알고 있지만, 더 나은 표현이 없기 때문에, 전통적인 기독교 용어 사용을 따라, 개인의 사적인 또는 예전적인 하나님과의 교제를 묘사하기 위해 '예배'라는 단어를 사용할 것이다.

서 선행적으로 경험한다.[59]

은사의 성격은 구별된 활동으로서 예배의 필요성을 반영한다. 신약성경에서 우리는 세상에서의 활동에 부합하는 은사뿐만 아니라(전도와 치유 은사 같은), 하나님과의 개인적이거나 공동체적인 사귐에 부합하는 은사도(찬양과 방언 은사 같은) 발견한다. 성령은 사람들에게, 일하기 위해서만이 아니라 하나님과 "축제 같은 친교"를 즐기기 위해서도 영감과 은사를 베푸신다.[60]

교차 활동

수 세기에 걸쳐 기독교 전통의 많은 부분은 일을 여가에 종속시켰다. 일은 사람들의 몸을 살아 있게 하고 그들의 영혼을 순전하게 함으로써 하나님과의 교제를 가능하게 하는 수단 이외에는 다른 가치가 없었다.[61] 일과 여가의 관계에 대한 이런 식의 이해는 아리스토텔레스의 영향력 있는 논지, 즉 "우리는 여가를 누릴 수 있기 위해 바쁘다"의 기독교적 반영이다.[62] 중세 신학자들은 '비타 악티바'를 '비타 콘템플라티바'에 완전히 종속시킴으로써 이러한 방향을 따라갔다.[63] 아리스토텔레스에게 일상적인 일의 목적이 진리를 묵상하는 데 있었던 것처럼, 중세 신학자들에게 일의 유일한 진정한 목적은 하나님을 묵상하는 데 있었다.

현대에는 중세의 '비타 악티바'와 '비타 콘템플라티바'의 관계가 이론적

---

59 이러한 종말론적 소망에 대해서는, Gundry, "New Jerusalem", 262를 보라. 새 창조에서 하나님의 내주하심에 관해서는, Moltmann, Der Weg, 353를 보라.
60 여기서 쓰인 표현은 Plato의 것으로(Laws, 653D), 원래는 내가 사용하고 있는 것과는 꽤 다른 신학적 배경 안에서 사용된 것이다.
61 앞의 116-117, 145-147를 보라. 또한, Zimmerli, "Arbeit", 50; Bienert, Arbeit, 23를 보라.
62 Aristotle, Ethics, 1177b, 5.
63 앞의 116-117를 보라.

으로나 실천적으로 모두 역전되었다.[64] 묵상이 아닌 실천적 행위가 진리에 이르는 길이 된 것이다. 이와 유사하게, 일도 여가보다 우위를 차지하게 되었다. 예배를 세상에서의 활동적인 생활 아래 종속시킨 개신교의 영향을 부분적으로 받아, "모든 여가는 일과 선한 행동에 따르는 보상이어야 하며" 여가를 즐길 때에도 "미래의 일과 선한 행동의 맥락 안에서 고려되어야 한다는" 변치 않는 믿음이 서구 사회에 자라났다.[65] 일이 지배하는 세상의 관점에서 볼 때, 여가 그리고 무엇보다 그 핵심 측면인 하나님과의 사귐은 "원칙이나 이유가 없는, 전적으로 우연적이고 이상한" 무언가였다.[66]

그리스와 전통적 기독교의 일 경시와 현대의 여가 폄하 양쪽 모두에 반대하여, 성경 자료에 충실한 기독교 신학은 일을 전적으로 여가에 종속시키는 것도, 여가를 완전히 일에 종속시키는 것도 모두 거부할 것이다. 대신, 일과 여가는 교차되는 활동으로 보아야 한다. '교차 모델'의 인간학적 토대는, 하나님과의 관계가 우리 인간 됨의 열쇠이며(따라서 우리가 하나님과 맺는 관계가 우리 정체성의 열쇠이기도 하다) 일은 우리 실존의 근본적 차원이라는 이중적 사실에 있다.[67] 성령론적 토대는 은사가 예전적 활동과 세상에서의 활동 모두를 포함한다는 것, 그리고 한편으로 '영적' 임무에 부합하는 은사와 다른 한편으로 '세속의' 임무에 부합하는 은사 사이에 위계적 질서가 존재하지 않는 것처럼 보인다는 사실이다(고전 12:28과 롬 12:7을 보라).[68] 성령께서 조직적으로 어느 한쪽을 선호함 없이 일과 예배 둘 다를

---

64 Volf, "Doing and Interpreting", 12-14를 보라.
65 M. Mead in Johnston, *Play*, 85.
66 Pieper, *Leisure*, 38.
67 앞의 56-58를 보라.
68 Schweizer, *Geist*, 128를 보라. 나의 논지를 성립시키기 위해, 나는 (Schweizer가 암시한 듯 보이는 것처럼) 신약성경이 은사들 간의—예를 들어, 사도직과 방언 사이의—어떤 위계적 질서도 인식하지 않는다고 주장할 필요가 없다. 신약성경이 '세속적' 실재(예를 들면, 집사)와 '영적' 실재(예를 들면, 선지자)에 관련된 은사들 사이의 위계적 질서를 알지 못함을 밝히

위해 사람에게 영감을 주신다면, 일과 예배는 서로에게 종속될 수 없는 인간의 근본적 활동이어야 한다. 월터스토프는 "일과 예배, 노동과 예전 사이를 리듬감 있게 오가는 것이야말로 그리스도인이 '세상 안에 존재하는' 고유한 방식이 갖는 중요한 특징 중 하나다"라고 바르게 주장했다.[69]

일과 여가를 리듬감 있게 번갈아 하다 보면, 그 자체가 서로를 제한한다. 그리스도인의 삶은 일과 여가 둘 모두로 구성되기 때문에, 배타적으로 둘 중 하나만으로 구성될 수 없다. 아우구스티누스는 "누구도 이웃에 대한 생각을 하지 못할 만큼 여가에 빠져서는 안 되며, 하나님을 묵상할 필요를 느끼지 못할 만큼 활동적이어서도 안 된다"고 바르게 말했다.[70] 걱정 근심 없이 여가의 삶을 즐기는 (오늘날에도 여전히 소수인) 사람들은, 일하지 않는다면 사치스러운 삶은 고사하고 먹지도 말아야 할 뿐만 아니라(살후 3:10), 그들에게 궁핍한 사람들의 필요를 돌볼 책임이 있으며 필요하다면 그렇게 하기 위해 일을 할 책임도 있음을 기억해야 한다(엡 4:28; 행 20:35). 반대로, 생활방식에서 여가를 중요하지 않은 활동으로 분류하는 현대의 일중독자들은 "온 세상을 얻[기를]" 바라다가 "제 목숨을 잃[을]" 수도 있음을 인식할 필요가 있다(막 8:36). 물론 쉼 없이 일하는 많은 사람이 온 세상을 얻고자 그렇게 하는 것은 결코 아니다. 그들은 그저 현대의 과도하게 경쟁적인 경제 세계에서 살아남으려는 것뿐이다. 이러한 경우, 일을 제한하라는 호소가 좋은 의도에도 불구하고 먹혀들지 않을 것이라는 점은 이해할 만하다. 그렇기에 개인의 결정이 윤리적 호소에 따를 수 있게 뒷받침해 줄 수 있는 구조적 변화가 필요한 것이다.

는 것만으로 충분하다.
69　Wolterstorff, *Justice*, 147.
70　Augustine, *De Civitate*, xix, 19.

상호 의존적 활동

그러나 일과 여가 둘 다 그 자체로 가치 있는 활동으로 추구되어야 한다고 말하는 것으로는 충분하지 않다. 일과 여가는 교차적으로 행해져야 할 활동일 뿐만 아니라 **상호 의존적** 활동이기 때문에, 우리는 이 두 활동이 맺어야 할 긍정적인 관계가 무엇이며, 어떻게 서로 영향을 주어야 하는지 질문할 필요가 있다.

일은 그 자체를 위해 행해질 수도 있지만, 정의상 일의 목적은 일 자체가 아닌 그 외부에 있다. 일의 한 가지 중요한 목적은 여가를 가능하게 하는 것이다. 경제 선진국에서는 노동자가 일주일에 40시간 이상 근무할 필요가 없다는 것이 당연하게 수용된다. 초과 근무를 한다면, 대부분 그것은 그 사람이 일이나 그들의 기대치 중 하나에 대해 잘못된 태도를 갖고 있기 때문이지, 그렇게 일하지 않으면 기본 필요를 충족시키지 못하기 때문이 아니다. 그러나 개발 도상국에서는 많은 사람들에게 삶이란 "오직 일이 전부이고, 놀이는 없다." 역사의 초창기에 안식일 계명이 규칙적인 쉼을 누림으로써 일을 중단시킨 것은 일의 노예가 되는 것으로부터 인간을 자유롭게 해 주었다. 이러한 안식일 계명의 해방적 측면은 여가가 모든 사람의 양도할 수 없는 권리라는 주장을 통해 기독교적 일의 신학 안에서 견지되어야 한다.[71] 여가에 대한 권리는 노동자로서 생존을 위해, 그리고 하나님과의 사귐을 위해 창조된 인간으로서 그들의 존엄성 보호를 위해 필수적이다. 그것은 사람들이 여가를 포기하지 않고도 그들의 기본 필요를 만족시킬 수 있는 상황을 전제한다. 따라서 여가에 대한 권리는 "일주일에 엿새 동안" 기꺼이 일하고자 하는 모든 사람의 생계 보장이라는, 그에 상

---

[71] 이미 Fichte는 여가가 인간의 기본 인권으로 인식될 것을 요구했다(Fichte, *Nachgelassene Werke*, II, 535-536).

응하는 권리를 함축한다(출 20:9을 보라).

여가 활동의 한 형태로서 예배는 분명히 그 자체를 목적으로 한다. 그러나 어떤 경우에도 세상과 동떨어져 존재하지는 않는다. 예배는 일 경험에 영향을 끼친다. "일의 영역이 [예배의 영역보다] 조직화되어 있을 뿐 아니라 삶 자체에 더 기본적이기 때문에, 영향력이 흘러가는 방향은 일 경험과 태도에서 여가의 경험과 태도로 가기 쉽지 그 반대가 아니"라 할지라도,[72] 여전히 예배가 일 경험에 영향을 끼친다는 것은 사실이다. 최근 호주의 어떤 사회학 연구는 개인의 종교적 성향의 강도와 그 사람의 일에 대한 태도 사이의 중요한 연관성을 입증한 것으로 보인다.[73]

예배에서 하나님과 교제하는 것은 일에 궁극적 중요성을 부여하는 의미의 맥락을 조성한다. 예배의 한 가지 차원은 인간이 그들 자신과 평화를 이룰 뿐 아니라 자연, 다른 인간 그리고 하나님과 교제하는 가운데 살게 될 종말론적 '샬롬'(Shalom)을 선행적으로 경축하는 것이다. "아래에 있는 것과 위에 있는 것을 하나로 묶으시는 성령께 참여하는" 시간인[74] 예배는 또한 사람들로 하여금 그들이 하는 일이 하나님의 새 창조를 섬기는 창조적 활동이 되도록 고쳐시킨다. 마지막으로, 예배에서 하나님의 임재는 사람들을 변화시킴으로써 그들이 일을 통해 "하나님 나라가 도래할 때 있을 온 우주의 변화"를 앞당기게 만든다.[75]

---

72 Parker, *Work and Leisure*, 114.
73 Hawtrey는 이러한 연구들이 "덜 종교적인 사람일수록, 일의 내재적 가치에 더 무관심하고 더 여가 지향적인…경향이 있음을" 보여 주는 것 같다고 주장한다. 또한 "공개적으로 무신론자이거나 아예 종교가 없는 사람들은 쓸모 있는 사람이 되는 것에 관심이 덜하고 일에 자부심도 덜 느끼는 반면, 더 많은 휴가를 원하고 더 자주 착취당한다고 느끼는 것으로 밝혀졌다"(Hawtrey, "Work and Leisure", 17). 여기서 나의 요점은 일에 종교나 무신론이 끼치는 특정 영향을 변호하는 것이 아니라, 그러한 영향이 존재한다는 것을 보여 주는 것이다.
74 Heschel, *Sabbath*, 29.
75 Underhill, *Worship*, 18.

그러나 예배에서 성령과 교제하는 것을 단순히, 말하자면 외부에서 일에 영향을 주는 일종의 배경적 경험으로만 보는 것은 적절하지 않다. 예배는 그리스도인의 삶에서 지속적인 성령의 임재를 단지 심화하는 것이기 때문이다. 그리스도인의 삶을 산다는 것은 그리스도께서 성령을 통해 그 사람 안에서 사신다는 의미다(갈 2:20; 5:22이하를 보라). 그리스도인은 과거에 속한 성령의 경험(지난 일요일의 경험)에 기인하여 일하지 않는다. 그리스도인은 바로 지금 그 사람 안에 활동하시는 성령의 능력을 통해 일한다. 성령의 임재는 그 사람의 일 경험을 관통한다. 그리스도인은 **성령 안에서** 일한다.

성령, 일, 환경

일과 자연

신생 탈산업 정보 사회에서 인간의 일은 점점 자연과 분리되고 있는 것처럼 보인다. 농경 사회와 산업 사회 모두에서 대다수 인구가 하는 일은 자연과 ('자연적' 형태로든 가공된 형태로든) 직접적으로 연결되어 있었다. 산업 사회의 맥락에서, 마르크스는 "노동은 작업할 대상 없이 존재할 수 없기" 때문에 "자연은 노동에 **생명의 수단**을 제공한다"고 과장 없이 말할 수 있었다.[76] 정보 사회에서는 이러한 상황이 근본적으로 변했다. 일의 세계에서 전략적 자원은 더 이상 '자연적'이거나 가공된 자연이 아니라 지식이다. 신생 산업 사회가 농경 산업에서 제조업으로 이행하려고 했던 것처럼, 신생 정보 사회는 "제조업에서 지적 사업으로" 이행하고자 노력하고 있다.[77] 일은

---

[76] Marx, *MEWEB*, I, 512.
[77] Birch. Naisbitt, *Megatrends*, 15에서 재인용.

점점 자연에서 멀어지고 있다.

일의 대상으로서 자연의 중요성이 감소하는 것을 고려할 때, 일과 자연의 관계에 대한 논의는 지나간 시대에 속한다고 생각하고 싶은 유혹을 받을 수 있다. 그러나 몇 가지 이유로 이는 사실이 아니다. 첫째, 정보 사회는 고도로 발전한 산업 사회에서 출현 중이고, 그러한 사회에서조차 아직은 오직 부분적으로만 실현되었다. 오늘날 세계 인구의 대다수는 주로 농경 사회와 산업 사회에 살고 있다. 그들에게 일차 혹은 이차 원자재는 그들이 일하는 주요 자원이다. 둘째, 정보 사회에서도 농경과 제조는 다른 모든 종류의 일을 가능하게 하는 필수불가결한 전제 조건이다. 이 시대의 늘어 가는 생태 위기가 보여 주듯, '지적 산업'이 일의 주요 형태가 되어 가는 사회는 자연에 덜 개입하는 것이 아니라 오직 좀더 효과적으로 개입할 뿐이다.

인간은 본질적으로 자연환경과 끊임없이 주고받아야만 살 수 있는 '자연적 존재'이기 때문에, 그들의 일 역시 본질적으로 자연과 관계를 맺고 있으며, 앞으로도 꾸준히 그럴 것이다. 이 사실은 일의 신학에서 일과 자연의 관계를 논하는 것을 충분히 정당화해 준다. 더욱이 (2장에서 간략하게 다룬 바 있는)[78] 이 시대의 생태적 위기는 그러한 논의를 피할 수 없게 만든다.

성경적 전통을 향해 제기된, 현재의 생태 위기에 중요한 기여를 했다는 혐의는, 적어도 그 실제적 결과를 염두에 두고자 하는 일의 신학이라면 일과 자연의 관계에 대한 논의를 피할 수 없는 또 다른 이유다. 16세기부터 창세기 1:26-28은 일반적으로는 기독교의 일 이해에 대한, 구체적으로는 일과 자연의 관계에 대한 '로쿠스 클라시쿠스'의 역할을 해 왔다.[79] 본문은

---

[78] 앞의 77-78를 보라.
[79] 이 시대의 영향력 있는 예를 들자면, John Paul II는 창 1:28이 일의 "가장 심오한 본질"을

인간만이 하나님의 형상으로 창조되었고, 그들이 일하는 목적은 나머지 창조세계를 다스리는 것, 즉 땅을 '정복하고' 동물을 '지배하는' 것이라고 진술한다. 창조세계 내에서 인간이 차지하는 고유성, 그들이 일하는 목적이 땅의 정복이라는 이 두 가지 사실 모두는 이 시대 자연환경 파괴의 중요한 원인으로 지적받는다.

'도미니움 테라에'(*dominium terrae*, 땅의 지배)라는 개념이 모든 재앙적인 결과와 함께 자연을 정복하고자 분투하는 현대의 노력을 **정당화하는** 데 중요한 역할을 한 것은 의심할 여지가 없다. 근대 초기에, 영향력 있는 철학자들은 기술을 통해 자연을 지배하는 것이 인간의 가장 중요한 목표라는 자신들의 신념을 표현하고자 이 개념을 사용했다.[80] 서구 전통의 신학자들 역시 자주 여기에 동조하여 창세기 1장을 어떤 것에도 제한받지 않는 기술 발전에 대한 명령으로 보았다. 최근의 예로, 『라보렘 엑세르첸스』에서 요한 바오로 2세는 "경제 생활의 '가속화' 기간들"에 인간이 "과학과 기술의 진보"를 통해 점점 더 땅의 주인이 되었으며, 그들은 "**이 과정의 모든 경우, 모든 단계에서**" 첫 번째 창조 기사에 표현된 "창조주의 원래 질서 안에 늘 머물러 있었다"고 주장했다.[81]

후에 보여 주겠지만, 창세기 1장을 기술 발전의 승인을 위해 사용하는 것은 간단히 말해(*tout court*) 이 구절의 오용이다. 그러나 먼저 나는 일과 자연의 바른 관계에 대해 더 넓은 문제를 다룰 필요가 있다. 이 질문에 대한 답은 결국 인간과 자연의 관계가 갖는 성격에 달려 있다. 따라서 인간의 '자연성'에 관한 질문에서 시작하고자 한다.

표현한다고 쓴다(*Laborem Exercens*, no. 4). 회칙의 첫 장은 이 구절의 긴 설명으로 볼 수 있다(Volf, "Work", 67-68를 보라).
80 자연 정복에 대한 Bacon의 견해는, Leiss, *The Domination of Nature*, 48이하를 보라.
81 *Laborem Exercens*, no. 4—강조 추가. 참고. Jacob, *Genesis*, 61.

성령, 개인, 자연

현대에 인간이 자연과 생태적으로 파괴적인 관계를 맺은 것의 인간학적 토대는 영혼을 하나로, 몸과 인간 이외의 환경을 다른 하나로 명확하게 나누는 이분법이다.

"땅의 열매와 그 모든 안락함을 걱정 없이 즐기기" 위해서는 인간 스스로가 "자연의 주인이자 소유자"가 되어야 한다고 생각한 데카르트(Descartes)는[82] 그러한 이분법을 대표하는 영향력 있는 예다. 데카르트에게 인간 '나'는 '생각하는, 확장되지 않은 것'이다. '나'는 정신과 동일하고, 한 개인을 구성한다. 반면에, '몸'은 '확장된, 생각하지 않는 것'이다.[83] 데카르트가 정신과 몸의 상호 영향력을 인정한다는 사실에도 불구하고, 한 개인은 정신이기 때문에 몸이라고 말할 수 없으며 오직 몸을 소유한다고만 말할 수 있다. '나'는 몸과 다른 모든 확장된 객체에 맞서 그것들을 지배하고 소유할 임무를 갖는다.

기독교 신학자들 역시 데카르트(그리고 그에 앞서 플라톤) 같은 철학자들을 따라 수 세기 동안 인간의 영혼에서 모든 물질적인 것을 벗겨냈고, 영적인 모든 것에서 물질성을 제거했다. 그 오랜 전통에도 불구하고, 인간과 인간 이외의 자연을 그런 식으로 이해하는 것은 성경적이지 않다. 창세기 1장의 신중한 연구가 보여 주듯, 인간은 하나님의 형상으로 창조되었고 창조세계를 다스리도록 부름받았으면서도, 나머지 창조세계의 반대편이 아니라 그 한가운데 깊이 박혀 있다(시 104편을 보라).[84] 물론 인간만 유일하게 하나님의 형상으로 창조되었기 때문에, 인간은 창조세계에서 특별한 위치

---

82   Descartes, *Discourse*, 49.
83   Descartes, *Meditations*, 132-133.
84   Zimmerli, "Mensch", 149; Steck, *Welt*, 68를 보라.

를 차지한다. 그러나 자연에서의 이 특별한 위치가 인간의 기본적 자연성에 대한 부정을 함축하지는 않는다.[85] 우리는 단지 인간이 몸을 가졌다고 주장해야 할 뿐 아니라, 인간이 곧 몸이라고 주장해야 한다(물론 인간을 몸으로 축소해서는 안 되겠지만). 몸은 단순히 인간이 사용하는 외부적 수단만이 아니다. 즉, 몸은 특정 인간으로서 그 정체성에서 본질적인 한 부분이다.

그러나 인간과 인간 이외의 창조세계를 하나로 묶어 주는 것은 단지 피조물 공통의 물질성만이 아니며, 더 중요하게는 양쪽 모두 안에 계시는 성령의 임재다.[86] 종교개혁 당시, 칼뱅은 다음과 같이 자연 안에 계시는 성령의 임재를 특히 강조했다. "바로 어디에나 스며 계시는 성령이 하늘에서와 땅에서 모든 것을 지탱하고, 자라게 하고, 활기를 띠게 하시기 때문이다." 칼뱅은 계속해서 성령이 "그분의 에너지를 만물에" 스며들게 하고 "만물 안에 본질, 생명, 움직임"을 불어넣으신다고 말한다.[87]

칼뱅은 최근까지 경시되어 온 측면의 성경적 전통에 기대고 있다. 예를 들어, 욥기 34:14-15(참고. 시 104:29-30)은 성령의 임재가 인간과 다른 모든 살아 있는 피조물에게 생명을 주신다고 말한다.

만일 하나님이 결심하시고,
   생명을 주는 영을 거두어 가시면,
육체를 가진 모든 것은 일시에 죽어,
   모두 흙으로 돌아가고 맙니다.

---

85 Moltmann, *Creation*, 244이하를 보라.
86 창조세계 안에 성령의 임재에 대해서는, Moltmann, *Creation*; Schweizer, *Geist*, 25이하; Congar, *Der Heilige Geist*, 311이하를 보라.
87 Calvin, *Institutes*, 138.

명시적으로 말하지는 않지만, 신약성경 역시 성령이 창조세계 안에 계시다는 것을 암시한다. 바울은 창조세계가 그 덧없음 대문에 "신음하며, 함께 해산의 고통을 겪고 [있으며]" "썩어짐의 종살이에서 해방되어서, 하나님의 자녀가 누릴 영광된 자유를 얻[기를]" "간절히 기다리고" 있다고 말한다(롬 8:19-22). 창조세계를 단순히 확장된 객체로 인식한다면, 아무리 은유적이라 할지라도 '신음하며', '간절히 기다리고'와 같은 표현은 이해하기 어렵다. 이러한 은유는 창조세계가 현재의 실존과 미래의 운명 사이의 간극에 대한 어떤 '느낌'을 가지고 있음을 상정한다. 문맥상, 이 '느낌'은 (뒤에 인간 안에서 탄식하신다고 묘사되는) 성령을(26절) 가리킨다고 보는 것이 가장 이해가 빠르다.

일, 자연과의 협력

인간과 자연 양쪽 모두 안에 거하시며 이 둘의 근본적인 연합을 이루시는 성령의 임재는 일과 자연의 관계에 두 가지 중요한 결과를 낳는다.

그 자체가 목적인 창조세계

성령이 자연 안에 임재하신다면, 자연은 부분적으로 그 자체가 목적이라고 보아야 한다. 자연은 인간을 위해 사용되는 것과 상관없이 독립적 가치를 갖는다. 이는 하나님이 자연과 고유한 구원론적 관계를 맺고 계신다는 (그러나 하나님이 인간과 맺으시는 구원론적 관계와 분리될 수는 없는) 사실 안에도 함축되어 있다. 바울은 로마서 8장에서 이 점을 분명하게 한다. 즉 창조세계는 인간의 죄의 결과로 고통을 겪고 있는 것처럼, "하나님의 자녀가 누릴 영광된 자유" 역시 함께 누릴 것이다(21절). 자연 또한 종말론적 영광의 상속자다. 유사하게, 구약성경의 어떤 구절은 하나님이 모든 생물과 맺으신 특별한 관계에 대해 말한다. 창세기에 따르면, 노아의 홍수 이후 하나님은 노아와 그의 후손뿐만 아니라 "너희와 함께 있는 살아 숨쉬는 모든 생물, 곧 너와 함께 방주에서 나온 새와 집짐승과 모든 들짐승에게도" 언약을 세우셨다(창 9:9-10). 동물들은 인간과 같은 언약에 속해 있다. "그들 자체로 하나님의 동반자들"로 인식된 것이다.[88]

만약 자연이 독립적 가치를 지닌다면, 자연을 단지 (스미스가 암시했듯이) 물질적 부를 창조하기 위한 자원이나 (마르크스가 주장했듯이) 오직 일을 통해 인간화되었을 때에만 그 목적을 달성할 수 있는 무언가로 다루어서는 안 된다.[89] 인간은 자연을 그 고유한 피조물 됨(creatureliness)대로 존중할 책임이 있다. 그렇다고 자연을 존중한다는 것이, 자연을 어떤 목적을 위한 수단으로 사용하는 것을 중단해야 한다는 의미는 아니다. 자연에는 내재적 신성함(sanctity)이 없기 때문이다.['거룩'(holy)이라는 언어는 그 언어가 적절히 속한 종교의 영역에서만 사용해야 한다].[90] 인간 이외의 창조세계와 수단적 관계를 맺지 않는다면, 인간은 품위 있는 삶은 고사하고 생존조차 할 수 없을 것이다. 인간 이외의 창조세계를 존중하는 것은 자연에 대해 순수한 미학적 관계를 요구하지는 않지만,[91] 인간의 모든 일이 창조세계를 돌보는 요소를 포함해야 함을 함축한다.

창세기 2장에 따르면, 인간은 동산을 '경작'하고 '지키는' 임무를 받았다(15절, 개역개정). 이는 두 가지 별개의 활동이 아니라 인간의 모든 일의 두 측면이다.[92] 루터는 농경 사회 배경에서 창세기 2:15을 해석하면서 이렇

---

[88] Koch, "Gestaltet die Erde", 36를 보라. 하나님이 그 자체로의 창조세계를 즐거워하심에 대해서는, McPherson, "Ecological Theology", 237이하를 보라.
[89] 앞의 101, 108-109를 보라.
[90] Sölle, *Arbeiten*, 12를 보라.
[91] Feuerbach, *Werke*, VI, 134를 보라.
[92] Westermann, *Genesis*, 221를 보라.

게 말한다. "이 두 가지는 함께 이루어져야 한다. 다시 말해, 땅을 경작할 뿐 아니라, 경작한 것을 또한 보호해야 한다."[93] 모든 일은 생산적인 측면뿐만 아니라 보호적인 측면이 있다. 따라서 경제 체제는 생태적 상호 의존이라는 생물학적 체계 안으로 통합되어야 한다.

완성으로서의 돌봄

자연을 생태적 불균형과 돌이킬 수 없는 손상으로부터 보호하는 것은 인간 이외 창조세계를 돌보는 일에서 중요한 차원이다. 그러나 돌봄의 이러한 차원은 그 자체만으로는 적절치 않다. 너무 정태적이고, 과거(회복)과 현재(보호)만을 배타적으로 지향하기 때문이다. 자연 돌봄의 올바른 개념은 역동적이고 미래 지향적인 차원을 지녀야 한다. 그 개념은 인간과 자연의 대면을 필연적으로 수반하는 **자연의 역사**가 존재함을 고려해야 한다. 문제는 단순히 어떻게 환경을 현재 존재하는 상태대로 보전할 것인가가 아니라, **인간과의 관계에서 비롯되는 변화에 종속되어 있는 인간 이외의 자연이 지닌 자연성을 어떻게 보전할 것인가**이다.

인간 일의 결과로 나오는 인간 이외 창조세계의 역사가 자연의 비자연화 역사로 변질되지 않게 하려면, 인간은 자연의 잠재력 실현을 **촉진**할 수 있는 조건을 창출하기 위해 자연의 숨겨진 성향에 세심한 주의를 기울여야 한다. 따라서 인간이 일의 대상인 인간 이외 창조세계와 협력해야 할 필요가 성립한다. 우리는 노동자가 고집 센 자연에 질서를 부여한다고만

---

[93] Luther, *WA*, 42, 77. 참고. Calvin의 진술은 다음과 같다. "땅을 소유한 사람, 거기서 매년 나오는 과실을 누리는 사람은 자신의 소홀함으로 땅이 해를 입지 않게 하고, 다만 그 땅을 자신이 받은 대로, 혹은 더 훌륭하게 가꾸어진 상태로 후손에게 물려주기 위해 노력하도록 하라.…모든 사람이 각자 자신이 소유한 모든 것에서 자신을 하나님의 청지기로 여기도록 하라. 그러면 그는 스스로 방탕하게 행하거나 하나님이 보전하게 하신 것들을 남용함으로써 타락하지 않을 것이다"(Calvin, *Genesis*, 125).

생각해서는 안 되며, "자신의 재료가 그 잠재력을 드러내도록 다정하게 설득하는" 방식으로 "그 재료와 일종의 대화"를 나눈다고 생각해야 한다.[94] 이 대화의 핵심은 작고 불완전한 방식이나마 자연이 장차 변화될 상태에 점점 더 부합하도록 자라가게 돕는 것이다. 이런 방식으로 우리는 미래 세대에 더 나은 지구를 물려줄 수 있을 것이다.[95]

자연환경과의 역동적이고 협력적인 관계는 성령론적 일 이해에 함축되어 있다. 성령은 일의 대상인 인간 이외 창조세계 안에 임재하시고 그 안에서 자유를 향한 갈망을 불러일으키신다. 같은 성령이 일하는 사람들에게 영감을 주시고 그들을 이끄신다. 인간만이 갖는 성령의 특별한 경험(구원의 첫 열매이신 성령)은 인간을 인간 이외 환경과 분리하는 역할이 아니라 연합시키는 역할을 한다. 구원의 첫 열매이신 성령을 소유하는 것은 인간을 인간 이외의 창조세계와의 연대로 이끌기 때문이다.[96] 성령의 영감 아래 일할 때, 인간은 자연이 "하나님의 자녀가 누릴 영광된 자유"에 참여하기를 간절히 기다리고 있음을 기억하면서 자연과 협력한다(롬 8:21).

땅을 정복하는 것에 대하여

자연을 돌보는 것에 대한 강조는 땅을 정복하라는 하나님의 명령(창 1:26-28)과 어떻게 조화를 이루는가? 성경 본문 자체는 자연을 다스릴 때 인간에게 이중의 책임이 주어진다는 것을 분명히 한다. 인간은 그들을 창조하시고 창조세계와의 교제 안에 두신 하나님께 대하여 책임이 있고, 또한 동료 인간에 대하여 책임이 있다.

---

94 예술가의 일에 대해, Wolterstorff, "Arts", 466. 참고. Jensen, "Materialismus", 253; Tödt, "Die Ambivalenz", 28; Altner, "Technisch-wissenschaftliche Welt", 96.
95 Caterwood, "Technology", 238를 보라.
96 Wilckens, *Römer*, II, 158; Balz, *Heilvertrauen*, 51.

첫째, 인간은 **하나님의 형상**으로 지어진 피조물로서 땅을 정복할 임무를 받았다. '도미니움 테라에'를 실행할 때, 그들은 "하나님이 그분의 세상을 다스리시는 방식으로 땅을 다스릴" 책임이 있는 하나님의 청지기로서 역할을 수행한다.[97] 시편 104편이 보여 주듯, 하나님은 자연을 폭력적으로 강탈하지 않으시며, 섭리로 돌보시며 자연을 지탱하신다. 인간은 인간 이외 창조세계를 "혹사함으로써 훼손"해서는 안 된다.[98] 인간이 자연을 지배하는 목적은 단순히 인간의 필요와 욕구를 만족시키는 것이 아니라, 인간 이외 창조세계의 존엄성을 보전하는 것이다.

돌봄이 '도미니움 테라에'의 본질적 성격이라고 단언하는 것은 창세기 구절에서 지배의 뜻으로 사용된 히브리어 단어들(*rdb*와 *kbš*)의 의미와 충돌하는 것처럼 보일 수 있다. 두 동사 모두 "명시적으로 거친, 거의 호전적인 어조"를 띠기 때문이다.[99] 그러나 문제는 그 단어들이 창세기 1장에서도 동일하게 공격적인 어조를 띠는가다. 첫째, 동물을 다스리는 것(*rdb*)은 먹기 위해 동물을 도살하는 옵션을 배제한다는 점을 지적해야 한다.[100] 인간과 함께 동물도 식물을 먹거리로 허락받았다(창 1:29). 더 나아가, 동사 *kbš*가 다른 관련 본문에서 사용된 예는(민 32:20-32; 수 18:1-2; 대상 22:18-19), 창세기에서 그 의미가 "발로 짓밟다"라는 일반적 의미가 아니라 "목축과 정착을 위해 땅을 사용하다"라는 의미일 수 있음을 시사한다.[101] 마지막으로, 땅을 정복하라는 명령을 통해 하나님의 **축복**이 실현될 것이며, 따라서 그 명령을 창조세계의 파괴를 승인하는 것으로 이해해서는 안 된다는 점

97　Liedke, *Im Bauch*, 137.
98　Calvin, *Genesis*, 125를 보라.
99　Zimmerli, "Arbeit", 43.
100　ibid., 또한 Westermann, *Genesis*, 159를 보라.
101　Koch, "Gestaltet die Erde", 28.

을 염두에 두어야 한다(창 1:28을 보라).¹⁰² 창세기 1:26이하의 신중한 석의는 하나님의 섭리적 돌봄을 반영하는 인간의 돌봄이 '도미니움 테라에'의 본질적 부분임을 드러낸다.

둘째, 인간이 하나님의 형상으로 창조될 때 그들은 고립된 개인이 아닌 남자와 여자의 공동체로 창조되었다(창 1:26이하). 자신의 형상으로 인간을 창조하신 하나님이 단일체가 아니라 세 분의 신적 위격의 공동체이신 것처럼, 인간 역시 고립된 존재가 아니라 사회적 존재다. 따라서 인간은 세대에서 세대로 이어지는 지구적 공동체로 이해할 수 있는 **인간 공동체 전체에 대해 책임 있는 태도를 가지고** '도미니움 테라에'를 수행해야 한다.¹⁰³ 개인, 개별 국가, 전 지구적 세대가 자연과 관련해 근본 없이 자기 욕구를 충족시키는 것은 '도미니움 테라에'의 공동체적 차원과 충돌한다.

하나님과 보편적 인간 공동체에 대한 인간의 이중 책임은, 성경적 전통에서 땅을 다스리는 행위가 단순히 기술력의 문제가 아님을 보여 준다. 이는 현대 초기의 철학자들이 우리를 설득하고자 한 바이기도 하다. 베이컨(Bacon)은 타락의 결과로 "인간이…순수의 상태에서 그리고 창조세계에 대한 지배력에서…낙오했다"는 것을 깨달았다. 그러나 그는 "순수는 종교와 신앙에 의해" 회복될 수 있다고 믿은 반면에, 지배력 회복은 "예술과 과학"으로 충분하다고 주장했다.¹⁰⁴ 그는 기술력 사용이 "건전한 이성과 참된 종교에 의해" 통제되어야 함을 인정했다.¹⁰⁵ 그러나 오래 걸리지 않아 현대 과학은 종교에서 해방되었고, 지배력은 고집 센 자연을 대상으로 거침

---

102 Westermann, *Schöpung*, 76이하를 보라.
103 *The Oxford Conference*, 100; *Rights*, 12-13를 보라. 또한, Locke, *Two Treatises*, I, §24이하를 보라.
104 Bacon, *New Organon*, 247-248. Leiss, *Dominion*, 49에서 재인용.
105 Bacon, *New Organon*, 115. Leiss, *Dominion*, 50에서 재인용.

없이 기술력을 사용하는 것으로 변질되었다.

우리는 자연에 대한 지배에서 종교적이고 윤리적인 차원을 다시 찾을 필요가 있다. 루터는 단순히 인간의 산업과 기술에 기인하는 지배는 열등한 종류의 지배라고 바르게 강조했다. 오직 '올곧은' 인간만이 자연에 대한 진정한 지배를 행할 수 있다.[106] 이것이, 예수께서 시험을 받으시는 동안 "들짐승과 함께" 지내셨지만 그들을 길들일 필요가 없었다는 진술의 핵심이다(막 1:13). 즉 (자기 강화를 위해 힘을 오용하려는 유혹을 정복하신) 그분이 들짐승과 나누신 교제는, 인간과 창조세계 사이의 종말론적 평화라는 의의 열매의 선행이었다(사 11:6-8; 65:25을 보라).

성령, 일, 인간의 필요

사람들이 한결같이 어떤 인지된 필요, 주로 물질적 제품의 필요에 대한 반응으로 일한다는 사실은 주변을 관찰하는 것으로도 충분히 알 수 있다. 그들은 생존 자체에 필요한 것을 얻기 위해 일한다. 역사를 통틀어 대부분 사람들은 가장 기본적인 필요를 충족시키기 위해 그들의 인생 내내 밤낮으로 일했다. 오늘날에도 많은 사람이 그렇게 한다. 그러나 노동 시간을 몇 분의 일만 사용해도 기본 필요를 충족시킬 수 있는 행운을 타고난 사람들조차, 사실은 대부분 자신들의 물질적 필요를 만족시키기 위해 언제나 일한다. 그들이 인간답게 살기 위해 필요하다고 **느끼는** 제품을 위해 일하는 것이다. 대부분 사람들에게는 필요가 목적이고, 일은 그 성취를 위한 필수 수단이다.

---

106   Luther, *WA*, 49-50.

성경이 일을 단순히 하나님에 대한 섬김으로 종교적으로 미화하거나 (성경 시대 메소포타미아 신화가 그런 것처럼)[107] 인간의 자기 발전 수단으로 보지 않고(마르크스처럼), 있는 그대로 인간의 일상적 필요와 연결시키는 것은 성경의 사실주의 덕분이다. 일을 곧 세상을 변화시키시는 하나님의 활동에 참여하는 것으로 이해할 수 있고 이해해야 하며, 인간이 일을 통해 그들의 잠재력을 완성시킨다고(혹은 퇴화시킨다고) 주장해야 한다는 것에는 의심할 여지가 없다. 그러나 인간의 일에 대한 그러한 고차원의 목적에 대해 생각하면서도, 모든 분야의 인간 일에서 가장 첫 번째 사안은 "일용할 양식과 그보다 살짝 더 많은 것에 대한" 인간의 필요라는 사실을 "슬쩍 넘어갈" 수는 없다.[108] 성경과 1세기 기독교 전통에서, 한 사람의 필요와 그 공동체(그중에서도 특히 [사회적인] 혜택을 누리지 못하는 이들)의 필요를 충족시키는 것은 명백하게 일의 가장 중요한 목적이었다.[109]

확장되는 필요

인간이 단순히 그들의 필요를 채우기 위해 일을 한다면, 인간의 필요에 대한 신학적 고찰은 필요하지 않을 것이다. 우리 자신과 다른 이들의 필요를 위해 일하라는 성경의 명령만으로도 충분하기 때문이다(살전 4:12b, NASB; 엡 4:28). 당장의 문제는 일을 할 수 있는 사람이 부당하게 다른 이들의 일에 기대어 살지 않고, 일을 할 수 없는 사람들 역시 그들의 기본적 필요를 채울 수 있어야 함을 분명히 하는 것이기 때문이다.

그러나 일과 인간의 필요 사이의 관계는 그보다 복잡하다. 이는 현대의

---

107 *Atra-Hasis*, 43이하를 보라.
108 Barth, *CD*, III/4, 525.
109 Preuß, "Arbeit", 616; von Harnack, *Mission*, 198를 보라.

고도로 생산적인 경제에서 일을 하는 사람들이 왜 경제적으로 낙후된 국가에서 사는 사람들과 똑같은 양의(종종 더 많은!) 시간을 '제품에 대한 필요'(또는 '제품 필요')를 보장하는 데 사용하는지만 질문해도 분명해진다.[110] 적어도 그 부분적인 이유는 전자의 경우 그들이 **느끼는** 제품 필요가 더 크기 때문이라는 것이다. 사회의 부가 증대될수록, 그 시민의 필요는 개발된다. 애덤 스미스가 지적했듯이, 필요는 "세 가지 검소한 필수품"(음식, 의복, 주거)으로부터 "취향의 섬세함과 정교함에 따른 [다양한] 편의품"을 포함하기까지 불어난다.[111]

필요의 역동적 성격은 특별히 인간에게 나타나는 현상이다.[112] 그것은 인간의 항구적인 자기 초월에 근거한다. 인간이 필요로 하는 것은 언제나 그들이 실제 가지고 있는 것과 실제 그들이 누구인가의 범위를 넘어선다. 따라서 그들은 오늘의 욕망이 순식간에 내일의 필요가 되어 버리는 끝없는 나선형 순환 속에서 살아간다. 문화에 따라 그 나선상의 이동은 더 느리게 혹은 더 빠르게 진행될 수 있다. 위를 향한 나선 순환 자체는 인간의 내재적 조건인 것처럼 보인다.

인간의 일을 신학적으로 고찰할 때, 우리는 인간의 필요가 본질적으로 역동적이며 확장된다는 점을 주지해야 할 뿐만 아니라, 현대 경제생활의 뿌리에 **인간 필요의 끝없는 확장**에 대한 강조가 자리잡고 있음을 이해해야 한다. 맞다. 특별히 인간의 필요가 갖는 역동적 성격 때문에, 자본주의와 사회주의 출현 이전의 문화에서도 필요는 영구적 평형 상태가 아니었

110　내가 '제품에 대한 필요' 또는 '제품 필요'라는 표현을 사용할 때, 이는 물질적 제품으로 만족되어야 하는 인간의 필요를 지칭한다.
111　Smith, *Lectures*, 160.
112　Kant, *Urteilskraft*, §83; Hegel, *Werke*, VII, §185 Zusatz.

다.[113] 그러나 그러한 대부분 문화에서, 덕이 있는 사람이란 필요가 적은 사람이었다. 제품 필요의 증대에 반대하는 중요한 윤리적 논증이 차례로 이어졌다. 그러나 자본주의의 출현으로 상황은 바뀌었다. 자유주의 유토피아는—그리고 이후 사회주의 유토피아 역시—인간의 필요가 끝없이 확장된다는 사실을 전제로 한다. 제품 필요의 끊임없는 증대를 긍정하는 것은 현대인들의 의식에 필수적인 부분이다. 즉, 탐욕은 현대성과 분리될 수 없는 것처럼 보인다.[114] 이것은 부분적으로 현대성이, 끝없는 성장이라는 그 자체의 '필요'를 만족시키고자 인간의 필요를 창출해 내는 경제에 근거하기 때문이다.[115]

그러나 탐욕은 현대 경제가 소비재 공급에서 이룬 바로 그 성공에 의해 도전받고 있다. 경제 위기는 제품에 대한 필요의 무한정한 확장에 어두운 그림자를 드리운다. 이는 스미스와 마르크스가(그리고 그들과 함께 소위 제1세계와 제2세계의 문명 전체가) 무시할 수 있다고 생각했던, 기독교의 영적 전통에서 나오는 부의 위험성에 대한 경고를 우리에게 강력하게 일깨워 준다. 생태 위기는 제품 필요의 증대를 제한할 것을 진지하게 고려하도록 만든다.

인간의 제품 필요가 증대되는 것을 한정해야 한다고 제안하는 것이 성장률 제로의 경제를 긍정한다는 의미는 아니다. 자연환경을 위험에 빠뜨리지 않고도 경제가 성장할 수 있는 유의미한 방법들이 있다. 그러나 이때의 경제 성장은 생태적 건강에 맞추어 조율되어야 한다.

---

113 몇몇 반대 예로는, Sahlins, *Stone-Age*, 1-39를 보라.
114 Ignatieff, *Needs*, 141를 보라.
115 Hegel은 이미 생산을 지속하기 위해 생산자에 의해 창출되는 소위 인공적 필요에 대해 고찰한 바 있다(Hegel, *Werke*, VII, §190, Zusatz; 또한 Marx, *Grundrisse*, 14를 보라). 우리 시대 '신좌파'(Habermas, Marcuse, Fromm)는 자본주의에 대한 그들의 비판에서 이러한 주제를 더 정교하게 발전시켰다. 이 문제에 대한 신학적 고찰은, Meeks, *God the Economist*, 157이하를 보라.

근본적인 필요

그러나 제품에 대한 필요를 줄여야 할지 말아야 할지를 어떻게 결정해야 할까? 그리고 만약 줄여야 하는 경우, 그 방법은 무엇인가? 나는 제품 필요를 인간의 필요에 대한 이론이라는 더 큰 틀 안에 위치시킬 필요가 있다고 제안한다.

인간의 근본적 필요를 간략하게 논하고 그것이 제품에 대한 필요와 어떤 관련이 있는지 보여 주기 전, 인간의 필요에 대한 기독교 이론의 한 가지 형식적 특성을 지적해야 한다. 인간의 필요에 대한 기독교 이론은 인간의 규범적 본성을 전제하기 때문에, 참된 필요와 거짓 필요를 구별하는 것은 합당할 뿐만 아니라 필수적이다. 따라서 플라톤의 『국가』(Republic)에서 "어떤 즐거움은 선하고 훌륭한 욕망의 충족이고, 다른 즐거움은 악한 욕망의 충족"이라는 주장에 "머리를 흔들면서 그 즐거움들은 전부 다 동일하고, 이 즐거움은 저 즐거움과 똑같이 선하다고 말하는" 청년의 반응과 상충한다.[116] 또한, 참된 필요와 거짓 필요의 구별을 단지 이념 논쟁에서 사용되는 (위험한) 도구로 생각하는 현대 많은 사회 철학자들의 입장과도 상충한다.[117]

제품에 대한 필요를 제한하는 방법

제품에 대한 필요가 확장되는 것을 제한하기 위해(그러한 제한이 필요하다면) 시도할 수 있는 방법은 많이 있다. 교회사 내내 우세한 방법은 이런저런 형태의 **금욕주의**를 설교하는 것이었다. 그러나 금욕주의는 인간 필요의 고유한 특색인 역동적 성격을 부정하며, 성경 전통 역시 잘못 해석한다. 성

---

116 Plato, *Republic*, 561.
117 Nielsen, "Needs", 142-143를 보라.

경 전통은 창조세계의 선함을 긍정함으로써 그것을 향유하는 것을 격려하기 때문이다(마 11:19; 딤전 6:17을 보라).

제품에 대한 필요를 제한하는 다른 방법은, 정부가 시민들에게 그들이 받아들일 수 있을 만한 필요의 구조를 강제하는 것이다. 이러한 생각에 대해 논평하면서, 이그나티에프(Ignatieff)는 "인간관계에서 다른 사람의 필요가 무엇인지를 그들 자신보다 더 잘 안다고 생각하는 것보다 더 위험한 억측은 없다"고 주장하면서 이를 거부한다.[118] 그러나 분명히 문제는 **아는 것** 자체가 아니다. 수립된 목표(건강이나 은퇴 보장성 같은) 달성을 위해 나에게 필요한 것을 전문가가 더 잘 안다는 사실에서 무엇이 잘못될 수 있는가? 그들이 아는 것 자체에는 문제가 전혀 없지만, 나의 선택과 상관없이 그 지식을 실행할 수 있는 **권력**을 갖는 것은 문제가 아주 많다. 정부가 시민들에게 필요의 구조를 강제하는 데 대해 두려워해야 할 점은 그것이 초래할 필요에 대한 독재이며, 이는 상상할 수 있는 최악의 형태의 독재 중 하나다.

인간의 필요가 갖는 역동적 성격과 필요 충족의 자유를 존중하고자 한다면, 제품에 대한 필요를 제한하기 위한 가장 분별 있는 방법은 사람들이 물질 생산을 통해 충족시킬 필요가 없는 다른 종류의 **근본적인 필요**를(이에 대해서는 뒤에서 설명할 것이다) 발견하고 발전시킬 수 있도록 돕는 것이다. 동시에 그러한 근본적인 필요를 충족시킬 가능성은 한 사람이 제품 필요를 책임감 있게 충족시킬 수 있는 한도를 결정하는 범주의 역할도 할 수 있다. 만약 제품 필요를 충족하고자 하는 노력이, 사람들의 인간성에 근본적이면서 제품에 대한 것이 아닌 필요를 충족하는 것을 불가능하게

---

[118] Ignatieff, *Needs*, 11.

또는 어렵게 만든다면, 제품 필요를 제한하는 것이 타당하다. 그러나 그런 경우가 아니라면, 제품에 대한 필요는 합당하게 확장될 수 있다.

근본적인 필요

제품에 대한 것이 아닌 근본적인 필요는 객관적으로 하나님의 형상으로 창조된 피조물로서 인간의 본성에 뿌리를 내리고 있지만, 주관적으로는 성령의 활동에 의해 깨어나고 만족된다. 사람들에게 제품 필요를 충족시키기 위해 일할 수 있는 힘을 주시는 같은 성령께서는 또한 그 제품 필요를 제한할 수도 있는 근본적인 필요를 충족시키도록 그들을 자극하신다. 따라서 성령론적인 일 이해는 제품에 대한 것이 아닌 필요를 희생하면서 제품에 대한 필요를 위해 일하는 것(소비주의)과 제품에 대한 필요를 위해 일하는 것을 희생하면서 제품에 대한 것이 아닌 필요를 충족하는 것(금욕주의) 양쪽 모두에 대해 문제를 제기해야 할 것이다.

제품 필요의 확장이 타당한지를 결정하는 범주로 기능해야 하는 인간의 근본적인 필요란 무엇인가? 본질적이며 인간학적으로 근거가 있는 필요 네 가지를 간략하게 제안하고, 그 필요들이 성령과 어떤 관련이 있는지 살펴보겠다.[119]

(1) 모든 인간의 필요 중에서 가장 본질적인 것은 하나님과의 교제에 대한 필요다. 아우구스티누스는 이렇게 쓴다. "나의 하나님, 나의 진정한 필요는 당신, 곧 영혼의 양식이신 당신에 관한 것임에도 불구하고, 이 허기를 깨닫지 못했습니다. 썩지 않을 양식에 대한 필요를 느끼지 못한 것은 그것을 배부르게 먹어서가 아니라, 그것을 먹지 못할수록 그것이 전혀 맛

---

119   이 주제를 더 발전시킨 것을 보려면, Volf, *Zukunft*, 152이하를 보라.

있어 보이지 않았기 때문입니다."[120] 주님의 발 곁에 앉아 그분의 가르침을 들었던 마리아는 "필요한 한 가지"(눅 10:42, 옮긴이 사역), '영혼'의 건강을 지키는 한 가지 일을 선택했다. 하나님의 임재 안에서 삶의 충만함을 경험하는 것은 물질적 부에 대한 채워지지 않는 욕망에서 사람들을 지켜 준다(사 55:2을 보라). 반면에, 성령의 임재가 하나님을 향한 필요를 깨우고 만족시킬 때, 그것은 "가장 극심한 물질적 결핍 가운데서도 진정한 부요와 넘침의 영역을 만들어 내며," "유용성은 잊혀지고 너그러움이 통치하는" 공간을 마련한다.[121]

(2) 인간이 **자연과의 연대**에 대한 필요를 발전시킨다면, 자연환경을 위험에 빠뜨리는 제품 필요의 증가는 제한될 수 있다. 성령의 임재는 이러한 필요를 발전시키고 키워 나가는 데 중요한 역할을 할 수 있다. 앞에서 언급했듯이, 성령은 인간과 자연이 모두 참여하게 될 종말론적 구속의 능력이시다.[122] 성령의 경험이 인간을 자연과 구분하는 만큼(인간만이 장차 올 영광의 첫 열매이신 성령을 소유하므로), 또한 인간 안에 자연과의 연대감을 만들어 낸다(자연과 함께 하나의 종말론적 새 창조에 속하게 될 인간의 운명을 의식하게 만들기 때문에). 이러한 이유로 성령의 능력을 경험한 사람들은 인간 이외의 창조세계가 파괴되는 것에 무관심할 수 없다.

(3) 인간은 서로의 안녕을 돌보는 것에 대한 필요 역시 개발해야 한다. 어둠에서 나와 하나님의 기이한 빛으로 들어가라는 성령의 부르심에 응답하는 사람들은 성령에 의해 **그리스도 안에서 한 몸**이 되고(고전 12:13), 사랑의 끈으로 결속된다. 서로 사랑하는 두 사람은 "상대방의 필요와 자기

---

120 Augustine, *Confessions*, II, 1.
121 Pieper, *Leisure*, 59.
122 앞의 227-229를 보라.

자신의 필요에 똑같이 반응할 것이며, 정말로 상대방의 필요가 곧 그 자신의 필요일 것"이라는 사실은 모두가 잘 안다.[123] 공동체의 성령께서 그리스도의 몸 안에 임재하실 때, 사람은 제품에 대한 필요를 충족시키고자 하는 개인주의적 추구에서 해방된다. 각 개인의 필요가 공동체의 필요가 되고, 공동체의 필요가 각 개인의 필요가 되기 때문이다.[124]

(4) 인간의 발전에 대한 필요는 제품 필요의 확산에 대한 또 다른 범주로서 기능한다. 신약성경에서 가장 중요한 발전은 두 수준에서 일어난다. 즉, 윤리적 수용력의 발전과 실제적이고 지적인 기술의 발전이다. 이러한 두 수준 모두에서, 인간의 발전은 성령의 작업을 통해─첫 번째 수준에서는 '성령의 열매'를 자라게 함으로써, 두 번째 수준에서는 '성령의 은사'에 새롭게 불을 지핌으로써─일어난다.[125] 건강한 생활을 영위하기 위해 필요한 것 이상으로 제품에 대한 필요가 확장되는 것은, 오직 그러한 확장이 일하는 사람에게서 발전의 기회를 박탈하지 않을 때에만 타당하다.

(5) 네 가지 근본적인 필요 모두는 단일한 보편적 필요, 곧 **자유의 왕국인 새 창조**의 필요에 근거한다. **하나님에 대한 필요**와 관련해, 자유의 왕국은 "얼굴과 얼굴을 마주하여" 보고 "하나님께서 나를 아신 것과 같이" 온전히 그분을 알게 되는(고전 13:12), 하나님과 완벽한 교제를 누리는 나라다. **자연과의 연대에 대한 필요**와 관련해, 그 나라는 썩어짐에서 해방된 인간과 자연 사이에 평화가 이루어진 나라이며, 인간이 자연과 더불어 하나님의 영광에 참여하는 나라다(롬 8:19이하; 사 11:6-7; 65:25). **동료 인간의 필요**와 관련해, 그것은 서로 부정하지 않은 교제를 나누는 나라, "모든 것이

---

123 Maslow, *Personality*, 99.
124 인류 전체의 선을 위해 일하는 것에 대한 고찰을 더 보려면, 뒤의 294-308를 보라.
125 앞의 208를 보라.

완전한 조화를 이루도록 묶어 주는 사랑"(골 3:14, 옮긴이 사역)의 나라다. **개인의 발전에 대한 필요**와 관련해, 그것은 삶이 "아직 실현되지 않은 가능성에 열려 있기 위해서만 실현되는" 나라다.[126]

제품에 대한 필요의 확장과 제한은 새 창조의 필요라는 더 넓은 맥락 안에 놓여야 한다. 제품 필요를 만족시키고자 애쓰는 것은 오직 그것이 이러한 새 창조의 필요를 만족시키는 것을 가로막지 않을 때에만 타당하다. 그러나 새 창조는 단순히 제품 필요 충족에 대한 윤리적 기준 이상이다. 성령에 의해 일깨워지고 살아 있도록 유지되는 새 창조에 대한 필요, 그리고 성령의 임재 안에서 가능한 새 창조의 선행적 경험은 우리가 제품 필요의 충족이라는 끝없는 나선 순환에 매이지 않게 보호해 준다. 예수께서 이렇게 말씀하셨기 때문이다. "너희는 먼저 하나님의 나라와 하나님의 의를 구하여라. 그리하면 이 모든 것을 너희에게 더하여 주실 것이다"(마 6:33).

첨언: 성령, 일, 실업

오늘날 경제 선진국에서 1980년대 초기의 높은 실업률은 이미 지나간 일이다. 그러나 실업 문제를 그냥 지나치는 것은 실수일 것이다. 적절한 구조적·사회적·경제적 변화 없이 급속하게 이루어지는 기술 발전이 높은 실업률을 초래할 것인가라는 문제에 대해서는[127] 의견이 일치하지 않더라도, 또 다른 높은 실업률의 여파가 몰려오리란 것은 거의 확실하게 예상할 수 있다.

---

126 Jüngel, "Eschatologie", §10.1. 마지막 문단은 Volf, *Zukunft*, 157-158에서 가져왔다.
127 다른 의견으로는, 참고. Langan, "Nature of Work", 130.

경제 선진국에서 높은 실업률은 미래의 위협이다. 그러나 한편 수많은 개발 도상국에서는 지금 당장의 현실이다. 예를 들면 (2,300만 인구의) 상대적으로 소국인 유고슬라비아에서 150만 명이 일자리를 구하고 있다. 만약 정부가 꼭 필요한 경제 구조 개혁을 실행한다면, 또 다른 150만 명이 일자리를 잃을 것으로 예상된다. 실업의 높은 개인적·사회적 비용을 감안할 때,[128] 이 문제를 고려할 이유는 충분하다.

이 책에서 지금까지 해 온 것처럼, 여기서도 사회적·경제적 정책과 관련된 문제는 다루지 않을 것이다(물론 그것은 그러한 문제가 중요하지 않다고 생각해서가 아니라, 내게 그 주제를 다룰 만한 능력이 없다고 보기 때문이다). 오직 실업 문제를 다루기 위해 성령론적 일 이해가 갖고 있는 자원에 대해 두 가지만 언급하고자 한다. 이것은 실업 문제에 대한 나의 유일한 명시적 언급이 될 것이다. 사안의 중대성과 비교할 때, 이것은 아주 시시하게 보일 수도 있다. 그러나 실업 문제가 좋은 일의 문제와 분리될 수 없다는 것이 사실이라면,[129] 나의 일의 신학 전체는 실업 문제 해결에 간접적으로 기여한다. 내가 일과 인간의 관계, 즉 일과 인간의 본성, 품요, 여가의 관계, 일과 자연환경의 관계에 대해 말한 것, 그리고 일의 소외와 인간화에 대해 앞으로 말할 것에서 실업 문제에 관한 결론을 도출하는 임무는 독자의 몫으로 남기겠다.

성령론적 일 이해는 은사를 기반으로 하는 활동의 공시적 다원성을 가정하기 때문에, 사람들이 실업 문제를 주관적으로 다루는 것을 도움으로써 중요한 공헌을 한다. 많은 실업자에게 실업으로 인한 재정적 어려움이 "공허와 지루함이라는 윤리적 고충" 그리고 "공동체의 일반적인 삶과 복지

---

128 앞의 71-73를 보라.
129 Sölle, *Arbeiten*, 135를 보라.

에 기여할 기회를 부여받지 못하는 영적인 고충"보다 더 크다고 할 수 없기 때문이다.[130] 역사적인 옥스퍼드 회의(1937년)는 장기간의 실업은 "실업자의 마음속에 자신이 쓸모없다거나 심지어 폐를 끼치는 존재라는 느낌을 갖게 하고 자신의 인생에 어떤 의미도 없다고 생각하게 만드는 경향이 있다"고 바르게 강조한다. 계속해서 "이런 상황은 실업 보조 조치로는 해결될 수 없는데, 인간으로서의 자존감을 파괴하는 것은 의미 있는 활동의 결여이기 때문"임을 지적한다.[131]

일을 소명으로 이해하는 입장은 이후 루터교에 의해 발전된 것처럼, 인간의 중요한 활동을 취업으로 축소하기 때문에 이러한 문제를 심각하게 악화시킨다.[132] 성령론적 일 이해는 실업과 관련된 상황을 다룰 수 있는 더 좋은 조건을 갖추고 있다. 성령론적 일 이해에서는, 실업자라 해도 모든 은사를 상실한 것은 아니기 때문에 하나님께서 맡기신 유의미한 활동 없이 남겨진 것이 아니다. 단지 그 사람은 자신의 다양한 은사 중에서 한 가지 특정한—가장 중요한 것이 아닐 수도 있는—은사를 가지고 하나님과 동료 피조물을 섬길 수 없게 되었을 뿐이다. 실업 상태라는 것은 일이 없음을 의미하는 것이 아니라, 다른 유의미한 일을 위해 자유롭다는 의미일 수도 있다.

실업자로 하여금 문제를 주관적으로 다룰 수 있도록 돕는다고 해서 실업 문제가 해결되지 않는 것은 분명하다. 새로운 일자리 창출이나 유효한 일자리의 공평한 분배 등 객관적으로 이 문제를 다루는 것 역시 필요하다. 성령론적 일 이해는 취업에 부여된 과도한 가치에 문제를 제기함으로

---

130 W. Temple. Stott, *Issues*, 163에서 재인용.
131 *The Oxford Conference*, 91-92.
132 앞의 174-176를 보라.

써 일의 공평한 분배에 간접적으로 기여한다. 첫째, 성령론적 일 이해는 취업을 한 사람이 세상의 영역에서 활동할 수 있는, 각각 비슷한 가치를 갖는 여러 방식 중 하나로 봄으로써 그것을 상대화한다. 둘째, 성령론적 일 이해는 취업을 개인의 교회 활동과 같은 토대에 놓음으로써 그것을 상대화한다. 일을 소명으로 이해하는 관점이 주장하는 것처럼, (사역이 전문 사역자의 **유일한** 임무이듯) 취업이 평범한 그리스도인의 **유일한** 임무(*the* task)일 필요는 없다. 취업은 그저 하나님이 정하신 **하나의** 임무(*a* task)일 수 있다. 내가 정의했듯이, **은사**는 교회와 세상 양쪽 모두에서의 활동과 관련이 있다. 맞다. 루터도 소명 개념을 세상과 교회의 활동 양쪽 모두에 적용했다. 그러나 소명의 공시적 다원성을 인정하지 않았기 때문에, 세상과 교회에서 소명의 개인 **간**(interpersonal) 분배만 생각할 수 있었다. 즉 한 개인은 사역으로 부르심 받든지, 세속의 일로 부르심 받든지 **둘 중 하나**라는 것이다. 성령론적 일 이해는 활동들의 개인 **내부의**(intrapersonal) 분배를 인정한다. 성령론적 일 이해는 전문화의 필요성을 부정하지 않으면서도, 모든 그리스도인이 동시에 다른 은사들을 가질 수 있고, 교회의 성숙과 세상의 변혁에 기여할 수 있음을 강조한다.

6장   일에서 발생하는 소외와 일의 인간화

내가 '소외를 야기하는 일'이라는 표현을 쓸 때, 이는 인간 실존의 근본 차원으로서 일이 어떤 것이어야 하는지와 실제로 일이 노동자들에게 어떻게 수행되고 경험되는지 간의 심각한 불일치를 지칭한다. 이러한 불일치는 19세기 초반, 인간에 대한 이해와 인간 일의 특성에서 일어난 변화로 인해 가장 강렬하게 느껴졌다. 일은 인간의 본질 자체라고 선언되었지만(마르크스), 하루 16시간 혹은 그 이상의 노동은 사람들의 정신을 멍하게 만들었고 몸을 망가뜨렸다. 그 시기 이후로, 경제 선진국에서는 노동자의 고통을 경감하기 위한 많은 조치가 취해졌다. 일의 성격이 노동자의 본성과 더 잘 조화를 이루도록 다양한 형태로 일의 인간화와 노동 보호 법안이 실행되었다. 그러나 전 세계적으로 일에 대한 누그러지지 않는 불만이 보여 주듯, 여전히 소외의 문제는 인간의 일 대부분에 어두운 그림자처럼 늘 따라다닌다.

   이번 장에서 나는 현대 일의 세계에 존재하는 이러한 어두운 이면에 대해 성령론적 일 이해가 갖는 함축 의미를 끌어내고자 한다.[1] 현대 세계에서 소외를 야기하는 일의 주요 형태를 조사할 것이고, 그런 다음 그리스도인이 경주할 목표인 인간화된 일이라는 무대 배경에 그것을 비추어 볼 것이다. 그러나 이러한 핵심 사안에 접근하기 전, 그것을 중심으로 어지럽게 흩어져 있는 사안들을 유형별로 정리하고자 한다. 따라서 소외가 노동자의 주관적 경험만 배타적으로 지칭하는지, 아니면 어떤 객관적 실재를 지칭하는지 먼저 살펴볼 것이다. 이는 일에서 나타나는 소외의 특징에 관한 현대의 논의에서 핵심적인 사안이자 가장 치열하게 논쟁을 일으키는 문제다. 둘째, 그리스도인이 소외를 야기하는 일의 문제에 관심을 가져야 하는 (또는 갖지 말아야 하는) 이유를 살펴볼 것이다.

소외의 특징

소외가 노동자가 스스로 일에 대해 느끼는 감정적 반응과 상관없이 상정될 수 있는 객관적 실재인가 아닌가에 관한 문제는, 소외를 야기하는 일에 대한 현대의 논쟁에서 피할 수 없는 사안처럼 보이기도 하고, 만약 저자가 그것을 명시적으로 다루고자 하지 않을 때는 기저에 중요하게 깔려 있기도 한다. 이유를 찾는 것은 어렵지 않다. 이 문제에 대한 답이 소외를 야기하는 일 문제에 대한 기본적 접근 방식을 결정하기 때문이다. 다시 말해, 오직 노동자의 만족을 위해 노력할 것인지, 아니면 그들의 일이 그들의 본성과 조화를 이루게 만들도록 노력할 것인지(바라건대, 이는 노동자가 만족을 느낄 좋은 이유이기도 할 것이다)를 결정하는 것이다.

---

1 여기서 나는, 이전에 내가 Marx의 소외 개념과의 비판적 대화를 통해 발전시켰던 일의 소외와 인간화에 대한 몇 가지 기본적인 생각을 더 세밀하게 발전시킬 것이다(Volf, *Zukunft*, 126-140).

직업 만족

오늘날 일에서의 소외를 노동자의 본성과 그가 하는 일의 성격 간의 객관적인 불일치로 다루지 않고, 특정한 일 역할에 대한 전반적으로 부정적인 정서적 반응으로 보려는 경향이 강하다.[2] 따라서 일에서 야기되는 소외의 문제는 직업 만족의 문제가 된다.[3] 콘(Kohn)은 일에서 발생하는 소외의 중요한 한 측면에 대해 이렇게 언급한다. "우리가 평가하려는 것은 무력하다는 사실이 아닌 무력하다는 *느낌*이다."[4] 생산성 증가에 대한 관심에서건 일에서의 불만족이 삶의 다른 영역으로 흘러 들어가는 것에 대한 두려움에서건 혹은 직업 만족을 본질적으로 가치 있게 여기기 때문이건, 현대 사회과학자들은 일에 대한 만족과 불만족에 영향을 주는 내재적 요인과 외재적 요인을 밝힌 뒤, 전자는 늘리고 후자는 줄일 수 있는 방법을 제안하고자 심혈을 기울인다.

어느 정도는 이러한 접근법에 특별히 문제를 제기하고 싶지 않을 수도 있다. "모든 인간이 행복을 지향하는 것처럼, 모든 노동자도 일에서 즐거움을 지향한다는" 것과[5] 일에서 좌절보다는 만족감을 느끼는 것이 바람직하다는 것, 두 사실 모두 반박의 여지가 없기 때문에 우리는 사람들이 "힘든 일을 하면서도 즐거움을 누리도록" 도와야 한다(전 5:19, 옮긴이 사역). 일은 "즐겁고 기쁨으로 충만한" 것이 되어야 한다.[6] 결국, 보통 사람의 깨어 있는 시간 대부분을 채우는 것은 일이다. 그러나 일에 대한 만족을 고려하는 것으로 충분한가?

---

2 Hall, *Work*, 92이하를 보라.
3 예를 들면, Jahoda, *Arbeit*, 106를 보라.
4 Kohn, "Occupational Structure", 86-87. 강조 추가.
5 de Man, *Work*, 11.
6 Calvin이 에덴동산에서 아담의 일에 대해 말한 것(Calvin, *Genesis*, 125).

불만의 형태로 발생하는 일에서의 소외를 다룰 때 한 가지 문제점은 노동자의 만족감과 그들이 하는 일의 특성 간의 상관관계가 관측상으로는 부족하다는 것이다. 한편으로, (일의 인간화에서 상호 연결된 두 측면인) 일의 실질적 복잡성과 노동자의 자기주도성이 증대할 때 이에 상응하여 노동자의 만족도 증가로 이어지지 않는 경우가 많다.[7] 이와 유사하게, 참여와 자기 발전을 고무하는 공동체 형식의 조직에 평생 고용되어 일하는 일본 노동자는 일에 대한 만족도가 가장 높을 것이라고 예상할 수 있다. 사실, 여러 연구는 그들이 "세상에서 만족도가 가장 낮은 노동자"일 수 있음을 시사한다.[8]

사람들이 자신의 일에 만족할 만한 충분한 이유에도 불구하고 만족하지 않는 경향이 있다고 해서, 소외의 문제를 불만족의 문제로 다루지 말아야 하는 것은 아니다. 다만 그러한 경향이 입증하는 것은, 직업 불만족에 대한 관심을 그러한 불만의 원인을 제공하는지도 모를 삶의 다른 영역으로 확대할 필요가 있다는 것이다. 그러나 정반대의 경향 역시 존재한다. 사람들은 자신의 일에 심오한 중요성을 부여하는 경향이 있기 때문에, 이미 행한 일의 실제 중요성이나 질과 관련해 객관적 이유가 전혀 없을 때에도 자신의 일에 만족한다고 주장하기도 한다. 사람들은 인생에서 실패를 인정하기를 주저하고 따라서 직업에 대한 불만을 억누르기에,[9] "일과 즐거운 노예 관계"를 맺는 것이 충분히 가능하다.[10] 일에서의 소외가 곧 일에 대한 불만족은 아니다.[11] 다시 말해, 불만을 느끼지 않더라도 명백하게 소

---

7   이것을 일의 실질적 복잡성이 증가할 때 경우에 따라 노동자의 만족도는 증가하지 않음을 함축하는 것으로 받아들여서는 안 된다(Friedmann, *Work*, 14).
8   Kono, *Japanese Enterprise*, 332.
9   Hall, *Work*, 92.
10 Marx, *MEW*, III, 52.
11 Anthony, *Ideology*, 227.

외될 수 있다.

물론 사람들의 감정과 거기에 수반되는 직업 선호는 존중해야 하지만, 그러한 감정과 선호가 객관적으로 잘못되었을 때 그것이 잘못되었다고 주장하는 것 역시 정당하게 받아들여져야 한다. 자신의 직업이 소외를 야기하고 있음에도 불구하고 거기에 만족해서는 안 된다.[12] 직업 만족에만 집중하는 소외 이론은 사람들의 감정과 선호를 넘어서는 이러한 필수적인 단계로 나아가지 못한다.

노동자의 본성과 일의 성격

현대에 소외의 주관적 개념이 우세한 주된 이유는, 소외의 객관적 개념이 상정하듯이 인간의 규범적 본성(적어도 일부는 특정 문화에 영향 받지 않는 고정적 특성을 지니는)이 존재한다는 생각을 일반적으로 싫어하기 때문이다.[13] 그러나 기독교 신학자는 규범적 인간 이해에 대한 책무가 있으므로,[14] 소외의 객관적 성격을 역설해야 할 것이다. 일은 하나님이 인간의 본성에 대해 의도하신 바에 부합하지 않을 때 소외를 야기한다. 이후에 보여 주고자 노력하겠지만, 소외의 다양한 형태는 일이 인간의 본성을 부정하는 다양한 방식을 드러낸다. 따라서 소외를 야기하는 일과 싸우는 일차 목표가 단순히 사람들이 일에서 느끼는 좌절감을 해결하도록 돕는 것이어서는 안 된다(그것 역시 필요하기는 하지만). 일의 특성이 변화되어야 하는 것은 일차적으로 노동자의 감정에 맞추기 위해서가 아니라 그들의 본성에 부합하기 위해서다. 그러한 일의 변화 없이는, 일에서 야기되는 소외는 극복되는 것이

---

12 소외에도 불구하고 즐거움을 느끼는 것에 대해서는, Volf, *Zukunft*, 141를 보라.
13 Seeman, "Alienation Motif", 172-173를 보라.
14 앞의 205-212를 보라.

아니라 가려질 뿐이다.

그럼에도, 소외에 대한 객관적 이해의 진술이 노동자의 주관적 의식 상태를 고려하지 않은 채 이루어져서는 안 된다. 소외를 야기하는 일은 단지 일 역할의 성격과 노동자의 객관적 본성 사이의 불일치 문제만은 아니다. 노동자의 태도와도 관련된다. 단지 수단으로 취급받는 일을 예로 들어 보자. 이는 이후에 내가 분석하고자 하는, 소외를 야기하는 일의 형태다.[15] 일을 단지 수단으로 여기는 것을 조장하지 않는 방식으로 일을 조직할 수는 있지만, 이러한 형태의 소외를 완전히 배제하도록 공동 작업을 조직하는 것은 불가능하다. 소외를 야기하는 일은 때로 그 일의 구조에서 비롯된 것이 아닌 노동자의 태도에서 기인하기도 한다.

만약 일의 객관적 특성과 무관하게 소외가 존재한다면, 그것은 소외가 단순히 주관적 현상이라는 의미는 아니다. 그것은 개인의 주관적 태도에 기인한다는 의미에서 주관적이다. 그러나 이러한 태도가 소외를 야기하는지 아닌지를 판단하는 기준은 관련된 개인에게서 나오는 것이 아니라(일에 대한 그 사람의 정서적 반응이 긍정적인지 부정적인지로써), 인간 본성의 어떤 특징에 근거하며 그렇기에 객관적이다. 위에서 들었던 예로 다시 돌아가면, 일을 단지 수단으로 취급하는 것은—그 원인이 일의 객관적 특성에 있든 그 사람의 주관적 정신 상태에 있든—소외를 조장하는데, 이는 단순히 일을 즐기지 못하게 만들기 때문이 아니라 일이 인간 실존의 근본적 차원이기 때문이다.[16]

종종 소외는 일과 인간 본성의 불일치가 아니라 일과 개인적 **성향**의 불일치에 관한 문제다. 인간 본성과 관련해, 신학을 하는 것과 신학 기관의

---

15 뒤의 308이하를 보라.
16 뒤의 311-312를 보라.

행정을 담당하는 임무는 똑같이 소외를 야기하지 않는 일일 수 있다. 그러나 신학을 하고 싶어 하는 성향이 강함에도 불구하고, 어떤 고상한(혹은 고상하지 않은) 이유로 그 사람이 아주 싫어하는 직업인 행정가가 된 사람은 아마도 일에서 만족을 느끼지 못할 것이다. 그런 사람에 대해 자기 소외 상태라고 말하는 것은 타당하다고 볼 수 있다. 이때의 소외는 (그 사람의 본성 면에서) 인간으로서의 자기 자신이 아니라, (그 사람의 정체성 면에서) 개인으로서의 자기 자신으로부터 소외된 것이기는 하지단 말이다. 일을 연구하는 사회학자들이 '적합성'(fit) 가설이라고 부르는 것을[17] 다르게 표현하면, 일에서의 소외를 줄이는 것은 일을 인간 본성과 맞출 뿐 아니라, 다양한 개인적 성향을 가진 사람들을 그들에게 어울리는(바라기로는 인간의 본성과도 어울리는) 일 역할과 맞추는 것 둘 다를 항상 포함한다고 말할 수 있다.

그 원인이 주관적인 것이든 객관적인 것이든, 소외는 그 사람이 인식하지 못한 채 발생할 수 있다. 그러나 소외되지 않았는데 소외되었다고 느낄 수는 없다. 일에서 만족을 느끼는 것이 소외의 부재를 나타내는 틀림없는 지표가 될 수는 없지만, 일에서 불만을 느끼는 것은 소외가 존재함을 나타내는 분명한 지표다. 자기 인식은 인간 정체성의 본질적인 부분이기 때문에, 자신이 소외되었다고 인식하는 사람은 **실제로** 소외된 것이다. 따라서 **일에 대한 부정적인 정서적 반응**은 일의 특성과 인간 본성이 불일치하지 않을 때에도 소외의 틀림없는 지표다. 물론 소외의 원인이 반드시 삶에서 소외를 느끼는 그 영역 안에 있을 필요는 없다. 인생에 대한 일반적인 만족감에 중요하게 기여하는, 일을 제외한 삶의 다른 영역에서(가족 관계나 삶의 목적에 대한 인식 같은) 느끼는 불만족은 종종 다른 곳으로 흘러들고,

---

17 '적합성' 가설은 노동자의 개인 특성을 직무 특성과 적합하게 맞출 필요성을 강조한다(Hall, Work, 96이하).

설사 일 자체에서는 객관적으로 소외가 일어나지 않더라도 일에 대한 불만족을 일으킨다.

소외에 관심을 가져야 할 이유

앞에서 일에서의 소외의 특성을 논하면서, 나는 간단하게 그리스도인이 이 문제에 관심을 가져야 하고 그 극복을 위해 노력해야 한다고 가정했다. 그러나 이 문제에 관심을 가져야 하는 근거는 무엇인가? 이 질문에 답하기 위해, 나는 먼저 오늘날 일반적으로 제시되는 두 가지 이유를 살펴보고, 이를 기독교적 인간 이해와 구원론이 함축하는 이유들과 대조할 것이다.

소외를 야기하는 일, 경제적 진보, 보편적 해방

우리는 애덤 스미스처럼 경제적 진보에 대한 헌신이라는 맥락에서 소외를 야기하는 일의 문제에 접근할 수 있다. 앞에서 지적한 대로,[18] 스미스는 경제적 진보에 대한 양면적 신념 때문에 소외가 자본주의 경제와 분리될 수 없다고 생각했다. 즉 첫째로 그는 경제적 진보를 문화와 문명의 진보를 위한 필수적 선취 조건으로 여겼다. 둘째로 그는 소외를 야기하는 노동 분화 없이는 경제적 진보가 일어날 수 없다고 믿었다. 그는 오직 노동 분화만이 경제적 진보를 가져올 수 있기 때문에, 소외를 야기하는 노동 분화가 장기적인 관점에서 볼 때 노동자들에게 가장 큰 이득을 줄 것이라고 믿었.

테일러리즘(Taylorism, 노동 표준화를 통해 생산의 효율성을 높이고자 한 노동 관리 기법—옮긴이)의 실패로, 현대의 스미스 추종자들은 적어도 노동의 세

---

[18] 앞의 94-97를 보라.

분화가 항상 더 높은 생산성을 가져오지는 않는다는 것에 동의하게 되었다. 그러나 경제 진보에 대한 그들의 기본적인 헌신 때문에(그 자체를 목적으로 하든, 다른 어떤 훌륭한 목적을 위한 필수적 수단으로서든), 그들이 소외를 야기하는 일의 근절에 관심을 갖는 것은 한결같이 오직 그 일을 하지 않음으로써 노동자의 만족도나 기술이 올라가 결국 생산성 증가에 기여하는 경우에 한한다 .

그리스도인들은 창조세계의 선함을 믿기 때문에, 기본적으로 경제의 진보를 긍정할 것이다(그러한 진보가 인간의 근본적인 필요 충족과 어떤 관계인지에 따라 그것을 평가하겠지만).[19] 만약 노동의 세분화가 경제적 진보를 가로막는다면, 이는 세분화를 제거해야 할 합당한 이유가 된다. 그러나 경제적 진보가 그리스도인이 노동자 소외에 관심을 가져야 할 주된 이유일 수는 없다. 소외가 문제가 되는 것은 단지 그것이 경제적 산출량 증가를 잠재적으로 방해하기 때문이 아니라, 무엇보다 인간 본성에 대한 공격이기 때문이다. 소외를 야기하는 일의 문제는 생산성에 가져오는 결과가 아닌, 생산자에게 가져오는 결과와 더 관련이 있다.

스미스와는 다르게, 카를 마르크스는 소외를 야기하는 일이 인간에게 미치는 영향에 대해 격분했다. 그의 이론 체계의 상당 부분이, 일에서의 소외가 인간의 고충 전체의 근본 원인이라는 아주 놀랍고도 큰 영향력을 끼친 주장에 기초하고 있을 정도였다. 즉 그는 "인간의 노예 상태 전체가 노동자가 생산과 맺는 관계 안에 포함되어 있고, 모든 노예적 관계는 이러한 관계의 변형이거나 결과"라고 보았다.[20] 해방과 관련해, 인간의 곤경에

---

19 앞의 239-244를 보라.
20 Marx, *MEWEB*, 1, 521. Marx가 모든 소외를 경제적 소외로 환원하여 추적하는 것의 문제에 대해서는, Volf, *Zukunft*, 46-47, 53-54를 보라.

대한 이러한 이해는 "노동자 해방은 보편적 인간 해방을 포함한다"는 것을 암시한다.[21]

일이 끊임없이 발전하는 인간의 '본질'을 구성한다는 마르크스의 인간론 신념을 고려할 때, 그의 추론은 설득력 있다. 앞에서 주장했듯이, 기독교 인간론에서 인간을 인간 **되게** 하는 것은 인간의 일(혹은 다른 어떤 인간의 활동)이 아니라 하나님이 인간과 맺으시는 인격적 관계다. 결과적으로, 소외의 근본 형태는 소외를 야기하는 일이 아니라, 하나님으로부터의 소외다. 전통적인 신학 언어로 표현하면, 하나님께 대한 죄는 존재론적으로(반드시 시간적으로는 아니어도) 인간의 다른 모든 형태의 죄와 비참보다 우선한다. 인간이 자기 자신, 동료 인간, 자연과 맺는 관계에서 야기되는 다양한 형태의 소외는 궁극적으로 하나님으로부터의 근본적 소외의 결과다.

하나님으로부터의 소외가 일에서의 소외에 우선한다는 것은 세 가지 중요한 함축 의미가 있다. 첫째, 소외를 야기하는 일을 극복하려는 시도가 어떤 성공을 거둘 수 있을지라도 거기에 너무 큰 기대를 해서는 안 된다. 그 성공은 인간을 보편적 해방의 절정으로 끌어올릴 수 있을 만큼 인간의 심오한 곤경에 닿지 못한다. 둘째, 보다 소박한 목표를 세우고 일을 인간화하려는 시도 역시, 삶의 다른 영역에서 일어나는 소외(특히 하나님으로부터의 소외)에 주의를 기울이지 않은 채 일의 인간화 자체에만 집중한다면, 훨씬 덜 성공적일 것이다. 하나님으로부터의 소외는 필연적으로 일에서의 소외로 이어지기 때문에, 일의 온전한 인간화를 이루기 위해서는 하나님으로부터의 소외를 극복해야 한다. 일이 인간화되려면 일하는 개인 자신이 '인간화'되어야만 하며, 특히 이는 하나님과 올바른 관계를 키워 감으로써 이

21　Marx, *MEWEB*, I, 521.

루어진다. 셋째, 하나님으로부터의 소외는 오직 새 창조에서만 극복될 수 있으므로, 일을 인간화하려는 모든 노력은 오직 부분적으로만 성공할 수 있다.

소외를 야기하는 일과 새 창조의 선행

그리스도인은 일에서의 소외를 줄이기 위해 노력할 것이다. 일을 인간화하려는 노력의 모든 성공은 종말론적 새 창조를 (작은 규모로 그리고 역사의 조건 아래에서) 선행하기 때문이다. 나는 일을, 하나님이 행하시는 종말론적 세상 변혁에 인간이 선행적으로 협력하는 것으로 이해해야 한다고 주장함으로써[22] 소외를 줄이기 위한 노력 역시 같은 논리로 이해해야 함을 함축적으로 주장했기 때문에, 여기서는 오직 이러한 주장을 뒷받침하는 핵심 성경 구절만 제시하겠다.

소외에 대한 성경적 비판

구약과 신약에 나오는 두 번의 주요한 구원 사건은 적어도 부분적으로 소외를 야기하는 일의 문제와 관련이 있다. 구약에서, 하나님은 이스라엘 민족이 **강제 노동과 노역**에서 해방될 때(출 1:13-14) 이스라엘에게 자신을 야훼로 드러내셨다. 이스라엘 민족은 매년 '역사적 신조'를 낭송함으로써 그들의 해방을 의례의 형태로 되새겼다. "그러자 이집트 사람이…우리에게 강제 노동을 시켰습니다. 그래서 우리가…하나님께…부르짖었더니, 주님께서…우리를 이집트에서 인도하여 내셨습니다"(신 26:6-8). 해방에 관한 역사의 반복적 암송은 이스라엘 민족 안에서 행해지는 강제 노동을 암묵적

---

22 앞의 160-164를 보라.

으로 계속 비판하는 기능을 했다. 거룩함의 계율은 하나님이 이스라엘을 해방시키신 것을 이스라엘이 그들의 이웃을 억압하면 안 되는 이유로 만든다. 즉, "너희 곁에 사는 동족 가운데서, 누군가가 가난하게 되어서 너희에게 종으로 팔려 왔어도 너희는 그를 종 부리듯 해서는 안 된다.…그들은 내가 이집트 땅에서 이끌어 낸 나의 품꾼이므로…너희는 그를 고되게 부려서도 안 된다. 모름지기 너희는 하나님 두려운 줄을 알아야 한다"(레 25:39이하).

이집트의 강제 노동에서 해방된 과거의 경험에 근거해, 구약 선지자들은 이웃을 착취하는 자들을 맹렬하게 비난했다. 소외를 야기한 노동에 대한 선지자의 비판을 보여 주는 좋은 예는 예레미야가 다윗의 후손 여호야김 왕에게 하는 말이다(렘 22:13).

> 불의로 궁전을 짓고,
> 불법으로 누각을 쌓으며,
> 동족을 고용하고도,
> 품삯을 주지 않는 너에게 화가 미칠 것이다.

경제적 압제에 대한 선지자적 비난의 또 다른 면은 강제 노동이 사라질 미래에 대한 예언이다. 선지자들은 새 하늘과 새 땅의 환상에서, 인간이 하나님과 나누는 특별한 친밀함과 자연의 평화뿐만 아니라 인간 일의 새로운 특질에 대해 묘사한다.

> 집을 지은 사람들이 자기가 지은 집에 들어가 살 것이며,
> 포도나무를 심은 사람들이 자기가 기른 나무의 열매를 먹을 것이다.…

그들은 헛되이 수고하지…않을 것이다. (사 65:21, 23)

자신이 행한 노동의 열매를 즐기는 것에 덧붙여, 아모스는 종말론적 새 창조의 특별한 생산성에 대해서도 말한다(암 9:13).

> 주님께서 하시는 말씀이다. "그때가 되면,
> 농부는 곡식을 거두고서, 곧바로 땅을 갈아야 하고,
> 씨를 뿌리고서, 곧바로 포도를 밟아야 할 것이다.
> 산마다 단 포도주가 흘러 나[올]…것이다."

억압받는 백성의 해방은 일부 신약 구절들의 중심 주제이기도 하다. 예수님이 나사렛에서 행하신 강령적 설교에 대해 누가가 들려주는 바에 따르면, 예수님은 자신이 "억눌린 사람들을 풀어 주[기 위해]" 보냄 받았다고 주장하셨다(눅 4:18). 이 말씀이 나온 이사야서의 문맥(58:6)과 누가가 예수님의 사역을 묘사하는 방식은, 여기서 예수님이 **경제적으로** 억압받는 이들을 언급하고 계시며, 하나님의 백성 가운데 경제적 관계가 확연히 변혁될 것을 선포하고 계심을 은연중에 시사한다.[23] 야고보 역시 억압받는 이들에 대해 유사한 관심을 표현한다. 그는 "깨끗하고 흠이 없는 경건"의 본질적인 한 측면이 "고난을 겪고 있는 고아들과 과부들을 돌보아 주[는]" 것이라고 쓴다(약 1:27). 여기서 고아들과 과부들은 "고통과 압제를 당하는 **모든** 이들의…전형적인 예"다.[24]

23　동일한 논지의 어느 정도 더 강력한 진술은, Yoder, *Politics*, 39를 보라.
24　David, *James*, 103. 강조 추가.

소외와 구원 경험

일의 인간화는 역사의 조건 아래에서 새 창조를 선행한다. 이는 그리스도인이 일을 인간화하기 위해 노력해야 하는 좋은 이유다. 그러나 또한 그리스도인이 소외를 야기하는 일에 관심을 가져야 하는 것은, 소외를 야기하는 일이 그리스도인이 이해하는 구원에서 핵심을 이루는 어떤 것과 상호 인과 관계에 있기 때문이다. 바로 인간과 하나님의 인격적 관계다.

앞에서 나는 하나님으로부터의 소외가 다른 모든 형태의 소외의 근본 원인이라고 주장했다. 그러나 이것이, 다른 모든 형태의 소외가 인간과 하나님의 개인적인 관계에 별다른 영향을 끼치지 않는다는 결론으로 이어져서는 안 된다. 하나님으로부터의 소외와 이러한 일차적 소외에서 야기되는 다른 형태의 소외 사이에 일방적 관계를 상정하는 것은 문제를 너무 단순화하는 것이다. 우리의 주제로 돌아가, 경제적 소외는 종종 직간접적으로 하나님으로부터의 소외를 야기한다. 예를 들면, 출애굽기에서 억압받고 착취당하는 이스라엘 노예들은 "**무거운 노동에 지치고** 기가 죽어서, 모세의 말을 들으려고 하지 않았다"(출 6:9).[25] 경제적 소외는 하나님을 믿는 것과 자유의 약속을 붙드는 것을 가로막는다. [중요한 의미에서, 억압받는 이들은 '인식론적 **열위**'(episteological *dis*advantage)에 있을 수 있다!] 유사하게, 억압**하는** 자의 경제적 소외는 그들이 이미 경험하는 하나님으로부터의 소외를 심화시킬 수 있다(동료 인간에 대한 그들의 죄악은, 그 자체로 하나님께 대한 죄악이기 때문이다). 억압자에 대한 선지자들의 비판이 지적하듯이, 그들은 사회 경제적 압제라는 그들의 악행을 하나님 앞에서 상쇄하기 위해 종종 종

---

25 이집트 사람들이 이스라엘 민족으로 하여금 모세의 말을 따르지 못하게 하려는 전략으로 그들의 노동량을 늘렸다는 언급이 흥미롭다. "그들에게는 더 힘겨운 일을 시키고, 그 일만 하게 하여서, 허튼 소리에 귀를 기울이지 못하게 하여라"(출 5:9).

교적 활동을 오용함으로써 하나님께 죄를 짓는다.[26]

따라서 하나님으로부터의 소외와 소외를 야기하는 일은 부분적으로 중첩될 뿐만 아니라(소외를 야기하는 일의 어떤 형태들은 **또한** 하나님으로부터의 소외의 형태이기도 하다), 그 둘 사이에는 인과 관계가 성립한다(소외를 야기하는 일의 어떤 형태들은 하나님으로부터의 소외를 **초래하고**, 그 역도 성립한다). 그렇지만 인과 관계는 비대칭인데, 소외를 일으키는 일은 궁극적으로, 인간에게 기본적인 하나님으로부터의 소외의 결과이기 때문이다. 그러나 소외를 일으키는 일이 종종 하나님으로부터의 소외를 초래한다는 사실은 그리스도인이 이에 대해 관심을 기울여야 할 좋은 부가적 이유가 된다.

기독교 경건주의?

일반적으로 그리스도인들은 고통을 경감하는 것이 가능할 때 그렇게 해야 할 책임에 동의하면서도, 일을 인간화하고자 구조적이고 개인적인 변화를 위해 적극적으로 노력할 책임에 대해서는 동의하지 않는다. 이러한 책임에 반대하는 두 가지 논지가 가장 빈번하게 제시된다.

첫 번째 논지는(다행히 오늘날에는 별로 인기가 없는) 필연에 대한 믿음과 악을 견디는 것의 덕에 근거한다. 일의 고단함과 그리스도의 고난에 대한 신약성경의 유비가 이러한 논지를 뒷받침한다고 주장된다. 그리스도를 본받으라는 명령(벧전 2:18이하를 보라)을 해석하면서, 일의 가치가 "그 복종성**으로 인해**" 확인된다고 본 것이다.[27] 여기서 그리스도의 십자가는 소외의 고통을 받아들이도록 동기를 제공하는 것이 된다.

---

26 Karus, *Theologische Religionskritik*, 251를 보라.
27 Heilbroner, *Work*, 15. 최근 신학 문헌에서 이 유비에 긍정적이고 해방적인 의미가 부여되었다. Moltmann, "Work", 42이하; *Laborem Exercens*, no. 27; Meith, *Arbeit*, 36이하를 보라.

그러나 그리스도의 십자가는 그리스도인으로 하여금 압제를 분별없이 그저 수동적으로 당하라고 부르는 것이 아니라, 그리스도의 선교에 동참하는 데 따르는 고난으로 부른다. 그리스도인은 옳은 일을 올곧게 행하다가 정당하지 않은 고난을 당할 때 인내하라고 부름받는다(벧전 2:20을 보라). 옳지 않은 행동 때문에 고난을 겪는 것에는 어떠한 덕도 없다(덕 없는 고난도 유익할 수는 있지만). 따라서 악으로 인해 고난당할 필요에서 시작하여, 일의 인간화를 위해 싸우는 것이 옳지 못하다는 결론에 도달할 수는 없다. 우리는 이러한 싸움이 옳은가 하는 질문에서 시작해야 한다. 만약 일의 인간화를 위해 싸우는 것이 옳지 않다면, 그리스도인은 소외로 인해 고통당하도록 부름받은 것이다. 일의 인간화를 위해 싸우는 것이 옳다면, 그리스도인은 그러한 싸움을 하면서 고난을 당하도록 부름받은 것이다. 따라서 우리는 그리스도인이 일에서의 소외를 제거하기 위해 적극적으로 나서야 하는가 하는 처음 질문으로 돌아가게 된다.[28]

일의 인간화를 위해 싸우는 것에 반대하는 두 번째 논지를 대표하는 사람들은 인간 안에 깊이 자리 잡은 죄성과 그 결과인 영구적 소외에서 시작하여, 일을 인간화하려는 모든 노력이 소용없다는 결론을 내린다. 이 논지의 전제는 옳지만, 결론이 잘못되었다. 맞다. 소외의 근본 형태인 하나님으로부터의 소외는 삶의 모든 영역에서, 즉 인간 자신과의 관계, 이웃과의 관계, 자연과의 관계에서 소외를 초래한다. 앞에서도 보여 준 것처럼, 하나님으로부터의 소외는 새 창조에서만 완전히 사라질 것이기 때문에, 다양한 형태의 소외를 극복하려는 어떠한 선-종말론적 시도도 오직 부분적으로만 성공할 수 있다.

---

28 이와 관련해서는 또한 앞의 132-137를 보라.

타락 이후 하나님의 저주는 소외가 인간의 일 경험에 내재할 것이라는 사실을 표명한다(창 3:17-19).

> 이제, 땅이 너 때문에 저주를 받을 것이다.
> 너는, 죽는 날까지 수고를 하여야만,
> 땅에서 나는 것을 먹을 수 있을 것이다.
> 땅은 너에게 가시덤불과 엉겅퀴를 낼 것이다.
> 너는 들에서 자라는 푸성귀를 먹을 것이다.
> … 너는…흙으로 돌아갈 것이다. 그때까지,
> 너는 얼굴에 땀을 흘려야
> 낟알을 먹을 수 있을 것이다.

그러나 이 본문을 "원시 시대의 비관론에 대한 기록"으로 읽는 것은 바르지 않다.[29] 시대는 그다지 많이 변하지 않았다. 정보 사회의 첨단 기술 환경에서 작업하는 현대 노동자 역시 먼 옛적 농경 사회에서 땅을 기경하던 선조들(혹은 이 시대의 이웃들!) 못지않게 죽음의 그늘 아래에서 일하고 있으며 일에서 어려움과 좌절을 경험한다. 본문은 원시 시대의 일에 대해서만큼이나 오늘날 행해지는 일에 대해서도 몇 가지 근본적인 특징을 묘사한다. 그리고 그 묘사는 오직 인간 일의 고결성에 대한 강력한 긍정과(창 2:15) 나란히 놓여 있음을 잊지 않을 때에만 비관적이라고 불릴 수 있다. 창세기 2:15과 3:17-19 두 본문은 함께, 인간의 죄악이라는 피할 수 없는 실재가 일을 어쩔 수 없이 중의적 실재로 만든다는 것을 분명히 한다. 다시

---

29   Günkel, *Genesis*, 23.

말해, 두 본문은 인간이 하나님의 형상으로 창조되었음을 말해 주는 고결한 표현인 동시에 인간이 하나님으로부터 소외되었음에 대한 고통스러운 증언인 것이다.

이러한 인간 일의 양면적 성격은 소외를 야기하는 일과 관련해 사실주의를 요청할 뿐만 아니라 경건주의를 배격한다. 한편으로 죄에 대한 교리가 그리스도인들로 하여금 소외에서의 완전한 해방을 말하는 모든 유토피아적 희망에 반대하고 일에서의 소외가 영속적이라고 주장할 것을 요구한다면, 또 다른 한편으로 하나님이 인간을 동역자로 부르셨다는 믿음은 그들로 하여금 일이 칼뱅의 주장처럼 "즐겁고, 기쁨으로 충만하며, 모든 어려움과 권태에서 완전히 벗어난" **것이어야 한다고** 단언할 것을 요구한다.[30] 부활하신 그리스도의 영이 온 창조세계에 그리고 특별히 그리스도의 주 되심을 고백하는 이들 안에 임재하시는 것은, 일이 이러한 이상에 더욱 부합하도록 변화할 **수 있다는** 소망을 준다. 따라서 그리스도인들은 주어진 어떤 상황에 대해서도 개선의 여지가 없다고 인정하기를 거부할 것이다. 그들은 소망을 버리지 않을 것이고, 일을 '기쁨으로 충만'하게 하시는 성령의 능력 안에서 분투할 것이다.

소외를 야기하는 일의 여러 형태

소외를 야기하는 일이 갖는 문제가 정확하게 무엇이며, 인간화된 일이란 어떤 모습이어야 하는가? 이미 주장했듯이, 이 문제에 대한 답은 일과 인간 본성의 관계를 다루어야 한다. 일은 인간 본성을 부정하는 만큼 소외

---

30   Calvin, *Genesis*, 125.

를 야기한다. 반대로, 인간 본성에 부합하는 만큼 그것은 인간적인 일이다. 일이 인간 본성을 부정하거나 그것에 부합하는 방법은 여러 가지다. 그 각각은 소외를 야기하는 일 또는 인간적인 일의 다양한 차원을 보여 준다. 이 단락에서는 이를 분석하고자 한다.

이 연구의 다른 어떤 부분보다도 소외를 야기하는 일과 인간적인 일의 다양한 형태를 살펴보는 것은 경제 체제를 고찰하는 더 넓은 틀 안에서 이루어져야 한다. 경제 체제에 대한 신학적 고찰은 이 연구의 범위를(또한 내 능력의 범위를) 넘어서기 때문에, 여기서는 내가 제시하는 인간화된 일이 충분히 발달한 정치적 민주주의와 상당히 일관된(조절장치가 없는 것은 아니지만) 시장 경제에 가장 잘 어울린다는 가설을 진술할 수 있을 뿐이다.[31]

소외를 야기하는 일의 개별 형태를 분석하기에 앞서, 설명에 도움이 될 일반적 사항을 몇 가지 언급할 필요가 있다. 첫째, 소외의 다양한 형태들이 모두 똑같이 문제적인 것은 아니다. 예를 들면, 노동자의 자기주도성을 허락하지 않는 것은 일의 생산물을 단지 수단으로 여기는 것보다 분명히 심각한 형태의 소외다. 다양한 형태의 소외가 일어나고 있고, 한 가지 소외 형태를 해결하는 것이 다른 하나를 포기함으로써만 가능한 구체적 상황에서, 우리는 딱 떨어지는 해답 없이 살아가야 할 것이다.

둘째, 이후에 내가 분석할, 일에서 일어나는 모든 형태의 소외가 모든 종류의 일에 적용되는 것은 아니다. 이 시대의 사회적이거나 기술적인 환경을 통해 유발되는 소외에 대한 나의 분석은 한부모가 하는 집안일에는 들어맞지 않는다. 한부모는 자기 자신을 관리하며, 그 사람에게 주어진 기

---

31 이 사안에 대한 짧은 고찰은, 앞의 43-52를 보라. 내가 제안하는 인간화된 일의 개념은, 내가 전체적으로 동의하는 Hay의 시장 경제와 계획 경제에 대한 비판에 함축된 경제 체제 종류와 가장 잘 부합한다(*Economics*를 보라). 직접 살아 본 결과, 나는 유고슬라비아 실험의 미덕에 대해 Hay만큼 신뢰하지 않는다(*Economics*, 212, 219).

술은 그 사람이 스스로를 맞추어야 할 조직이 아니라 기본적으로 그 사람이 사용하는 도구로서 기능한다. 그러나 뒤에서 내가 분석할 어떤 형태의 소외는 대부분 유형의 일에 적용된다. 같은 예를 들자면, 누군가 집안일을 할 때, 그 사람은 일과 일의 결과(이 경우, 블랙베리 파이 같은 생산물과 깨끗한 방 같은 사물의 상태를 모두 지칭한다)를 단지 수단으로 여길 수 있고, 이 경우 집안일을 하는 그 사람은 소외를 경험할 수 있다. 내가 말하고자 하는 어떤 것이 대부분의 인간 일에 적용될 수 있다고 하더라도, 나는 제시된 형태의 소외가 적용될 수 있는 모든 유형의 일에서의 소외와 인간화에 대해 포괄적으로 고찰하는 대신, 산업과 정보 유형의 일에 집중할 것이다.

일에 대한 나의 광범위한 정의에도 불구하고, 소외에 대한 분석은 대개 임금을 받는 노동으로 행해지는 일에 집중할 것이다. 이는 대부분 사람들이 여전히 고용-피고용 관계 안에서 일할 뿐만 아니라, 그러한 관계에서 행해지는 일에서의 소외가 가장 뼈아프게 느껴지고 가장 견고하게 고착화되어 있기 때문이다. 독자들은 내가 임금을 받는 노동에 관해 말하는 것을 다른 유형의 일로(집안일, 자원봉사, 자영업 등과 같은) 어렵지 않게 번역할 수 있을 것이다.

셋째, 이후에 내가 분석할, 일에서 발생하는 소외의 형태들이 일에서 문제가 되는 모든 측면을 다루지는 않는다. 예를 들면, 나는 개인의 일이 실행되는 맥락인 사회와 경제의 복잡한 상호 작용이 지니는 불가해성과 횡포로 인해 발생하는 소외에 대해서는 언급하지 않을 것이다. 이러한 형태의 소외를 야기하는 원인과 그것을 극복하는 방법에 대한 분석은 이 연구의 범위를 벗어난다. 또한 노동자가 일에서 종종 직면하는 피로, 비위생적 근무 조건, 위험, 소음, 열악한 환경 등 여러 골치 아픈 문제들은 살펴보지 않을 것이다. 이러한 문제들은 이 연구의 범위 내에 있지만, 그 해결은 내가 논하는 소외의 형태들을 극복하는 것에 달려 있고, 그러한 형태의 소외가 극복된다면 쉽게 개선될 수 있다. 착취의 문제(와 종종 그것이 초래하는 빈곤) 역시, 삼 분의 이 세계에 사는 많은 사람에게 일에서 발생하는 주된 형태의 소외이자, 그들의 인간 본성에 위배될 뿐만 아니라 그들의 생명 자체를 위협하는 소외 형태이지만, 같은 논리로 여기서는 다루지 않겠다. 착취는 분명 중요한 문제이지만(보기보다 식별이 쉽지 않기는 해도),[32] 분명 파생적이다. 그 문제의 뿌리는, 노동자가 그들의 경제적 부를 자신의 것으로 만들 수 있는 기회나 다른 사람에게 고용된 경우 중요한 의사 결정에 참여할 기회를 (법적으로나 재정적으로나 모두) 결핍한다는 데 있다.

자율성과 발전

일에서 일어나는 소외의 주요 형태 중 하나는 일에서의 자기주도성과 발전 기회의 결핍이다. 노동자가 경영진 및 기술과 맺는 관계에서 고스란히 드러나는 이러한 형태의 소외를 들여다보기 전, 칸트(Kant)의 눈으로 이러한 형태의 소외에 대한 마르크스의 비판을 짧게 살펴보고, 그런 다음 앞선 장들에서 펼친 인간론적이고 성령론적인 고찰이 그 논의와 어떤 관계가 있는지 간략히 보일 것이다.

칸트와 마르크스의 유산

자기주도성과 발전 기회의 결핍을 분석하는 한 가지 방법은 수단과 목적의 전도(顚倒)라는 관점에서 생각하는 것이다. 즉 그 자체로 목적이어야 하는 것이 그보다 덜 훌륭한 목적을 위한 수단으로 왜곡되는 것을 말한

---

32   착취에 대해서는, 앞의 76-77를 보라.

다. 소외를 보는 이런 방식은 노동자를 단지 대상으로 축소하는 것이라고도 표현될 수 있다.[33] 칸트의 도덕 이론의 일부 측면에 기초한 카를 마르크스는 소외에 대한 이런 접근 방식의 선구자다.[34]

『도덕 형이상학 정초』(Foundations of the Metaphysics of Morals)에 나오는 칸트의 정언 명령의 두 번째 명제는 다음과 같다. "당신 자신의 인격이든 다른 사람의 인격이든, 인간성을 언제나 목적으로 대하고 결코 오직 수단으로만 대하지 않는 방식으로 행동하라."[35] 그 자체로 목적인 인간성 개념은 칸트의 도덕 철학에서 두 가지 연결된 방식으로 기능한다. 첫째, 그 자체로 목적인 인간성은 인간 행동에 한계를 부과함으로써 "외부적 자유의 **형식적 조건**"을 설정한다. 둘째, 인간 행동의 목표로 기능함으로써[36] "지녀야 할 의무로서의 목적"을 제공한다.[37] 인간성에 대한 존중은 인간성을 단지 수단으로 대함으로써 자기 자신이나 다른 사람의 인간성을 잘못 사용하지 않게 하는 부정적 방식으로, 또한 인간성 발전을 촉진함으로써 자기 자신이나 다른 사람의 인간성과 조화를 이루도록 행동하게 하는 긍정적 방식으로 작동한다.[38]

마르크스는 칸트의 정언 명령 두 번째 명제를 가져와 자신의 인간론에 맞추어 수정한 뒤 자기 시대의 산업 세계에 적용했다. 물론 이것은 마르크스에 대한 **나의** 이해다. 마르크스 자신은 이러한 해석을 못마땅하게 여길 수도 있는데, 특히 『독일 이데올로기』(German Ideology)를 쓴 이후에

---

33   Kant에게, 사람이 '오직 수단으로서' 취급되지 않는 것은 사람이 사물로 취급되지 않는 것과 동의어다(Kant, *Grundlegung*, A428f).
34   앞의 102-107를 보라.
35   Kant, *Grundlegung*, A429.
36   Potter, "Kant on Ends", 78. Korsgaard, "Humanity", 185를 보라.
37   Kant, *Metaphysic*, A380.
38   Kant, *Grundlegung*, A429-430를 보라.

는 그것을 쓸모없다고 생각했고 실재를 도덕 명령으로 맞서는 데 대해 이념적으로 의문을 가졌기 때문이다. 그가 '유토피아적 사회주의'라 부른 것에 반대되는 것으로서 주장한 과학적 사회주의의 요점은 자본주의 사회에 대한 도덕적 평가가 아니라, 그것을 공산주의 사회로 변혁시켜야 할 역사적 당위를 보여 주는 것이었다.[39] 그러나 마르크스가 역사 발전의 필연적 결과로 보여 주고자 한 것은 부분적으로 칸트 정언 명령의 두 번째 명제 수정 버전의 실현으로도 볼 수 있다.

설령 인간을 단순히 수단으로 대하지 않으며 언제나 목적으로 대한다는 원칙에서 "의지의 모든 법칙"을 도출하는 것이 가능한가를 의심한다고 해도(나는 그렇게 의심한다),[40] 그리고 설령 칸트가 이 법칙에 대한 합당한 이유를 제시하지 않았다고 생각할지라도,[41] 여전히 우리는 마르크스를 따라서 일에서의 소외를 수단과 목적이 맺어야 할 바른 관계의 역전으로 이해할 수 있다. 그러나 기독교 신학자는 두 가지 중요한 지점에서 마르크스와 결별해야 한다. 첫째로, 마르크스의 분석은 일차적으로 자본주의 사회의 산업 생산에서 일어나는 일의 소외를 겨냥했다. 수단과 목적의 전도라는 원칙은 아직 또는 더 이상 자본주의 사회가 아닌 사회에서 발생하는 소외를 분석하는 데에도 사용될 수 있고 사용되어야 한다. 둘째, 그리고 더 중요하게는, 마르크스는 소외된 일에 대한 분석을 자신의 인간론과 철학사 맥락 안에 위치시켰다. 신학자는 수단과 목적의 전도에 대한 고찰을 기독교 인간론과 성령론의 맥락 안에 위치시켜야 할 것이다. 이 맥락은 기독교 신학의 윤리학 담론이 '수단-목적 모델'을 사용하는 것에 정당성을 제공

---

39   이 사안에 대해서는, Volf, "Das Mauxsche Verständnis der Arbeit", 78이하를 보라.
40   Kant, *Grundlegung*, A429.
41   MacIntyre, *After Virtue*, 44-45를 보라.

할 것이다.

소외를 야기하는 일과 인간화된 일에 대한 마르크스의 이해에서 핵심 단어 가운데 하나는 '오직'이다. 그는 노동자(그 사람의 일과 그 결과와 더불어)가 **오직** 수단으로만 여겨져서는 안 된다고 말한다. 함축적으로, 그렇다면 **어느 정도** 수단으로 여기는 것은 괜찮다는 의미로 들린다. 일의 과정과 결과는 명백하게 수단으로 여겨질 수 있고 여겨져야만 한다. 다시 말해, 그 과정과 결과는 정의상 수단**이다**(정의상 오직 수단이기만 한 것은 아니지만). 일의 과정과 결과와 관련해, 일의 인간화란 노동자가 일과 그 결과를 수단으로 경험하는 것이 감소하는 데 있을 것이다.[42] 그러나 **노동자**를 단지 수단으로 대해서는 안 된다고 말할 때, '오직'을 양적으로 이해하는 것은 부적절하다. 다른 인간을 오직 수단으로만 이용하지 않는 것은 종류의 문제이지, 오용 정도의 문제가 아니다.[43] 이는 그들을 "외부적 힘을 실행하는" 수단으로 축소시키지 않아야 한다는 것,[44] 또는 칸트 식으로 표현한다면, 우리가 관계 맺고 있는 그들을 우리가 그들이 해 주기 바라는 "행위의…목적을 자기 안에 보유"해야 하는 존재로 보아야 한다는 것을 의미한다.[45]

인격적 활동으로서의 일

인간은 하나님과의 인격적 교제를 위해 하나님의 형상으로 창조되었다.[46] 비록 그들의 인간성이 "목적을 설정할 능력"(칸트)이나[47] "자유롭고 의식적

---

42 뒤의 308-317를 보라.
43 대조. Acton, *Kant's Moral Philosophy*, 37.
44 Scruton, *Kant*, 71.
45 Kant, *Grundlegung*, A430.
46 앞의 210-212를 보라.
47 Kant, *Metaphysics*, A392; 참고. Kant, *Grundlegung*, A437. 이성적 본성을 인간성과 동일시하는 것의 문제에 대해서는, O'Donovan, *Moral Order*, 47-48를 보라.

인 활동"(마르크스)에⁴⁸ 있지 않다고 해도, 자유와 책임은 하나님께 부여받은 인격성의 필연적 함축 의미다. 인간은 자신의 목적으로 자유롭게 선택하지 않은 것을 행하도록 강요받지 않아야 한다. 한 개인에게 실현하기를 기대하는 목표를 그 개인이 의식적으로 수용할 수 있는 기회를 배제할 때, 우리는 그 사람을 단지 수단으로 대하고 있다. 건강한 생계유지가 보장된다는 가정 아래, 인간의 일은 그것을 개인의 활동으로 실행하는 것을 가로막는 방식으로 조직되어서는 안 된다.⁴⁹

인간은 새 창조의 선행에서 하나님의 동역자로 이 세상에 살도록 창조되었기 때문에, 성령은 그들에게 이러한 임무를 성취할 수 있는 다양한 은사를 나누어 주신다. 이 은사들은 그들의 개성 일부를 형성하며, 그 개성은 새 창조의 본질적 부분으로서 내재적 가치를 가질 뿐 아니라, 그들이 개성을 개발하면 할수록 그들의 일을 통해 더 훌륭하게 새 창조를 선행할 수 있기 때문에 그들은 개성을 존중하고 개발할 책임이 있다. 인간은 하나님이 궁극적으로 그들에게 바라시는 선으로서 새 창조를 현재 세상에서 형상화하기 위해 애써야 하므로 그들의 개인적 발전은, 칸트의 용어를 사용하자면 단지 기술적으로 현실적인 이성의 조언이 아닌, 윤리적으로 현실적인 이성의 명령이다.⁵⁰ 개성의 많은 측면 중에서 어느 측면을 집중적으로 개발해야 하는가의 문제는 그들이 하나님께 받은 은사가 무엇인지, 그리고 어떤 임무를 성취하도록 부르심 받았는지에 달려 있다. 다른 사람(또는 자기 자신)을 오직 수단으로 대하지 말아야 할 의무와 자신을 완성해야 할

---

48   Marx, *MEWEB*, I, 516.
49   일을 *actus personae*(개인 활동)로 보는 것에 대해서는, *Laborem Exercens*, no. 6를 보라. 나의 분석에 따르면, "누구도 다른 사람의 노동을 '소유'할 수 없다"는 진술은(Meeks, *God the Economist*, 147), 소유권이 *ius abutendi*(권리 남용)를 암시할 때에만 옳다.
50   Kant, *Metaphysic*, A387를 보라.

책임은 소외를 진단하는 중요한 기준을 제공하며, 일을 인간화하려는 노력의 방향성을 제시해 준다.

희년에 관한 율법(레 25:8이하)에서 발견하는 일의 구약적 이상은 일의 인간화에 대한 이러한 이해를 부분적으로 뒷받침한다. 특별히, 일이 자유로운 개인 활동이어야 한다는 점에서 그렇다. 50년째 해마다 이스라엘 사람들은 모든 노예를 해방하고 양도받은 땅을 원 주인에게 돌려주어야 했다. 이러한 율법의 목적은 "무산 계급을 희생하는 건강하지 않은 대농장의 증가를 막는" 것이다.[51] 일과 관련해, 이는 모든 개인(또는 확대 가족)이 자신의 자원을 가지고 일함으로써 자신의 필요를 돌봐야 한다는 것과 그들 스스로 생산을 통제해야지 다른 이들에게 지배를 받아서는 안 된다는 것을 규범적 이상으로 전제한다.[52] 어떤 저자의 표현대로, 핵심은 모든 사람이 "자기 자신의 임무에서, 자유롭고 즐겁게 일하는 자기 자신의 주인"이어야 한다는 점인 것 같다.[53]

노동자와 경영진

노동자들이 일터에서 맺는 관계 중에서 가장 중요하게 보는 것은 경영진과의 관계다. 이 관계는 노동자의 자기주도성과 개인적 발전을 어느 정도까지 촉진 또는 저해하는가? 마르크스는 경영진이 일에서 자유로운 예술로서의 모든 특징을 박탈하고 노동자의 신체적·정신적 건강과 발전을 황폐화시키는 결과를 낳는 "순수한 기계적 활동"으로 만든다고 주장함으로써[54] 자기 시대의 산업 세계를 비판했다. 여기서 나의 관심은 이것이 초기

---

51 North, *Sociology*, 163.
52 Hay, "Order", 90를 보라.
53 Solomon, *Lösung*, 45.
54 Marx, *Grundrisse*, 204.

자본주의 시기 산업 생산에서 이루어진 일에 대한 적확한 묘사인지 아닌지를 논하는 것이 아니다. 어쨌든 스미스도 이 사안에 대해서는 동의했다.[55] 더 중요한 문제는 오늘날 경영진이 실제로 노동자를 '사물'로 축소시키는지 혹은 어느 정도로 그렇게 하는지다.

지금부터 나는 경영진의 자기주도성과 발전에 관련된 문제는 떼어 놓고, 피고용 하급 노동자들의 시각에서 소외를 다룰 것이다. 전자의 문제를 다루고자 한다면, 경영진의 행동이 어느 정도까지 자유로운 선택의 결과이며 어느 정도까지 그들이 일하는 구조의 특정 방침에 따라 행동하도록 강제되는지 조사해야 할 것이다. 구조에 의해 영향을 받는 정도에 따라, 뒤에 나오는 피고용 하급 노동자들의 소외에 대한 분석을 수정한 뒤 경영진에게도 적용할 수 있을 것이다.

테일러리즘과 그 문제점

개인이 '사물'로 축소되는 경우는 '과학적 관리'의 관행으로, 그 형태가 완화된 정도의 차이는 있지만 자본주의와 사회주의 경제 양쪽 모두의 관리 관행에 여전히 중요한 영향력을 행사한다. 과학적 관리의 창시자인 테일러(F. W. Taylor)는 그 기본 원칙 중 하나를 다음과 같이 작성했다. "가능한 한 모든 정신노동은 공장에서 제거되어 계획이나 설계 부서에 집중되어야 한다."[56] 경영진과 인사 관리 직원의 임무는 작업 전체를 가장 작은 움직임까지 미리 개념화하고 배열하고 측정하는 것이다. 노동자의 임무는 모든 주도권을 부정하고 주어진 명령을 정확하게 수행하는 것이다.[57] 테일러의 의

---

55   앞의 94-97를 보라.
56   Taylor, *Management*, 98.
57   Taylor는 노동자가 "처음으로 이 시스템 아래 들어올 때" 다음과 같은 빈번한 반응을 보인다고 언급한다. "어째서 나는 다른 사람의 간섭 없이 혼자서 생각하거나 움직이는 것이 허락

도는 노동 과정에서 주관적 요소를 제거하는 것이었는데, 각 개인의 일이 "기계 작동처럼 논리적으로 배열된"다면 그 결과로 생산이 뚜렷하게 향상될 것이라고 믿었기 때문이다.[58] 테일러는 그의 관리 방식이 노동자를 그가 진술했듯이 "단지 자동 인형, 나무 인간"으로 만든다고 생각하기는 했지만,[59] (그가 '적정한 하루 작업량'이라고 완곡하게 불렀던) 최대 효율성에 대한 관심 때문에 그런 불편한 생각을 밀어냈다(외과의사의 형편도 노동자보다 그다지 낫지 않다는 궁색한 변명과 함께).

과학적 관리의 꾸준한 적용으로 생산성은 증가했지만, 한정된 지점 이상으로는 나아가지 못했다. 노동자들이 자신의 산출량을 감소시킴으로써 기계로 전락하는 것에 조용히 반기를 들었던 것이다.[60] 그러나 이러한 경제적 한계와 별개로, **윤리적으로** 과학적 관리는 정확하게 무엇이 잘못되었는가? 어쨌거나, 노동자들은 그들의 일에서 세부적으로 규정된 행동 패턴에 따르기로 (다소간) 자유 의지로 동의했다. 그런데도 경영진에 의해 단지 수단으로 이용되었다고 볼 수 있는가?

답은 인간의 개인적 본성이 오직 어떤 일자리를 수용하거나 사양할 때에만 자기주도성을 요구하는지, 아니면 그 직무 **중에** 행하는 활동들에서도 자기주도성을 요구하는지에 달려 있다. 내가 보기에, 일자리 기회뿐만 아니라 일 자체도 '악투스 페르소나이'(*actus personae*, 인격적 활동)가 되어야 한다. 노동자들은 자신의 일 역할에서 목표를 세우고 그것을 추구할 수 있어야 하고, 적어도 경영진이 그들에게 정해 준 목표에 공감할 수 있어

되지 않는가!"(ibid., 125).
58   Kranzberg and Gies, *By the Sweat*, 153.
59   Taylor, *Management*, 125.
60   기계로 취급받는 것에 대한 노동자들의 저항은, Ginzberg, "Work", 73를 보라.

야 한다.⁶¹ 인간이 스스로 목표를 세우지 않은 채 실행을 강요받는 어떤 행위도 인격적 존재로서의 인간 본성과 상충된다. 세부적으로 규정된, 그러나 최종 결과물과 어떤 관계가 있는지 이해할 수 없는 행위를 하도록 강요받는 것은 그것을 행하는 사람 스스로 자신의 행위에 대한 목표를 세우는 것을 심각하게 가로막고, 또한 미리 결정된 행위를 자신의 목표로 삼는 것도 힘들게 만든다. 따라서 과학적 관리에 의해 규정된 조건 아래 일할 때, 그 사람은 단지 수단으로 축소된다.⁶²

세부적으로 규정된 모든 동작을 정확하게 실행하기를 스스로 원하는 동시에, 그러한 동작이 최종 생산물과 어떤 관계가 있는지 이해하고 있는 사람을 상상해 볼 수 있다. 그런 일을 하고 싶어 하는 그 사람의 바람이 그 일을 정당화해 주는가? 이는 일에서의 자기주도성을 보장하기 때문에, 분명 그 일이 소외를 덜 야기하는 일이 되기는 할 것이다. 그렇다고 해도 과학적 관리 아래에 있는 일은 인간화된 일의 두 번째 테스트를 통과하지 못하는데, 즉 그런 일은 일에서의 개인의 발전을 가로막는다. 사실, 실제 경험을 조사한 결과는 평생 몇 가지 단순한 작업만 행하는 것이 한 사람의 인생의 지적 측면에 부정적 영향을 끼친다는 스미스의 논지를 입증하는 것으로 보인다. 그 조사 결과는 일의 실질적 복잡성이 지적 유연성과 비례한다는 사실을 보여 주기 때문이다.⁶³ 따라서 테일러리즘의 두 번째 문

---

61 내가 소외 문제를 보는 것처럼, 그것은 사람들이 "그가 구하는…산출물의 발생을 결정"하지 못하는 것(인식적으로든 실제적으로든)으로 이해되는 무력함의 문제보다는(Seeman, Kohn, "Occupational Structure", 86에서 재인용), 자신의 행동의 목표를 세우고 그것을 추구하는 것에서 자기주도성이 결핍된 문제다.
62 이것이 반드시 인간의 자동화된 행위를 인간 이하의 행위로 간주되지는 않는다. 만약 그러한 행위를 하는 것이 그들의 개인적 발전을 가로막지 않고, 어떤 다른 도덕적으로 훌륭한 목적을 추구하는 데 꼭 필요한 경우라면 말이다.
63 Kohn, Schooler, "Substantive Complexity of Work", 103이하; Spenner, "Deciphering Prometheus", 827를 보라.

제는 인간의 개성을 한 단계 더 발전시키는 대신 퇴화시킨다는 데 있다.

테일러리즘은 경영진에게 조직 내 작업 배치의 전체 구조를 완전히 관할할 수 있는 권력을 부여하기 때문에, 자기주도성을 선점하고 사람들이 일 역할에서 발전하는 것을 저지하는 데 효과적일 수 있다. 경영진이 그런 권력을 갖는 것 자체가 피고용 하급 노동자들의 일에서 소외를 야기하지는 않는다. 경영진이 그 권력을 노동자의 이익을 위해 사용할 수 있다고 상상하는 것도 가능하다. 그러나 경쟁의 압박 아래 있는 경영진은 노동자들에게 소외를 야기하는 일을 하도록 강요함으로써 그 독점적 권력을 남용할 가능성이 아주 크다. 따라서 노동자들이 자신의 목표를 세울 수 있고 일 역할 안에서 자신의 재능이 후퇴하는 것을 방지하기 위해, 그들은 자신의 일이 속한 더 광범위한 조건의 틀을 짜는 데 참여할 수 있어야 한다. 그렇지 않으면, 일자리를 포기하거나 소외를 야기하는 일을 해야 하는, 똑같이 용납될 수 없는 두 옵션 중 하나를 선택해야 하는 처지에 놓일 수 있다. 그러한 양자택일 앞에 놓일 때, 노동자들은 단지 수단으로 취급받을 것이다.[64]

무익한 접근

노동자는 그들의 노동 조건과 관련된 결정에 참여할 필요가 있기 때문에, 과학적 관리에 직무 순환, 직무 다양화, 직무 확대 같은 프로그램을 덧붙이는 것으로는 충분하지 않을 것이다. 이러한 프로그램들은 일의 실질적

---

64 일에서의 자기주도성을 지지하는 나의 논증 방식을 고려할 때, 노동자의 경영 참여에 대한 이러한 주장은 관리자가 노동자의 자기주도성을 존중하지 않을 것이 예상될 때만 유효하다. 그리고 이것은 실제로 수익 극대화의 강요라는 특징을 지닌 경제적 틀에서 예상되는 것이기도 하다. 관리자들이 노동자의 자기주도성을 존중하는 한—이런 경우도 가끔 있다—나의 주장은 유효하지 않을 뿐 아니라 불필요한 것으로 드러난다.

복잡성을 증가시키고 노동자의 책임 영역을 확장하는 한에서만 의미가 있다. 실제 경험 조사에 바탕을 둔 연구는 이러한 프로그램들이 노동자들의 직업 만족도를 달라지게 한다고 입증한다.[65] 그러나 그것만으로는 노동자들이 자신의 일과 직접적으로 관련된 결정에 참여하는 것을 보장하기에 역부족이다. 일을 인간화시키기 위한 이 모든 시도에서, 한 가지가 변하지 않은 채 남아 있기 때문이다. 바로, 노동자와 경영진 사이의 근본적으로 비대칭적인 관계다. 누군가는 냉소와 과장을 약간 섞어, 이러한 프로그램들은 "노동자 '참여'를 가장한 계획된 쇼라는 게 특징" 아니냐고 질문할 수도 있다.[66]

자기주도성과 업무의 실질적 복잡성을 보장하기 위한 더 근본적인 시도는 인간의 모든 일을 예술적 창작이나 전문가-고객 관계라는 패턴에 따르게 만들도록 제안한다. 대량 기계 생산은 내재적으로 소외를 야기한다고 간주된다. 노동자는 "각각의 기술적 문제를 새로운 방식으로 해결하는 데 신중하게 집중해야 한다."[67] 일에서의 소외를 극복하기 위한 이러한 접근은, 높은 생산성을 포기할 수 없는 현대 일의 세계 전체에 비현실적이고도 급진적으로 문제를 제기한다는 점 외에도 노동자에게 항구적인 창조성이라는 불필요한 부담을 안겨 준다. 재량껏 쓸 수 있는 시간과 전문 기술이 한정되어 있는 사람들로 가득한 세상에는 어떤 종류의 일이라도 기계적으로 행해져야 할 사소한 측면이 있기 마련이고, 그럼으로써 사람들의 창조성이 일의 다른 측면, 더 중요한 측면에 맞추어질 수 있어야 한다.

인간 진보의 필연성에 더 큰 믿음을 지닌 이들은 초소형 전자 기술의

---

65 Jahoda, *Arbeit*, 129-130.
66 Braverman, *Labor*, 39.
67 Ryan, "Humanistic Work", 15.

산업적 사용이 더 새롭게 발전하면 인간이 하는 일의 성격이 변화할 것이라고 기대한다. 그들은 이 기술의 본질이 기업을 자주 관리 조직(self-managing organization)으로 재구성할 것을 요구한다고 주장한다. "정보를 수집, 처리하여 위계질서의 상하로 전달하고" 하급 노동자들을 감독하는 중간 관리자들이 점차 정보 기술로 대체되고 있는 것은 사실이다. 그러나 이러한 발전이 과연 "컴퓨터가 피라미드 자체를 무너뜨리고 있다"는 결론을 보장하는가?[68] 아니면 컴퓨터는 단지 중간고리만 파괴할 뿐이며 수직적 위계질서 자체는 그대로 남겨 놓는가?

분명 정보 기술이 이전의 산업 기술보다는 소통하는 방식의 관리에 더 도움이 되기는 한다. 그런 까닭에 자주 관리를 좀더 **가능하게** 만들기도 한다. 그러나 정보 기술은 하급 직원들에 대한 관리자들의 통제를 촉진하기 때문에 사실은 수직적 위계질서를 재강화한다고 주장할 수도 있다.[69] 컴퓨터는 어떤 중간 관리자보다 더 효과적으로 작원들의 일을 파악할 수 있다. 그런 목적으로 사용되는 정보 기술은 노동자를 모든 행동이 쉽게 감시당하는 '유리 인간'으로 만들어 버릴 수 있다. 스스로 관리하는 동료로 승격시키기는커녕, 면밀하게 감시당하는 노역자로 전락시킬 수 있다.[70] 관리자들이 그들의 일부 권리를 포기하고 노동자에게 양도하려는 의식적 노력이 없다면, 정보 기술 자체로는 노동자들이 자신의 노동 조건과 관련된 결

---

68 Naisbitt and Aburdene, *Corporation*, 12, 5.
69 Lyon, *Silicon*, 41, 107; Collste, "Work Ethic", 95를 보라.
70 Evans, "Arbeitnehmer und Arbeitsplatz", 189-190를 보라. 그러나 정보 기술이 조직의 수직적 상하 관계의 문제를 불러일으키지 않고도 개별 피고용 노동자들의 자유 증진에 공헌할 수 있는 중요한 방법들이 존재한다. 예를 들면, 일이 중간 관리 체계 없이도 효과적으로 통제될 수 있기 때문에, 피고용 노동자들은 유연한 일 스케줄을 가질 수 있고 재택근무도 할 수 있다. 게다가, 정보 기술이 생산성 증가에 의해 노동 시간의 일반적인 감축을 도울 수 있다면, **자발적인 일**—자기 자신과 동료 피조물의 필요를 공급하기 위해 행해지던 정식 취업 바깥에 존재하는 일—을 위한 새로운 가능성을 창출할 수도 있다.

정에 참여하는 것을 원천 봉쇄하는 하향식의 권위주의 관리 방식을 제거하지 못할 것이다.

참여와 발전

사람을 단지 일을 성취하기 위한 수단이 아닌 목적으로 대하기 위해서는, 노동자에게 자기주도성을 허용하고 그들의 재능을 사용하고 발전시키도록 도전하는 일 역할을 창출함으로써 노동자의 참여와 발전을 모든 수준에서 장려해야 할 것이다. 일의 인간화에서 이 두 목표는 서로 밀접하게 연결되어 있으면서도 분명하게 구분된다. 업무의 실질적 복잡도가 매우 낮은 상향식 조직이 있을 수 있고, 업무의 실질적 복잡도가 높고 엄격한 하향식 조직이 있을 수 있다. 따라서 우리는 두 목표를 병행하여 추구해야 한다.

사람에 대한 존중 때문이든, 지식이 핵심 자원이 되어 가는 세계에서 효율성 증대에 대한 바람 때문이든, 아니면 둘 다이든, 오늘날 많은 기업이 직원들의 참여와 발전을 보장하도록 일을 재조직할 필요를 느낀다. 명시적으로 기독교적 원칙을 내걸고 설립된 회사인 서비스마스터는 직원들의 개인적 발전을 장려하고자 노력하는 회사의 좋은 예다. 설립 취지문인 '직원 발전 전략'(People Development Strategy)은 "사람들을 단지 직무 달성을 위한 생산 개체로 사용해서는 안 되며" "목적으로" 보아야 한다고 밝히고 있다.[71] 사람을 '목적'으로 대한다는 것은, "사람들이 [개인으로서] 발전하도록 도와야 할" 의무가 서비스마스터에 있음을 함축한다. 발전에 대한 일차적 책임은 개인에게 있다고 보면서도, 회사가 "사람들이 성장하도

---

71 "People Development Strategy", 1.

록 능력을 최대치로 이끌어 내는 경험을 제공하는" 일자리를 디자인하고, "작업 기술"을 향상시킬 뿐 아니라 "개념적 기술과 영적 가치"도 가르칠 수 있도록 기획된 교육 프로그램을 실시함으로써 "개인적 발전을…장려하는 분위기를 제공할 책임"을 맡는다.[72] 서비스마스터가 사람들의 발전을 위해 헌신하는 배경에는 다음과 같은 신학적 신념이 있다. "하나님은 우리 각 사람이 저마다 재능을 갖도록 창조하셨다. 따라서 지도자들로서 우리는 (1) 우리가 이끄는 사람들 안에 하나님이 주신 재능이 있음을 인식하고, 하나님이 그들에게 의도하신 만큼 그것을 충분히 발전시킬 수 있도록 도와야 하며, (2) 성장하는 개인이 될 책임은 결국 각 개인에게 있음을 인식해야 한다."[73]

참여와 관련해, 오늘날 많은 경영진에게 문제가 되는 것은 "높은 참여도와 자주 관리를 위한 조직을 디자인할 것인가 말 것인가가 아니라, **어떻게 그러한 조직을 디자인할 것인가** 그리고 어떻게 하면 잘 할 것인가"이다.[74] 소폭의 변화이든(직무의 자율성 증대) 대폭의 변화이든(조직 전체의 자주 관리 및 자주 운영),[75] 수직적 위계질서는 "서로 다른 분야와 시각을 가진 이들이 공동의 목표를 위해 함께 일하는 수평적 팀으로 대체되고" 있는 것처럼 보인다.[76]

그렇다고 수직적 위계질서의 점진적 해체가 리더십을 불필요하게 만든다는 의미는 아니다. 자주 관리 조직에서 리더십은 해당 부서가 일을 시

---

72 ibid., 3, 2, Attachment A, 1.
73 ibid., Attachment A, 1.
74 Hackman, "The Psychology of Self-Management", 89.
75 자주 **관리** 집단에서는 "구성원이 업무를 수행하는 것뿐 아니라 그들 자신의 업무 수행을 모니터하고 관리하는 것에 대해서도 책임을 진다." 자주 **운영**(self-*government*) 집단에서는 구성원이 "무엇을 할지 결정하고, 부서와 그 맥락을 조직하고, 그들 자신의 업무 수행을 관리하고, 실제로 그 일을 수행한다"(ibid., 92-93).
76 Naisbitt and Aburdene, *Corporation*, 39.

작하도록 도운 뒤 다시 배경으로 사라져야 한다는 것은 잘못된 생각이다. 오히려, 리더십은 "전통적 조직에서보다 자주 관리 부서들에 관여할 때 더 중요해지고 더 힘들어"진다.[77] 더 중요해지는 것은 상향식 조직의 지속적인 작동을 위해 통합하는 역할이 더욱 필요해지기 때문이고, 더 힘들어지는 것은 촉진의 역할을 통해 지도력을 발휘하는 것이 본질적으로 어렵다는 점, 그리고 권위적 조직의 단순성과 질서가 던지는 지속적인 유혹 때문이다.

현대 기업의 참여도 증대 경향을 강화하는 한 방법은 노동자에 대한 보상을 임금의 형태뿐 아니라 "회사 주식 및 수익 배분"의 형태로도 실시함으로써 "노동자, 관리자, 소유주 간의 차이를 제거"하기 위해 노력하는 것"이다.[78] 또 다른 방법은 작은 규모의 조직을 개발하도록 장려하는 것이다. 부서가 클수록 피고용인들의 의사 결정 참여는 어려워지기 때문이다. 어떤 경우라도, 목표는 일에서 꼭 필요한 복종이나 규율이, 조직의 모든 구성원이 각자의 목적에 따라 자발적으로 순종하는 행위가 되도록 만드는 것이라야 한다.[79]

노동자와 기술

인간의 역사 거의 내내, (현대적 용어를 쓰자면) 경영진은 노동자를 그 자체가 목적이기보다는 자신들의 목적을 위한 수단으로 대해 왔다. 산업화가 시작되면서 새로운 그리고 어떤 면으로는 더 예속적인 노동자의 퇴락이 진행되었다. 일의 주인들이 디자인한 일의 도구가 노동자를 지배하는 주

---

77 Hackman, "The Psychology of Self-Management", 119
78 Nasibitt and Aburdene, *Corporation*, 54; 참고. Hay, *Economics*, 173.
79 Heilbroner, *Work*, 24를 보라.

인의 위치를 대신하게 된 것이다. 물론 이것은 이야기의 한 면일 뿐이라는 것을 인정한다. 노동자를 예속시킨 그 똑같은 기계 장치가 일정 기간 동안 인류 역사상 유례 없이 노동자의 물질적 복지 증대에 기여했다. 그럼에도, 기계는 잔혹한 주인일 때에만 효율적인 조력자였다.

앞 단락에서 분석한 경영진과의 관계에서 발생하는 노동자 소외의 두 가지 측면은 노동자와 기계의 관계에서도 다시 나타난다. 즉 사회적·기술적으로 강요되는 노동자의 종속 그리고 그들의 재능에 대한 억압은 현대의 합리적인 경제 생산에서 노동자가 수단으로 취급되는 두 가지의 상호 연결된 방식이다. 두 방식 모두, 경제 조직들이 효율성을 극대화하기 위해 "수익성 있는 작업을 하급 직원들의 재량에 맡기는 정도를 줄이려고" 애쓰는 강력한 경향에서 기인한다.[80] 경영진에 대한 종속은 한 관리자 개인에 대한 종속이 아니라(관리자의 권위는 오직 우연히 그 특정 관리자에게 배당되었을 뿐이기 때문에), 특정 생산 **기법**의 대표자로서의 그 관리자에 대한 종속이다. 이 동일한 생산 기법이 기술력의 산업적 활용으로 이어졌다. 따라서 로봇은 "순종적인 노동력을 찾으려는 산업의 논리적 탐색"의 결과를 대표한다고 말할 수 있다.[81]

그러나 사회적 종속과 기술적 종속의 밀접한 연관성에도 불구하고, 그 둘은 각각 명확하게 구별되는 소외의 형태를 나타내며 따라서 분리해서 다루어야 한다. 자주 운영 조직이 (말하자면, 이윤 극대화를 위한 노력의 일환으로) 스스로를 기계의 압제 아래 두는 경우와, 압제를 행하는 위계적 조직이 이윤 극대화라는 같은 이유로 노동자들에게 창의적으로 기술력을 가지고 놀 수 있도록 장려하는 경우를 상상할 수 있기 때문이다. 같은 논점

80　Hill, *Competition*, 122.
81　Cooley, *Architect*, 68.

을 주장하는 또 다른 방식은, 기계를 사용하지는 않지만 경영진의 압박 아래 행해지는 "기계화된 일"이 존재할 수 있으며, 반대로 "기계를 사용하는 일"이 꼭 기계화된 일일 필요는 없다는 점에 주의를 돌리는 것이다.[82]

노동자와 기술의 관계에 대한 다음 분석에서, 나의 목적은 기술이 어떤 방식으로 소외를 야기할 수 있으며, 기술을 가지고 일을 인간화하기 위해서는 어떤 조치가 취해져야 하는지 보이는 것이다.[83]

기술력, 자유, 발전

나는 이미 산업 시대 기계 생산의 특징을 분석했고, 그것이 인간의 인성에 미치는 영향을 살펴보았다. 일이 기계의 동작에 의해 조절되기 때문에 노동자의 자유는 상당히 사라지고, 노동자의 활동은 정신을 멍하게 만드는 몇 가지 반복 작업으로 축소되기 때문에 노동자의 기술 수준과 개인적 발전에서 퇴보가 일어난다.[84]

여기서는 정보 기술의 새로운 발전이 노동자와 기술력의 관계를 필연적으로 향상시키지 않는다는 점만 지적하고자 한다.[85] 맞다. 자동화는 인간을 로봇으로 대체함으로써 반복적이고 위험하고 품위가 떨어지는 많은 직업을 사라지게 해 준다. 또한 고도의 기술을 가진 전문 엘리트 집단을 창출한다. 그러나 정보 기술이 직업에서 요구되는 기술 수준을 평균적으로 상향 조정했다는 것은 너무 성급한 결론일 것이다. 자동화는 전통적으로 고도의 기술이 필요한 수많은 직업의 기술 요구 조건을 상당히 낮춘다. 좋

---

82 de Man, *Work*, 110이하를 보라.
83 앞에서 나는 자기주도성과 실질적 업무 복잡성의 결핍이 왜 소외를 야기하는지 그 이유를 제시했기 때문에, 여기서 그것을 되풀이해서 말할 필요는 없다(앞의 269-274를 보라).
84 앞의 74-75를 보라.
85 Friedmann은 자동화가 자동적으로 일터에서 최상의 조건을 가져올 것이라 생각하는 것을 유토피아적이라고 바르게 여긴다(Friedmann, *Work*, 120).

은 예가 CAD(컴퓨터 이용 설계) 시스템이 (최근까지 가장 창의적인 형태의 일에 속했던) 엔지니어의 일에 끼친 영향이다. 이 기술은 엔지니어의 일을 미리 프로그램된 컴퓨터가 제안하는 여러 가능성 중에서 하나를 선택하는 것으로 축소시킨다. 더 비관적인 관찰자들은 자동화가 엔지니어들에게 끼치는 영향이, 자동화가 야기하는 사무직 노동자들의 보편적 프롤레타리아화를 보여 주는 한 예일 뿐이라고 생각한다.[86] 기술력 변화의 영향에 대한 몇몇 경험적 연구는 지금까지 정보 기술의 주된 영향이 대체로 일의 실질적 복잡성을 감소시키고 노동자의 기술을 떨어뜨리는 것이었다고 주장한다[87](다른 연구들은 기술력 변화의 영향이 갖는 야누스 얼굴 같은 본성을 지적하기도 한다).[88] 노동자의 기술 상실은 종종 작업 속도의 증가와 작업 유연성의 감소를 수반한다. 정보 기술의 이 모든 부정적 효과에 더하여, 경영진에게 직원들이 하는 일과 관련해 일거수일투족을 감시할 수 있는 더욱 증대된 능력을 제공한다는 점까지 고려하면,[89] 정보 기술이 기계와 관련된 기술보다 훨씬 무자비하고 효과적으로 인간을 단순히 수단으로 전락시킬 수 있다는 두려움은 정당한 것이 된다.[90]

기술 발전의 정당성

어떤 기독교(와 비기독교) 문화 비판자들은 기술이 본질적으로 악하다고 보고, 심지어 거기에 열광하는 누구든 '악마 숭배 행위'로 비난할 정도로 공

86　Cooley, *Architect*, 38를 보라.
87　Spenner는 "상향 가설, 하향 가설, 미미한 변화 총량 가설에 대한 평결이 아직은 내려지지 않았다"고 결론 짓는다(Spenner, "Deciphering Prometheus", 825).
88　Lyon, *Silicon*, 37; Janzen, "Auswirkungen", 29를 보라. 사회학자들은 기술 변화의 영향이 지니는 야누스의 얼굴에 대해 종종 한탄한다.
89　앞의 280를 보라.
90　Evans, "Arbeitnehmer und Arbeitsplatz", 187를 보라. 또한 자동화의 부정적 효과에 대해서는, Erickson, "On Work", 4이하를 보라.

격하는 경향이 있다. 바벨탑 이야기에서(창 11:1-11) 성경적 근거를 찾는, 기술에 대한 그러한 부정적 태도가 지난 몇 세기 동안 너무 우세한 나머지, 마르크스 같은 철학자는 기술 발전이 "성경에도 불구하고" 이루어졌다고 볼 정도였다.[91]

기술 비판자이건 옹호자이건 상관없이, 이 시대의 과학 철학자와 기술의 역사를 다루는 역사가는 성경적 세계관이 현대의 기술 발전에 중요하게 공헌했다는 데에 대체로 동의한다.[92] 따라서 창세기 초반에(창 4:17이하) 역사가 시작될 무렵 초기 기술 발전에 대한 긍정적 묘사가 나오는 것은 놀랍지 않다. 과거에 이 본문은 셋의 후손의 경건함과(창 4:25이하) 대조되는 가인의 후손의 퇴폐성을 묘사하는 것으로 이해되었다. 그러나 만약 웨스터만(Westermann)이 옳다면, 이 본문은 창세기 1-3장에 나오는 인간의 일에 대한 더 일반적인 진술을 구체화하는 것으로 보는 것이 좀더 정확하다.[93] 본문은 역사적으로 발전하는 인간 일의 다양한 형태를 서술한다. 즉 인간은 농부로(1-2절), 건축가로(17절), 목축업자로(20절), 예술가로(21절), 금속공예가로(22절) 묘사된다. 이러한 '기술 발전의 역사'가 보여 주는 놀라운 특징은, 기술의 진보를 신들에게 받은 이미 완성된 선물이나(수메르 신화처럼) 빈틈없이 보호되는 신들의 소유가(그리스 신화처럼) 아니라, 인간의 창의성에 대한 하나님의 축복의 결과로 묘사한다는 점이다.[94]

---

91 Marx, *MEW*, XXIII, 194.
92 그렇다고 해서 성경적 세계관이 현대 기술의 파괴적 사용에 대한 모든 비난을 받아야 한다는 의미는 아니다(앞의 232-235를 보라).
93 Westermann, *Genesis*, 56이하, 321이하; Wolff, *Anthropologie*, 122; Preuß, "Arbeit", 615를 보라.
94 Wstermann, *Genesis*, 62를 보라. 기술 발전을 옹호한 초기 그리스도인 중 한 명은 Origen 이었다. 하나님이 사나운 동물들에게는 먹을 것을 공급해 주시지만 인간은 "쪼들리고 힘든 실존"을 부양하기 위해 노동을 하고 고생하게 하신다는 것은 설득력이 없는 것 같다는—일에 대해 부정적인, 전형적인 그리스적 태도를 전제하는—Celsus의 비판에 답변하면서, Origen은 하나님이 "인간의 슬기와 지식이 모든 나라에서 사용되기를 바라시면서…사람을

성경 본문이 일반적으로 기술 발전에 대해 긍정적인 태도를 취하기는 하지만, 그렇다고 태고의 기술적 성취에 맹목적으로 열광하지는 않는다. 인간 활동의 모든 결과가 그렇듯이, 기술 역시 죄가 초래한 기본적인 인간의 당착을 공유하기 때문이다. 기술은 인간 창의성의 고귀한 산물인 동시에, 인간의 저열한 야망을 위한 위험한 수단이기도 하다. 바로 이것이 바벨탑 이야기가 말하는 요점이다. 바벨탑 이야기는 기술력 자체에 대한 논쟁 없이, 죄성을 지닌 인간에 의한 기술력 남용을 보여 준다.

기술 발전의 기준

그 기본적 양면성 때문에, 기술력 발전은 신중한 신학적 연구 및 그에 부합하는 실제적 규제가 필요하다. 기술 발전에 관한 이후의 간략한 신학적 평가에서, 나는 기술이 증대되는 사회에서 살고 있는 사람들에 관해 두 가지를 가정한다. 첫째, 그들이 창조하고 있는 기술과 관련해 인간적인 선택을 하지 못할 정도로 그들이 '기술화되지' 않는 것은 가능하다. 둘째, 모든 것을 포괄하는 '기술적 체제' 안에서, 특정 기술과 관련된 인간 행동의 변화는 중요한 것일 수 있다.[95]

5장에서 다룬 인간과 자연에 대한 고찰은, 인간 삶의 네 가지 근본적인 필요에 상응하는 네 가지 기본적 차원과 관련해 특정 기술이 평가되어야 함을 암시한다.[96] 첫째, 하나님에 대한 필요와 관련해, 기술 진보는 하나님을 대적하는 수단이나 거짓 숭배의 대상으로 사용되어서는 안 된다. 바벨

욕구가 가득한 존재로 창조하셔서, 인간이 필요한 것이 매우 많다는 미덕에 의해 일부는 그의 생계에 도움이 되고 다른 일부는 그의 안전에 도움이 되는 기술들의 발명가가 될 수밖에 없도록 하셨다"고 말한다(Origen, *Celsus*, IV, 76).
95   다른 가정에 대해서는, Ellul, *System*, 310이하를 보라.
96   앞의 241-244를 보라.

탑이 시사하는 것처럼(창 11:1-11), 기술은 인간의 자기 확대 수단으로 변질될 수 있다. 인간은 "가장 높으신 분과 같아지겠다"는 위험한 꿈을 실현하려는 시도로서(사 14:14을 보라) 창조주를 거슬러 자기를 주장하기 위해 기술을 사용할 수 있다. 더 나아가, 기술 발전의 빠른 속도는 그것이 약속하는 미래에 대한 유혹적인 환상과 함께 우상숭배에 가까운 기술에 대한 열광을 유도할 수 있다. 엘룰(J. Ellul)이 (기술의 부정적 영향을 일반화시키는 그의 특징적 경향을 가지고) 말했듯이, "과학적임에도 불구하고 신비스러운 기술의 힘은…기술자에게 그가 살아갈 이유를 주는 추상적인 우상이다."[97]

둘째, 기술 발전은 인간 이외의 창조세계에 대해 파괴적이어서는 안 된다. 오늘날 산업 생산은 공격적인 기술을 사용한다. 그 에너지원은 천연자원을 고갈시키고, 그 생산물과 의도하지 않은 부작용은 종종 자연과 통합되지 못하고 오히려 자연에 해를 끼친다. 기술은 자연을 파괴하는 것이 아니라, 그 온전함을 존중해야만 한다.[98] 인간의 일이 자연과의 협력이 되려면(그래야만 하는데),[99] 일의 수단 역시 자연과 협력해야 한다.

셋째, 기술은 사회 분열을 조장하기 위해 개발되어서는 안 되며, 사회적 지배 수단으로 기능하도록 개발되어서는 더더욱 안 된다(창 4:23-24을 보라). 우리는 인간에 대한 지배가 기술의 내재적 특성이라고 비관적으로 생각해서도,[100] 고도로 발전한 기술 사회는 필연적으로 돌봄의 사회일 것이라고 낙관적으로 기대해서도 안 된다. 오히려, 우리는 "인간관계의 질을 향상시키는 방식으로 기술"을 발전시키고자 의식적으로 노력해야 한다.[101]

---

97 Ellul, *Society*, 144-145.
98 Chaw, "Technology", 18-19; McPherson, "Ecological Theology", 239를 보라.
99 앞의 229-232를 보라.
100 Ellul, *System*, 5를 보라.
101 Lyon, *Society*, 27.

넷째, 인간의 인격적 특성은 그들이 기술과의 관계에서 자유로운 주체로 행동하도록 요구하기 때문에,[102] 기술은 자기주도성을 가로막는 방식으로 개발되어서는 안 된다. 도구에서 기계로 기술적 도약이 이루어진 이후, 가차 없는 기계의 작동이 그것을 사용하는 인간의 자유를 빼앗아 갈 수도 있다는 위협이 생겨났다.[103] 다음 단락에서 나는 어떻게 하면 곳곳에 기술이 스며 있는 일의 과정이 인간의 자기주도성과 양립할 수 있는지 살펴볼 것이다.

기계 길들이기

한편으로 기술, 특히 정보 기술의 사용이 인간을 노예화하는 것을 사전에 방지하고, 다른 한편으로 기술을 인간의 참여와 발전 증대를 위한 촉매로 만들기 위해, 무엇을 할 수 있는가?

첫째, 노동자는 그들의 기술적 노하우를 확장할 필요가 있다. 기술적 무지는 사람의 육체적 힘과 기량보다 뛰어난 기계 기술을 사용하는 노동자를 소외시킬 수 있다. 그들의 정신적 능력보다 뛰어난 정보 기술을 사용하는 노동자들에게는 더욱 심각한 소외를 초래할 수 있다. 지식 노후화율의 증가 때문에,[104] 지속적인 기술 교육이 없다면 고도로 복잡한 기술의 작동을 이해하는 사람들과 단순히 단추를 누르는 사람들 사이에 이미 존재하는 이분법은 유능한 소수와 어리석은 다수의 극명한 이원성으로 진전될 것이다.[105]

그러나 기술적 노하우의 증대만으로는 자유롭고 창조적인 일을 보장할

---

102 *Laborem Exercens*, no. 5를 보라.
103 Ellul, *System*, 17를 보라.
104 Cooley, *Architect*, 26를 보라.
105 King, "Einleitung", 38-39를 보라.

수 없다. 노동자의 기술적 노예화의 원인은 단지 그들의 제한된 지식뿐 아니라 그들이 일에서 사용하는 기술의 구체적 형식에 있다. 만약 일 역할의 구조와 기계의 구성 방식 자체가 자기주도성과 사람의 기술 사용을 가로막는다면, 유능함도 별 도움이 되지 않는다. 따라서 소외를 극복하는 두 번째 조건은 자유를 보호하고 창조성을 자극하는 기술을 디자인하는 것이다.

특정 기술이 개인의 자유와 발전에 관해 중립적일 수는 있지만, 구체적 기계로서(구현되지 않은 기술이란 있을 수 없으므로, 이는 기술이 존재할 수 있는 유일한 방식이다)[106] 중립적인 것은 아니다. "기술들, 모든 기술들은 사회적·경제적·정치적·종교적·문화적 배경에서 기인한다. 도구는 인간이 지닌 필요, 욕구, 소망, 동경의 몇몇 측면에 대한 인간의 표현이다."[107] 예를 들어, 일의 사회적·경제적 목표가 산출량 극대화라면, 사용되는 기술은 이러한 목표 실현을 가로막는 모든 인자를 제거하도록 디자인되고 구성되어야 할 것이다. 이 경우, 예측이 불가능한 '인간 인자'의 역할은 최소화되어야 한다[풀 프루프(fool proof, 인간의 실수나 무지로 인한 오작동을 방지하기 위한 설계―옮긴이) 기술을 통해].[108] 그 결과로 나오는 것은, 자유를 제한하고 창조성을 메마르게 함으로써 노동자를 객체화하는 기계다. 반대로, 최대 산출량을 최우선시하지 않고 일에서의 자유와 창조성을 본질적으로 중요한 목표로 삼는다면, 자유롭고 창조적인 주체로서의 인간 특성과 양립하도록 기계를 디자인하고 일 역할을 조직하는 것도 가능하다.[109]

106   McPherson, "Ecological Theology", 239를 보라.
107   Sallis, *The Silicon Idol*, 94를 보라. "기본적인 조사에서 마케팅에 이르는 혁신의 전체 과정과 새로운 기술의 사용은 수익 동기, 위신, 국가의 군사적 목적, 사회 및 경제 정책 같은 요인들에 의해 영향을 받는다"(Norman, *God That Limps*, 185).
108   Hill, *Competition*, 103.
109   Brakelmann, "Arbeit", 115; Lyon, *Silicon*, 21를 보라.

정보 기술의 효과는 엔지니어가 충분히 창조적인지, 소유주와 관리자가 인간에게 너무 비좁지 않은 방식으로 기술을 구성하고 생산적으로 활용할 의사를 충분히 가지고 있는지에 달려 있다. 그들의 노력을 통해, 정보 기술은 육체노동과 정신노동 간의 오랜 이분법을 극복하도록 도울 수 있고, 일과 나태의 구분을 지워 버릴 수도 있다. 즉, 정보 기술은 일을 창조적 활동으로 변형시킬 수도 있고, 매우 노예적인 비활동(inactivity)으로 변질시킬 수도 있다.[110]

기술의 인간화를 위한 세 번째 단계는 비대해진 기술을 '인간적 규모'에 맞추는 것이다.[111] 인간은 오직 그들이 일하고 있는 시스템을 이해하고 통제할 수 있을 때에만 자유롭고 창조적으로 행동한다. 정보 기술은 조직을 작은 단위로 분산시키고 "사람이 기계의 일부인 거대한 비인간적 생산 라인을 사람이 오직 사람만 할 수 있는 일을 하는 더 작고 더 독립적인 생산 단위로" 재조직할 수 있다.[112] 그러나 그런 분산화는 경영진의 신중한 결정에 따른 결과여야 할 것이다. "특정 장치가 이제 그렇게 작아졌으므로 모든 것이 줄어들 것"이라는 추정은 환상에 지나지 않기 때문이다.[113]

일에서의 자율성 – 어느 정도까지?

일에서 노동자의 자기주도성을 촉진하고 경영진과 기술에 의해 단지 수단으로 취급받는 데서 그들을 해방시키기 위해서는, 참여를 촉진하고 자유와 창조성을 발전시키는 인간적 규모의 기술을 구성하고 노동자의 노하

---

110   Jonas, *Verantwortung*, 351-352를 보라. "일을 비기계화하는 최상의 방법은 일을 기계에게 넘겨주는 것"이 사실인지 여부는 기계의 구조에 달려 있다(de Man, *Work*, 112).
111   Schumacher, *Work*, 23; 참고. Schumacher, *Small*, 52이하; Illich, *Selbstbegrenzung*, 30이하.
112   Catherwood, "Technology", 137.
113   Ellul, *System*, 2.

우를 증대시키려는 노력이 필요하다. 그러나 이러한 조치들이 성공적으로 실행된다고 해도, 현대의 노동자를 **완전히** 자율적인 주체로 만들지는 못한다.

개인의 자유가 어느 정도 제한되는 것은(단순히 인간이라는 사실에서 기인하는 제한 이상으로) 어떤 일에든 내재한다. 일하는 것은 완전히 자율적이라는 의미가 아니다. 정의상, 일은 그것이 충족시켜야 할 필요와 그것을 행하기 위해 사용하는 이미 주어진 방법에 의해 영향을 받기 때문이다. 일을 할 것인지 말 것인지 혹은 일을 어떻게 할 것인지는 우리의 재량에 완전히 달려 있지 않다.[114]

산업화 사회에서는 노동자의 자기주도성이 추가적으로 제한된다. 개별 경제 조직의 수준에서는 노동자의 일이 자기주도적일 수 있지만, 그 조직 자체가 많은 수의 매우 상호 의존적인 단위들로 구성된 더 크고 고도로 분화된 전국적(그리고 심지어 전 세계적) 경제 시스템의 일부다. 고도의 분화와 상호 의존성은 효율성과 생산 복잡성이라는 쌍둥이 요구 조건에 따른 결과다. 효율성은 전문화와 노동 분화를 요구한다. 다른 한편으로, 생산 복잡성은 사회 전반에 골고루 퍼져 있는 전문 기술의 통합을 요구한다.[115] 그러한 통합이 시장 작동 원리를 통해 발생하든, (민주적 타입의) 중앙 계획을 통해 일어나든, 개인의 재량에 따라 변경되기 어려운, 사전에 정해진 절차와 규칙 없이는 생각할 수 없다. 따라서 어느 정도의 타율성은 현대 경제 생산의 내재적 특징이다. (일이 자율적 활동이 될 수 있는 한도 내에서) 일에서의 완전한 자율성은 오직 산업 생산 외부에 존재하는 고립 지역에서만

---

114   앞의 38-39를 보라.
115   Gorz, *Wege ins Paradies*, 81.

가능하다.[116]

문제는 산업 생산에서 노동자의 불가피한 자율성 결핍으로 인해 산업주의가 본질적으로 소외를 야기하는가 하는 것이다. 그 답은 모든 수준에서 타율성을 제거하는 것이 인간화된 일의 불가결한 특성인지에 달려 있다. 내가 볼 때, 인간을 수단으로 대하지 않는다는 원칙에서는 상대적으로 약한 개념의 자유만 따라오는 것 같다. 즉, 일에서 자신의 목표를 세우고 추구할 수 있다는 의미에서의 자유이지(자신의 목표를 창출함으로써든 다른 이에 의해 개발된 목표를 자신의 목표로 삼음으로써든), 반드시 어떤 활동이든 언제든 바라는 대로 관여할 수 있다는 강력한 개념의 자유는 아니다.

일과 공동선

노동자의 자유를 배제하고 발전을 억압하는 일은 인간적일 수 없다. 그러나 발전을 촉진하는 자유로운 일이라고 해서 꼭 인간적인 일은 아니다. 개인의 자유와 개인적 발전 자체만을 위해 노력할 때, 자유는 공허해지고—즉 단지 개인의 행동에 대한 외부적 규제의 부재를 의미할 뿐이고—개인적 발전은 자아도취적이 된다. 인간은 자유와 개인적 발전으로 부름받았다. 그러나 사랑 안에서 다른 사람들을 섬기려고 하지 않는다면, 그 사람은 자신의 자유를, 바울의 용어를 사용하면 "육체의 욕망을 만족시키는 구실"로 사용하고 있다(갈 5:13). 공동선에 대한 관심이라는 틀이 없다면, 자유와 발전이라는 인간적인 일의 본질적 특성은 소외의 형태로 퇴보하고 만다. 즉, 자유로우며 자신을 발전시키는 행위가 공동체로 존재하는 나의 진정한 본성에서 나를 소외시키는 것이다.

---

116   Auer, *Umweltethik*, 170를 보라.

자율적 개인들의 세상

현대 사회에서는 누군가의 일을 공동선에 대한 기여로 생각하기가 특히 어렵다. 섬김을 받거나 자기를 섬기는 것은 당연히 다른 사람을 섬기는 것보다 항상 쉽다(막 10:45). 성경의 저자들이 사람들에게 일을 통해 다른 이들을 섬기라고 권고할 필요가 있었다는 것이(엡 4:28) 이 사실을 입증해 준다. 사람들이 도덕 언어를 오직 자신의 감정을 표현하고 다른 이를 조종하기 위해서만 사용하는 "새로운 암흑기"가 도래했다고 한 알래스데어 매킨타이어(Alasdair MacIntyre)에게 반드시 동의하지 않더라도,[117] 경제 선진국의 사회 구조와 그 지배적 문화는 일을 공동선에 기여하는 것으로 보는 생각에 매우 적대적임을 부정할 수 없다.

노동 분업화 정도가 낮고 상대적으로 자급적인 소규모 공동체에서는 한 사람의 일과 다른 사람의 필요가 충족되는 것 사이의 거리가 멀지 않았다. 한 사람의 일이 어떻게 공동체의 선에 기여하는지 쉽게 볼 수 있었다. 더 나아가, 사회적 구조가 다른 사람을 섬기고자 하는 바람을 지지해 주었다. 소규모 공동체에서 사람들은 "공동체에 오래 참여하면서 그들의 정체성 자체를 공동체적 측면에서 정의하게 되기 때문에…그들 자신의 이익과 공동체의 공적 이익 사이에서 거의 갈등을" 경험하지 않았다.[118] 공동체에 선을 행하는 것은 곧 자신에게 선을 행하는 것이었고, 공동체에 해를 입히는 것은 자신에게 해를 입히는 것이었다.

현대 사회에서 분업화가 확대되고 상품과 서비스의 복잡성이 증가하면서, 개인들은 자신들의 늘어가는 필요를 점차 스스로 충족시킬 수 없게 되었고 다른 사람들의 일에 더 의존하게 되었다. 두 세기보다 더 전에 스

117　MacIntyre, *After Virtue*, 263. 비판을 보려면, Stout, *Ethics*, 191이하를 보라.
118　Bellah, *Habits*, 175.

미스가 바르게 인식했던 것처럼, 현대 사회에서 개인들은 번영을 위해 이전 어느 때보다도 타인과 협력할 것을 강요받는다.[119] 그러나 동시에, 일을 더 넓은 공동의 삶에 기여하는 것으로 인식하고 수행하는 것은 윤리적으로 그만큼 어려워졌다. 그 한 가지 이유는, 개인들과 사회 집단들 간에 고도로 복잡하게 연결되어 있는 경제적·기술적·기능적 상호 관계를 각 개인이 이해하는 것은 불가능하기 때문이다. 자신의 일이 어떻게 최종 생산물과 연결되는지조차 종종 이해하지 못하는 사람이, 자신의 생산물이 복잡한 국내 시장과 국제 시장에 들어간 뒤 어떻게 공동선을 위해 사용되는지는 더욱 알 도리가 없다.[120]

더욱이, 오늘날 사람들의 자기 인식은 현대의 경제적 상호 의존의 성격과 그들의 일이 더 넓은 공동의 삶에 영향을 미치는 방식을 이해해 보도록 자극하지 않는다. 가족과 친구들의 작은 집단에 포함되는 것을 제외하고는, 사람들은 자신을 다른 자율적 개인들과 경제적으로 상호 작용하는 자율적 개인으로 인지한다. 자신의 능력도, 자신이 일을 통해 얻은 것도, 사회에게 빚진 것은 하나도 없다. 즉 사람들은 자기가 자신의 주인일 뿐, 더 넓은 사회 통합체의 일부가 아니다.[121] 사회는 단지 개인들의 집합체일 뿐이다. 익명의 개인들이 모여 있는 집단에 대해 그들 각자를 자율적 개인으로 존중하는 것 외에 어떤 의무를 느낄 수 있는가? 별로 없다. 그리고 더 큰 사회를 향한 의무감 없이는, 자신의 일이 가져오는 공동체적 결과를 이해하려는 관심은 사라진다.

---

119 앞의 92-93를 보라.
120 de Man, *Work*, 70를 보라.
121 MacPherson, *Individualism*, 3를 보라. 경제 발전과 개인주의 사회 철학 및 실천은 분리 가능하다. 특히 환태평양 지역의 국가들은 서구의 경제 발전에 수반되었고 그것을 촉진시켰던 개인주의에 굴복하지 않고도 고도의 경제 발전에 도달하는 데 성공했다.

현대 사회에서 개인의 자율성 강조는 그만큼의 사익 추구 강조로 이어진다. 사익 추구가 드러내 놓고 이기적일 필요는 없다. 스미스의 유명한 '보이지 않는 손' 개념은 사익 추구를 강조하는 사회 경제 이론이 전통 윤리를 존중하는 한 방법이다. 다시 말해, '보이지 않는 손'이 각 개인의 사익 추구를 공공의 선으로 바꾸어 놓는다는 것이다. 따라서 다른 사람을 위해 일하는 가장 좋은 방법은 자기 자신을 위해 일하는 것이다. 심리학적으로, 사익 추구는 "건강한 내부 지향성을 지닌 사람이야말로 정말로 다른 사람을 위할 수 있다"라는 폭넓게 수용된 개념에 의해 정당화된다.[122] 그러나 수치심을 모르는 이기심이든, 어쩌면 간접적인 이타심이든, 경제적 차원의 자기중심성은 사람들이 일에서 공동선에 대한 관심을 가질 만한 여지를 남겨 놓지 않는다. 특히 시장 경제에서 사익 추구는 부족한 상품에 대한 경쟁을 자주 동반하기 때문에, 노동자를 공공의 가족에서 소외시키고, 그들이 "좋은 일을 하면서 동시에 좋은 시민이 되는 것"을 어렵게 한다.[123]

현대 사회의 강력한 구조적·문화적 영향력은 작업 환경 역시 전반적으로 공동체에 대한 관심에서 자아에 대한 집착으로 옮겨 가는 데 참여하도록 돕는다. 일을 하는 이유가 상품을 사 모으고 서비스를 즐기기 위해서건, 자신의 능력을 표현하기 위해서건, 자신의 잠재력을 발전시키기 위해서건, 일에 대한 헌신은 개인에게 가져다주는 이익에 근거해 셈해진다. 셈을 하는 자아가 반드시 소외된 자아는 아니다. 현대 사회에서 사람들은 자신을 크고 복잡한 협력의 관계망 안에 위치시키도록 강요받는다. 그러

---

122 Bloom, *American Mind*, 178. Bloom은 이어서 말한다. "그에 대한 내 반응은 이것이다: 만약 당신이 그것을 믿을 수 있다면, 당신은 무엇이든 믿을 수 있다."
123 Bellah, *Habits*, 197.

나 피고용 하급 노동자 대다수에게 협력이란 의지와 에너지가 공공의 목적을 향해 있는 사람들의 연합이 아니라, 공동 행위의 목표에는 개의치 않는 사람들의 상호 연결 및 상호 작업이다.[124] 더 나아가, 하급 직원과 관리자가 서로 협력하는 이유는, 공동선의 비전이 이끄는 서로와의 연대감 안에서 일하기 위해서가 아니라, 오직 협력이 개인으로서의 그들 각자에게 가져다주는 이익을 위해서다.

서로를 위해 일하기

현대 사회에서 사익 추구 강조는 기독교적 일의 신학에서 가장 본질적 측면 중 한 가지, 즉 다른 개인들과 공동체의 안녕을 사익 추구 활동의 의도하지 않은 결과에 맡겨 두어서는 안 되며, 의식적이고 직접적으로 다른 사람을 위해 일해야 한다는 주장과 상충된다. 인간의 일은 개인적 유용성(금전적 소득의 수단이든 자기표현의 수단이든)뿐 아니라 윤리적 의미를 지닌다.

대체로 신약성경은 사람이 자신의 생계유지를 위해 일해야 한다고 강조하지만(살후 3:12), 그들의 가난한 동료 인간을 돕기 위해 일해야 한다는 것도 강조한다. 즉, 그들은 "떳떳하게 벌이를" 함으로써 "궁핍한 사람들에게 나누어 줄 것이 있게" 해야 한다(엡 4:28).[125] 칼뱅은 에베소서 4:28에서 그 함축 의미를 끌어내어 이렇게 썼다. "사람이 '오, 나는 노동한다, 나는

---

[124] Hannah Arendt(*Vita activa*, 112)는 산업 생산에서 개인들은 서로 교체 가능한 반면, 협력은 협력하는 개인들 간의 차이를 전제하기 때문에, 강화된 노동 분업의 조건 아래에서 협력이 존재할 수 있음을 부정한다. 그러나 협력은 각 개인이 실제로 모든 임무를 할 수 있는지 여부와 상관없이, 단지 개인의 **임무**가 다르기만 하면 된다. Adam Smith가 사용한 유명한 예를 들면, 각자 핀 하나의 18분의 1씩을 생산하는 열여덟 명의 노동자는 협력하고 있다. 사실, 협력의 수준은 분업의 수준에 비례한다. 산업 사회와 정보 사회에서, 우리는 협력이라는 사실 자체가 아닌, 오직 협력의 성격에 대해서만 문제를 제기할 수 있다(Friedmann, *Work*, 69이하).

[125] Volf, "Work", 77를 보라.

내 작업이 있다' 또는 '나는 이런 사업을 한다'고 말하는 상황은 충분하지 않다. 그것으로는 충분치 않다. 대신 우리는 그것이 공동선을 위해 좋고 유익한지, 그의 이웃이 그것을 더 잘할 수 있지는 않은지 보아야 한다."[126]

신약성경에서 일을 다른 사람을 위한 섬김으로 보는 놀라운 예는 바울이 에베소 장로들에게 한 고별 설교에서 나온다. "나는 모든 일에서 여러분에게 본을 보였습니다. 이렇게 힘써 일해서 약한 사람을 도와주는 것이 마땅합니다. 그리고 주 예수께서 친히 '주는 것이 받는 것보다 더 복이 있다' 하신 말씀을 반드시 명심해야 합니다"(행 20:35). 이러한 훈계를 원래의 대상인 교회 장로들에게만 한정할 이유는 없다. "힘써 일해서 약한 사람을 도와주는" 행위의 주체가 명확하게 지정되지 않은 것은, 이 명령이 **모든 그리스도인에게 적용됨**을 암시하기 위한 것이었을 수도 있다.[127] 훈계는 급진적이다. 이 말은 모든 그리스도인이 그렇게 할 수 있는 수단이 있을 때에만 가난한 사람을 도울 의무가 있다는 의미 이상이기 때문이다. 모든 그리스도인은 가난한 이들을 도울 의무뿐 아니라, **그렇게 할 수단을 갖기 위해 힘써 일해야**(*kopiaō*) 할 책임도 있다고 분명히 말하는 것이다.

일을 동료 인간에 대한 섬김으로 보는 것은 일을 소명으로 이해하는 관점의 강점이다. 그러나 이러한 일 이해는 너무 정태적이기 때문에(한 사람이 평생 오직 한 가지 부르심만 받는다고 보는 것), 현대의 유동적이고 역동적인 사회에 적용이 어렵다.[128] 성령론적 일 이해는 직업이나 취업의 공시적이고 통시적인 다원성을 공동선에 대한 관심이라는 틀 안에 둔다. 성령의 부르심과 능력 주심은 단지 은사들의 구성적 특징만이 아니다. 그 목적은

---

126 Calvin, *Ephesians*, 457.
127 Agrell, *Work*, 137-138를 보라.
128 앞의 174-175를 보라.

다른 사람을 섬기는 것이기도 하다. 성령이 사람들을 부르시고 능력을 주시는 것은 확실히 그들의 동료 인간을 섬기게 하시기 위해서다. 신약성경에서 은사는 일관적으로 '디아코니아'(*diakonia*, 섬김)와 관련이 있다(고전 12:4이하; 벧전 4:10-11을 보라). 그 목적은 반복적으로 공동체의 '오이코도메'(*oikodome*, 덕을 세움)로 설명된다(고전 14:12-26). 은사를 받는 것은 동료 인간을 섬기는 것을 의무로 만들고(벧전 4:10), 섬김은 은사의 진위 여부를 위한 중요한 기준이 된다(고전 14:12이하). 교회를 그리스도의 몸으로 생생하게 묘사하는 바울의 비유처럼(고전 12:14-26), 은사는 개인을 더 큰 공동체와 연결하여 그 각각의 은사가 공동체 전체 안에서 모두의 선을 위해 기여하게 한다.[129]

일을 공동선에의 기여로 보는 성령론적 이해의 인간학적 배경은 근본적으로 **사회적**인 인간의 본성이다. 인간을 이해할 때, 어떤 이유에서든 사회 안에 사는 것을 선호하기는 하나, 자신의 소유나 존재에 대해서는 사회에 아무런 빚도 지지 않은 고립된 개인으로 보는 것은 실수다. 로크는 개인을 "그 자신과 능력에 대해 사회에 아무 빚 진 것 없는 주인"으로 보는 그의 개념으로 큰 영향력을 끼쳤는데,[130] 이를 뒷받침한 것은 인간은 "모두 유일한 전능자이시며 무한히 지혜로우신 창조자의 작품이자, 주권적이신 주인을 섬기는 종"이라는 신학적 주장이었다.[131] 하나님이 그들을 만드셨고 그들은 하나님께 속해 있기 때문에, 그들은 서로에게서 자유로울 뿐 아

---

[129] 따라서 부르심에 대한 Bellah의 의견(*Habits*, 66)을 보라. Bellah는 그가 호소하는 사회적 세상의 재구성이 '부르심' 개념에 대한 재전유를 요구한다고 제안한다(66이하, 287이하). 만약 그가 때로 그렇게 보이는 것처럼(69, 118, 특히 MacIntyre, *After Virtue*, 10장에 대한 언급을 보라), 한 사람에게는 그 사람을 규정하는 오직 하나의 부르심만 있다고 제안하는 것이 아니라면, 그의 타당한 관심은 일을 소명으로 이해하는 그의 입장처럼 나의 성령론적 일 이해에 의해서도 동일하게 잘 충족될 것이다.
[130] MacPherson, *Individualism*, 255.
[131] Locke, *Two Treatises*, II, §6; 참고. I, §53.

니라 서로 동등하다는 것이다.[132] 이러한 논지는 노예제나 농노제에 반대하기 위해 사용될 때는 설득력이 있지만, 사회에 대한 인간의 인간학적 독립성을 확증하지는 않는다. 하나님은 각 개인을 매번 아담처럼 땅의 흙으로 새로이 창조하지 않으셨다. 로크와 반대로 제러미 벤담(Jeremy Bentham)이 관찰했듯이, 인간은 세상에 다 자란 성인으로 오지 않는다.[133] 하나님은 다른 인간을 통해 개인들을 창조하신다. 한 사람이 인간이 되고 인간으로서 발전하는 것은 오직 사회적 상호 작용을 통해서다.[134]

본성상 사회적인 인간의 특성에 어울리게, 신약성경의 구원론과 종말론은 공동체적 시각을 갖고 있다. 분명 우리는 자율적 존재가 아니라 자유로운 주체로서 그리스도인이 되고 그리스도인으로 살아간다.[135] "하나님의 형상을 따라 참 의로움과 참 거룩함으로 지으심을 받은 새 사람"이란(엡 4:24) 한 개인이 아니라, 공동체이기 때문이다.[136] 그것은 "멀리 떨어져" 있던 이들과 "가까이" 있던 이들이 함께 어울리는 공동체이며(엡 2:15이하), 그들은 한 몸을 이루어 "각 마디를 통하여 연결되고 결합[되며], 각 지체가 그 맡은 분량대로 활동함을 따라 몸이 자라나며 사랑 안에서 몸이 건설[된다]"(엡 4:13-16). 그리스도인들은 사랑의 공동체로 살아감으로써 그들의 종말론적 운명을 형상화하고, 사랑 많으신 삼위일체 하나님의 삶에 참여한다.[137] 따라서 인간의 사회적 특성을 단순히 사회적 개체로 살고자 하는 내

---

132 Laslett, "Introduction", 92를 보라.
133 Locke에게 공정하기 위해, 그는 아이들이 '평등하도록' 태어나지만, '평등한 상태로' 태어나는 것은 아니라고 생각했다(Locke, *Two Treatises*, II, §55). Locke에게 이는 나이와 발달(또는 발전)이 인간관계와 관련되는 아주 소수의 경우 중 하나게만(Laslett, "Introduction", 94를 보라), 그의 인간론과 사회 이론에 체계적인 영향을 주지는 않는다.
134 개인과 공동체 간의 관계에 관해서는, Niebuhr, *The Children of Light*, 2장을 보라.
135 Volf, "Kirche", 67, 각주 62를 보라.
136 Barth, *Ephesians*, 537를 보라.
137 Volf, "Kirche", 70이하를 보라.

적 성향으로 이해하는 것은 적절하지 않다. 동물 역시 서로 구별되고 상호 작용하는 개체들 안에서 살아간다. 칼 바르트는 오직 사람들이 함께 살아가는 방식이 서로를 적대시하지 않거나 단순히 서로 이웃하여 사는 것이 아니라, 서로를 **위하여** 사는 것일 때에만 진정한 인간성이 실현된다고 바르게 주장했다.[138]

나의 일이 인간적이기 위해서는, 나는 다른 이들의 유익을 잊어버리거나 의식의 주변부로 밀어 놓은 채 나 자신만을 위해 일해서는 안 된다. 다른 이들의 유익은 내가 의식적으로 나아가고자 애쓰는 목표가 되어야 한다. 말하자면 배타적으로 나 자신을 위해서만 동분서주할 때 공동선이 나도 모르게 실현될 것이라는 신념으로는 충분하지 않다. 그것이 잘못인 이유는, 개인의 사익 추구는 공동선을 세우는 데 충분치 않기 때문이고, 또한 일을 인간적으로 만들 수 있기는커녕 부끄러움을 모르는 이기주의일 뿐이기 때문이다. 다른 사람을 위해 존재하기를 선택하지 않는 인간적인 사람이란 있을 수 없으므로, 의식적으로 다른 이들을 위해 행하지 않는 인간적인 일도 있을 수 없다.

물론 사익 추구가 실제로 사회 전체로서는 일부 유익한 결과를 가져온다는 점을 부정하는 것은 아니다. 나의 요점은 개인의 사익이 갖는 사회적 효용성을 놓고 다투는 것이 아니라, 그것만으로는 공동선을 이루는 데 충분하지 않음을 강조하는 것이다. 유사하게, 나는 자신을 부인하는 이타주의를 자기를 추구하는 이기주의의 유일한 인간적인 대안으로 제안하는 것도 아니다. 사익 추구는 세상에서 인간이 존재하는 데 본질적이다. 즉, 필요를 가진 존재는 그 필요를 충족해야 하고, 그것을 충족하기 위해서는 필

---

138 Barth, *CD*, III/2, 223-285; Pannenberg, *Anthropologie*, 516를 보라. Gandhi는 "금욕의 의무는 인류를 짐승과 구별해 준다"고 강조했다(Gandhi, *Labour*, 14).

요 충족을 지향해야 한다. 중요한 의미에서, 자원이 부족한 이 세상에서 자아(self)는 '이기적'(self-ish)이어야 한다고 말할 수도 있다. 자아가 생존하기 위해서는 그러한 자원을 자아의 필요에 맞추어야 하기 때문이다. 신약성경은 자신의 생계유지를 일의 일차 목적 중 하나로 봄으로써 이를 간접적으로 인정한다(살후 3:10-12).

개인의 사익 추구는 합당할 수 있지만, 다른 이들의 유익을 구하는 것 역시 수반해야 한다. 이러한 두 종류의 추구는 원칙적으로 상호 배타적인 것이 아니라 보완적이다(구체적 사례에서는 종종 충돌한다고 해도). 나 자신의 유익과 인간 가족 전체의 유익은 새 창조의 '샬롬' 안에 모두 포함된다. 따라서 누군가를 위해 '자신을 내주는 것'과 동시에 '자기를 사랑하는 것'은 모순이 아니다(엡 5:25-28을 보라). 자기 사랑은 자기 희생(self-giving)과 함께 있어야 하는데, 다른 사람을 사랑하는 것 없이는 '샬롬'도 없기 때문이다. 사람들이 일에서 자신을 그들의 가깝고 먼 이웃들과 분리하는 것은 곧 자기 인간성의 기본 측면 중 하나를 부정하는 것과 같다.

공동선에 대한 개인의 관심의 지평은 인류 전체다. 공통의 기원에서 유래하고 공통의 운명으로 부름받았다는 사실에 입각한 인간의 보편적 연대감 그리고 인간의 실제로 보편적인 상호 의존성이 그러한 광범위한 관심의 지평을 요구한다. 물론 엄격하게 말해, 한 개인은 미래 세대를 포함한 세계 공동체의 유익은 고사하고, 그 자신이 속한 지역 공동체의 유익도 책임질 수 없다. 그러나 세계 공동체의 유익을 늘 염두에 두면서, 자신의 사익과 지역 공동체의 이익 추구를 세계 공동체의 유익과 조율해 갈 수는 있다.[139]

---

139   Hartmann, "Ethik", 201를 보라.

개인들은 일을 하면서 그들의 시각을 지역 공동체에만 한정하지 말고 인간 전체의 유익을 향하게 해야 한다. 예를 들면, 군수 산업에 종사하는 것이 지역 수준에서는 공동선에 기여하지만, 국제적 수준에서는 공동선을 가로막는 일이 될 수 있다. 또한, 현재 세대들은 앞으로 올 세대의 유익을 고려해야 한다. 특히 삼 분의 이 세계에 있는 나라에서는, 젊은 세대들이 무지하거나 무분별하거나 자기 본위적이거나 과대망상에 빠진 부모 세대로부터 부채 부담, 실패한 경제, 파괴된 자연을 물려받고 있다.

일의 공동체적 차원 재전유하기

일의 공동체적 차원을 재전유하기 위해서는, 노동자에게 그들의 특정한 일이 최종 생산물과 어떻게 연결되는지 그리고 최종 생산물이 공동선에 어떻게 기여하는지 깨닫게 하는 것만으로 충분하지 않을 것이다. 또한, 일을 대하는 노동자의 **태도**를 바꾸는 것으로도 충분하지 않을 것이다.[140] 분명 다른 이들을 섬기는 것은 사귐의 성령의 임재를 통해 오는 자발성과 내적인 힘을 필요로 한다(고후 13:13을 보라). 그러나 이기주의를 조장하지 않는 구조를 만드는 것 또한 반드시 필요하다. 단일 기업의 수준에서는, 경영진과 하급 직원 간의 관계에서 날카로운 대립이라는 특징이 극복되어야 한다. "제공되는 서비스의 성질과 상관없이," 구조 자체가 "생산 과정 전체에서 효과적 참여"를 촉진할 때에만, 개인 주도성이 모든 삶을 향상시키는 데 영향을 끼칠 수 있다.[141]

이미 이 사안을 다루었기 때문에, 여기서 참여의 필요성을 자세하게 논

---

140 Rich, "Arbeit", 16-17를 보라.
141 *Laborem Exercens*, no. 13.

할 필요는 없을 것이다.[142] 대신, 시장의 작동 방식과 공동선에 대한 관심 사이의 관계에 집중하려고 한다. 마르크스는 자신의 이익을 추구함으로써 다른 사람을 위한다는 자유주의적 개념을 수용 불가한 것으로 보았는데, 이기적인 개인들이 서로를 '도울' 때 "각자는 자기 자신을 섬기기 위해 다른 사람을 섬기며, 이는 각자가 다른 사람을 상호 간에 수단으로 사용하는 것"이기 때문이다.[143] 더욱이, 누군가 사적인 악행을 공적인 미덕으로 치켜 올릴 때(정치적·경제적 자유주의자들이 하고 있는 것처럼), 시장 경제에서 일어나는 "상호 약탈"이 은폐된다.[144] 마르크스의 관점에서, 일의 공동체적 차원을 인정하는 것은 시장의 중개 없이 의식적으로 다른 사람들을 위해 일할 것을 요구한다. 산업주의 상황에서, 이것은 오직 중앙 계획을 통해서만 일어날 수 있다.

그러나 의식적으로 공동선을 고려하기 위해 중앙 계획 경제가 꼭 필요한가? 시장 경제와는 양립할 수 없는가? 계획 경제가 수반하는 국가 관료주의와 비교하면, 시장은 덜 악하다고 판명되었다. 사회주의 국가의 부도난 경제가 증언하듯, 계획 경제는 그 나라 사람들의 기본적 필요도 충족시키지 못하는 경제적 어려움이 있다. 공동선을 위해 제대로 복무할 수 있을 만큼 경제가 잘 작동하지 않는다면, 명백히 다른 사람들을 위해 일하는 것에 대한 고상한 말들은 모두 공허해진다. 더욱이, 모든 경제적·정치적 권력을 손에 쥔 관료들은 어떤 크고 작은 자본가들이나 관리자들보다도 사람을 단지 수단으로 대하기가 더 쉽다는 것이 드러났다.

'합의 경제'(agreement economy)를 구축하려는 실패한 시도를 제쳐 두

---

142 앞의 272이하를 보라.
143 Marx, *Grundrisse*, 155.
144 Marx, *MEWEB*, I, 460.

면, 계획 경제에 대한 유일한 대안은 공동선의 비전이 이끄는 시장 경제다. 앞서 언급했듯이, 새 창조 개념에 함축된 규범적 원칙―개인의 자유, 모든 사람의 기본적 필요 충족, 자연을 회복 불가능한 손상으로부터 보호하는 것―은 책임감 있는 경제 체제의 한 요소로서 시장의 필요성을 상정하고, 동시에 그러한 규범적 원칙은 시장 작동의 한계를 설정하는 것에 사용되어야 한다.[145] 지금부터는 개인의 자유와 기본적 필요 충족 사이의 관계를 살펴보겠다.[146]

자유주의자들의 시장 경제 구상은 개인의 자유라는 원칙을 중심으로 설계되었다.[147] 이는 개인의 자유를 경제 게임의 기본 규칙으로 규정하고, "누구에게도 다른 사람에 대한 경제적 책임을 받아들이도록 요구하지 않는다."[148] 모든 사람의 기본적 필요 충족에 대한(또한 생태 문제에 대한) 구체적 관심은 이러한 기본 신조와 상충한다. 자유주의 철학과는 달리, 기독교 신앙은 다른 사람에 대한 경제적 책임을 받아들이도록 요구한다. 그리고 이 요구는 단지 그들의 자선 행위에 대한 것만은 아니다. 그것은 **정의** 실천을 요구한다. 구약과 신약 모두에서, 정의의 개념은 소외 계층에 대한 관심을 포함한다(마 6:1이하; 시 112:9을 보라).[149] 예를 들면, 바울은 예루살렘의 가난한 이들을 위한 이방인 그리스도인들의 재정적 도움을 '정의'라고 부른다(고후 9:9). 이에 상응하여, 부유한 사람이 가난한 사람을 돕는 것을 거부하는 것만으로도 범죄 행위로 여겨질 수 있다(겔 16:49).[150]

성경이 사용하는 정의의 언어가, 우리가 구분해야 한다고 배운 것, 즉

---

145 앞의 43-52를 보라.
146 일과 자연에 대해서는, 앞의 224-235를 보라.
147 Friedman, *Capitalism*, 12를 보라.
148 Griffiths, *Wealth*, 80.
149 Miranda, *Communism*, 50-51을 보라.
150 Davids, *James*, 42를 보라.

(절차적) 정의와 자비를 구별하지 못한다고 해서 그저 부정확한 것으로 무시해 버려서는 안 된다. 대신, 우리는 이러한 용어가 인간의 권리와 정의에 대한 개념을 어느 정도로 확장시킬 것을 요구하는지 물어야 한다. 자유와 참여의 권리는 모든 민주 사회에서 타당하게 중요한 가치로 인정받는다. 그러나 **생계유지의 권리**는 어떤가? 이 권리는 현저 일관되게 존중되기보다, 권리로 인식조차 되지 않는 것이 일반적이다. 신학적 인간론과 함께, 성경에서 사용하는 정의의 언어는 우리가 "우리의 동료 인간에게 적절한 생계유지를 보장해 주는 사회적 협의를 청구할 권리가 있음"을 암시한다. 따라서 "'왜 가난한 사람들에게 신경을 쓰는가?'라는 질문에 대한 가장 심오한 답은, 신경 쓰지 않는 것은 우리가 다른 이들에게 있는 하나님이 주신 **권리**를 침해하는 것이기 때문이라는 것이다."[151]

기독교적 시각에서, 개인의 자유를 존중하는 것이 중요하기는 하지만, 그것만으로는 시장의 게임을 위한 기본 규칙으로 충분하지 않다. 모든 개인의 생계유지 권리를 존중하는 것이 개인의 자유를 존중하는 것보다 훨씬 더 기본적인 규칙으로 첨가되어야 한다. 시장이 이 규칙에 따라 행동하지 않는다면, 포기해야 하는 것은 그 규칙이 아닌 시장이다. 인간적인 경제 체제의 기본 기준은 가난한 사람을 위한 지속적인 정의가 보장되느냐 아니냐이기 때문이다.

생계유지의 권리를 시장의 게임 안으로 통합하는 것은 일의 공동체적 차원을 재전유하는 과정에서 단지 한 걸음일 뿐이다. 그것은 정의를 보장

---

[151] Wolterstorff, *Justice*, 81. Wolterstorff는 이렇게 쓴다. "역심할 여지 없이 다른 것과 마찬가지로 이 권리 역시 박탈당할 수 있다. 즉, 괜찮은 일이 있을 때에도 일하기를 거부하는 사람의 경우라면 아마 이 권리가 박탈된다. 또한 의심할 여지 없이, 다른 권리와 마찬가지로, 이 권리가 폐기되는 사회적 상황도 있을 수 있다. 예를 들건, 다른 정당들이 우리의 생계유지를 보장하는 제도를 만들 수 없는 경우가 그렇다"(81). 또한 Wolterstorff, "Christianity"를 보라.

한다. 그러나 또한 새 창조는 사랑이 다스리는 곳이기도 하다. 사랑은 본질상 강요로 되지 않는다. 사람들이 어떤 적법한 권리를 가지고 나에게 그들에 대한 도덕적 의무를 감당하는 사랑을 요구할 수는 없다. 사랑받을 보편적 '권리'란 없는 것이다. 따라서 구조 변화를 통해 사랑을 실행할 수 없고, 그렇게 하려고 해서도 안 된다. 각 개인이 자신의 마음을 다른 사람들에게 여는 만큼 사랑이 다스릴 것이다. 새 창조는 사랑의 장소이기 때문에, 또한 사랑은 필연적으로 인격적 활동이기 때문에, 자선을 경시하는 것은 덕이 아니다. 자선이 없다면 인간의 관계들은 인간적일 수 없다. 자선 활동만으로는 불충분하고 구조적 변화의 필요를 인식해야 하는 만큼, 우리는 구조적 변화만으로는 불충분하며 자선 활동 역시 필요하다고 주장해야 한다.[152]

기술 발전이 노동 일수를 단축시킨다면, 사람들은 점점 더 그들의 시간, 에너지, 수단, 심지어 '근무 외 시간'까지도 서로의 재량에 의존할 필요에 놓일 것이다. 그러한 서로를 위한 일에서, 그들은 주는 것이 받는 것보다 더 복이 있고 더 인간적임을 경험하게 될 것이다(행 20:35).

그 자체가 목적인 일

현대의 산업 사회와 정보 사회에서(이전의 모든 사회에서처럼) 대다수 사람에게 일은 그 자체가 목적이 아니라 필수적인 수단이다. 예를 들어 그들은 자판을 두드리고 땅을 파고 장부를 기록하고 감독하고 요리를 하는 일에

---

[152] 똑같은 요지를 강조하는 또 다른 방법은 사랑이 평등의 필수 전제 조건임을 보여 주는 것이다. "우리의 세계를…안전하지 않게 만드는 것 중의 많은 부분은 경제와 인종적 불평등에서 기인"하기 때문에(Bellah, *Habits*, 285), 평등을 위한 싸움은 우리의 세계를 인간적으로 만드는 데 꼭 필요하다. 그러나 평등이 개인의 내재적 속성만이 아닌 만큼(자유주의에서처럼), 또한 사회 정의의 속성만도 될 수 없다(사회주의에서처럼). 평등한 대우를 침해하지 않으면서 소유의 평등을 수립하기 위해 필요한 것은 **은혜**다.

아무런 중요성도 부가하지 않으며, 단지 일의 중요성이란 필수품이든 사치품이든 뭔가를 살 수 있게 해 주는 **돈벌이**에 있다고 본다. 그런 만큼 그들은 일을 "상품과 서비스 구매력을 얻기 위한 필요악"으로 정의하는 경향이 있다.[153] 만약 그들이 자신의 일 경험을 좀더 깊이 성찰한다면, 일의 맥락이 그들에게 제공하는 중요한 사회적 접촉의 가치 역시 인식했을 것이다. 그러나 이 경우에도 여전히 일은 수단, 곧 사회적 접촉의 수단이다. 대부분 사람들에게, 일 자체는 보상이 아니며, 일 자체의 즐거움이 아닌 원하는 상품을 갖기 위해 필요한 수단이다.

일의 금전적이고 사회적인 기능을 하찮게 여겨서는 안 되며, 특히 극도의 빈곤과 높은 실업률이 사람들에게서 이러한 일의 중요한 유익을 빼앗아 가는 상황에서는 더욱 그렇다. 그러나 경제 선진국의 사람들은 점점 더 일을 단지 수단으로만 보는 시각에 불만을 갖는다. 애덤 스미스와는 달리, 그들은 소비가 "모든 생산의 유일한 목적이자 목표"라고 믿지 않게 되었다. 그들은 카를 마르크스에 동조해, 일은 그 자체가 목적이어야 한다고 주장한다.[154]

일을 위한 일

그러나 '그 자체가 목적인 일'이라는 개념은 인간이 하는 일의 실제 특성과는 거리가 아주 먼 현대의 꿈에 불과한 것은 아닌가? 정의상, 일은 행위 주체나 그의 동료 피조물의 필요를 충족시키는 것을 일차 목표로 삼든지, 이러한 필요를 충족시키기 위해 필수적이든지 해야 하는데, 어떻게 '그 자

---

153   Hay, "Order", 88.
154   앞의 102-103를 보라. 지난 20여 년간 나온 사회학 문헌에서, 우리는 오직 수단으로서의 일을 비판한 Marx의 재발견을 목도해 왔다(Seeman, "Alienation Motif", 179).

체로 목적'이 될 수 있는가?[155]

의심할 여지 없이, 어떤 활동이 일로 간주되기 위해서는 그 수단적 특성을 상실하면 안 된다. 그러나 수단성의 조건 아래에서도 그 자체를 위해 뭔가를 선택하는 것이 가능하다. 예를 들면, 먹는 행위에는 분명히 수단적 이유가 있다. 일과 아주 비슷하게, 그것은 우리를 살아 있게 해 준다. 그러나 많은 사람에게 먹는 것이 단지 살아 있기 위한 것만은 아니라고 말할 수 있다.[156] 그들도 알다시피, 그들은 먹는 것 자체를 즐기기 때문에 먹는다. 살아 있는 것은 오히려 유용한 부산물이다. 이것은 일에서도 똑같이 사실이다. 객관적으로 일을 목적으로 행할 수는 없지만, 주관적으로는 목적으로 경험할 수 있다.

여기까지 나는 단지, 일이 일차적으로 수단적 행위라는 그 성격과 모순됨 없이 그 자체로 목적이 될 수 있다고만 말했다. 그러나 일을 위한 일을 해야만 하는 특별한 이유가 있는가? 그러한 일은 바람직한가? 그에 대한 답으로, 일이 그 자체로 목적으로 인식되는 한에서 그 자체로 '재미'라는 보상을 줄 수 있다고 말할 수 있다. 일을 즐길 수 있다는 사실은 우리가 일을 위한 일을 해야 할 좋은 이유가 된다. 그러나 그것이 충분한 이유는 되지 못하는데, 그렇다면 '바람직한 것'은 '바라는 것'과 별반 차이가 없기 때문이다. 문제는 단순히 일이 재미있을 때 '재미있는지' 여부가 아니라, 일이 그 자체로 목적이어야 하는지 여부이며, 재미는 그 이후에 따라온다. 이 문제에 대한 적절한 답을 찾기 위해, 우리는 단순히 인간의 느낌만이 아니라, 하나님이 바라시는 대로의 인간 본성을 살펴보아야 한다.

인간 삶의 목적이 (수많은 철학적 전통이 말하듯) 성찰이거나 (수많은 기독교

---

155   앞의 37-39를 보라.
156   Korsgaard, "Goodness", 188를 보라.

전통이 말하듯) 예배라면, 일은 오직 수단적 가치만 가질 수 있다. 우리는 살아 있기 위해 일하고, 생각하기 위해 혹은 예배하기 위해 살아 있다. 그러나 일이 인간 실존의 근본적 차원이라면,[157] 일은 오직 수단적 가치만 가져서는 안 된다. 만약 인간을 향한 하나님의 목적이, 특정 상태가 이루어지도록 책임지는 것(에덴동산의 경작과 보존)뿐만 아니라, **이러한 상태가 그들의 일(기경과 보호)을 통해 만들어지는 것**이라면, 일은 일 외의 어떤 것을 온전히 그 목적으로 하는, 삶에 필요한 단지 수단으로서가 아니라 삶의 목적 자체의 한 측면으로 여겨져야 한다. 만약 내가 일을 하기 위해 창조되었다면, 나는 일을, 내가 하도록 창조된 무언가로 대해야 하며 따라서 (적어도 부분적으로는) 그 자체를 목적으로 여겨야 한다.[158]

따라서 일하기를 거부하는 사람은 인간의 온전한 실존을 살아 낼 수 없다. 이것은 일을 하지 않는다면 온전히 인간이 아니라고 말하는 것과는 다르다! 그렇다면 나이 들고 병들어 더 이상 일할 수 없는 사람들과 아직 일을 할 수 없는 어린아이들은 온전한 인간이 아니라는 말이 될 것이다. 인간성은 오직 하나님이 주시는 선물이기 때문에, 일을 하지 않는 사람도 온전히 인간**일** 수 있지만, 하나님이 그에게 인간성을 주신 이유는 부분적으로 일을 하기 위해서이기 때문에, 일을 하지 않는 사람은 온전히 인간**으로서 살** 수 없다. 따라서 일을 단지 생계유지의 수단으로 축소하는 것은 인간 삶의 목적에 어긋난다. 우리는 삶의 근본적인 한 측면을 단지 삶의 수단으로 바꾸어서는 안 된다. 인간의 삶 전체가 (물론 하나님께 영광을 돌리

---

157 앞의 203-205를 보라.
158 우리가 숨 쉬지 않고는 살 수 없게 창조된 것처럼, 하나님은 우리를 일을 하지 않고는 살 수 없게 창조하셨다고 말하는 것으로는 충분하지 않다. 일은 인간이 창조된 긍정적 목적이다. 숨을 쉬는 것은 그렇지 않다. 따라서 숨쉬기에 대해 그 자체가 목적이라고 주장하는 것은 우스꽝스럽게 들리는 반면, 일은 (부분적으로) 그 자체가 목적이어야 한다.

고 창조세계를 이롭게 하는 수단이면서도 동시에) 그 자체로 목적인 것처럼, 인간 삶의 근본적 차원인 일 역시 그 자체로 목적이어야 한다.

사람들이 일 자체를 목적으로 경험하면 할수록, 그 일은 더욱 인간적이 될 것이다. 일이 온전히 인간적인 존엄성을 지니려면, 사람들에게 일이 단순히 돈벌이나 사람들과 어울리기 위해 필요한 수단으로서가 아니라 **일 자체로** 중요해야 한다. 다시 말해, 사람들이 일을 즐길 수 있어야 한다. "일을 잘하려면, 일하는 것이 놀이가 되어야 한다."[159] 종교개혁가들이 인간은 원래 일하도록 창조되었을 뿐 아니라 "불편함 없이" 일하도록, "말하자면, 놀이하면서 그리고 가장 큰 기쁨을 느끼며" 일하도록 의도되었다고 강조한 것은 옳았다.[160]

'일을 위한 일'에 대한 강조가 일의 생산성에 대한 세속적 열광과 일에 대한 종교 수준의 지나친 동기 부여에 장단을 맞추는 것처럼 보일 수도 있다. 그러나 일을 즐길 수 있다고 보는 것이 일만 중요하다고 확신하는 것을 의미하지는 않는다. 여가와 일 둘 다 그 자체로 즐길 수 있다고 말하는 것은 모순이 아니기 때문이다. 어떤 경우에도, 일에 대한 현대의 열광은 그 자체가 목적인 일과의 연관성에 기인하지 않는다. 사실은 정반대다. 일을 위한 일을 하기는커녕, 가장 효과적으로 물건을 생산하고자 분투하는 현대인은 일 자체에는 아무런 관심이 없이, 오직 일의 생산물에만 관심이 있다. 도달할 수 없는 그들의 이상은, 일하지 않고 생산물을 얻는 것이다. 그러나 만약 일이 그 자체로 목적이라면, 일의 과정은 일의 결과만큼 가치가 있다. 그리고 일을 가치 있게 여길 때, 미친 듯이 생산해 내라는 압력에 저

---

159 Ryan, "Humanistic Work", 18. 일을 즐기는 것에 대해서는, Coomaraswamy, "A Figure of Speech", 41를 참고하라.
160 Luther, *WA*, 42, 78, 4-5: 참고. Calvin, *Genesis*, 125.

항하게 될 것이고, 대신 일에서 기쁨을 누릴 시간을 가질 것이다. 인간은 뭔가를 효과적으로 달성하도록 부름받았을 뿐 아니라, 그것을 달성하는 과정을 즐길 수 있는 능력을 지녔다.

일을 위한 일에 대한 확신은 효율성에 대한 세속적 열광뿐 아니라 전통적으로 종교가 일에 부여하는 동기에도 문제를 제기한다. 일을 하나님이 보시기에 받으실 만하다고 인정받기 위한 수단이나 받으실 만하다고 인정받았다는 증거로 여긴다면(일부 청교도들이, 칼뱅의 가르침 때문이라기보다는 그의 가르침에도 불구하고 그랬던 것처럼), 생산성을 높이기보다는(이는 일을 돈벌이의 수단으로 여길 때 하게 되는 행동이다) 생산 강도를 높이고자 더 애쓸 것이다. 더 많이 일할수록, 하나님을 더 기쁘시게 하는 것이기 때문이다. 혹은 더 기쁘시게 한다고 생각하기 때문이다.[161] 그러나 일을 그 자체로 목적으로 여길 때는, 하나님은 단지 인간이 일할 때만이 아니라 그들이 일에서 기쁨을 누릴 때에도 기뻐하신다고 믿을 것이다. 따라서 생산의 즐거움을 위해 그 강도를 희생하는 것을 피할 이유가 없어질 것이다.

그 자체가 목적인 일, 그리고 소외

'그 자체가 목적인 일'을 경험하는 것이 자동적으로 소외를 야기하는 일을 하지 않는다는 의미는 아님을 지적하는 것은 중요하다. 자신으로부터 소외되지 않고 '자기 자신에게 꼭 맞는' 일이라고 해서 꼭 인간적인 일은 아

---

161 어떻게 Weber가 부르심에 따라 행하는 일을, "그 자체로 절대적인 목적으로서 행해지는…노동"으로 여길 수 있는지는 나에게 명확하지 않다(Weber, *Ethic*, 62). 그의 책 *The Protestant Ethic and the Spirit of Capitalism*의 주요 요점 중 하나는, 부르심 안에서 노동에 전념하는 것은 정확하게 그 자체로 목적이 아니라, 하나님을 영화롭게 하는 수단이자(108-109), 그 사람이 은혜의 상태 안에 있음을 보여 주는 수단이라는 것이다(109이하). 일을 진정으로 그 자체가 목적이라고 보는 것은 순수하고 단순하게 일하는 행위를 ─ 물론 정의상 수단적인 일을 ─ 선이라고 보고, 그러한 행위를 즐기는 것을 전제하는 것을 의미한다.

니다. 맞다. 대부분 사람들은 먼저 그들이 그들 자체로 대해질 때, 그리고 그들의 일을 통해 다른 사람들을 섬길 기회를 가질 때, 일을 목적으로 대할 수 있다. 일에서 자기주도성을 확보하는 것, 일의 충분한 실질적 복잡성이 보장되는 것, 사람들이 자신의 일을 모두의 선을 위한 기여로 여길 수 있는 것은 일을 위한 일을 촉진할 것이다. 그러나 그들 자신이나 동료 인간이 단지 수단으로 축소된 저급한 종류의 일에서도 건강하지 못한 즐거움을 발견하도록 학습된 사람들이 있다. 이런 종류의 일은 설령 즐길 수 있다고 해도 객관적으로 소외를 야기하고 있다.

일을 목적으로 경험하는 것 자체가 소외를 야기하는 일을 하는 것을 방지하지 못하듯, 소외를 야기하지 않는 일을 한다고 해서 반드시 일을 목적으로 경험하는 것은 아니다. 소외의 부재가 일을 즐기는 것의 충분조건은 아니다. 일이 즐길 수 있고 인간적이기 위해서는 인간의 본성에 부합할 뿐 아니라(따라서 객관적으로 소외를 야기하지 않을 뿐 아니라) 개인의 재능과 성향에도 부합해야 한다(따라서 주관적으로도 소외를 야기하지 않아야 한다).

일의 맥락에서 윤리적 성격과 함께 개인의 특정 재능까지 고려하는 것은 은사에 대한 바울의 가르침에 근거한 일 이해가 갖는 강점이다. 일을 소명으로 이해하는 입장은 한 사람의 주어진 생활 환경(Stand)을 통한 하나님의 부르심을 중심으로 돌아가기 때문에 그 사람이 가진 재능은 그림에서 제외된다.[162] 따라서 이러한 일 이해에 따르면, 한 사람은 그 사람의 기질과 상관없는 특정한 일을 하도록 부름받을 수도 있다. 부름받을 수 없는 유일한 일이란 비윤리적인 일, 말하자면 매춘부가 되는 것 같은 경우밖에 없다.

---

162   앞의 169이하를 보라.

반면에, 성령론적 일 이해는 개인의 은사를 중심으로 (하나님의 부르심과 공동체의 선 같은 다른 초점과 함께) 돌아간다. 하나님이 그 사람을 어떤 일을 하도록 부르셨는지를 발견하는 것은 단순히 그 사람의 생활 환경을 살펴봄으로써가 아니라, 그 사람이 받은 은사를 고찰함으로써 이루어진다. 공동체는 나의 은사를 단지 은사 자체로서가 아니라 공동체의 필요를 위해 쓰일 수 있는 은사로서 인식해야 한다. 나의 기질을 나의 생활 환경과 조율할 필요는 여전히 있다. 그러나 내가 받지 않은 은사를 통해 공동체의 필요를 충족시킬 책임은 나에게 없다. 하나님은 할 수 있는 능력을 주시지 않은 일로 사람을 부르시지 않기 때문이다. 따라서 그 사람이 살고 있는 상황에 따라 결정되고 도덕적으로 수용 가능하다고 해서 무슨 일이든 해야 할 의무는 없다. 성령께서 은사를 주신 일을 하는 것은 그 사람의 특권이다.

그 자체가 목적인 생산물

일이 목표 지향적 활동이기 때문에, 일의 과정 안에는 일의 목표가 언제나 존재한다. 따라서 일 자체가 목적이 되기 위해서는, 그 목표 역시 부분적으로는 그 자체로 목적이어야 한다. 마르크스가 그의 시대 자본주의 사회를 비판하면서, 제품 생산이 생산자가 그 제품에 대해 갖는 즉각적 관계 때문이 아니라 원하는 다른 제품을 살 수 있는 금전적 이득에 대한 바람 때문에 이루어지는 데 대해 지적한 것은 적어도 부분적으로는 옳았다.[163] 자신이 무엇을 만들고 있는지 그리고 그 제품이 어떻게 만들어지는지에 무관심한 노동자는 자신의 일에서 소외되고 있다. 인간적인 일을 하는 사

---

163   앞의 102-103를 보라.

람은 제품을 만들기 위해 일하지, 단지 그것을 팔아서 이익을 취하기 위해 일하지 않는다.[164] 물론 팔아서 이익을 취하기 위해 제품을 만드는 것은 전혀 잘못이 아니다. 이를 부정하는 사람은 모든 사람이 각자 필요한 모든 것을 직접 생산해야 한다는 불합리한 생각이나, 완전히 이타적인 서비스의 교환만 도덕적으로 수용될 수 있다고 하는 비현실적인 생각을 받아들여야 할 것이다. 나의 요점은 한 사람이 다양한 상품과 서비스를 사기 위해 제품을 만들 때에도, 그 제품은 그들에게 단지 수단으로서만이 아니라 제품 자체로서 중요한 의미를 가져야 한다는 것이다. 그 제품이 생산된 뒤에 반드시 물리적으로 그 생산자에게 속해야 하는 것은 아니지만(마르크스는 그렇게 생각했고, 따라서 생산 수단 및 결과물의 집합적 소유권을 주장했다),[165] 심리적으로는 그 소유권을 주장할 수 있어야 한다. 드 만(H. de Man)은 완성된 제품을 향한 '본능'에 대해 바르게 말했고, 이러한 본능에 따르는 것이 일에서 누리는 기쁨의 전제라고 주장했다.[166] 제품은 생산자에게 순수한 수단적 효용성을 넘어 내재적 중요성을 지녀야 한다.

현대 경제가 노동 세분화와 제품이 갖는 고도의 복잡성에 근거하는 정도만큼 노동자들은 그들이 만드는 제품 자체를 목적으로 보기 힘들어진다. 뒤르켐(Durkheim)이 이미 논평했듯이, 만약 개인이 "자신이 행하는 작업이 어디를 향해 가고 있는지 알지 못할 때⋯그는 오직 습관적으로 일을 할 수 있을 뿐이다."[167] 여기서 뒤르켐은 분업화의 조건하에 이루어지는 일의 고유한 성질을 설명하고 있는가? 나는 그렇지 않다고 생각한다. 분업화

---

164 명백한 이유로, 이는 일의 내부적 목표가 일하는 행위에 있는 종류의 일에는(행위 예술가의 일 같은) 적용되지 않는다.
165 Volf, *Zukunft*, 87-88를 보라.
166 de Man, *Work*, 39를 보라.
167 Durkheim, *Labour*, 371. 참고. Friedmann, *Work*, 32.

된 일을 하고 있을 때에도 만약 두 가지 조건만 만족된다면 제품 자체를 목적으로 대하는 것이 가능하다고 나는 제안한다. 첫째, 사람들은 그들의 부분적인 일이 제품 전체가 만들어지는 것에 어떻게 기여하는지 알 수 있어야 한다. 노동자가 그러한 지식을 얻기 위해서는, 노동자의 기술 및 작업상 노하우는 증대되고 생산 단위의 규모는 축소될 필요가 있다. 둘째, 개별적 행위로 하나의 제품에 기여하는 사람들은, 자신의 일을 협동 작업으로 경험해야 한다. 제품을 생산하는 조직 전체와 자신을 동일시할 수 있는 만큼만, 공동으로 생산한 그 제품을 자신이 만든 것으로 주장하고 거기서 자부심을 느낄 수 있을 것이다.

일이나 일의 생산물 둘 다 단순히 수단이어서는 안 되며 그 자체로 목적이기도 해야 한다고 말하는 것은, 모든 훌륭한 노동자가 일을 할 때 자기 자신에게서 벗어나 자신을 잃어야 한다고 주장하는 것이다. 모든 것을 자신의 목적을 위한 수단으로 왜곡시키는 타고난 이기심에서 벗어나게 해주는 이러한 '자기-망각'이 없다면 일에서 진정한 기쁨을 누릴 수 없다.[168] 일에서의 자기 망각과 일을 통한 자아실현은 표면적으로만 서로 대립하는 것처럼 보인다. 하나님 나라를 구할 때 "모든 것"이 우리에게 더해질 것이기에(마 6:33), 좋은 일을 구할 때, 즉 우리의 인간성에 위배되지 않는 즐거운 일을 자기를 잊은 채 행함으로써 다른 이들을 섬길 때, 우리는 자아실현도 얻게 될 것이다.

---

168 Sölle, *Arbeiten*, 132를 보라.

해설   **일의 인간화, 성령론적 일 신학의 과제**

박득훈 (성서한국 사회선교사)

가수 조성모가 하덕규의 "가시나무"를 리메이크해 불러 인기 절정에 있을 때였다. 한 중앙 일간지와의 인터뷰에서 그가 한 말의 취지가 지금도 생각난다. '저는 노래 부를 때 정말 행복합니다. 근데 그로 인해 상당한 돈까지 버니 너무 고맙고 몸 둘 바를 모르겠습니다.' 모든 사람이 이렇게 행복하게 일하면서도 먹고사는 걱정을 하지 않을 수 있는 세상은 가능한 것일까? 그런 세상을 만들어 가는 것은 그리스도인의 사명 중 하나일까? 이 책은 바로 그런 질문에 대한 크로아티아(구 유고슬라비아) 출신의 저명한 미국 신학자 미로슬라브 볼프의 고뇌에 찬 씨름이요, 잠정적인 답이다. 그는 일의 인간화야말로 그리스도인의 중대한 사명 중 하나라고 외친다. 이 책은 1991년에 처음 발간되었는데, 이는 그가 튀빙겐 대학교에서 위르겐 몰트만의 지도 아래 1985년에 제출한 박사 학위 논문을 확대 발전시킨 것이다. 모든 게 급변하는 시대에 사는 현대인들은 대개 오래된 책에는 별 관심을 두지 않는다. 게다가 이 책은 술술 읽히는 재미있고 쉬운 책도 아니다. 하지만 한국 그리스도인들에게 꼭 일독을 권하고 싶은 책이다. 그래서 나는 우선 그 이유를 먼저 밝힌 후 이 책의 내용을 요약하고 부족한 대로 내 나름의 평가를 간략하게 곁들임으로 해설자의 역할을 감당하고자 한다.

꼭 읽어야 할 이유

첫째, 일 문제는 오늘날 그 기만적 성격으로 인해 더 심각한 위기에 처해 있기 때문이다. 오죽하면 얼마 전 소설가 김훈까지 "아, 목숨이 낙엽처럼"이라는 기고를 통해 매년 270-300명에 달하는 노동자가 고층 건물 신축 공사장에서 추락사하는 것을 한탄하게 되었겠는가?[1] 그는 며칠 후 정부가 입법 예고한 산업안전보건법 하위 법령의 개정을 촉구하는 기자 회견 자리에 참여해 "해마다 노동자 2,400여 명이 노동 현장에서 산업 재해로 죽고 있다"며 "이 비극은 자본이 이윤을 추구하는 과정에서 발생하는 구조적이고 제도적이며 관행적인 사태"라고 신랄하게 비판했다.[2] 조금만 관심을 가지면 오늘 세계와 한국의 일 문제가 얼마나 심각한지 알려 주는 책들을 만날 수 있다.[3] '위험의 외주화'니 '균열 일터'니 하는 표현들에 그 심각성이 담겨 있는 걸 파악할 수 있다. 그런 점에서 볼프의 책은 오늘 우리에게 다시 한번 생생하게 들려져야 할 아프면서도 희망찬 외침이다.

둘째, 바울의 기도가 잘 말해 주듯 하나님 나라의 정의로운 열매를 맺어 나가려면 사랑이 지식과 모든 통찰력으로 나날이 풍성해져야 하기 때

---

[1] http://www.hani.co.kr/arti/opinion/because/893771.html
[2] http://www.hani.co.kr/arti/society/society_general/895465.html?_fr=mt2
[3] 예컨대 피터 플레밍, 『호모 이코노미쿠스의 죽음: 더 많은 노동이 더 많은 부를 가져다줄 것이라는 착각의 대가』(한스미디어, 2018); 양정호, 『하청사회: 지속가능한 갑질의 조건』(생각비행, 2017)을 참고하라.

문이다(빌 1:9-11). 사랑은 삶의 모든 영역에서 하나님 나라의 정의를 구해 나가게 하는 원동력이다. 지혜와 모든 통찰력은 복잡한 삶의 현장에서 사랑과 정의가 구체적으로 어떤 방향과 모습으로 표현되어야 하는가를 알려준다. 지혜와 통찰력을 습득하려면 실천적 의지를 갖고 현실에 몸을 담아야 하고, 그 현실을 서로 다르게 분석하고 평가하는 여러 이론들을 섭렵한 후, 기독교적 관점에서 비판적으로 종합하여 발전시켜 나가야 한다. 이 책은 그 과정과 결과를 고스란히 담아내고 있다. 역사적 관찰, 경제 철학적·경제학적 분석, 신학적 성찰이 두루 종합되어 있다. 그러니 대부분 독자들에겐 맛난 백미밥이 아니라 다소 거친 현미밥처럼 느껴질 것이다. 하지만 건강을 위해서라면 기꺼이 현미밥을 먹듯이, 이 책을 인내심 있게 잘 씹어 먹을 필요가 있다. 한국 교회가 지난 130여 년간 덩치는 어마어마하게 커진 반면, 세상의 소금과 빛의 역할을 제대로 감당하지 못하는 병든 약체로 전락한 중요한 이유 중 하나가 바로 백미밥에만 열광하고 현미밥을 저버렸기 때문임을 명심해야 한다.

소명보다 새 창조와 성령의 관점에서 본 일

볼프가 제시하는 일의 신학의 핵심 요지는 두 가지다. 첫째, 현대 사회에서는 일을 창조와 성화의 관점에서 소명으로 이해한 전통을 뛰어넘어, 새 창조와 성령의 관점에서 새롭게 성찰해야 한다. 둘째, 성령론적 일의 신학은 소외에서 해방된 일, 즉 인간화된 일이 가능한 새로운 세상을 만들어 가는 데 기여하는 것을 자신의 사명으로 받아들인다.

그런 결론에 도달하는 과정은, 앞서 언급했듯이, 사뭇 복잡하다. 우선 서론에서 매우 중요한 방향 제시를 한다. 여가와 구별되는 '일'이란 고된 일이나 취업이 아니라 자신과 공생하는 존재들의 필요 충족을 위한 모든

'수단적 활동'이다. 일을 이렇게 정의할 때에야 '일'이라는 단어가 억압적으로 사용되는 것을 막고, 모든 일을 포괄하는 보편적 신학적 고찰과 윤리를 도출해 낼 수 있다. 신학적으로 옳게 평가된 '일'이란 개인의 자유, 모든 사람의 기본적 필요 충족, 자연 보호를 가능하게 하는 일이다. 그런 일이 효과적으로 실현될 수 있는 경제 체제는 시장을 기본으로 하되 공동선의 비전에 기초한 민주적 계획으로 일정하게 규제되고 보충되는 제3의 경제 체제다.

1부에서 볼프는 일의 신학이 비현실적이 되지 않도록 이 시대 일의 세계를 분석한다. 1장에서는 먼저 사람들이 어떻게 일하고 있는지를 살펴본다. 특히 농경 사회에서 정보 사회로 진행하면서 직업적 유동성이 매우 높아졌다는 점에 주목한다. 2장에서는 애덤 스미스와 카를 마르크스를 비교하면서 현대인들이 일을 어떻게 해석하고 있는지 분석한다. 스미스와 마르크스는 개인과 사회의 삶에서 일의 중심성에 대한 믿음을 공유한다. 그러나 일의 목적, 노동 분화, 소외에 대해서는 입장을 달리한다. 스미스에게 일 자체는 인간의 존엄성을 반영하지 않고 다만 효용성이 있을 뿐이다. 즉 일은 노동 분화를 통해 생산성 증대와 경제적 진보를 가져온다. 인간은 자비를 행할 때 인간 본성을 완성할 수 있지만, 경제 활동에서는 사익을 추구해야 한다. 그래야 소위 '보이지 않는 손'에 의해 공동선을 극대화할 수 있기 때문이다. 그 과정에서 발생하는 소외는 경제적 진보와 문명화를 위해 치러야 하는 대가다.

반면 마르크스는 인간이라는 종의 특징은 목적을 갖고 의식적으로 자유롭게 일할 뿐 아니라 의식적으로 서로를 위해 일하는 데 있다고 보았다. 자본주의 생산 양식 아래서의 일은 이에 역행하기 때문에 소외가 발생한다. 일은 목적에서 수단으로 전도된다. 노동 분화는 일에서 모든 예술적 특징을 제거하고 기계적인 활동으로 변질시킴으로써 소외를 조장한다. 마르크스는 자본주의가 이룩한 위대한 문명화 효과의 가치를 인정하면서도, 볼프가 보기에는 별로 설득력이 없는 다양한 이유에서 현대적 기계 생산이 자본가들에게 '자유의 왕국'이 도래하도록 강요할 것이라고 예측했다.[4] 즉 기술 진보와 자동 기계 시스템 덕에 노동자들이 '필요의 왕국'에서 최소한의 시간만 소외 없이 일하고 '자유의 왕국'에서 더 많은 시간을 예술적이고 과학적인 발전을 위해 쓸 수 있게 될 것이라고 믿은 것이다.

볼프는 1부를 현실적 배경으로 삼아 2부에서 성령론적 일의 신학을 제시한다. 3장에서 볼프는 성화라는 윤리적 관점을 뛰어넘어 종합적 일의 신학이라는 관점에서 일을 성찰하기 위해 몰트만의 『희망의 신학』에 담긴 기본적 통찰을 따라 그 신학적 틀로 새 창조를 제시한다. 그리스도인의 삶은 새 창조의 보증으로 주어진 성령 안에서의 삶이다. 그리스도인의 일은 성령의 영감 아래에서, 그리고 장차 올 새 창조에 비추어 행해져야 한다.

4장에서 볼프는 성령론적 일의 신학을 위한 기초를 놓고 그 기본 윤곽을 그린다. 새 창조란 세상을 소멸시키는 것이 아니라 변혁시키는 것이기에 오늘의 일은 현세적 중요성만이 아니라 내재적 가치와 선함을 지니고 있다. 즉 일이란 세상의 보존과 변혁을 위해 하나님과 협력하는 활동이다. 성령은 종말론적 변혁의 현재적 능력이기 때문에 새 창조를 신학적 틀로 삼는 일의 신학은 자연스럽게 성령론적 일의 신학이 될 수밖에 없다. 새 창조의 성령은 '속사람' 안에 갇혀 계실 수 없으며 온 창조세계가 그의 활동 영역이다. 성령은 은사를 각 사람에게 나눠 주심으로 삶의 모든 영역에

---

[4] 이 지점(앞의 110)에서 Volf는 마르크스 사상의 복합성을 놓치고 있는 것으로 보인다. Marx는 『자본론』에서 자본주의 아래서 자라난 프롤레타리아의 의식적이고 집단적인 혁명과 프롤레타리아의 독재를 통해 공산주의 사회 즉 자유의 왕국을 실현해 갈 수 있을 것이라고 전망했다.

서 하나님과 세상을 섬기는 일을 하게 하신다.

이러한 성령론적 일의 신학은 일을 소명으로 이해하는 루터와 칼뱅의 관점이 지닌 한계를 극복함으로써 계승해 나간다. 특히 루터의 소명론은 소외에 무관심하며 하나님의 부르심과 특정 직업을 동일시하는 위험한 모호함을 지니고 있다. 또한 현존하는 경제 체제를 정당화하는 이념으로 남용되기 쉽다. 그리고 소명 개념은 일자리의 통시적·공시적 다양성이라는 특성을 지닌 오늘의 산업·정보 사회에 적용이 어렵다. 일을 성령론적으로 이해하는 신학은 결코 성령을 거스르는 일의 현장을 정당화하거나 은폐하는 이념적 도구로 남용될 수 없다.

이러한 성령론적 일의 신학이 인간, 여가, 환경, 인간의 필요와의 관계에서 구체적으로 무엇을 의미하는지는 5장에서 설명된다. 일을 통한 인간의 자아 발전은 창조세계 전체의 안녕과 조화를 이루게 되지만 일을 통해 스스로 인간성을 만들어 갈 수 있다는 착각에는 빠지지 않는다. 일과 여가 둘 다 그 자체로 가치 있는 활동이기에 둘을 교차적으로 행하되 상호 의존적인 활동으로 이해한다. 자연 세계를 그 자체로 존중하며, 자연 역시 하나님의 자녀가 누릴 영광된 자유에 참여할 것을 열망한다는 점을 늘 염두에 두고 자연의 잠재력이 실현되는 방향으로 자연을 사용하고 돌본다. 하나님과의 교제, 자연과의 연대, 서로 돌봄 등의 더 근본적인 필요를 알기에 다양한 제품에 대한 필요를 끝없이 확대하고 싶은 탐욕으로부터 해방된다. 아울러 취업을 상대화함으로써 실업 문제를 해결하는 데 간접적으로 기여할 수 있다.

마지막 6장은 다섯 가지 유형의 소외에 제한적으로 주목하면서 성령론적 일의 신학이 이에 대해 갖는 함축적 의미를 조명한다. 주목해야 할 소외는 직업에 대한 주관적 불만족보다는 노동자의 본성에 일치하지 않는 일의 객관적 상태다. 소외에 깊은 관심을 보여야 하는 이유는 마르크스처럼 인간 스스로의 노력으로 보편적 해방을 실현할 수 있다고 믿기 때문이 아니다. 성령론적 일의 신학으로 보면 성경이 소외에 대해 맹렬하게 비판하고 있음을 발견하기 때문이요, 소외를 일으키는 일은 하나님으로부터의 소외를 초래하기 때문이다. 고난을 인내하는 미덕 혹은 치명적 죄성을 빙자해, 소외를 제거하고 일의 인간화와 구조적·개인적 변화를 추구하는 노력을 등한시하는 것은 기독교 경건주의의 오류다.

볼프가 제한적으로 주목하는 소외의 유형은 다섯 가지다. 자율성과 발전의 결여로서의 소외, 노동자가 경영진에 의해 수단으로 활용되는 데서 비롯되는 소외, 일의 주인이 디자인한 기술이 오히려 노동자를 노예화함으로 발생하는 소외, 일이 공동선에서 분리됨으로 발생하는 소외, 일이 그 자체로서 즐길 수 있는 목적성을 상실하고 상품과 서비스 구매력을 위한 필요악적 수단으로 전락할 때 조장되는 소외. 성령론적 일의 신학은 각각의 소외를 극복하고 일을 인간화시켜 나가는 데 중요한 역할을 감당할 수 있다.

볼프의 탁월한 기여와 다소 아쉬운 한계

나는 볼프의 성령론적 일의 신학이 크게 네 가지 점에서 그리스도인들의 일에 대한 신학적·신앙적 이해에 결정적으로 기여한다고 생각한다.

첫째, 일을 신학적 관심 밖의 것으로 몰아내는 경건주의적 오류를 명쾌하게 밝혀냈다. 이는 여전히 설교 시간이나 성경 공부 시간에 일 문제 같은 정치경제적 이슈를 끌어들이면 안 된다고 생각하는 많은 한국 교회와 그리스도인의 눈을 열어 주는 데 크게 기여할 수 있을 것이다.

둘째, 앞서 언급한 바와 같이 사회적 고정성과 보수성을 지닌[5] 루터의 소명론에서 벗어날 수 있는 효과적인 길을 활짝 열어 주고 있다. 불행하게도 한국 교회 대다수 교인들은 주어진 사회적 역할에 순종적으로 충성을 다하는 것이 소명을 충실하게 이행하는 것이라고 여전히 믿고 있다. 물론 월터스토프가 시도했듯이 소명론을 세계 변혁적인 관점에서 급진적으로 재해석할 수 있는 여지가 전혀 없는 것은 아니다.[6] 하지만 이미 심각하게 오염된 단어를 복원시키는 작업은 매우 어렵기에 비효과적일 수밖에 없다. 게다가 볼프의 성령론적 일의 신학은 소명론보다 신학적으로 훨씬 풍성하고 종합적인 근거를 갖고 있다는 장점이 있다.

셋째, 성령의 은사를 따라 하나님이 행하시는 세상 변혁에 인간이 선행적으로 협력하는 활동으로서의 일이 실현될 수 있으려면, 개인적 윤리 차원의 노력만으로는 불가능하고 경제 체제 자체가 변화되어야 한다는 점을 설득력 있게 논증했다. 그는 한국 교회의 일반적 이해와는 달리 종말론과 성령론이 세상의 일 문제에 변혁적인 메시지를 강력하게 던질 수 있다는 점을 명료하게 보여 주었다.

넷째, 땅에 확고히 발을 붙이면서도 하늘의 음성에 진지하게 귀 기울이는 신학이 갖추어야 할 연구 방법의 전형을 보여 주었다. 신학을 통해서 인간과 사회의 모든 것을 다 이해하고 평가할 수 있다고 착각하는 소위 신학주의(theologism)의 함정에도 빠지지 않고, 특정 사회철학적·사회과학적·역사적 모델에 기독교 신학의 이름으로 세례를 베푸는 사회적 실용주의의 유혹도 이겨 냈다. 그에 더해 자신의 전문성의 한계를 인식하는 겸손과 다른 견해와 입장에 대한 열린 마음을 잘 보여 주고 있다.

---

5   Ernst Troeltsch, *The Social Teaching of the Christian Churches*, Vol. II, translated by Olive Wyon (The Macmillian Company, 1931/1956), 610.
6   Nicholas Wolterstorff, *Until Justice & Peace Embrace* (Eerdmans, 1983), 3-22. 『정의와 평화가 입맞출 때까지』(IVP).

하지만 모든 신학적 성찰이 그렇듯이, 볼프의 탁월한 성령론적 일의 신학에도 다소 아쉬운 한계가 있어 보인다. 첫째, 그는 자본-노동 관계를 인정하는 시장 경제의 기초 위에 공동선을 반영하는 민주적 계획 경제를 부차적으로 도입하는 제3의 길을 최선책으로 제시한다. 자본주의 자체의 해체와 새로운 체제의 건설에 대한 전망이 보이지 않는다. 물론 제3의 길은 현재의 자본주의에서 일보 전진한 것이라는 점과 그 실현 가능성이 급진적 대안보다 더 크다는 점에서 이점이 있는 것은 사실이다. 하지만 기독교 신학계에 누군가 혁명적인 목소리를 냄으로써 페이스메이커 역할을 할 필요가 있다는 관점에서 볼 때에는 아쉬운 대목이다. 게다가 급진적 전망은 하나님의 완전함을 목표로 삼아야 하는 하나님 나라의 요청이자(마 5:48), 고통당하는 이들의 소리 없는 절규일 뿐 아니라, 영원한 경제 체제란 없었음을 증명해 온 역사의 당위라는 점에서 더욱 그렇다.

둘째, 볼프는 마르크스의 사회철학적 노동소외론은 깊이 다룬 반면, 마르크스의 대표적 경제학 저술인 『자본론』에 담긴 노동가치론, 잉여가치론, 노동착취론, 공황론 등은 활용하지 않는다. '착취'라는 단어를 몇 번 사용하긴 하지만 그건 마르크스가 분석한 노동의 착취 즉 노동자가 생산한 잉여가치에 대한 자본의 본질적·합법적 착취와는 무관하다. 마르크스는 『자본론』에 이르러서야 철학적 노동소외론을 정치경제학적 노동착취론으로 설명할 수 있었고 자본주의에 대한 명확한 사회과학적 이해에 도달했다.[7] 그런데 볼프는 왜 노동소외론까지만 활용하고 있는지 설명해 주지 않으니 나로선 무척 궁금하다.[8] 그의 최근 저작에서도 노동착취론까지 활용

---

[7] 노동착취론은 노동자가 자신의 생산물로부터 소외되는 원인이, 자본이 노동이 생산해 낸 잉여 가치를 착취하는 데 있음을 정치경제학적으로 분석해 규명해 준다.

[8] Volf의 박사 학위 논문을 수정·보완한 저서, 『노동의 미래—미래의 노동』에서도 마찬가지다. "이 말은 마르크스의 노동 가치론의 전제하에서만 동의할 수 있는 주제이다"라고 한 것

해 자본주의에 대한 혁명적인 입장을 천명할 의사는 없어 보인다.[9] 나로선 그의 한계로 여겨지지만[10] 그 평가와 선택은 독자의 몫으로 남겨 두고자 한다. 두 입장이 현실적 차원에서 상호 보완적일 수 있다고 보는 한, 그 선택은 옳고 그름의 문제라기보다는 각자의 은사와 역사적 부르심의 문제에 더 가깝다고 보기 때문이다. 다만 현실사회주의 국가의 붕괴로 『자본론』의 사회과학적 유효성마저 소멸된 것은 아니라는 점만은 분명히 밝혀 두고 싶다.

셋째, 소명론을 비판하면서 막스 베버와 특히 리처드 토니(Richard H. Tawney)가 더 상세하게 다루었던 17세기 영국 청교도 상인 집단의 소명 이해를 다루지 않은 것 역시 아쉽다.[11] 그들에게 소명은, 예정됨의 징표를 찾고 싶은 열망과 연결되면서, 노동자 혹은 사업가로 근면과 절제를 통해 부를 축적하는 의무로 구체화되었다. 그런 개신교 윤리적 태도가 자본주의 정신이 서유럽에 확산되는 데 상당히 중요한 역할을 했다는 게 베버 명제의 핵심이다. 그 점을 더 깊이 파고들었다면, 성령론적 일의 신학이 소명론과 연루된 소위 청부론의 영향력 아래 있는 교회들을 각성시키는 데 크게 기여할 수 있었지 않을까 싶다.

넷째, 일 문제에 대한 신학자로서의 그의 겸허함이 때로는 그를 필요

   (ibid., 83)에서 미루어 볼 때, 그가 노동 가치론에 동의하지 않았기 때문이 아닌가 추측해 볼 수 있다.

9 Miroslave Volf and Ryan McAnnally-Linz, *Public Faith in Action* (Brazors Press, 2016)에서 실업 문제를 성령론적 일의 신학에서보다 더 적극적으로 다룬 것은 다행이다. 하지만 여전히 실업 문제 해소를 위한 공적 신앙의 행동에 정치적으로 보다 혁명적인 행동을 포함시키지 않으려는 것은 아쉬운 대목이다. 『행동하는 기독교』(IVP).

10 소외만 강조하면 자본주의의 노동 문제를 도덕적 혹은 신학적 문제로 규정하게 되고, 자본주의적 생산양식의 고유한 정치·경제적 문제로 파악하지 않게 되어 자본주의를 근원적으로 해체·변혁하지 않고도 노동 문제를 해결할 수 있다는 결론에 도달하기 쉽다. 사실 Volf가 제3의 길을 선호하는 것도 이와 무관치 않아 보인다.

11 막스 베버, 『프로테스탄티즘의 윤리와 자본주의 정신』(길, 2010); R. H. 토니, 『기독교와 자본주의의 발흥』(한길사, 2015).

이상으로 조심스럽게 만든 게 아닌가 싶다. 한편으론 대안적 경제 체제의 얼개를 대범하게 제시하다가도, 좀더 구체적으로 나아가야 할 지점에서 종종 전문가가 아니라는 이유로 신학적 이론의 영역에 머문다. 케임브리지 대학교 경제학 교수 장하준은, 경제 문제는 다양한 해석과 답을 지니고 있기 때문에 전문가에게만 맡길 수 없다는 옳은 주장을 펼쳤다.[12] 물론 일의 신학자가 사회철학뿐 아니라 경제학까지 연구해서 입장을 천명한다는 것은 매우 위험할 수 있다. 치열한 논쟁에 휘말려 들어갈 수 있고, 그 과정에서 특히 미국과 한국에서는 치명적인 상처를 입을 수도 있다. 하지만 일 문제를 다루는 신학자라면 그런 위험 부담을 안고 나아가야 하지 않을까 싶다. 옳은 것은 더욱 강하게 붙들고 틀린 것은 과감하게 버리면서! 나는 그것이 은혜 가운데 사는 삶이라고 믿는다.

마지막으로, 그리고 당연히, 1991년 이후에 발전되어 온 다양한 기독교 경제신학과의 깊은 대화와 토론이 필요하다. 특히 19세기의 고전적 기독교 사회주의 전통과 포스트모더니즘의 무정부주의적 입장의 결합을 시도해 온 존 밀뱅크(John Milbank)를 비롯한 일군의 정치경제신학자들이[13] 상당한 영향력을 행사해 왔다는 점에서 시급한 토론이 필요하다. 그와 약간 결을 달리하면서도 체제 전체의 변혁을 꾀하는 체계적·전면적 정치 운동보다는, 종말을 기다리며 상징적이면서 돈키호테적인 정치참여를 요청하는 제임스 스미스(James K. A. Smith)도[14] 중요한 토론 대상이다.

하지만 이상의 한계들은 이 책의 탁월한 특장점들에 비하면 미미할 뿐

---

12 장하준, 『장하준의 경제학 강의』(부키, 2014), 15.
13 John Milbank and Adrian Pabst, *The Politics of Virtue: Post-Liberalism and the Human Future* (Rowman & Littlefield, 2016); D. Stephen Long, *Divine Economy: theology and the market* (Routledge, 2000); Daniel Bell Jr., *The Economy of Desire: Christianity and Capitalism in a Postmodern World* (Baker Academy, 2012).
14 제임스 스미스, 『왕을 기다리며: 하나님나라 공공신학의 재형성』(IVP, 2019).

이다. 그러기에 나는 아무쪼록 이 책이 널리 읽혀, 일에 대한 그리스도인들의 성찰이 더욱 깊어지길 바란다. 그와 함께 더 많은 그리스도인들이 경제 체제의 변혁을 위해 적극 나서게 되길 간절히 기도한다.

참고 문헌

각주에서 언급한 자료들만 포함했다.

Acton, H. B. *Kant's Moral Philosophy*. London: Macmillan, 1970.

Agrell, G. *Work, Toil and Sustenance: An Examination of the View of Work in the New Testament, Taking into Consideration Views Found in Old Testament, Intertestamental, and Early Rabbinic Writings*. Lund: Håkan Ohlsons, 1976.

"All Work and No Play." In *Newsweek*, January 24, 1983: 20-25.

Alperovitz, G. "Planning for a Sustained Community." In *Catholic Social Teaching and the United States Economy: Working Papers for a Bishop's Pastoral*, ed. J. W. Houck and O. F. Williams, 331-358. Washington D. C.: University of America Press, 1984.

Altner, G. "Technisch-wissenschaftliche Welt und Shöpfung." In *Christlicher Glaube in moderner Gesellschaft*, ed. F. Böckle et al., 20: 86-118. Freiburg: Herder, 1982.

Ambler, R. *Global Theology: Faith in the Present World Crisis*. Philadelphia: Trinity Press International, 1990.

"America Runs Out of Time." In *Time*, April 24, 1989: 52-54.

Anthony, P. D. *Ideology of Work*. London: Tavistock, 1977.

Aquinas, T. *Summa Contra Gentiles*. Notre Dame: University of Notre Dame, 1975. 『대이교도대전』(분도출판사).

_____. *Summa Theologica*. Westminster: Christian Classics, 1948. 『신학대전』(바오로딸).

_____. *Questiones quodlibertales*. Ed. P. Fr. R. Spazzi, O. P. Roma: Marietti, 1956.

Arendt, H. *Vita activa oder Vom tätigen Leben*. München: R. Piper, 1981. 『인간의 조건』(한길사).

Aristotle. *Nicomachean Ethics*. In *The Complete Works of Aristotle*, ed. J. Barnes. Princeton: Princeton University Press, 1984. 『니코마코스 윤리학』(도서출판 숲).

_____. *Politics*. Cambridge: Harvard University Press, 1932. 『정치학』(도서출판 숲).

Arneson, R. J. "Meaningful Work and Market Socialism." In *Ethics* 97 (1987): 517-549.

Atra-Hasis: The Babylonian Story of the Flood. Ed. W. G. Lambert and A. R. Millard. Oxford: Clarendon Press, 1969.

Atteslander, P. "Von Arbeits- zur Tätigkeitsgesellschaft." In *Leben wir, um zu arbeiten? Die Arbeitswelt im Umbruch*. Ed. F. Niess, 125-133. Köln: Bund-Verlag, 1984.

Auer, A. *Umweltethik: Ein theologischer Beitrag zur ökologischen Diskussion*. Düsseldorf: Patmos, 1984.

Augustine. *The Confessions of St. Augustin*. In *A Select Library of the Nicene and Post-Nicene Fathers of the Christian Church*, ed. P. Schaff, 2: 27-207. Grand Rapids: Eerdmans, 1956. 『고백록』(크리스천다이제스트).

_____. *Concerning the City of God Against the Pagans*. Harmondsworth: Penguin Books, 1972. 『하나님의 도성』(크리스천다이제스트).

Balz, H. *Heilsvertrauen und Welterfahrung. Strukturen der paulinischen Eschatologie nach Römer 8,18-39*. BEvT 59. Göttingen: Vandenhoeck & Ruprecht, 1971.

Barnabas. "The Epistle of Barnabas." In *Apostolic Fathers*, 1: 340-409. Cambridge: Harvard University Press; London: Heinemann, 1975.

Barrett, C. K. *A Commentary on the First Epistle to the Corinthians*. BNTC. New York: Harper & Row, 1968.

Barth, K. *Church Dogmatics*. Edinburgh: T. & T. Clark, 1936-1970. 『교회교의학』(대한기독교서회).

Barth, M. *Ephesians*. Garden City: Doubleday, 1974.

Bayer, O. "Beruf." In *Evangelisches Soziallexikon*, 7th ed., ed. T. Schober et al., 140-142. Stuttgart: Kreuz, 1980.

_____. "Tu dich auf! Verbum sanans und salvificans und das Problem der 'natürlichen' Theologie." In *Schöpfung als Anrede. Zu einer Hermeneutik der Schöpfung*, 62-79. Tübingen: Mohr, 1986.

Bebel, A. *Die Frau und der Sozialismus*. Stuttgart: Diez, 1913.

Bellah, R. N., et al. *Habits of the Heart: Individualism and Commitment in American Life*. New York: Harper & Row, 1985.

Benedict, "The Rule of Saint Benedict." In *Western Asceticism*, ed. O. Chadwick, 290-337. Philadelphia: Westminster Press, 1968.

Berger, K. "Charisma, ktl." In *EWNT*, ed. Horst Balz und Gerhard Schneider, 3: 1102-1105. Stuttgart: Kohlhammer, 1983.

Berkhof, H. *Christ the Meaning of History*. Richmond: John Knox, 1966.

_____. *The Doctrine of the Holy Spirit*. Richmond: John Knox Press, 1964.

Beversluis, E. H. "A Critique of Ronald Nash on Economic Justice and the State." In *Economic Justice and the State: A Debate Between Ronald H. Nash and Eric H. Beversluis*, ed. J. A. Bernbaum, 25-47. Grand Rapids: Baker Book House; Washington D.C.: Christian College Coalition, 1986.

Bielby, W. T., and J. N. Baron. "Men and Women at Work: Sex Segregation and Statistical Discrimination." In *AJS* 91 (1986): 759-799.

Bienert, W. *Die Arbeit nach der Lehre der Bibel. Eine Grundlegung evangelischer Sozialethik*. Stuttgart: Evangelisches Verlagswerk, 1954.

Biondić, I. *Specijalni odgoj na prekretnici. Prilog sociologiji odgoja i obrazovanja*. Zagreb: Institut za pedagogijska istraživanja Filozofskog fakulteta sveučilišta u Zagrebu, 1986.

Bloom, A. *The Closing of the American Mind: How Higher Education Has Failed Democracy and Impoverished the Souls of Today's Students*. New York: Simon and Schuster, 1987. 『미국 정신의 종말』(범양사).

Bockmühl, K. "Protestant Ethics: The Spirit and the Word in Action." In *ERT* 12 (1988): 101-115.

Brakelmann, G. "Arbeit." In *Christlicher Glaube in moderner Gesellschaft*, ed. F. Böckle et al., 8: 100-135. Freiburg: Herder, 1980.

Braude, L. *Work and Workers: A Sociological Analysis*. New York: Praeger, 1975.

Braverman, H. *Labor and Monopoly Capital: The Degradation of Work in the Twentieth Century*. New York: Monthly Review Press, 1974. 『노동과 독점자본』(까치글방).

Brockhaus, H. *Charisma und Amt. Die paulinische Charismenlehre auf dem Hintergrund der frühchristlichen Gemeindefunktionen.* Wuppertal: Brockhaus, 1972.

Bruce, F. F. *The Epistle to the Galatians. A Commentary on the Greek Text.* NIGTC. Grand Rapids: Eerdmans, 1982.

_____. *The Epistle of Paul to the Romans: An Introduction and Commentary.* Grand Rapids: Eerdmans, 1963.

Bultmann, R. "New Testament and Mythology." In *Kerygma and Myth: A Theological Debate,* ed. H. W. Bartsch, 1-44. New York: Harper & Row, 1961.

Calvin, J. *The First Epistle of Paul the Apostle to the Corinthians.* Grand Rapids: Eerdmans, 1960. 『칼빈 주석: 고린도전후서』(크리스천다이제스트).

_____. *Sermons on the Epistle to the Ephesians.* Edinburgh: Banner of Truth, 1973. 『칼뱅의 에베소서 설교』(기독교문서선교회).

_____. *Commentaries on the First Book of Moses Called Genesis.* Grand Rapids: Eerdmans, 1948.

_____. *Institutes of the Christian Religion.* Ed. J. T. McNeill. Philadelphia: Westminster Press, 1977. 『기독교 강요』(기독교문서선교회).

Carlyle, T. *Past and Present.* Boston: The Riverside Press, 1965.

Catherwood, Sir F. "Christian Faith and Economics." In *Transformation* 4, nos. 3/4 (1987): 1-6.

_____. "The New Technology: The Human Debate." In *The Year 2000,* ed. J. Stott, 126-145. Downers Grove: InterVarsity, 1983.

Chaw, P. "Technology and the Kingdom: An Approach to Evangelism in a Hungry World." In *Transformation* 4, no. 2 (1987): 16-20.

Chenu, M. D. *The Theology of Work: An Exploration.* Chicago: Regnery, 1966.

"20 to 200 Million Children Under 15 Are in World's Work Force." In *UNChron* 23, no. 5 (1986): 116.

Clement of Alexandria. *The Paedagogus.* In *The Ante-Nicene Fathers: Translation of the Writings of the Fathers Down to A.D. 325,* ed. A. Roberts and J. Donaldson, 2: 207-298. Grand Rapids: Eerdmans, 1977.

_____. *The Salvation of the Rich Man. Who Is the Rich Man That Shall Be Saved?* In *The Ante-Nicene Fathers. Translation of The Writings of the Fathers Down to A.D. 325,* ed. A. Roberts and J. Donaldson, 2: 589-604. Grand

Rapids: Eerdmans, 1977. 『어떤 부자가 구원받는가?』(분도출판사).

Collste, G. "Toward a Normative Work Ethic." In *Will the Future Work? Values for Emerging Patterns of Work and Employment*, ed. H. Davis and D. Gosling, 94-100. Genève: WCC, 1984.

Congar, Y. *Der Heilige Geist*. Freiburg: Herder, 1982.

Cooley, M. *Architect or Bee? The Human/Technology Relationship*. Boston: South End Press, 1982.

Coomaraswamy, A. K. "A Figure of Speech or a Figure of Thought?" In *Selected Papers: Traditional Art and Symbolism*, ed. R. Lipsey, 13-42. Princeton: Princeton University Press, 1977.

Cranfield, C. E. B. *The Epistle to the Romans*. ICC. Edinburgh: T. & T. Clark, 1975. 『C. E. B. 크랜필드의 로마서 주석』(로고스).

Crosby, F., et al. "Cognitive Biases in the Perception of Discrimination: The Importance Format." In *Sex Roles* 14 (1986): 637-646.

Dabney, D. L. "Die Kenosis des Geistes: Kontinuität zwischen Schöpfung und Erlösung im Werk des Heiligen Geistes." Th. D. diss., University of Tübingen, 1989.

Dalferth, I. U., and E. Jüngel. "Person und Gottebenbildlichkeit." In *Christlicher Glaube in moderner Gesellschaft*, ed. F. Böckle et al., 24: 57-99. Freiburg: Herder, 1981.

Davids, P. *Commentary on James: A Commentary on the Greek Text*. NIGTC. Grand Rapids: Eerdmans, 1982. 『NIGTC 야고보서』(새물결플러스).

Descartes, R. *Discourse on Method; or, Rightly Conducting the Reason and Seeking Truth in the Sciences*. In *A Discourse on Method*. London: Dent & Sons; New York: Dutton, 1937. 『방법서설』(문예출판사).

_____. *Meditations on the First Philosophy*. In op. cit. 『성찰』(나남출판).

Dickens, C. *Hard Times*. New York: Norton, 1966. 『어려운 시절』(창비).

The Documents of Vatican II. Ed. W. M. Abbott, S.J. New York: Guild Press, 1966.

van Drimmelen, R. "Homo Oikumenicus and Homo Economicus: Christian Reflection and Action on Economics in the Twentieth Century." In *Transformation* 4, nos. 3/4 (1987): 66-84.

Drucker, P. "Twilight of the First-Line Supervisor?" *The Wall Street Journal*, June 7, 1983: 100.

Durkheim, E. *The Division of Labour in Society*. Glencoe: Free Press, 1947. 『사회분

업론』(아카넷).

Ebeling, G. *Luther: An Introduction to His Thought*. Philadelphia: Fortress Press, 1970.

Eckert, J. "Kaleō, ktl." In *EWNT*, ed. Horst Balz und Gerhard Schneider, 2: 592-601. Stuttgart: Kohlhammer, 1981.

"Economic Justice for All: Catholic Social Teaching and the U.S. Economy." In *Origins* 16 (1986): 410-455.

Ellul, J. *The Technological Society*. New York: Vintage Books, 1964.

_____. *The Technological System*. New York: Continuum, 1980. 『기술 체계』(대장간).

Erickson, K. "On Work and Alienation." In *American Sociological Review* 51 (1986): 1-8.

Evangelism and Social Responsibility: An Evangelical Commitment. Exeter: Paternoster Press, 1982.

Evans, J. "Arbeitnehmer und Arbeitsplatz." In *Auf Gedeih und Verderb. Mikroelektronik und Gesellschaft. Bericht an den Club of Rome*, ed. G. Friedrich and A. Schaff, 169-200. Wien: Europaverlag, 1982.

Fee, G. D. *The First Epistle to the Corinthians*. Grand Rapids: Eerdmans, 1987. 『NICNT 고린도전서』(부흥과개혁사).

Feuerbach, L. *Sämtliche Werke*. Ed. W. Bolin and F. Jodl. Stuttgart-Bad Cannstatt: Frommann, 1960.

Fichte, J. G. *Nachgelassene Werke*. Ed. I. H. Fichte. Bonn: A. Marcus, 1834-1835.

Field, D., and E. Stephenson. *Just the Job: Christians Talk about Work and Vocation*. Leicester: InterVarsity Press, 1978.

Fitzgerald, R. "Abraham Maslow's Hierarchy of Needs—An Exposition and Evaluation." In *Human Needs and Politics*, ed. R. Fitzgerald, 36-51. Oxford: Pergam, 1977.

Friedmann, G. *The Anatomy of Work: Labor, Leisure and the Implications of Automation*. Westport: Greenwood, 1962.

Friedman, M. *Capitalism and Freedom*. Chicago: University of Chicago Press, 1962. 『자본주의와 자유』(청어람미디어).

Fullinwider, R. K. *The Reverse Discrimination Controversy. A Moral and Legal Analysis*. Totowa: Rowman and Littlefield, 1980.

Gandhi, M. K. *Bread Labour: The Gospel of Work*. Ed. R. Kelekar. Ahmedabad: Navajivan P. H., n. d.

Gatzen, H. "Beruf bei Martin Luther und in der industriellen Gesellschaft." Th. D. diss., University of Münster, 1964.

Gese, H. "Der Tod im Alten Testament." In *Zur Biblischen Theologie*, 31-54, München: Kaiser, 1977.

Gillett, R. W. *The Human Enterprise: A Christian Perspective on Work*. Kansas City: Leaven Press, 1985.

Ginzberg, E. "The Mechanization of Work." *Scientific American* 247 (September 1982): 67-75.

Gorbatschow, M. *Perestroika. Die zweite russische Revolution. Eine neue Politik für Europa und die Welt*. München: Knaur, 1987.

Gorz, A. *Wege ins Paradies. Thesen zur Krise, Automation und Zukunft der Arbeit*. Berlin: Rotbuch, 1983.

Griffiths, B. *Morality in the Market Place: Christian Alternatives to Capitalism and Socialism*. Sevenoaks: Hodder & Stoughton, 1982.

_____. *The Creation of Wealth. A Christian's Case for Capitalism*. Downers Grove: InterVarsity Press, 1984.

Günkel, H. *Genesis*. Göttingen: Vandenhoeck & Ruprecht, 1964.

Gundry, R. H. *Matthew: A Commentary on His Literary and Theological Art*. Grand Rapids: Eerdmans, 1985.

_____. "The New Jerusalem. People as Place, Not Place for People (Revelation 21:1-22:5)." In *NovT* 29 (1987): 254-264.

Habermas, J. *Erkenntnis und Interesse*. Frankfurt am Main: Suhrkamp, 1979. 『인식과 관심』(고려원).

_____. "Nachholende Revolution und linker Revisionsbedarf: Was heißt Sozialismus heute?" In *Die nachholende Revolution: Kleine Politische Schriften* VII, 179-204. Frankfurt am Main: Suhrkamp, 1990.

Hackman, J. R. "The Psychology of Self-Management in Organizations." In *Psychology and Work: Productivity, Change and Employment*, ed. M. S. Pallak and R. O. Perloff, 89-136. Washington: American Psychological Association, 1986.

Hall, R. H. *Dimensions of Work*. Beverly Hills: Sage Publications, 1986.

Harnack, A. von. *Die Mission und Ausbreitung des Christentums in den ersten drei Jahrhunderten*, 4th ed. Leipzig: J. C. Hinrichs'sche Buchhandlung, 1924.

Harper, M. *Let My People Grow: Ministry and Leadership in the Church*. London: Hodder & Stoughton, 1977.

Hartmann, K. "Was ist und was will Ethik? Ihre Herausforderung durch das naturwissenschaftlich und medizinisch Machbare." In *Concilium* (D) 25 (1989): 199-210.

Haughey, J. C. *Converting Nine to Five. A Spirituality of Daily Work*. New York: Crossroad, 1989.

Hawtrey, K. "Work and Leisure in Evangelical Focus." Paper presented as a part of a worldwide study process organized by Oxford Conference on Christian Faith and Economics. Australia, January, 1989.

Hay, D. A. *Economics Today: A Christian Critique*. Leicaster: Apollos, 1989.

_____. "The International Socio-Economic-Political Order and Our Lifestyle." In *Lifestyle in the Eighties: An Evangelical Commitment to Simple Lifestyle*, ed. R. J. Sider, 84-128. Philadelphia: Westminster, 1982.

_____. "North and South: The Economic Debate." In *The Year 2000*, ed. J. Stott, 72-102. Downers Grove: InterVarsity, 1983.

Hebblethwaite, B. *The Christian Hope*. Grand Rapids: Eerdmans, 1985.

Hegel, G. W. F. *Frühe politische Systeme*, ed. G. Göhler. Frankfurt am Main: Ullstein, 1974.

_____. *Werke*, ed. E. Moldenhauer and K. M. Michel. Frankfurt am Main: Suhrkamp, 1969-1970.

Heilbroner, R. L. *The Act of Work*. Washington: Library of Congress, 1985.

Hengel, M. "Die Arbeit im frühen Christentum." In *Theologische Beiträge* 17 (1986): 174-212.

Heron, A. I. C. *The Holy Spirit: The Holy Spirit in the Bible, the History of Christian Thought, and Recent Theology*. Philadelphia: Westminster Press, 1983.

Heschel, A. J. *The Sabbath: Its Meaning for Modern Man*. New York: Farrar, Straus and Giroux, 1980. 『안식』(복있는사람).

Hesiod, *Works and Days*. In *Hesiod: The Homeric Hymns and Homerica*. London: Heinemann; Cambridge: Harvard University Press, 1936.

Hill, S. *Competition and Control at Work: The New Industrial Sociology*. London: Heinemann; Cambridge: MIT Press, 1981.

Hoekema, A. A. *The Bible and the Future*. Grand Rapids: Eerdmans; Exeter: Paternoster, 1979. 『개혁주의 종말론』(부흥과개혁사).

Holmes, A. F. *Ethics: Approaching Moral Decisions*. Downers Grove: InterVarsity Press, 1984.

Honecker, M. "Die Krise der Arbeitsgesellschaft und das christliche Ethos." In *ZThK* 80 (1983): 204-222.

Ignatieff, M. *The Needs of Strangers: An Essay on Privacy, Solidarity, and the Politics of Being Human*. New York: Penguin Books, 1986.

Illich, I. *Selbstbegrenzung. Eine politische Kritik der Technik*. Reinbek bei Hamburg: Rowohlt, 1975. 『절제의 사회』(생각의나무).

Jacob, B. *Das erste Buch der Tora. Genesis*. Berlin: Schocken, 1934.

Jahoda, M. *Wieviel Arbeit braucht der Mensch? Arbeit und Arbeitslosigkeit im 20. Jahrhundert*. Weinheim: Beltz, 1983.

Janzen, K.-H. "Auswirkungen der neueren Technologien." In *Leben wir, um zu arbeiten? Die Arbeitswelt im Umbruch*, ed. F. Niess, 26-33. Köln: Bund-Verlag, 1984.

Jensen, O. "Schöpfungstheologischer Materialismus." In *NZSTh* 19 (1977): 247-260.

Joest, W. *Dogmatik I. Die Wirklichkeit Gottes*. Göttingen: Vandenhoeck & Ruprecht, 1984.

Johnson, P. G. *Grace: God's Work Ethic. Making Connections Between the Gospel and Weekday Work*. Valley Forge: Judson Press, 1985.

Johnston, R. K. *The Christian at Play*. Grand Rapids: Eerdmans, 1983.

Jonas, H. *Das Prinzip Verantwortung. Versuch einer Ethik für die technologische Zivilisation*. 3rd ed. Frankfurt am Main: Suhrkamp, 1982.

Jüngel, E. "Eschatologie. Thesen." Tübingen. Lectures handout.

_____. *Zur Freiheit eines Christenmenschen. Eine Erinnerung an Luthers Schrift*. München: Kaiser, 1981.

Käsemann, E. "Amt und Gemeinde im Neuen Testament." In his *Exegetische Versuche und Besinnungen*, 1: 109-134. Göttingen: Vandenhoeck & Ruprecht, 1970.

_____. "Gottesdienst im Alltag der Welt." In op. cit., 2: 198-204.

Kaiser, E. G. "Theology of Work." In *New Catholic Encyclopedia*, 14: 1015-1017.

Kant, I. *The Doctrine of Virtue. Part II of the Metaphysics of Morals*. New York: Harper & Row, 1963. 『도덕형이상학』(한길사).

_____. *Foundations of the Metaphysics of Morals*. New York: Bobbs-Merrill,

1969. 『도덕형이상학 정초』(한길사).

_____. *Kritik der Urteilskraft*. Ed. K. Vorländer. Hamburg: Meiner, 1963. 『판단력비판』(아카넷).

Kasper, W. "Die Kirche als Sakrament der Geistes." In *Kirche—Ort des Geistes*, ed. W. Kasper and G. Stauter, 13-55. Freiburg: Herder, 1976.

Kern, W., and Y. Congar. "Geist und Heiliger Geist." In *Christlicher Glaube in moderner Gesellschaft*, ed. F. Böckle et al., 22: 60-116. Freiburg: Herder, 1982.

King, A. "Einleitung. Eine neue industrielle Revolution oder bloß eine neue Technologie?" In *Auf Gedeih und Verderb. Mikroelektronik und Gesellschaft. Bericht an den Club of Rome*, ed. G. Friedrich and A. Schaff, 11-47. Wien: Europaverlag, 1982.

Kitagawa, J. "Reflections on the Work Ethic in the Religions of East Asia." In J. Pelikan, J. Kitagava, S. H. Nasr. *Comparative Work Ethics. Judeo-Christian, Islamic, and Eastern*, 27-47, Washington: Library of Congress, 1985.

Kluge, F. *Etymologisches Wörterbuch der deutschen Sprache*. Ed. W. Mitzka. Berlin: Walter de Gruyter, 1957.

Koch, K. "Gestaltet die Erde, doch heget das Leben! Einige Klarstellungen zum dominium terrae in Genesis 1." In *"Wenn nicht jetzt, wann dann?" Aufsätze für Hans-Joachim Kraus zum 65. Geburtstag*, ed. H.-G. Geier et al., 23-36. Neukirchen-Vluyn: Neukirchener, 1983.

Kohn, M. L. "Occupational Structure and Alienation." In *Work and Personality: An Inquiry into the Impact of Social Stratification*, ed. M. L. Kohn and C. Schooler, 83-97. Norwood: Ablex, 1983.

Kohn, M. L., and C. Schooler. "The Reciprocal Effects of the Substantive Complexity of Work and Intellectual Flexibility: A Longitudinal Assessment." In *op. cit.*, 103-124.

Kolakowski, L. *Falls es keinen Gott gibt*. München: R. Pieper, 1982.

_____. *Die Hauptströmungen des Marxismus. Entstehung, Entwicklung, Zerfall*. 2nd ed. München: R. Piper, 1981. 『마르크스주의의 주요 흐름』(유로서적).

Kono, T. *Strategy and Structure of Japanese Enterprise*. Armouk: M. E. Sharpe, 1984.

Korsgaard, C. M. "Two Distinctions in Goodness." In *Philosophical Review* 92 (1983): 165-195.

_____. "Kant's Formula of Humanity." In *Kant-Studien* 77 (1986): 183-202.
Kranzberg, M., and J. Gies. *By the Sweat of Thy Brow: Work in the Western World*. New York: Putnam's Sons, 1975.
Kraus, "Coming to Grips with the New Leisure." In *Leisure: No Enemy But Ignorance*, 11-15. Reston: The Alliance, 1983.
Kraus, H.-J. *Theologische Religionskritik*. Neukirchen-Vluyn: Neukirchner, 1982.
Krusche, W. *Das Wirken des Heiligen Geistes nach Calvin*. Göttingen: Vandenhoeck & Ruprecht, 1957.
Küng, H. *The Church*. New York: Doubleday, 1976. 『교회』(한들출판사).
_____. *Projekt Weltethos*. München: Piper, 1990. 『세계윤리구상』(분도출판사).
Kuzmič, P. "History and Eschatology: Evangelical Views." In *In Word and Deed. Evangelism and Social Responsibility*, ed. B. J. Nicholls, 135-164. Exeter: Paternoster Press, 1985.
Laborem Exercens. Encyclical Letter of the Supreme Pontiff John Paul II on Human Work. London: Catholic Truth Society, 1981. "노동하는 인간"(한국천주교주교회의 홈페이지).
Labour, Employment and Unemployment: An Ecumenical Reappraisal. Ed. R. H. Green. Geneva: WCC, 1987.
Ladd, G. E. *A Theology of the New Testament*. Grand Rapids: Eerdmans, 1974. 『신약신학』(대한기독교서회).
Lake, P. *Moderate Puritans and the Elizabethan Church*. Cambridge: Cambridge University Press, 1982.
Lamb, R. "Adam Smith's Concept of Alienation." In *Oxford Economic Papers* 25 (1973): 275-285.
Lampe, G. *God as Spirit*. London: SCM, 1983.
Landmann, M. *Fundamental-Anthropologie*. Bonn: H. Grundmann, 1979.
Langan, T. "The Changing Nature of Work in the World System." In *Communio* 11 (1984): 120-135.
Laslett, P. "Introduction." In J. Locke, *Two Treatises of Government*, 3-152. Cambridge: Cambridge University Press, 1966.
Leiss, W. *The Domination of Nature*. New York: Georges Braziller, 1972.
Liedke, G. *Im Bauch des Fisches. Ökologische Theologie*. Stuttgart: Kreuz, 1979.
Lindgren, J. R. *The Social Philosophy of Adam Smith*. The Hague: Martinus Nijhoff, 1973.

Lochman, J. M. *Marx begegnen. Was Christen und Marxisten eint und trennt.* Gütersloh: Gütersloher Verlagshaus Mohn, 1975.

_____. "Werk und Werkgerechtigkeit. Arbeit in christlicher und marxistischer Sicht." In *ZEE* 22 (1978): 105-117.

Locke, J. *Two Treatises of Government.* Cambridge: Cambridge University Press, 1966. 『통치론』(까치).

Luther, M. D. *Martin Luther's Werke. Kritische Gesammtausgabe.* Weimar: H. Böhlau, 1883-. 『루터전집』(컨콜디아사).

Lyon, D. *The Silicon Society,* Grand Rapids: Eerdmans, 1986.

MacIntyre, A. C. *After Virtue: A Study in Moral Theory.* 2nd ed. Notre Dame: University of Notre Dame Press, 1984.

MacPherson, C. B. *The Political Theory of Possessive Individualism: Hobbes to Locke.* Oxford: Clarendon Press, 1962.

de Man, H. *Joy in Work.* London: George Allen & Unwin, 1929.

Marx, K. *Grundrisse der Kritik der politischen Ökonomie.* Berlin: Diez, 1974. 『정치경제학 비판 요강』(그린비).

Marx, K. *Resultate des unmittelbaren Produktionsprozesses. Das Kapital. I. Buch. Der Produktionsprozeß des Kapitals. VI. Kapitel.* Frankfurt am Main: Suhrkamp, 1969.

Marx, K., and F. Engels. *Marx-Engels Werke.* Berlin: Diez, 1972.

_____. *Marx-Engels Werke. Ergänzungsband.* Berlin: Diez, 1968.

Maslow, A. H. *Motivation and Personality.* 2nd ed. New York: Harper & Row, 1970. 『동기와 성격』(21세기북스).

Mater et Magistra. Johannes XXIII. In *Die sozialen Enzykliken,* ed. J. Binkowski, 91-150. Villingen: Ring, 1963. "어머니요 스승"(한국천주교주교회의 홈페이지).

McNulty, P. J. "Adam Smith's Concept of Labor." In *Journal of the History of Ideas* 34 (1973): 345-366.

McPherson, J. "Towards an Ecological Theology." In *ET,* 97 (1985-1986): 236-242.

Meek, R. L. *Smith, Marx and After: Ten Essays in the Development of Economic Thought.* London: Chapman & Hall, 1977.

Meeks, M. D. *God the Economist: The Doctrine of God and Political Economy.* Philadelphia: Fortress Press, 1989.

Mészáros, I. *Marx's Theory of Alienation.* 4th ed. London: Merlin Press, 1975.

Mieth, D. *Arbeit und Menschenwürde.* Freiburg: Herder, 1985.

_____. *Einheit von vita activa und vita contemplativa in den deutschen Predigten und Traktaten Meister Eckharts und bei Johannes Tauler.* Regensburg: Verlag Friedrich Puset, 1969.

Mill, J. S. *Utilitarianism.* In *Collected Works*, ed. J. M. Robson, 10: 205-259. Toronto: University of Toronto Press, 1969. 『공리주의』(책세상).

Miranda, J. P. *Communism in the Bible.* New York: Orbis Books, 1982.

von Mises, L. "Liberalismus II. Wirtschaftlicher Liberalismus." In *HdSW*, ed. E. von Beckerath et al., 6: 596-603. Stuttgart: Gustav Fischer, 1959.

Moltmann, J. "Christsein, Menschsein und das Reich Gottes. Ein Gespräch mit Karl Rahner." In *Stimmen der Zeit* 203 (1985): 619-631.

_____. *God in Creation: A New Theology of Creation and the Spirit of God.* San Francisco: Harper & Row, 1985. 『창조 안에 계신 하나님』(대한기독교서회).

_____. "The Right to Work." In *On Human Dignity: Political Theology and Ethics.* Philadelphia: Fortress Press, 1984.

_____. *Theology of Hope: On the Ground and the Implications of a Christian Eschatology.* New York: Harper & Row, 1967. 『희망의 신학』(대한기독교서회).

_____. *Trinität und Reich Gottes.* München: Kaiser, 1980. 『삼위일체와 하나님의 나라』(대한기독교서회).

_____. *Der Weg Jesu Christi. Christologie in messianischen Dimensionen.* München: Kaiser, 1989. 『예수 그리스도의 길』(대한기독교서회).

Mounce, R. H. *The Book of Revelation.* Grand Rapids: Eerdmans, 1977. 『NICNT 요한계시록』(부흥과개혁사).

Mühlen, H. "Charisma und Gesellschaft." In *Geistesgaben heute*, ed. H. Mühlen, 160-174. Mainz: Matthias-Grünewald, 1982.

Munroe, R. H., R. L. Munroe, H. S. Shimmin. "Children's Work in Four Cultures: Determinants and Consequences." In *American Anthropologist* 86 (1984): 369-379.

Naisbitt, J. *Megatrends. Ten New Directions Transforming Our Lives.* London: Macdonald, 1984.

Naisbitt, J., and P. Aburdene. *Reinventing the Corporation: Transforming Your Job and Your Company for the New Information Society.* New York: Warner Books, 1985.

Nash, R. H. "A Reply to Eric Beversluis." In *Economic Justice and the State: A Debate Between Ronald H. Nash and Eric H. Beversluis*, ed. J. A.

Bernbaum, 49-65. Grand Rapids: Baker Book House; Washington D.C.: Christian College Coalition, 1986.

Nash, R. *Social Justice and the Christian Church*. Milford: Mott Media, 1983.

Neff, W. S. *Work and Human Behavior*. 2nd ed. Chicago: Aldim, 1977.

Nehamas, A. "How One Becomes What One Is." In *The Philosophical Review* 92 (1983): 385-417.

von Nell-Breuning, O. *Arbeitet der Mensch zuviel?* Freiburg: Herder, 1985.

_____. "Kommentar." In Johannes Paulus II, *Über die menschliche Arbeit*, 103-127. Freiburg: Herder, 1981.

Neulinger, J. *The Psychology of Leisure: Research Approaches to the Study of Leisure*. Springfield, Ill.: Charles C. Thomas, 1974.

Niebuhr, R. *The Children of Light and the Children of Darkness: A Vindication of Democracy and Critique of its Traditional Defense*. New York: Charles Scribner's Sons, 1945. 『빛의 자녀들과 어둠의 자녀들』(종문화사).

Nielsen, K. "True Needs, Rationality and Emancipation." In *Human Needs and Politics*, ed. R. Fitzgerald, 142-156. Oxford: Pergamon Press, 1977.

Nietzsche, F. *Zur Genealogie der Moral*. In *Werke. Kritische Gesamtausgabe*, ed. G. Colli and M. Montinari, Vol. 6/2. Berlin: Walter de Gruyter, 1968. 『도덕의 계보학』(연암서가).

Norman, C. *The God That Limps: Science and Technology in the Eighties*. New York: Norton, 1981.

North, R. *Sociology of the Biblical Jubilee*. Rome: Pontifical Biblical Institute, 1954.

Novak, M. *Toward a Theology of the Corporation*. Washington: American Enterprise Institute for Public Policy Research, 1981.

O'Donovan, O. *Resurrection and Moral Order: An Outline for Evangelical Ethics*. Leicester: InterVarsity; Grand Rapids: Eerdmans, 1986.

Origen. *Origen Against Celsus*. In *The Ante-Nicene Fathers. Translation of the Writings of the Fathers Down to A.D. 325*, ed. A. Roberts and J. Donaldson, 4: 395-669. Grand Rapids: Eerdmans, 1979. 『켈수스를 논박함』(새물결).

Ouellette, R. P., et al. *Automation Impacts on Industry*. Ann Arbor: Ann Arbor Science, 1983.

"The Oxford Conference on Christian Faith and Economics." In *Transformation* 4, no. 2 (1987): 22-24.

The Oxford Conference (Official Report). Ed. J. H. Oldham. Chicago: Wallett, Clark, 1937.

"The Oxford Declaration on Christian Faith and Economies." In *Transformation* 7, no. 3 (1990): 1-9.

Pannenberg, W. *Anthropologie in theologischer Perspektive.* Göttingen: Vandenhoeck & Ruprecht, 1983.

Parker, S. *The Future of Work and Leisure.* New York/Washington: Praeger, 1971.

Passmore, J. *Man's Responsibility for Nature.* London: Duckworth, 1974.

Paulk, E. P. *Your Pentecostal Neighbor.* Cleveland: Pathway Press, 1958.

"People Development Strategy." Paper of ServiceMaster Industries, 1976.

Pieper, J. *Leisure: The Basis of Culture.* New York: New American Library, 1963.

Pinnock, C. H. "Introduction." In *The Holy Spirit. Renewing and Empowering Presence,* ed. G. Vandervelde, 7-9. Winfield: Wood Lake Books, 1989.

Plato. *Laws.* London: Heinemann; Cambridge: Harvard University Press, 1926. 『법률』(도서출판 숲).

_____. *Republic.* New York: Modern Library, 1982. 『국가』(도서출판 숲).

_____. *Lysis, Symposium, Georgias.* Cambridge: Harvard University Press; London: Heinemann, 1939. 『뤼시스』, 『향연』, 『고르기아스』(이제이북스).

Pohl, R. E. *Divisions of Labour.* Oxford: Basil Blackwell, 1984.

Pomian, K. "Die Krise der Zukunft." In *Über die Krise. Castelgondolfo-Gespräche 1985,* ed. K. Michalski, 105-126. Stuttgart: Klett-Cotta, 1986.

Potter, N. "Kant on Ends That Are at the Same Time Duties." In *Pacific Philosophical Quarterly* 66 (1985): 78-92.

Preston, "Vocation." In *A Dictionary of Christian Ethics.* Ed. J. Macquarrie. London: SCM, 198-199.

Preuß, H. D. "Arbeit I." In *TRE,* ed. G. Krause and G. Müller, 3: 613-618. Berlin: Walter de Gruyter, 1978.

Quadragessimo Anno. Pius XI. In *Die sozialen Enzykliken,* ed. J. Binkowski, 37-89. Villingen: Ring, 1963. "사십주년"(한국천주주교회의 홈페이지).

von Rad, G. *Genesis. A Commentary.* Philadelphia: Westminster, 1972. 『국제성서주석 창세기』(한국신학연구소).

_____. *Theologie des Alten Testaments I. Die Theologie der geschichtlichen Überlieferungen Israels.* München: Kaiser, 1969. 『구약성서 신학』(분도출판사).

Raines, J. C., and D. C. Day-Lower. *Modern Work and Human Meaning.*

Philadelphia: Westminster Press, 1986.

Rasmussen, W. D. "The Mechanization of Agriculture." In *Scientific American* 247 (September 1982): 77-89.

Ratschow, C. H. "Eschatologie VIII." In *TRE*, ed. G. Krause and G. Müller, 10: 334-363. Berlin: Walter de Gruyter, 1982.

Reisman, D. A. *Adam Smith's Sociological Economics*. London: Croom Helm; New York: Barnes & Noble, 1976.

Rerum Novarum. Leo XIII. In *Die sozialen Enzykliken*, ed. J. Binkowski, 1-35. Villingen: Ring, 1963. "새로운 사태"(한국천주교주교회의 홈페이지).

Rich, A. "Arbeit als Beruf. Das christliche Verständnis der Arbeit." In *Arbeit und Humanität*, ed. A. Rich and E. Urlich, 7-19. Königstein Ts.: Athenäum, 1978.

_____. *Wirtschaftsethik. Grundlagen in theologischer Perspektive*. Gütersloch: Gütersloher Verlaghaus Mohn, 1984.

Richardson, A. *The Biblical Doctrine of Work*. London: SCM Press, 1952.

Ricoeur, P. "Ist 'die Krise' ein spezifisch modernes Phänomen?" In *Über die Krise. Castelgondolfo-Gespräche 1985*, ed. K. Michalski, 38-63. Stuttgart: Klett-Cotta, 1986.

Rights of Future Generations— Rights of Nature: Proposal for Enlarging the Universal Declaration of Human Rights. Ed. L. Vischer, Studies from the World Alliance of Reformed Churches, no. 19, 1990.

Rinklin, A. "Mendevilles Bienenfabel: Private Laster als Quelle des Gemeinwohls." In *ZEE* 29 (1985): 216-228.

Rondet, H. *Die Theologie der Arbeit*. Würzburg: Echter, 1954.

Roos, L. "On a Theology and Ethics of Work." In *Communio* 11 (1984): 100-119.

Ruskin, J. *The Crown of Wild Olive: Four Lectures on Work, Traffic, War, and the Future of England*. New York: Thomas Y. Crowell, n.d.

Ryan, J. J. "Humanistic Work: Its Philosophical and Cultural Implications." In *A Matter of Dignity: Inquiry into the Humanization of Work*, ed. W. J. Heisler and J. W. Hauck, 11-22. Notre Dame: University of Notre Dame Press, 1977.

Sahlins, M. *Stone-Age Economics*. London: Tavistock, 1974. 『석기시대 경제학』(한울).

Samuel, V., and C. Sugden. "Evangelism and Social Responsibility—A Biblical Study in Priorities." In *In Word and Deed: Evangelism and Social*

Responsibility, ed. B. J. Nicholls, 198-214. Exeter: Paternoster Press, 1985.

Scheler, M. "Arbeit und Ethik." In his *Christentum und Gesellschaft*, 27-48. Leipzig: Der Neue Geist-Verlag, 1924.

Schmidt, W. H. *Der Schöpfungsbericht der Priesterschrift*. 3rd ed. Neukirchen-Vluyn: Neukirchener, 1973.

Schrage, W. "Heil und Heilung im Neuen Testament." In *EvTh* 46 (1986): 197-214.

Schulz, S. "Charismenlehre des Paulus. Bilanz der Probleme und Ergebnisse." In *Rechtfertigung. Festschrift für Ernst Käsemann zum 70. Geburtstag*, ed. J. Friedrich et al., 443-460. Göttingen: Vandenhoeck & Ruprecht; Tübingen: Mohr, Siebeck, 1975.

Schumacher, E. F. *Good Work*. New York: Harper & Row, 1979. 『굿 워크』(느린걸음).

──────. *Small Is Beautiful: A Study of Economics as If People Mattered*. London: Blond & Briggs, 1973. 『작은 것이 아름답다』(문예출판사).

Schumpeter, J. A. *History of Economic Analysis*. New York: Oxford University Press; London: Allen & Unwin, 1954. 『경제 분석의 역사』(한길사).

Schweizer, E. *Heiliger Geist*. Stuttgart: Kreuz, 1978. 『성령』(대한기독교서회).

Scruton, R. *Kant*. Oxford: Oxford University Press, 1982. 『칸트』(시공사).

Seeman, M. "Alienation Motif in Contemporary Theorizing: The Hidden Continuity of the Classic Themes." In *Social Psychology Quarterly*, 46 (1983): 171-184.

Shallis, M. *The Silicon Idol: The Microrevolution and Its Social Implications*. New York: Schocken Books, 1984.

Shelly, J. A. *Not Just a Job: Serving Christ in Your Work*. Downers Grove: InterVarsity, 1985.

Simon, Y. R. *Work, Society and Culture*. New York: Fordham University Press, 1971.

Smith, A. *An Early Draft of Part of the Wealth of Nations*. In W. R. Scott, *Adam Smith as Student and Professor*. Glasgow: Jackson, 1937.

──────. *Lectures on Justice, Police, Revenue and Arms*. Ed. E. Cannan. Oxford: Clarendon Press, 1896.

──────. *An Inquiry into the Nature and Causes of the Wealth of Nations*. New York: Random House, 1937. 『국부론』(비봉출판사).

──────. *The Theory of Moral Sentiments*. New York: A. M. Kelley, 1966. 『도덕감정론』(한길사).

Smith, M. B. "Metapsychology, Politics, and Human Needs." In *Human Needs and Politics*, ed. R. Fitzgerald, 124-141. Oxford: Pergamon, 1977.
Sölle, D. *Lieben und Arbeiten. Eine Theologie der Schöpfung*. Stuttgart: Kreuz, 1985.『사랑과 노동』(분도출판사).
Solomon, K. *Die Lösung des sozialen Problems: die Bibel*. Breslau: Marcus, 1931.
Spenner, K. I, "Deciphering Prometheus: Temporal Change in the Skill Level of Work." In *American Sociological Review* 48 (1983): 824-837.
Spiegel, H. W. "Adam Smith's Heavenly City." In *Adam Smith and Modern Political Economy: Bicentennial Essays on the Wealth of Nations*, ed. G. P. O'Driscoll, Jr., 102-114. Ames: Iowa State University Press, 1979.
Steck, O. H. *Welt und Umwelt*. Stuttgart: Kohlhammer, 1978.
Stott, J. *Issues Facing Christians Today: A Major Appraisal of Contemporary Social and Moral Questions*. Basingstoke: Marshall Pickering, 1984.『현대사회문제와 기독교적 답변』(기독교문서선교회).
Stout, J. *Ethics After Babel: The Language of Morals and Their Discontents*. Boston: Beacon Press, 1988.
Taylor, F. W. *The Principle of Scientific Management*. In his *Scientific Management*. New York: Harper & Row, 1947.『과학적 관리법』(21세기북스).
_____. *Shop Management*. In op. cit.
Taylor, J. V. *The Go-Between God. The Holy Spirit and the Christian Mission*. London: SCM, 1972.
Tertullian, "On Idolatry." In *The Ante-Nicene Fathers: Translation of the Writings of the Fathers Down to A.D. 325*, ed. A. Roberts and J. Donaldson, 3: 61-77. Grand Rapids: Eerdmans, 1976.『이단 처방론+우상론』(투나미스).
Thompson, E. P. *The Making of the English Working Class*. 2nd ed. Harmondsworth: Penguin, 1968.『영국 노동계급의 형성』(창비).
Tödt, H. "Die Ambivalenz des technischen Fortschritts als Thema christlicher Ethik." In *ZEE* 25 (1981): 187-201.
Trilhaas, W. *Ethik*. 3rd ed. Berlin: Walter de Gruiter, 1970.
Underhill, E. *Worship*. New York: Harper, 1957.
Ure, A. *Philosophy of Manufactures*. London: Knight, 1835.
Veenhof, T. "Charismata—Supernatural or Natural?" In *The Holy Spirit: Renewing and Empowering Presence*, ed. G. Vandervelde, 73-91. Winfield: Wood Lake Books, 1989.

Volf, M. "Doing and Interpreting: An Examination of the Relationship Between Theory and Practice in Latin American Liberation Theology." In *Themelios* 8, no. 3 (1983): 11-19.

_____. *I znam da sunce ne boji se tame. Teološke meditacije o Šantićevu vjerskom pjesništvu*. Zagreb: Izvori, 1986.

_____. "Kirche als Gemeinschaft. Ekklesiologische Überlegungen aus freikirchlicher Perspektive." In *EvTh* 49 (1989): 52-76.

_____. "Das Marxsche Verständnis der Arbeit. Eine theologische Wertung." Th. D. diss., University of Tübingen, 1985.

_____. "Materiality of Salvation. An Investigation in the Soteriologies of Liberation and Pentecostal Theologies." In *Journal of Ecumenical Studies* 26 (1989): 447-467.

_____. "On Human Work: An Evaluation of the Key Ideas of the Encyclical *Laborem exercens*." In *SJTh* 37 (1984): 67-79.

_____. "On Loving with Hope: Eschatology and Social Responsibility." In *Transformation* 7, no. 3 (1990): 28-31.

_____. *Zukunft der Arbeit—Arbeit der Zukunft. Der Arbeitsbegriff bei Karl Marx und seine theologische Wertung*. München: Kaiser; Mainz: Grünewald, 1988. 『노동의 미래-미래의 노동』(한국신학연구소).

Wagner, F. "Berufung III. Dogmatisch." In *TRE*, ed. G. Krause and G. Müller, 5: 688-713. Berlin: Walter de Gruyter, 1980.

Wallraff, G. *Ganz Unten*. Köln: Kiepenheuer & Witsch, 1985. 『가장 낮은 곳에서 가장 보잘것없이』(알마).

Weber, M. *The Protestant Ethic and the Spirit of Capitalism*. New York: Charles Scribner's Sons, 1958. 『프로테스탄트 윤리와 자본주의 정신』(현대지성).

Welker, M. "'Unity of Religious History' and 'Universal Self-Consciousness': Leading Concepts or Mere Horizons on the Way *Towards a World Theology*?" In *HTR* 81 (1988): 431-444.

Welty, E. *Vom Sinn und Wert der menschlichen Arbeit*. Heidelberg: Kerle, 1949.

West, E. G. *Adam Smith*. New Rochelle: Arlington House, 1969.

Westermann, C. *Genesis I-II: A Commentary*. Minneapolis: Augsburg, 1984. 『창세기 주석』(한들출판사).

Westermann, C. *Schöpfung*. Stuttgart: Kreuz, 1979. 『창세기 주석』(한들출판사).

Wilckens, U. *Der Brief an die Römer*. Zürich: Benzinger; Neukirchen-Vluyn:

Neukirchener, 1980.

Williams, S. "The Partition of Love and Hope: Eschatology and Social Responsibility." In *Transformation* 7, no. 3 (1990): 24-27.

Wingren, G. "Beruf II. Historische und ethische Aspekte." In *TRE*, ed. G. Krause and G. Müller, 5: 657-671. Berlin: Walter de Gruyter, 1980.

Wingren, G. *Luther's Lehre vom Beruf.* München: Kaiser, 1952.

Wogaman, P. C. *The Great Economic Debate: An Ethical Analysis.* Philadelphia: Westminster Press, 1977.

_____. *Economics and Ethics: A Christian Inquiry.* Philadelphia: Fortress Press, 1986.

Wolf, E. *Sozialethik. Theologische Grundfragen.* Göttingen: Vandenhoeck & Ruprecht, 1975.

Wolff, H. W. *Anthropologie des Alten Testaments.* Berlin: Evangelische Verlagsanstalt, 1980.

Wolterstorff, N. "The Bible and Economics: The Hermeneutical Issues." In *Transformation* 4, nos. 3/4 (1987): 11-19.

_____. "Christianity and Social Justice." In *Christian Scholar's Review* 16 (1987): 211-228.

_____. "Evangelicalism and the Arts." In *Christian Scholar's Review* 17 (1988): 449-473.

_____. *Until Justice and Peace Embrace.* Grand Rapids: Eerdmans, 1983. 『정의와 평화가 입맞출 때까지』(IVP).

Wunsch, G. *Evangelische Wirtschaftsethik.* Tübingen: Mohr, 1927.

Xenophon. *Cyropaedia.* London: Heinemann; New York: Macmillan, 1925. 『키루스의 교육』(한길사).

_____. *Oeconomicus.* In *Memorabilia and Oeconomicus*, 361-532. London: Heinemann; Cambridge: Harvard University Press, 1952. 『경영론·향연』(부북스).

Yoder, J. H. *The Politics of Jesus.* Grand Rapids: Eerdmans, 1972. 『예수의 정치학』(IVP).

Zimmerli, W. "Der Mensch im Rahmen der Natur nach den Aussagen des ersten biblischen Schöpfungsberichtes." In *ZThK* 76 (1979): 139-158.

_____. "Mensch und Arbeit im Alten Testament." In *Recht auf Arbeit—Sinn der Arbeit*, ed. J. Moltmann, 40-58. München: Kaiser, 1979.

성경 찾아보기

구약성경

창세기
1장	123, 127, 226, 233
1:26	203
1:26-28	225, 232, 234
1:28	234
1:29	233
2장	123, 127, 191, 204, 204n.16, 230
2:5	159, 203
2:15	119, 191, 205, 230, 265
3장	191, 204n.16
3:17이하	191, 204-205, 265
3:23	204
4:1이하	287
4:17이하	150, 287
4:21-22	287
4:23-24	289
4:25이하	287
9:9-10	230
9:10이하	155
11:1-11	287, 289

출애굽기
1:13-14	259
5:9	262n.25
6:9	262
20:9	223
22:26-27	127n.33
31:2-3	208
35:30-34	182

레위기
25:8이하	274
25:39이하	260

민수기
32:20-32	233

신명기
26:6-8	259

여호수아
18:1-2　　233

사사기
3:10　　182

사무엘상
16:13　　182
23:2　　182

역대기상
22:18-19　　233
28:11-12　　182

욥기
34:14-15　　228

시편
65:11-13　　159
104편　　227, 233
104:23　　204
104:29-30　　228
112:9　　306
127:1　　159

잠언
16:10　　182

전도서
4:4　　193, 194
5:19　　251

이사야
11:6-8　　235, 243

11:6-10　　153
14:14　　289
28:24-29　　183
37:26이하　　160
55:2　　242
58:6　　261
65:17-25　　153
65:21　　260
65:23　　261
65:25　　235, 243

예레미야
22:13　　260

에스겔
16:49　　306

아모스
9:13　　261

신약성경

마태복음
5:5　　152-153
6:1　　306
6:6　　217
6:10　　152, 161
6:33　　152, 212, 244, 317
9:37-38　　150
11:19　　240
12:28　　164
19:28　　154n.24
25:34　　160
25:34이하　　150

25:40	150n.12	12:8	179
26:52	120		

마가복음

고린도전서

1:13	235	1:9	218
8:36	148, 212, 221	1:26	176
10:45	295	3:12-15	192
		3:15	194n.119
		7:20	176

누가복음

		12:4이하	300
4:18	261	12:11	185, 186
10:38이하	119	12:13	218, 242
10:42	242	12:14-26	300
12:15	119-120	12:28	220
12:34	119n.15	12:31	186
		13:12	243

요한복음

		14:1	186
1:11	165	14:12	186, 188, 208
17:21	218	14:12이하	300
		14:12-26	300

사도행전

고린도후서

2:17이하	180		
3:19-21	154n.24	1:22	164, 184
20:35	221, 299, 308	5:14	200
		9:9	306
		13:13	304

로마서

갈라디아서

8:18	45, 194		
8:19-22	229, 243	2:20	184, 224
8:21	154, 155, 229	5:13	294
8:23	164, 184	5:22-23	209, 224
8:26	229		
11:29	186	에베소서	
12장	168n.60		
12:1-2	218	2:15이하	301
12:7	220	4:11	179

4:13-16　　301
4:24　　　301
4:28　　　120, 150, 221, 236, 295, 298
5:25-28　 303
5:30　　　167n.53
6:6　　　 200
6:8　　　 157

골로새서
3:14　　　244
3:23　　　200

데살로니가전서
4:11　　　119
4:12　　　236

데살로니가후서
3:6이하　 150
3:10-12　 303
3:10　　　56, 119, 221
3:12　　　298

디모데전서
4:4-5　　 155
6:17　　　240

디모데후서
1:6　　　 208

야고보서
1:27　　　261

베드로전서
1:4　　　 160
1:15　　　177
2:9　　　 177
2:18이하 263
2:20　　　264
4:10-11　 300

베드로후서
3:10　　　145
3:11　　　154
3:12　　　161

요한계시록
2:9　　　 152
14:13　　 157
21:2　　　160
21:22　　 218
21:24-26　154n.24
21:24　　 189
21:26　　 189
21:27　　 193
22:17　　 161

인명 찾아보기

건드리(R. H. Gundry) 152
고르바초프(M. Gorbachev) 46
구텐베르크(J. Gutenberg) 157
노이스(R. Noyce) 67
니체(F. Nietzsche) 131, 210
도스토예프스키(Dostoyevsky) 131
뒤르켐(E. Durkheim) 316
드 만(H. de Man) 316
레오 13세(Leo XIII) 29
로크(J. Locke) 86, 91, 300-301
롱데(Rondet) 157
루터(M. Luther) 121, 137, 165-177, 188, 199, 230, 235, 247, 170n.66
마르크스(K. Marx) 46-47n.43, 57, 83-89, 97-112, 109n.95, 210-211, 224, 230, 236, 238, 249, 257-258, 269-274, 287, 305, 309, 315-316
매킨타이어(A. MacIntyre) 295
몰트만(J. Moltmann) 127, 130, 185n.103

바르트(K. Barth) 122, 145, 302
배런(J. N. Baron) 74
베버(M. Weber) 171, 180, 313n.161
베이컨(F. Bacon) 234
벤담(J. Bentham) 301
벨라(R. Bellah) 28
불트만(R. Bultmann) 165n.49
브루스(F. F. Bruce) 154
비엘비(W. T. Bielby) 74
슘페터(J. A. Schumpeter) 90
스미스(A. Smith) 21-22, 57, 65, 65n.21, 83-97, 85n.2, 96n.49, 103-104, 107, 109n.98, 207, 230, 237-238, 256-257, 275, 277, 295-297, 309
스쿨러(C. Schooler) 208n.27
스펜서(H. Spenser) 84
아렌트(H. Arendt) 298n.124
아리스토텔레스(Aristotle) 87, 201, 216, 219
아우구스티누스(Augustinus) 33, 221, 241

알렉산드리아의 클레멘스(Clemens of Alexandria) 119, 119n.15
요한 바오로 2세(John Paul II) 29, 226
월터스토프(N. Wolterstorff) 191-192, 221, 307n.151
웰커(M. Welker) 206n.21
이그나티에프(M. Ignatieff) 240
잔틱(A. Šantić) 58
체누(M. D. Chenu) 118
칸트(I. Kant) 269-272
칼라일(T. Carlyle) 202
칼뱅(J. Calvin) 169, 173, 175n.79, 187, 204n.18, 228, 266, 298-299
케제만(E. Käsemann) 178
콘(M. L. Kohn) 251, 208n.27
쿤(T. Kuhn) 19

크세노폰(Xenophon) 63
테일러(F. W. Taylor) 275-276
토마스 아퀴나스(Thomas Aquinas) 116, 145, 153, 187n.108
프리드먼(M. Friedman) 84
플라톤(Plato) 21, 63, 91, 168n.61, 201, 239
피히테(J. G. Fichte) 87, 109-110n.98
하이에크(F. A. Hayek) 84
허트레이(K. Hawtrey) 223n.73
헤겔(G. W. F. Hagel) 87, 109-110n.98, 111, 210, 238n.115
헤시오도스(Hesiod) 202
헤이(D. A. Hay) 50n.49
헤일리(A. Hailey) 74-75
헤일브로너(R. L. Heilbroner) 38

옮긴이 백지윤은 이화여대 의류직물학과를 졸업하고, 서울대 미술대학원에서 미술이론을, 캐나다 리젠트 칼리지에서 기독교 문화학을 공부했다. 현재 캐나다 밴쿠버에 살면서, 다차원적이고 통합적인 하나님 나라 이해, 종말론적 긴장, 창조와 재창조, 인간의 의미 그리고 이 모든 주제에 대해 문화와 예술이 갖는 관계 등에 관심을 가지고 번역 일을 하고 있다. 옮긴 책으로『밤에 드리는 기도』『세상에 생명을 주는 신학』『손에 잡히는 바울』『알라』『이것이 복음이다』『모든 사람을 위한 신약의 기도』『오늘이라는 예배』『BST 스가랴』(이상 IVP) 등이 있다.

일과 성령

초판 발행_ 2019년 12월 9일
초판 3쇄_ 2024년 9월 10일

지은이_ 미로슬라브 볼프
옮긴이_ 백지윤
펴낸이_ 정모세

펴낸곳_ 한국기독학생회출판부
등록번호_ 제2001-000198호(1978.6.1)
주소_ 04031 서울시 마포구 동교로 156-10
대표 전화_ (02)337-2257 팩스_ (02)337-2258
영업 전화_ (02)338-2282 팩스_ 080-915-1515
홈페이지_ http://www.ivp.co.kr 이메일_ ivp@ivp.co.kr
ISBN 978-89-328-1731-6

ⓒ 한국기독학생회출판부 2019

책값은 뒤표지에 있습니다.
무단 전재와 복제를 금합니다.